Pleticha
Weltgeschichte

WELT-GESCHICHTE

MORGEN DER MENSCHHEIT
Vorgeschichte und frühe Hochkulturen

IM SCHATTEN DES OLYMP
Die Welt der Griechen und des Hellenismus

ROM UND DER OSTEN
Völker und Staaten Europas und Asiens

KREUZ UND HALBMOND
Europa und Asien im frühen Mittelalter

KAISER UND KALIFEN
Orient, Abendland und Afrika im hohen Mittelalter

NATIONEN, STÄDTE, STEPPENVÖLKER
Die Welt im späten Mittelalter

ENTDECKER UND REFORMATOREN
Die Welt im 16. Jahrhundert

AUFKLÄRUNG UND REVOLUTION
Europa im 17. und 18. Jahrhundert

ALTE VÖLKER, NEUE STAATEN
Die außereuropäische Welt im 17. und 18. Jahrhundert

FÜRSTENHÖFE UND FABRIKEN
Die Welt im Zeitalter des Imperialismus

DIKTATOREN UND IDEOLOGIEN
Die Welt zwischen zwei Kriegen

KRISE UND FORTSCHRITT
Die moderne Welt

MENSCHEN, DIE GESCHICHTE MACHTEN
Biographisch-historisches Lexikon

VON AFGHANISTAN BIS ZYPERN
Historisches Lexikon der Staaten und Regionen

AUFKLÄRUNG UND REVOLUTION

Europa im 17. und 18. Jahrhundert

Herausgegeben von
Heinrich Pleticha

BERTELSMANN
LEXIKON VERLAG

Die Autoren dieses Bandes
Prof. Dr. Dr. h. c. Winfried Böhm – Prof. Dr. Alexander Deichsel – Werner Dettelbacher – Ulrich K. Dreikandt – Dr. Jürgen Eyssen – Manfred Firnkes – Johannes Glanz – Lothar Häusler – Prof. Dr. Klaus H. Heberle – Prof. Dr. Heinrich Pleticha – Christian Roedig – Prof. Dr. Hermann Schreiber – Dr. Gerhard Steinborn – Franz-Josef Teufel – Dr. Roland Vocke – Wolfgang Weismantel

Zeichnungen und Karten
Hermann Schäfer

Projektleitung: Erhard Bethke
Redaktion: Erhard Bethke und Ursula Blombach-Schäfer
Schlußredaktion: Birgit Willmann
Bildredaktion: Ursula Nöll
Bildlegenden: Heike Otto
Graphische Gestaltung: Hans Roßdeutscher

Gesamtherstellung Mohndruck Graphische Betriebe GmbH, Gütersloh
Printed in Germany. ISBN 3-570-09658-0

Inhalt

Sigel
E. B. = Erhard Bethke

Hinter den Herrschernamen werden in der Regel die Regierungsdaten (R), hinter den sonstigen Namen die Lebensdaten angegeben.

Ein Wort zu diesem Band

In diesem achten Band der »Weltgeschichte« scheint das von Anfang an streng beachtete Grundprinzip der globalen Darstellung aufgegeben zugunsten einer rein europäischen Betrachtungsweise. Tatsächlich aber muß er in engem Zusammenhang mit dem folgenden neunten gesehen werden; denn diese beiden Bände behandeln das 17. und 18. Jahrhundert, der erste mit der Geschichte, Kultur- und Geistesgeschichte Europas, der zweite mit der Geschichte der überseeischen Erdteile. Die Trennung schien notwendig, um in beiden Räumen die Zusammenhänge besser herausarbeiten zu können und um allzu starke Zersplitterung zu vermeiden.

Das 17. und das 18. Jahrhundert dürfen aus europäischer Sicht als eine gewisse Einheit betrachtet werden, wobei es nicht ganz einfach ist, eine Abgrenzung zum 16. zu ziehen.

Für *Spanien* und *England* gehen mit dem Tode *Philipps II.* und *Elisabeths I.* 1598 bzw. 1603 zwei Epochen zu Ende. Zwar bleibt in Spanien die dynastische Kontinuität gewahrt, während in England das Geschlecht der Tudors von den Stuarts abgelöst wird, aber in beiden Staaten erreichen die Nachfolger Philipps und Elisabeths nicht deren politisches Profil.

In den *Niederlanden* sagen sich 1581 die in der »Utrechter Union« zusammengeschlossenen Provinzen von Spanien los, doch dauert es fast noch siebzig Jahre, bis 1648 endlich die Unabhängigkeit der Republik anerkannt wird.

In *Frankreich* löst 1589 das Haus Bourbon mit *Heinrich IV.* das Haus Valois ab. Nach einer gewissen Phase des Übergangs bahnt sich hier mit der Staatsleitung durch Kardinal *Richelieu* von 1624 ab eine neue Entwicklung an, die in den Absolutismus *Ludwigs XIV.* einmündet.

Am schwierigsten wird es, beim *Deutschen Reich* eine zeitliche Zäsur festzulegen; denn die religiösen Gegensätze zwischen Katholiken und Protestanten führten in der ersten Hälfte des 17. Jahrhunderts zum »Dreißigjährigen Krieg«, und erst der Westfälische Friede von 1648 bringt jene deutlichen Veränderungen, die dann in der zweiten Hälfte des 17. und im 18. Jahrhundert die innen- und außenpolitische Entwicklung bestimmen.

Ähnlich müssen auch die Grenzzeichen in *Skandinavien* gesetzt werden, wo ebenfalls die wichtigen historischen Veränderungen erst von der Mitte des 17. Jahrhunderts an wirksam werden, während in *Rußland* das Jahr 1613 einen Wendepunkt bedeutet, an dem das Haus Romanow zur Regierung kommt.

Wesentlich leichter erscheint es schon, eine Abgrenzung am Ende des 18. Jahrhunderts zu ziehen. Hier bilden die »Französische Revolution« und die »Napoleonischen Kriege« zwei relativ kurze, aber ganz bestimmende historische Abschnitte, und das Jahr 1815 mit dem »Wiener Kongreß« bringt für Europa einen entscheidenden Einschnitt.

Innerhalb der so vorgezeichneten zeitlichen Grenzen bewegen wir uns mit den einzelnen Kapiteln dieses Bandes. Drei befassen sich mit der politischen Geschichte. So behandelt Kapitel 1 die europäische Geschichte etwa vom Beginn des 17. Jahrhunderts bis zum ersten Viertel des 18., jener bewegten Zeit also, in die der Bürgerkrieg in England, der »Dreißigjährige Krieg« in Deutschland, die Herrschaft Ludwigs XIV. in Frankreich und Zar Peters des Großen in Rußland fallen, um nur vier Schwerpunkte zu nennen. In Kapitel 2 lernen wir dann die europäischen Staaten in der Übergangszeit des 18. Jahrhunderts kennen, in den sieben Jahrzehnten zwischen dem Tod Ludwigs XIV. und dem Beginn der »Französischen Revolution«. Geistesgeschichtlich bezeichnet man diese Phase auch gern als »Zeitalter der Vernunft«, doch trifft das bei kritischer Betrachtung nur bedingt zu, wenn wir von dem Bemühen um ein neues geistiges Weltbild ausgehen.

Im Mittelpunkt dieses Kapitels stehen die Ereignisse des »Siebenjährigen Krieges« im Herzen Europas, die sich in ihrem Geschehen zwar auf den deutschen Raum konzentrieren, in die aber alle europäischen Staaten direkt oder indirekt und sogar weltweit verwickelt sind.

Der europäischen Geschichte zwischen dem Beginn der Revolution in Frankreich 1789 und dem »Wiener Kongreß« von 1815 wendet sich dann das letzte Kapitel dieses Bandes zu.

»Was ist Aufklärung«, fragte schon der große Philosoph

Immanuel Kant. Die Beantwortung dieser Frage ist für uns auch deshalb von so großer Bedeutung, weil die Ideen der Aufklärer die politische wie die geistige Entwicklung des 18. Jahrhunderts nachhaltig beeinflußt haben. Deshalb versucht ein spezielles Aspektkapitel (3), die Geisteswelt der Aufklärung aus unserer modernen Sicht zu analysieren. In einer gewissen Verbindung damit stehen die kulturgeschichtlich orientierten Kapitel, die zugleich jene Themen weiterführen, die schon in den vorangegangenen Bänden regelmäßig behandelt wurden: Sie beschäftigen sich mit der europäischen *Literatur* im 17. und 18. Jahrhundert, mit der *Kunst des Barock, Rokoko und Klassizismus,* mit der *Musik* in diesem Zeitraum, mit den *philosophischen und pädagogischen Ideen* und schließlich mit der Entwicklung der *Naturwissenschaften,* die ja in diesen zwei Jahrhunderten mit der »Geburt der naturwissenschaftlichen Methode« und modernem naturwissenschaftlichem Denken eine entscheidende Veränderung erfuhren.

Ein nächster Kapitel-Block beschäftigt sich mit der *wirtschaftlichen und sozialen Entwicklung* in dieser Zeit. Dabei setzt das Kapitel über die *»Erschließung der Erde im 17. und 18. Jahrhundert«* das Thema fort, mit dem bereits das erste Kapitel des vorangegangenen siebten Bandes begonnen hat und das dann noch einmal im zehnten Band aufgegriffen wird. Damit scheint ein Überblick über die Entdeckung und Erschließung der Erde in der Neuzeit gewährleistet. Während dieses Kapitel die Kolonialgeschichte aus europäischer Sicht darstellt, wird der folgende Band noch einmal die gleiche Zeit und damit einen Teil der Ereignisse aus der Sicht der außereuropäischen Länder behandeln.

Die abschließenden Kapitel dieses Bandes sind den *sozialen Verhältnissen,* dem *Handel* und der *Wirtschaft* sowie der *Landwirtschaft* im 17. und 18. Jahrhundert gewidmet.

Bei den »Zentren der Zeit« stehen drei heute moderne Großstädte im Mittelpunkt der Betrachtung. Da ist einmal *Paris,* das zwischen dem ausgehenden 16. Jahrhundert und der Revolution sein modernes Gesicht erhielt. Da ist *Wien,* das sich von den schweren Wunden der Türkenbelagerung von 1683 erholt hatte und im Laufe des 18. Jahrhunderts einen glanzvollen Neubeginn erlebte, der befruchtend auf andere Städte des Habsburgerreiches wirkte. Und da ist *St. Petersburg* (das heutige Leningrad), die völlig neue Stadt, die durch den Willen Zar Peters I. mit großen Opfern aus dem Boden gestampft wurde und innerhalb weniger Jahrzehnte als augenfälliges Symbol einer Zuwendung Rußlands nach dem Westen zu einer Metropole Europas aufstieg.

Herausgeber und Verlag

Europa im Kampf gegen die französische Hegemonialpolitik: Der »Spanische Erbfolgekrieg«. *Zweite Schlacht bei Höchstädt an der Donau am 13. August 1704. Sieg Prinz Eugens und Marlboroughs über Franzosen und Bayern, der die Besetzung Bayerns durch die Kaiserlichen zur Folge hatte und damit die Bedrohung Österreichs ausschaltete. Kupferstich der Zeit.*

Umgestaltung Europas
Staat und Kultur

Zwischen »Absolutismus« und »Aufklärung«

Ringen um den modernen Staat – Königsmacht-Parlament: England – Die »eiserne« Herrschaft Cromwells – Parlamentarische Demokratie – Der perfekte Staat Ludwigs XIV.: Frankreich – Deutschland im »Dreißigjährigen Krieg« – Spielball der Mächte – Machtzuwachs für Preußen – Österreich im Bann der Türken – Rußland auf neuen Wegen – »Spanischer Erbfolgekrieg« – Schweden: »Nordischer Krieg« – Schwankendes Gleichgewicht – Die Seemächte – Niedergang Frankreichs – Deutsche Kleinstaaterei und Dualismus – Preußen-Österreich – »Siebenjähriger Krieg« weltweit – Englisches Kolonialreich und russische Expansion – »Aufgeklärter Absolutismus« – Geisteswelt der Aufklärung.

MANFRED FIRNKES

Europa vom Bürgerkrieg in England bis zum Ende des »Nordischen Krieges«

Im Widerstreit der weltlich-kaiserlichen mit der geistlich-päpstlichen Macht um die Vorherrschaft seit dem hohen Mittelalter hatte das 16. Jahrhundert eine Weichenstellung gebracht (siehe auch Band 7). Die Politik wurde zum Vehikel der Religion, aber in ganz anderer Weise, als es das Papsttum, der Verfechter dieser Idee, erwartet hatte. Die Sprengkraft des Protestantismus erfaßte alles, zerbrach nicht nur das bislang einheitliche Glaubensgefüge der mittelalterlichen Welt und setzte dem päpstlichen Anspruch einen neuen, eigenen entgegen, sie schlug auch in die politischen Verhältnisse der europäischen Länder hinein, und noch lange, bis ins letzte Drittel des 17. Jahrhunderts, war, freilich in abnehmender Wirkung, der Vorrang religiösen Denkens vor der politischen Praxis zu spüren. Untergründig hatte freilich schon längst eine Gegenbewegung eingesetzt, die keineswegs mehr selbstverständlich den Glauben dem Erkennen und Wissen überordnete, sondern ihn mit Hilfe der Erfahrung und Vernunft kritisch überprüfte. Damit wurde die Religion in Umkehrung bisher gültiger Verhältnisse mehr und mehr zu einem bloßen Vehikel der Politik: In den beiden großen Kriegen zu Beginn des 18. Jahrhunderts, dem »Spanischen Erbfolgekrieg« und dem »Nordischen Krieg«, waren religiöse Zielsetzungen und auf einem christlichen Weltbild basierende Gründe schließlich schon völlig dem Blick entschwunden.

»Wenn man ganz offen die Wahrheit sagen soll, so werden die Verträge von den Staaten von vorneherein mit [. . .] Hintergedanken geschlossen. Alle die schönen Bestimmungen über Bündnisse, Freundschaftsbeteuerungen, das Versprechen, einander alle möglichen Vorteile zukommen zu lassen, bedeuten nach der Erfahrung der Jahrhunderte, so wie es die beiden Vertragschließenden verstehen, nichts anderes, als daß sie sich lediglich bewaffneter Übergriffe enthalten wollen. Geheime Vertragsverletzung erwartet jeder vom anderen. Man verspricht das Gegenteil nur in dem Sinne, den man seinem Versprechen beimißt. So könnte man denn sagen, daß man sich auf beiden Seiten der Verpflichtung enthebt, die Verträge zu beachten, und daß man daher auch nicht gegen die Verträge verstoßen kann. Denn man hat ja die Bestimmungen wörtlich genommen, man muß sich eben der Worte bedienen, wie man es ja auch in anderer Weise in der Welt auf dem Gebiet der Höflichkeitsformeln sieht, die durchaus notwendig sind, wenn Menschen miteinander leben wollen, aber keinerlei tiefere Bedeutung haben.« Diese Sätze aus den Memoiren *Ludwigs XIV.* von Frankreich (R 1643–1715) lassen nicht nur bezeichnende Rückschlüsse auf die politische Glaubwürdigkeit dieses Herrschers zu, sondern sind auch charakteristisch für diesen sich wandelnden Stil der Politik zwischen 1650 und 1715, als eben dieses Frankreich das Erbe Spaniens in der Vorherrschaft über Europa angetreten hatte. Begünstigt war diese Stellung Frankreichs einmal durch die absolute Monarchie, der in der Person Ludwigs XIV. ein Herrscher zuwuchs, welcher wie kaum ein anderer französischer Regent übersteigertes Selbstwertgefühl (»Der Staat bin ich«) und Sendungsbewußtsein mit allen erlaubten und mehr noch unerlaubten Finessen der Politik verband, Nutznießer der glänzenden Politik der beiden Kirchenmänner und Minister *Richelieu* (Armand Jean du Plessis, Herzog von; * 1585, † 1642) und *Mazarin* (Jules, eigtl.: Giulio Mazarini; * 1602, † 1661). Seine Rolle konnte Ludwig XIV. um so glänzender spielen, weil ihm ein gleichwertiges Festlandsgegengewicht fehlte, seit Deutschland als Folge des »Dreißigjährigen Krieges« (siehe Seite 37) zur Bedeutungslosigkeit verurteilt war, und weil England sich inzwischen politisch von Europa entfernt hatte und wirtschaftlich den atlantischen Bindungen nachging, ehe es sich am Ende des 17. Jahrhunderts wieder den europäischen Interessen zuwendete, nicht zuletzt um Frankreichs Dominanz einzudämmen. Frankreichs Vorherrschaft in der zweiten Hälfte des 17. Jahrhunderts und ihre Zurückdrängung mit Hilfe Englands sind denn auch der wesentliche Inhalt europäischer Politik zwischen 1650 und 1715 gewesen.

ENGLAND: KÖNIG/PARLAMENT

Für Englands verstärkte Europaabkehr und atlantische Öffnung hatte einer seiner bedeutendsten Staatsmänner, *Oliver Cromwell* (* 1599, † 1658), den Grund gelegt. Als er

Daten zum 17. Jahrhundert: Europa

England	**Österreich**	**Frankreich**	**Rußland**	**Schweden**
1603–1625 Jakob I. 1625–1649 Karl I. 1628 »Petition of Rights« 1640 Einberufung des Parlaments nach 11jähr. Unterbrechung 1642 Beginn des Bürgerkriegs 1649 Hinrichtung Karls I. 1651 Navigationsakte 1653 Cromwell Lordprotektor		1610–1643 Ludwig XIII. 1614 Letzte Sitzung der Reichsstände 1624–1642 Richelieu	1613 Dynastie Romanow löst die Ruriks ab	1611–1632 Gustav II. Adolf Wasa
1658 Tod Cromwells		1659 Pyrenäenfrieden		1654–1660 Krieg mit Polen Karl X. Gustav (1654–1660)
1660 Restauration der Stuarts 1660–1685 Karl II.		1661 Tod Mazarins, Regierungsübernahme Ludwigs XIV. (bis 1715)		1660 »Friede von Oliva« 1660–1697 Karl XI.
1667 »Tripelallianz« mit Holland, Schweden	→	1667 »Devolutionskrieg« 1668 »Friede zu Aachen«	←	1667 »Tripelallianz« mit England und Holland
1673 »Testakte«	1669 Adelsaufstand im österr. Ungarn	1672–1678 Krieg gegen Holland		

an die Macht kam, hatte England bewegte Jahrzehnte hinter sich: Nach *Elisabeths I.* (R 1558–1603) Tod war der Sohn ihrer großen katholischen Rivalin *Maria Stuart* (* 1542, † 1587), *Jakob VI. von Schottland,* auch König von England geworden (Jakob I., R 1603–1625). Gestützt auf die anglikanische Staatskirche, ging er sowohl gegen den politischen Einfluß von Katholiken wie von Puritanern vor und suchte die gewachsene Mitbestimmung des Parlamentes (Steuerbewilligung, Gesetzgebung) durch absolutistische

Daten zum 17. Jahrhundert: Europa

England	Österreich	Frankreich	Rußland	Schweden
1679 »Habeas-Corpus-Akte«		1678 »Friede zu Nimwegen«		1675 Niederlage gegen den Großen Kurfürsten bei Fehrbellin
1685–1688 Jakob II.	1683 Türken vor Wien	1681 Besetzung Straßburgs 1685 Aufhebung des »Ediktes von Nantes«		
1688 Sturz Jakobs II. 1689 Wilhelm v. Oranien König Bill of Rights	1687 k. u. k. Monarchie Österreich-Ungarn	1688–1697 »Pfälzischer Erbfolgekrieg«	1682–1725 Zar Peter der Große 1696 Eroberung von Asow	
Große Allianz mit Österreich u. Holland				1697–1718 Karl XII.
1697 »Friede zu Rijswijk« 1697				
1701–1714 »SPANISCHER ERBFOLGEKRIEG«			1700–1721 »NORDISCHER KRIEG«	
1711 Sturz der Whigs	1711 Tod Josephs I., Karl VI. Kaiser (Vater Maria-Theresias)		1700 Niederlage bei Narva 1703 Gründung von Petersburg	1706 »Friede von Altranstädt« mit Sachsen
			1709 Schlacht bei Poltawa: Karl XII. wird geschlagen	
1713 »FRIEDE VON UTRECHT«			1711 Krieg mit den Türken	
	1718 Friede zu Passarowitz mit den Türken			1714 Ritt Karls nach Stralsund 1718 Tod Karls XII.
			1721 »Friede zu Nystad« mit den Schweden: Rußland neue Großmacht	

Maßnahmen abzuschaffen. Eine gegen den König gerichtete unheildrohende Allianz der religiösen Minderheiten (»Pulververschwörung« der Katholiken) sowie der Parlamentsopposition des Landadels (Gentry) und des Bürgertums (City) konnte er mühsam verhindern. Unter seinem noch schwächeren Nachfolger *Karl I.* (R 1625–1649), der in wiederholten Parlamentsauflösungen und mit Hilfe eines Ausnahmegerichts (»Sternkammer«) den Druck verstärkte, brach der Konflikt vollends aus. Nachdem 1628

Der Lord Protector Oliver Cromwell als Retter Englands. *Allegorie, die den mit diktatorischen Vollmachten ausgestatteten englischen Staatsmann und Heerführer als Werkzeug Gottes darstellt. Irrtum und Sünde liegen besiegt unter seinen Füßen. Kupferstich von William Faithborne in »The Emblem of Englands Distraction«, 1658.*

das Parlament gegen den Willen des Königs die »Petition of Rights«, durch die jeder Engländer vor willkürlicher Verhaftung und Besteuerung geschützt wurde, durchgesetzt hatte, löste Karl I. das Parlament auf. In elfjähriger Alleinherrschaft versuchte er, wie seine Vorgänger, seine Ansprüche mit Hilfe des königlichen Kirchenregimentes durchzusetzen, unterstützt vom Erzbischof von Canterbury, *William Laud* (* 1573, † 1645) und seinem führenden Minister *Thomas Wentworth Earl of Strafford* (* 1593, † 1641). Als er schließlich die anglikanische Bischofsverfassung auch für das calvinistische Schottland 1637 durchsetzen wollte, kam es dort zu einem Aufstand, für dessen Unterdrückung Karl I. vom wieder benötigten Parlament Steuerbewilligung verlangte. Nach seinem Einlenken nutzte dieses sogenannte »Lange Parlament« (es blieb formell bis 1660 bestehen) die Schwäche des Königs rigoros aus. Seinem Ratgeber, Strafford, wurde der Prozeß gemacht: Die Hinrichtung 1641 war die logische Folge halbherzigen königlichen Handelns. Der kurzsichtige Hilferuf Karls I. an die eben noch aufständischen Schotten bestärkte das Parlament, ein eigenes Heer aufzustellen und die offene Konfrontation mit dem König zu suchen.

Begriffe

Konstitutionelle Monarchie: Der Monarch ist auf eine gewaltentrennende Verfassung (Konstitution) verpflichtet, die ihn in Gesetzgebung und Finanzen (Steuern) einschränkt. Der Monarch ernennt aber die Regierung, die nur ihm, nicht dem Parlament verantwortlich ist.
Parlamentarische Monarchie: Entstanden in England 1689. Die Regierung ist allein dem Parlament, nicht mehr dem Monarchen verantwortlich. Dieser, von jeder Regierungsgewalt ausgeschlossen, übernimmt nur repräsentative Pflichten.

DIE BLUTIGE HERRSCHAFT CROMWELLS

1642 brach der *Bürgerkrieg* aus, in dessen Verlauf der dem radikalen Flügel der Puritaner, den sogenannten »Independenten« angehörende *Oliver Cromwell* schnell zur entscheidenden Figur im politischen Kräftespiel wurde. Das von ihm organisierte *Reiterheer* der *»Ironsides«*, der »gottseligen Eisenseiten«, eine religiös hochmotivierte Elitetruppe von »Independenten«, schlug in mehreren Schlachten zusammen mit den Parlamentsfußtruppen (»New Model Army«) die Königstruppen, der König selbst floh zu den Schotten.
Doch das Parlament wurde seines Sieges nicht froh. Als es nämlich beschloß, eine parlamentarische Monarchie zu errichten und die anglikanische Staatskirche stärker zu calvinisieren, machte in beiden Fällen die überwiegend »independentische« Armee, antimonarchisch und radikal religiös, nicht mit. In der Kraftprobe unterlag das Parlament wie später in der Französischen Revolution auch dem autoritären Willen eines Einzelnen.
Cromwell, der angetreten war, das Recht des Volkes zu schützen und die Gewissensfreiheit jedes einzelnen zu garantieren, entledigte sich 1648 mit Gewalt der gemäßigten Parlamentsmehrheit und erklärte kurzerhand sein *»Rumpfparlament«* von »Independenten« zum Vertreter des ganzen Volkes. Im Sinne der Volkssouveränität und gestützt auf das calvinistische Widerstandsrecht, wurde der König als Hochverräter am Parlament und als Feind der Republik angeklagt und am 30. Januar 1649 enthauptet. Die Monarchie der Stuarts war gestürzt, das »Rumpfparlament« erklärte England zur *Republik*.
Was einst der griechische Geschichtsschreiber *Thukydides* vom Athener Perikles gesagt hatte, traf auch hier zu: »Dem Namen nach war es eine Demokratie, in Wirklichkeit die

Begriffe

Tory (Mz. Tories): Seit 1679 Parteiname für die Anhänger des englischen Königs Jakob II., die sich vor allem unter dem Landadel und der niederen Geistlichkeit fanden. Später in »Konservative« umbenannt. Heute eine der beiden großen Parteien Großbritanniens.
Whigs: Seit 1679 Parteiname für alle Gegner der katholischen Stuarts, später dem Liberalismus verpflichtet.

Herrschaft eines Mannes«, hier eines Mannes, dessen Glaube an die Auserwähltheit Englands zu einem Grundzug dieses Volkes geworden, durchaus Platz ließ für andere in die Politik hineinwirkende Bekenntnisse, solange sie seiner Linie folgten. Andernfalls zeigte sich hinter der Fassade religiöser Toleranz der ganze intolerante Fanatismus, so gegenüber den katholischen und *königstreuen Iren*, gegen die Cromwell in den Jahren 1649–1650 einen erbarmungslosen, irische Rückständigkeit bis in unser Jahrhundert bewirkenden Vernichtungsfeldzug führte. Nicht anders erging es den *Schotten*, die, obwohl gemäßigte Glaubensbrüder, 1650–1651 hart zu büßen hatten, weil sie den Sohn des hingerichteten Königs anerkannt hatten und nicht einsehen wollten, daß allein das englische Volk »den Stempel Gottes trägt«.
Auf der Basis der erstmals errungenen Gesamtherrschaft über England, Schottland und Irland beschritt Cromwell außenpolitisch zukunftweisendere Wege, die über Europa hinaus in die atlantische Welt führten und Englands Seeherrschaft für dauernd begründeten. Die Veröffentlichung der *»Navigationsakte«* im Oktober 1651, die festlegte, daß nur englischen Schiffen der Handel von und nach England gestattet sei, und den auf dieser Grundlage vorangetriebenen Aufbau der englischen Flotte wollten die traditionellen Seemächte Spanien und Holland nicht hinnehmen, unterlagen aber im Seekrieg. England konnte ungehindert seine überseeischen Besitzungen, die Neuenglandstaaten, Massachusetts und Maryland, die Bermudas und St. Helena in Westindien, um die Zuckerinsel *Jamaika* ergänzen, die damals Spanien abgenommen wurde (1655).
Innenpolitisch jedoch konnte Cromwell seine Republik nicht stabilisieren. Genausowenig wie mit den Königen kam es zu einer Zusammenarbeit mit dem Parlament. So löste er es 1653 einfach auf. Auch eine Verfassung kam nicht zustande. Das Heer blieb weiterhin seine Stütze, und ob-

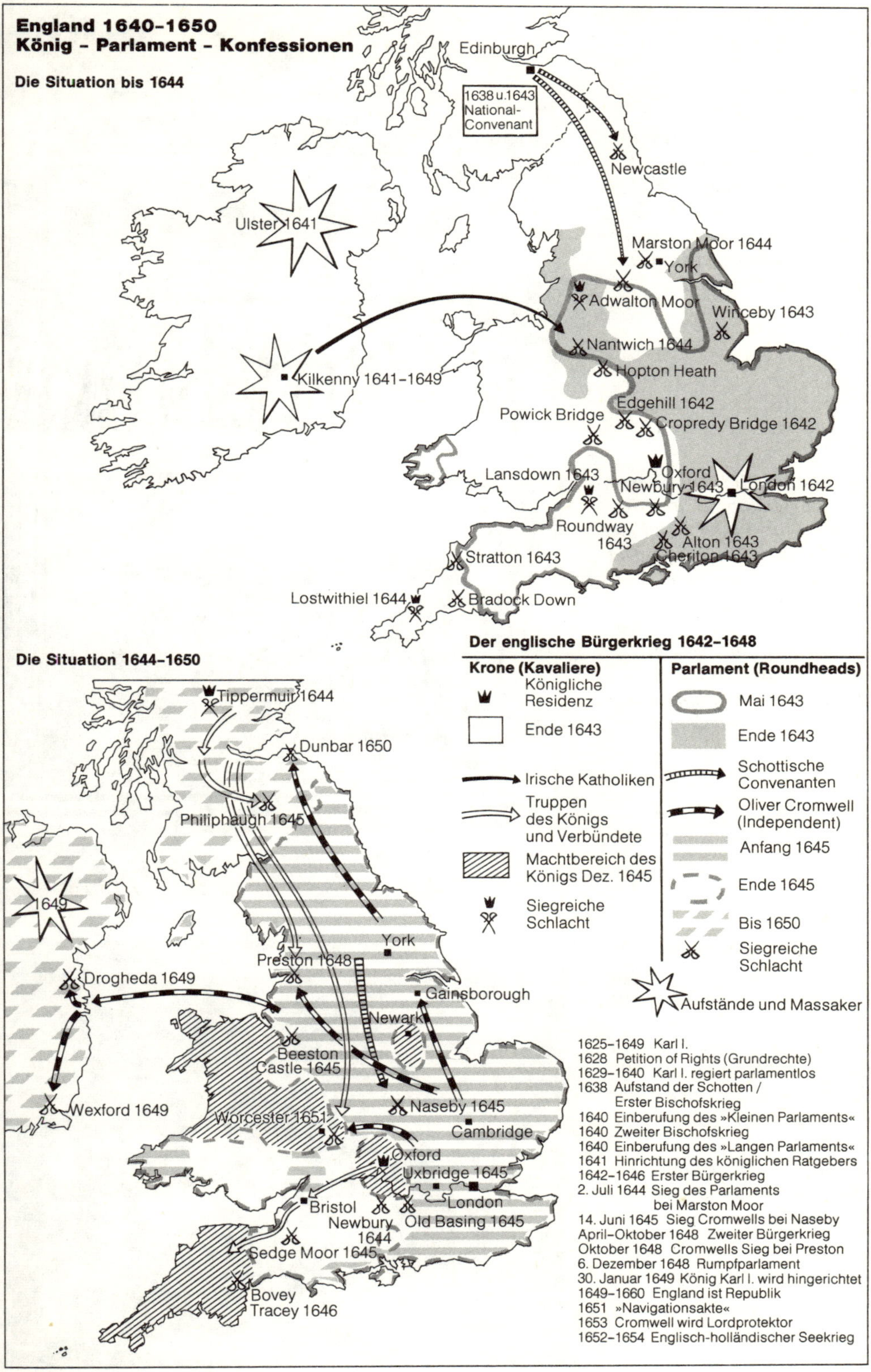

England 1640–1650
König – Parlament – Konfessionen
Die Situation bis 1644
Edinburgh
1638 u.1643 National-Convenant
Newcastle
Ulster 1641
Marston Moor 1644
York
Adwalton Moor
Winceby 1643
Nantwich 1644
Hopton Heath
Kilkenny 1641–1649
Edgehill 1642
Powick Bridge
Cropredy Bridge 1642
Lansdown 1643
Oxford
Newbury 1643
London 1642
Roundway 1643
Alton 1643
Cheriton 1643
Stratton 1643
Lostwithiel 1644
Bradock Down
Die Situation 1644–1650
Tippermuir 1644
Dunbar 1650
Philiphaugh 1645
1649
York
Preston 1648
Drogheda 1649
Gainsborough
Newark
Beeston Castle 1645
Wexford 1649
Naseby 1645
Cambridge
Worcester 1651
Oxford
Uxbridge 1645
Bristol
London
Newbury 1644
Old Basing 1645
Sedge Moor 1645
Bovey Tracey 1646
Der englische Bürgerkrieg 1642–1648
Krone (Kavaliere)
Königliche Residenz
Ende 1643
Irische Katholiken
Truppen des Königs und Verbündete
Machtbereich des Königs Dez. 1645
Siegreiche Schlacht
Parlament (Roundheads)
Mai 1643
Ende 1643
Schottische Convenanten
Oliver Cromwell (Independent)
Anfang 1645
Ende 1645
Bis 1650
Siegreiche Schlacht
Aufstände und Massaker
1625–1649 Karl I.
1628 Petition of Rights (Grundrechte)
1629–1640 Karl I. regiert parlamentlos
1638 Aufstand der Schotten / Erster Bischofskrieg
1640 Einberufung des »Kleinen Parlaments«
1640 Zweiter Bischofskrieg
1640 Einberufung des »Langen Parlaments«
1641 Hinrichtung des königlichen Ratgebers
1642–1646 Erster Bürgerkrieg
2. Juli 1644 Sieg des Parlaments bei Marston Moor
14. Juni 1645 Sieg Cromwells bei Naseby
April–Oktober 1648 Zweiter Bürgerkrieg
Oktober 1648 Cromwells Sieg bei Preston
6. Dezember 1648 Rumpfparlament
30. Januar 1649 König Karl I. wird hingerichtet
1649–1660 England ist Republik
1651 »Navigationsakte«
1653 Cromwell wird Lordprotektor
1652–1654 Englisch-holländischer Seekrieg

Ausschaltung der englischen Monarchie. *Enthauptung Karls I. am 30. Januar 1649 vor dem Banqueting House in Whitehall. Auf Betreiben Cromwells war er wegen Tyrannei und der Anzettelung eines Bürgerkrieges verurteilt worden. Erstmals in der Geschichte hatte ein Volk seinem König den Prozeß gemacht und ihn hingerichtet.*

Die Restauration der Stuarts. *Krönung Jakobs II. und der Queen Mary in der Londoner Westminster Abtei 1685. Der Bruder und Nachfolger Karls II. betrieb eine absolutistische Politik und versuchte als Katholik eine katholische Restauration, die den erbitterten Widerstand der anglikanischen Kirche und der Whigs hervorrief.*

Unblutiger Thronwechsel: *Die »Glorreiche Revolution« von 1688/89. In Abstimmung mit dem Parlament besteigen Wilhelm III. und seine Frau Maria II. am 13. Februar 1689 den Thron. Durch eine Reihe von Verfassungsgesetzen wurde die neue Monarchie als konstitutionell-parlamentarische eingerichtet. British Museum, London.*

Anonymer Augenzeuge: Die Landung Wilhelms von Oranien in England – 1688

Text der Zeit

Der Prinz [...] segelte in dieser Nacht bis Beach und befahl uns, den Lichtsignalen zu folgen, die er für uns ausgehangen hatte, nämlich daß alle kleinen Schiffe zu ihm am Morgen kommen sollten.
Am Morgen erspähten wir die Insel Wight, und dann ordnete der Prinz an, die Flotte solle in die gleiche Stellung wie vorher berichtet gebracht werden. [...] Gegen fünf Uhr morgens erreichten wir Start, während der Wind nach Westen drehte. So standen wir gut auf der Höhe von Dartmouth, und wir segelten nach Torbay, wo der Prinz wiederum befahl, die ganze Flotte in die gleiche Stellung wie bei Dover und Calais zu bringen.
Bei Seiner Ankunft in Torbay hieß das Volk an Land in großer Zahl mit lauten Friedenskundgebungen Seine Hoheit willkommen.
Sofort darauf gab der Prinz zwei Signale, daß die Admirale zu ihm an Bord kommen sollten, was sie auch taten. Dann befahl er, die ganze Flotte solle Anker werfen und sofort landen. Weiterhin befahl er, die Admirale wie auch die kleineren Kriegsschiffe sollten als Wache auf See bleiben, um ihre Landung zu sichern. Er befahl auch sechs Kriegsschiffen einzulaufen, um Torbay zu bewachen.
Der Prinz setzte dann eine rote Flagge an der untersten Rahe und schickte sich an, in sechzig zu diesem Zweck bereitgestellten Booten zu landen. [...] Es zeigte sich kein Widerstand, denn die Leute hießen uns herzlich willkommen in England und gaben uns alle Arten von Lebensmitteln zu unserer Erfrischung.
Am 5. November (einem Tag, der niemals aus dem Herzen eines Engländers ausgelöscht wird) ließ der Prinz ungefähr Zweitausend landen. Am 6. landeten wir soviel Kavallerie und Infanterie wie möglich, und so ging es am 7. weiter. Das Landvolk brachte alle Verpflegung für die Männer wie für die Pferde herbei, und sie wurden ehrlich dafür bezahlt.

Aus: Anonymer Brief »einer Person hohen Ranges« in »They saw it happen«. Hg.: C. R. N. Routh, Oxford 1956. Übers.: B. Dombrowsky. In: Geschichte in Quellen: Renaissance, Glaubenskämpfe, Absolutismus. Bearb. v. Fritz Dickmann. Bayerischer Schulbuch-Verlag, München 1982[3], S. 494

wohl seit 1653 als »Lordprotektor der Republik von Großbritannien« Alleinherrscher auf Lebenszeit, blieb er nur Diktator und konnte kein König werden, weil das antimonarchische Heer diesen Schwenk nicht mitgetragen hätte. So stellte sich die Frage nach der Dauerhaftigkeit der Republik schon zu seinen Lebzeiten, womit auch die innenpolitische Qualität dieses Mannes zur Debatte stand, der die programmatischen Versprechen früherer Jahre ins Gegenteil verkehrt hatte.

WILHELM VON ORANIEN

Ein energischer Militär, *General Monck*, kehrte nach Cromwells Tod 1658 die letzten Reste der »Cromwellschen Republik« beiseite und ließ ein neues Parlament wählen, das, weniger radikal als das alte »Rumpfparlament«, für eine

Wiederherstellung der Monarchie plädierte und die *Stuarts* unter der Bedingung wieder zurückrief, dem Absolutismus zu entsagen. Aber weder *Karl II.* (R 1660–1685), Sohn des hingerichteten Königs, noch sein Nachfolger *Jakob II.* (R 1685–1688) hatten aus den Fehlern der Vorgänger gelernt: Der Kampf gegen das Parlament und für den Katholizismus provozierte 1673 die sogenannte »Testakte«, die alle Nichtanglikaner von den Staatsämtern ausschloß, 1679 die »Habeas-Corpus-Akte«, die Schutz vor willkürlicher Verhaftung bot, bis schließlich 1688 in der unblutig verlaufenden »Glorreichen Revolution« Jakob II. wegen seiner engen Anlehnung an das katholische Frankreich Ludwigs XIV. vertrieben und für ihn der Statthalter der Niederlande und Gemahl von Jakobs ältester Tochter Maria, *Wilhelm von Oranien,* als *Wilhelm III.* (R 1689–1702) zum König ausgerufen wurde. Vorbeugend gegen ein absolutes Regiment verabschiedete das Parlament sofort die »Bill of Rights« (die Bestätigung aller Parlamentsrechte, fußend auf der Staatslehre John Lockes), so daß Ende des 17. Jahrhunderts England die absolute Monarchie nach der mißglückten Phase der Republik durch eine *parlamentarische Monarchie* ersetzt und zudem durch die Wahl eines protestantischen Holländers der französisch-katholischen Hegemonie in Europa das *Prinzip des Gleichgewichtes* entgegengestellt hatte. Als diese englische Neuorientierung nach Europa hin aus außenpolitischen Gründen zusätzlich Ausdruck in der großen Allianz Wilhelms mit Holland und Österreich fand (1689), wurde der Gegensatz zu Frankreich unübersehbar.

FRANKREICH UNTER LUDWIG XIV. – PERFEKTER STAAT UND EXPANSIVE MACHT

***Kardinal und Minister:** Richelieu*

In Frankreich war mittlerweile die theoretische Begründung des absoluten Staates durch die Philosophen *Jean Bodin* (*Bodinus,* * 1530, † 1596) und *Thomas Hobbes* (* 1588, † 1679) von *Ludwig XIII.* (R 1610–1643) in die Praxis umgesetzt worden. Das hatte konkret bedeutet: die Betonung des königlichen Gottesgnadentums, Zentralisierung der Macht in Händen des Königs, Ausbau einer Verwaltung und eines stehenden Heeres, Einschränkung des Parlamentes bzw. seine Nichtberücksichtigung, Kampf gegen die politischen Sonderrechte der Hugenotten und gegen die Adelsaufstände der »Fronde«, eine Arbeit, die vor allem die beiden leitenden Minister, die Kardinäle *Richelieu* und *Mazarin* geleistet hatten. Als Mazarin 1661 gestorben war, hatte Ludwig XIV. eine Machtvollkommenheit erreicht wie bislang weder ein französischer noch ein anderer europäischer Herrscher.

Die französische »Reunionspolitik« unter Ludwig XIV. *Einnahme Straßburgs am 3. September 1681 unter Führung des Kriegsministers François Michel de Louvois. Die Reichsstadt erkennt die französische Oberhoheit an. Almanachblatt auf das Jahr 1682.*

Die Vorteile des im Innern perfekt organisierten Staates kamen Ludwigs aggressiver Außenpolitik entgegen, deren Ziel es zunächst war, die politischen Grenzen Frankreichs mit den natürlichen der Pyrenäen und des Rheins in Übereinstimmung zu bringen und sie zu sichern sowie vor allem sich aus der österreichisch-habsburgischen Umklammerung im Norden (heutiges Belgien) und Osten (Freigrafschaft Burgund = Franche-Comté) zu lösen. Mit Spanien hatte noch Mazarin 1659 den »Pyrenäenfrieden« geschlossen, und Ludwig XIV. sicherte der Bourbonendynastie durch seine Heirat mit *Maria Theresia*, Philipps IV. von Spanien ältester Tochter, zumindest einen Anspruch auf eine eventuelle Erbschaft spanischer Herrschaftsbereiche. Dieser Fall trat tatsächlich am 1. November 1700 ein.
Als eine Erbschaft besonderer Art übernahm das nun zur

Großmacht in Europa aufsteigende Frankreich vom niedersinkenden Spanien vor allem dessen politisches Konzept einer *Einigung Europas.* Was dem Hause Habsburg, Karl V. und Philipp II. versagt geblieben war, wollte jetzt der Bourbone Ludwig XIV. verwirklichen: Erstes Objekt französischer Expansion waren 1667 die *Spanischen Niederlande.* Zwar konnte die »Tripelallianz« England, Holland und Schweden eine Eroberung verhindern, sie mußte aber im »Frieden zu Aachen« 1668 Ludwig Teile Flanderns überlassen. Als dann seiner geschmeidigen Diplomatie die rasche Sprengung der »Tripelallianz« gelungen war, bedeutete das für die Niederländer einen mehrjährigen Krieg (1672–1678). *Österreich,* das auf Betreiben des »Großen Kurfürsten« *Friedrich Wilhelm von Brandenburg* (R 1640–1688) eine antifranzösische Allianz gebildet hatte, wurde durch französische Unterstützung eines ungarischen Adelsaufstands und des polnischen Thronkandidaten *Johann Sobieski* in Schach gehalten, während Ludwig XIV. gegen Brandenburg die Schweden vorschickte, die allerdings bei *Fehrbellin* 1675 eine für eine Großmacht demütigende Niederlage hinnehmen mußten.

Im »Frieden von Nimwegen« 1678 blieben die Niederlande ungeschmälert, doch Spanien mußte aus Philipps Erbe weitere Gebiete Flanderns und die Freigrafschaft Burgund abgeben; Lothringen war schon 1670 besetzt worden.

Frankreichs heutige Nordost-Grenze war geschaffen, im Osten das Staatsgebiet begradigt, die Rheingrenze aber noch nicht erreicht. Doch der anerkannten Vormacht Frankreich war es ein leichtes, gegenüber dem seit dem »Dreißigjährigen Krieg« gelähmten Deutschen Reich Gebietsansprüche durchzusetzen. Begründet wurden sie von Ludwig XIV. mit dem Begriff der »Reunion«, der »Rückgewinnung« solcher Gebiete, die einstmals durch Rechtsansprüche unterschiedlichster Art mit Frankreich verbunden gewesen sein sollten. Die von ihm eingesetzten »Reunionskammern« wurden ›fündig‹, und Ludwig annektierte unter Berufung auf die ›rechtlichen Ansprüche‹ und ohne Kriegserklärung Teile des *Elsaß* und 1681 die Reichsstadt Straßburg, besetzte 1684 *Luxemburg* und das *Kurfürstentum Trier* und erreichte vom Kaiser, dem vor Wien durch die Türken die Hände gebunden waren, die Anerkennung dieser Annexionen. Die Vorwände, die Mißachtung fremden Rechtes und die üblen Begleiterscheinungen der Eroberungen machten Europa allerdings deutlich, daß es Frankreichs König nur um Machterweiterung, nicht um eine zum Nutzen der Völker ausgeübte Hegemonie ging.

Schweden auf dem Weg zu seiner größten Ausdehnung: der »(Erste) Nordische Krieg« unter Karl X. Gustav. *Der schwedische König, Nachfolger Königin Christines, mit seinem Heer in der Schlacht von Ifverös. Der durch den Marsch der schwedischen Armee über die zugefrorenen Belte berühmt gewordene Feldzug gegen Dänemark endet mit dem Frieden von Roskilde (1658), der die Dänen zum Verzicht auf ihre südschwedische Besitzung zwang. Nationalmuseum, Stockholm.*

Entscheidender Auftakt des »Dreißigjährigen Krieges«: Die Schlacht am Weißen Berge. *Sieg der bayerisch-kaiserlichen Truppen unter Tilly und der »Katholischen Liga« über die von Christian von Anhalt geführte pfälzisch-böhmische Armee König Friedrichs V. am 8. November 1620. Nach dem Zusammenbruch floh der »Winterkönig« Friedrich in die Niederlande und verlor mit seinem Erbland die Kurwürde an Bayern. Die »Protestantische Union« löste sich auf, Bayern gewann an politischer Macht.*

Der »Böhmisch-Pfälzische Krieg«: Gewaltsame Rückführung Böhmens zum Katholizismus: *Die Niederlage bei Prag bedeutete das Ende des Protestantismus und der ständischen Verfassung in Böhmen und den österreichischen Erblanden. Die bürgerlich-protestantischen Anführer des böhmischen Aufstandes wurden hingerichtet oder des Landes verwiesen, etwa die Hälfte des adeligen Grundbesitzes wurde enteignet. Gemälde von Peter Snayers. Musées Royaux des Beaux Arts, Brüssel.*

Die Befreiung Wiens im zweiten Türkenkrieg *(1683–1699). »Entsatzschlacht am Kahlenberge vor Wien am 12. September 1683«. Sieg der vereinigten kaiserlichen, bayerischen, sächsischen, polnischen und der Reichskreis-Truppen unter dem Oberbefehl des Polenkönigs Johann III. Sobieski und der Führung Herzog Karls V. von Lothringen. Der Entsatz der Stadt beendete den türkischen Druck auf die Flanke Mitteleuropas. Zeitgenössisches Gemälde (Ausschnitt). Heeresgeschichtliches Museum, Wien.*

Endgültig bestärkt fühlen mußten sich alle Widerstandskräfte, als Ludwig XIV. mit Gewalt in Frankreich die katholische Glaubenseinheit wiederherstellte und 1685 durch die Aufhebung des »Edikts von Nantes« (siehe Band 7) eine halbe Million *Hugenotten* zur Massenflucht veranlaßte – ein schwerer Schlag übrigens für die Merkantilwirtschaft (siehe Seite 253), die auf Überschüsse aus Handel und Gewerbe zur Deckung der Unkosten von Heer und Verwaltung angewiesen war. Ludwig, auf dem Höhepunkt innerer und äußerer Machtentfaltung, ließ sich von kritischen Bewertungen nicht beeindrucken. 1688, im selben Jahr, in dem in England nach dem Sturz der Stuarts der neue König Wilhelm III. den nationalen und religiösen Gegensatz zu Frankreich verkörperte, provozierte er nach bewährtem Muster aufgrund angeblicher Erbansprüche seines Bruders Philipp von Orléans (verheiratet mit »Liselotte« von der Pfalz) den *»Pfälzischen Erbfolgekrieg«*, womit er aber auch den massiven Zusammenschluß halb Europas riskierte. Das Deutsche Reich erklärte ihm im April 1689 den Krieg, im Mai schlossen sich gegen ihn die Niederlande, Österreich und England zur »Großen Allianz« zusammen, die zeitweilig um Spanien vermehrt wurde. Als Ludwig XIV. daraufhin den Rückzug aus Deutschland antreten mußte, verwüsteten seine Truppen die Pfalz und zerstörten Worms. Soldaten erbrachen die Kaisergräber im Dom zu Speyer, und das Schloß in Heidelberg ging in Flammen auf.

Eine von Ludwig geplante Invasion, die England in die Knie zwingen und politisch die Restauration der gestürzten katholischen Stuarts ermöglichen sollte, scheiterte 1692 in der Seeschlacht bei *La Hogue* in der Normandie. Da die »Große Allianz« ihrerseits zu schwach war, den Krieg offensiv nach Frankreich hineinzutragen, kam es 1697 zum »Frieden von Rijswijk«. Frankreich kam ohne spektakuläre Gebietsverluste davon, die Verhältnisse in Europa wurden also noch nicht entschieden geändert, doch war die beginnende Kräfteverschiebung unübersehbar: Gefahr drohte Frankreich im Nordwesten von England und im Osten von der stärksten Festlandmacht, Österreich. Dazwischen lag gleichsam als Pufferstaat das in über dreihundert Staaten aufgesplitterte Deutsche Reich.

DEUTSCHES REICH: »DREISSIGJÄHRIGER KRIEG«

Hier gab es weder ein einheitliches Reichsgefühl noch einen zentralistisch regierenden Kaiser: Die kaiserliche Hofkanzlei befand sich in *Wien*, die des Reiches in *Mainz*, der Reichshofrat übte in *Wien* seine Befugnisse aus, das

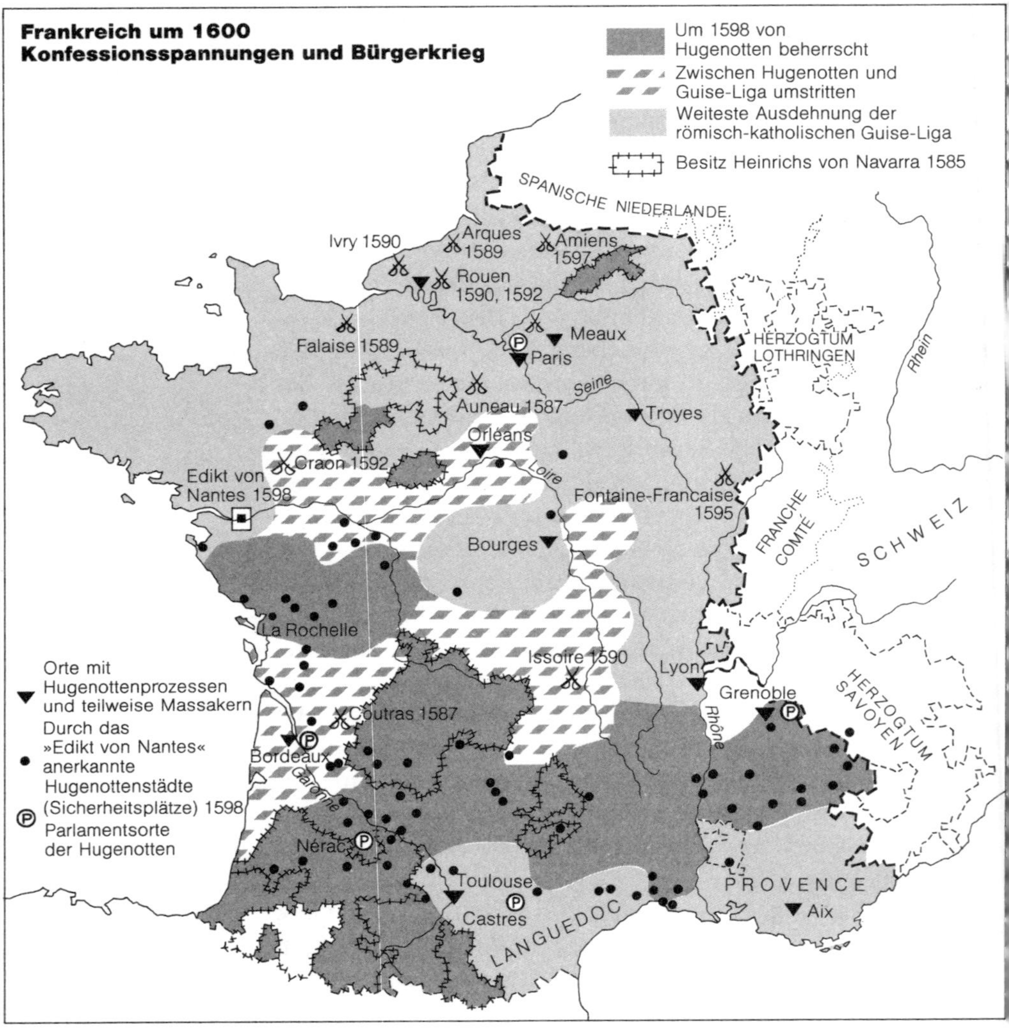

Reichskammergericht in *Wetzlar*, und seit 1663 tagte in *Regensburg* der »Immerwährende Reichstag«, der in sich auch noch konfessionell gespalten war. Die militärische Verteidigung war desolat, eine Reichsarmee, nur nach Ausrufung eines Reichskriegs existent, stand eher auf dem Papier – wie sollte man auch Truppenkontingente aus über dreihundert Staaten effektiv zu einem schlagkräftigen Heer zusammenfassen? Wirkung konnten nur tüchtige Reichsfürsten erzielen – Habsburg war zu sehr mit sich selbst beschäftigt und unfähig, das kulturelle und politische Chaos zu steuern, das seit dem »Dreißigjährigen Krieg« über das Deutsche Reich hereingebrochen war.

Schon zehn Jahre vor dem Kriegsausbruch hatten sich unheildrohende Wolken über Deutschland zusammengeschoben: Mit der Bildung der evangelischen »Union« 1608 und der katholischen »Liga« ein Jahr später unter Führung des bayerischen Herzogs *Maximilian I.* (R 1597–1651) hatte sich die konfessionelle Spaltung auch in Militärbündnissen verfestigt und auf den Weg vorverwiesen, den Deutschland in einem dreißig Jahre langen Religionskrieg zu gehen hatte. Der Beginn dazu lag in Böhmen, wo die protestantischen Stände ihren Ärger über den Abbruch zweier Kirchen, veranlaßt durch den gegenreformatorischen katholischen König *Ferdinand II.* (Kg. 1617, Ks. 1619–1637), an den kaiserlichen Räten Martinitz und Slavata ausließen (»Prager Fenstersturz« 1618), eine eigene Ständeregierung mit militärischer Unterstützung des protestantischen Grafen *Ernst von Mansfeld* bildeten, Ferdinand II. absetzten und als böhmischen Nachfolgekönig Kurfürst *Friedrich V. von der Pfalz* wählten. Ferdinand II., in seinen Erblanden hart bedrängt, mußte sich an die »Liga« wenden und dem bayerischen Kurfürsten die Initiative überlassen. Der erschloß tatsächlich durch den Sieg über den Gegenkönig am *Weißen Berg bei Prag* (8. November 1620) Böhmen, Mähren und Schlesien wieder der Gegenreformation und wurde mit der Oberpfalz als Siegeslohn belehnt (1621), 1623 zusätzlich mit der Kurwürde des glücklosen Friedrich.

DIE ZWEITE KRIEGSPHASE

Der Sieg des Katholizismus in dieser ersten Etappe, dem »Böhmisch-Pfälzischen Krieg« (1618–1623), und die politische und zugleich religiöse Niederlage des Protestantismus war den europäischen reformierten Mächten Vorwand genug, sich in die Verhältnisse des zerrissenen Deutschland zu ihren Gunsten einzumischen. König *Christian IV. von Dänemark* (R 1596–1648), als Herzog von Holstein zugleich deutscher Reichsfürst, erschien als Bundesbeauftragter der Engländer und Holländer und der Franzosen mit einem Heer in Norddeutschland und eröffnete die zweite Etappe des »Dreißigjährigen Krieges«, den »Dänisch-Niedersächsischen Krieg« (1625–1629). Sein überlegener Gegenspieler wurde, da der Kaiser nicht auf Dauer von der »Liga« militärisch und damit politisch abhängig sein wollte, der von ihm mit der Bildung eines kaiserlichen Heeres beauftragte *Albrecht Wenzel Eusebius von Wallenstein* (* 1583, † 1634). Dessen Heer wurde zwar keineswegs ein kaiserliches, aber es sollte als bestorganisierte Streitmacht nicht nur den protestantischen Kräften schwere Niederlagen beibringen, sondern zugleich auch die Freiheit (Libertät) der Reichsfürsten brechen und schließlich Wallenstein selbst eine starke, mit dem Kaiser konkurrierende Stellung einbringen: Gegen die Fürsten und zugunsten des Kaisers, gegen den Kaiser und

***Erfolglos in der Expansionspolitik: Christian IV. von Dänemark.** Gemälde von Abraham Wuchters, um 1638.*

für sich selber, an diesem Widerspruch ist Wallenstein letztlich gescheitert. Für den Kaiser schlug er die Protestanten unter dem *Grafen Mansfeld* im April 1626 an der *Dessauer Brücke*, während der Feldherr der »Liga«, *Johann Tserclaes Graf von Tilly* (* 1559, † 1632), im August bei *Lutter am Barenberg* König Christian IV. von Dänemark besiegte. Die katholische Herrschaft über Norddeutschland wurde durch beider Heerführer Vereinigung und die Unterwerfung von Mecklenburg, Brandenburg, Pommern, Holstein und Schleswig bis Jütland besiegelt. Doch Wallensteins zunehmende Macht (1627 Herzog von Mecklenburg, Generalissimus des baltischen und ozeanischen Meeres) und selbstherrliches Handeln (»Lübecker Friede« 1629 mit Dänemark) weckten das Mißtrauen der Kurfürsten. Sie befürchteten, durch die Macht Wallensteins und die von ihm geförderte Kaisermacht eine doppelte Einkreisung und eine absolutistische Reichsreform. Durch diplomatische Einflußnahme setzten sie schließlich beim Kaiser die Absetzung Wallensteins durch (1630), womit nicht nur dieser an Macht verlor, sondern auch Ferdinand II. militärisch wieder unter Kontrolle der »Liga« kam. Politisch hatte sich Ferdinand zusätzlich durch das »Restitutionsedikt« von ihnen abhängig gemacht, weil die Protestanten die befohlene Rückgabe des nach 1552 vereinnahmten geistlichen Territorialbesitzes verweigerten.

DAS EINGREIFEN GUSTAV ADOLFS

Das Übergewicht des Katholizismus im Norden wie im Süden schien endgültig wahr zu werden, als sich Ferdinand II. im »Erbfolgekrieg« um Mantua gegen französische Konkurrenz durchsetzte und Frankreichs Trauma, die habsburgische Umklammerung von Spanien und Deutschland-Österreich her, erneut aufbrach. Religiöse Rücksichtnahme, das hatten schon die früheren Bündnisse des katholischen Frankreich mit den *Osmanen* im Balkan- und Mittelmeerraum gezeigt (sie wurden auch im 17. Jahrhundert zum Schaden Europas fortgesetzt), kannte kein französischer König, wenn es um Machterweiterung ging: Richelieus Vermittlung im Ostseekonflikt zwischen den konkurrierenden Mächten Polen und Schweden (»Waffenstillstand zu Altmark« 1629) und eine umfangreiche Finanzhilfe (Subsidien nannte man das damals) für den Schwedenkönig *Gustav II. Adolf* (R 1611–1632) schufen dann auch die Voraussetzungen für die dritte Phase des »Dreißigjährigen Krieges« mit europäischer Dimension, den »Schwedischen Krieg« (1630–1635). Gustav Adolfs Landung in Pommern am 24. Juni 1630 erfüllte in idealer Weise

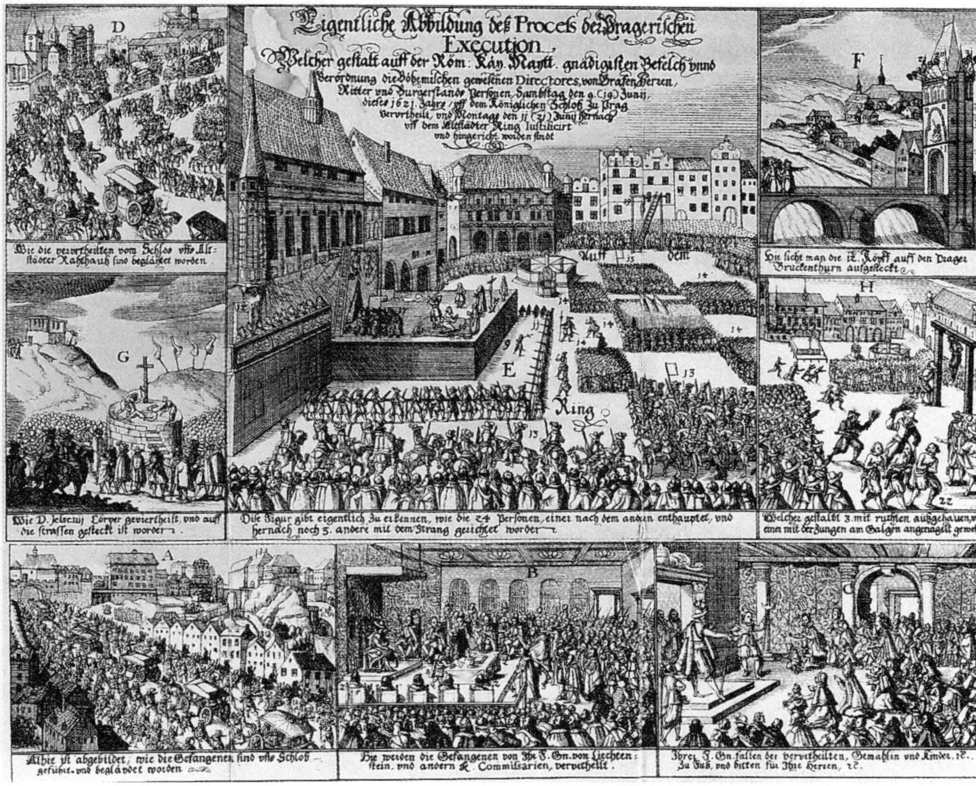

Die Schrecken des »Dreißigjährigen Krieges«. *– Oben: Hinrichtung der Prager Aufständischen am 21. Juni 1621 im »Böhmisch-Pfälzischen Krieg«. Zeitgenössisches Flugblatt. – Unten: Kriegsgreuel. Plündernde Soldaten und die grausame Rache der Bauern. Kampfszene aus »Misère de la Guerre« von Jacques Callot, 1633. Österreichische Nationalbibliothek, Wien.*

Daten zum 17. Jahrhundert: Deutsches Reich

1583–1634	Albrecht von Wallenstein
1597–1651	Maximilian I. von Bayern
1608	Protestantische »Union«
1609	Katholische »Liga«
1618–1648	»Dreißigjähriger Krieg«
1618	Prager Fenstersturz
1618–1623	1. Abschnitt: »Böhmisch-Pfälzischer Krieg«
1620	Schlacht am Weißen Berg bei Prag
1625–1629	2. Abschnitt: »Dänisch-Niedersächsischer Krieg«
1626	Schlacht an der Dessauer Brücke
	Schlacht bei Lutter am Barenberg
1629	»Friede von Lübeck« mit Dänemark
	»Restitutionsedikt«
	Waffenstillstand Schweden–Polen auf Veranlassung Frankreichs
1630	Absetzung Wallensteins
1630–1635	3. Abschnitt: »Schwedischer Krieg«
1630	Landung Gustav Adolfs in Pommern
1631	Eroberung Magdeburgs und Leipzigs durch Tilly
	Sieg Gustav Adolfs bei Breitenfeld
1632	Lechübergang bei Rain
	Tod Tillys
	Entscheidungsschlacht bei Lützen, Gustav Adolf fällt
1634	Ermordung Wallensteins in Eger
1635	»Friede zu Prag«
1635–1648	4. Abschnitt: »Französisch-Schwedischer Krieg«
1637–1657	Ferdinand III.
1648	»Westfälischer Friede« zu Münster und Osnabrück
1640–1688	Friedrich Wilhelm von Brandenburg, der »Große Kurfürst«
1675	Sieg des Großen Kurfürsten über die Schweden bei Fehrbellin
1651–1679	Ferdinand Maria von Bayern
1679–1726	Maximilian II. Emanuel von Bayern, der »Türkensieger«, Verbündeter Ludwigs XIV. im »Spanischen Erbfolgekrieg«

die französischen Vorstellungen eines militärischen Fremdeingriffes gegen die Habsburger wie auch die schwedischen politisch-religiösen Hoffnungen, den deutschen Protestantismus zu retten und die Ostsee durch Küstengewinne auf Kosten der Deutschen in ein rein schwedisches Binnenmeer zu verwandeln. Die Eroberung Magdeburgs 1631 durch *Tilly* und *Gottfried Heinrich Graf zu Pappenheim* und die Einnahme Leipzigs sollten nun für längere Zeit die einzigen Gewinne der katholischen »Liga« bleiben, denn noch im September siegte Gustav Adolf bei Breitenfeld (nahe Leipzig) und durchzog siegreich, ohne größeren Widerstand, Thüringen und Franken, setzte in Würzburg eine schwedische Landesregierung ein, rückte nach Frankfurt und Mainz vor, befreite die Pfalz, wandte sich über Kissingen nach Nürnberg, erzwang bei Rain den Übergang über den Lech (1632), nahm Augsburg, Landshut, Freising, München – nur Ingolstadt, wo der verwundete Tilly am 30. April 1632 starb, konnte sich gegen den Ansturm der Gegner behaupten.

***Gustav II. Adolf:* König der schwedischen Großmacht.** *Kupferstich von Lukas Kilian.*

Innerhalb von zwei Jahren war die überlegene Position des katholischen Lagers zusammengebrochen. Der verzweifelte Kaiser mußte sich erneut an Wallenstein wenden und ihn mit unumschränkten Vollmachten zum Oberbefehlshaber eines Kaiserheeres machen. Wallenstein baute seine Position noch weiter aus, indem er durch unnötige militärische Operationen in Böhmen den bayerischen Kurfürsten ohne Unterstützung gegen die Schweden ließ und erst, als er auch den Oberbefehl über die bayerischen Truppen übertragen bekam, den Bayern in ihrem eigenen Land zu Hilfe kam.

Etwa elf Wochen lang lagen sich die gegnerischen Heere der Schweden und Wallensteins Truppen bei *Zirndorf* in festen Verschanzungen gegenüber, dann ergriff Wallenstein die Initiative und suchte durch einen Vorstoß nach Sachsen Gustav Adolf von den rückwärtigen Verbindungen abzuschneiden. In Sachsen kam es bei *Lützen* am 6. November 1632 zur Entscheidung.

Der schwedische Sieg war ein Pyrrhussieg, denn Gustav Adolf war gefallen, und damit zerbrach auch die protestantische Überlegenheit. Begraben war mit ihm auch der Plan eines schwedischen Königtums deutscher Nation unter Führung der Protestanten. Wenn ein politisch geschlossenes Konzept weiterlebte, dann mit umgekehrten Vorzeichen bei Wallenstein, dem einzigen, der diesen Krieg mit dem festumrissenen Programm führte, die Schweden zu vertreiben, die Macht der Reichsfürsten zu brechen und für sich selbst eine starke zentrale Stellung aufzubauen, ohne daß er freilich seine eigene Stellung wirklich genau zu fixieren wußte.

Religiös tolerant oder doch gleichgültig, die stärkste militärische Potenz in Deutschland, sozusagen ein Mann über den Konfessionsparteien, zeigte er einen Weg zum straff organisierten Staatswesen auf, einen Weg also, den die Staaten ringsum, mit Ausnahme Englands, in der absoluten Monarchie schon längst gegangen waren. Ob er eine Militärdiktatur wie später der Engländer Cromwell errichtet hätte, das bleibt müßige Spekulation.

Wallenstein wurde den Reichsfürsten wie dem Kaiser zu gefährlich, seine eigenmächtigen Friedensverhandlungen mit Schweden, die diesen sinnlosen Krieg beenden sollten,

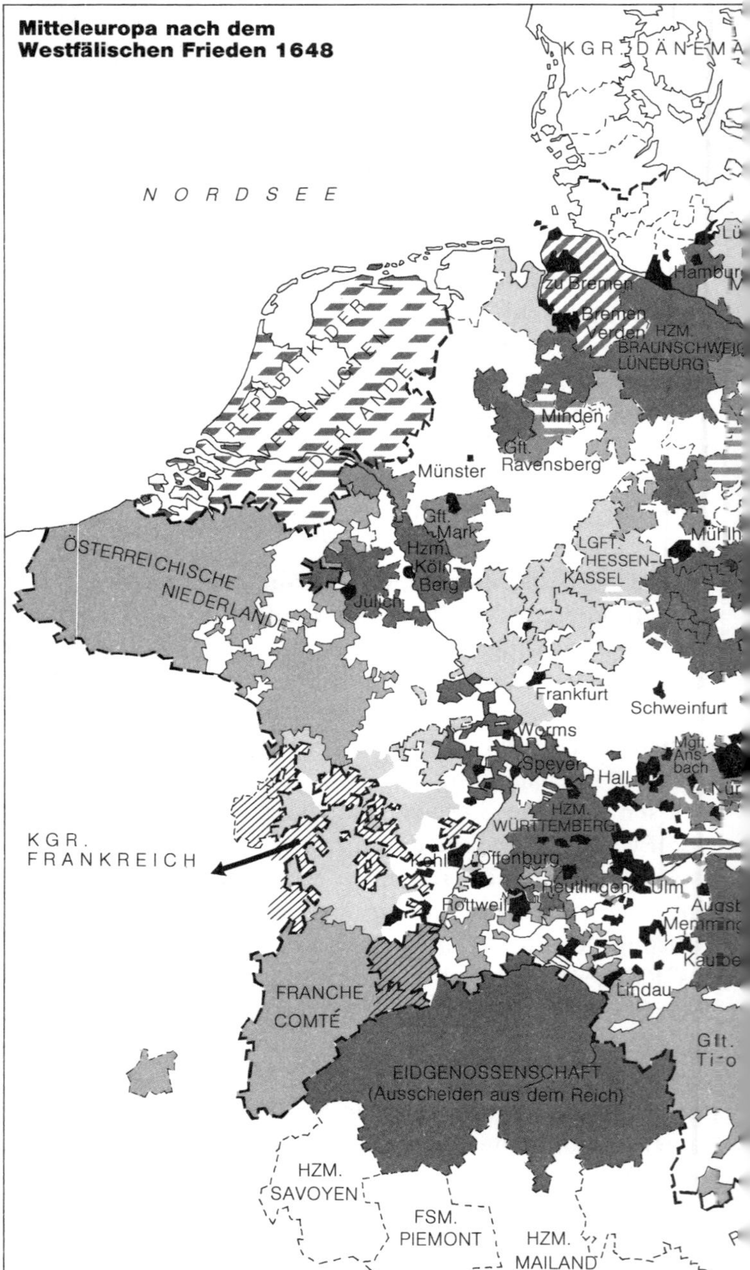

führten zu seiner Ermordung am 25. Februar 1634 in Eger. Noch mit seinem Heer wurden die Schweden unter Herzog *Bernhard von Weimar* und *General Horn* bei *Nördlingen* am 6. September geschlagen, Süddeutschland ging verloren für Schweden, und die protestantischen Reichsfürsten fanden 1635 in *Prag* zu einem vorteilhaften Frieden mit dem Kaiser.

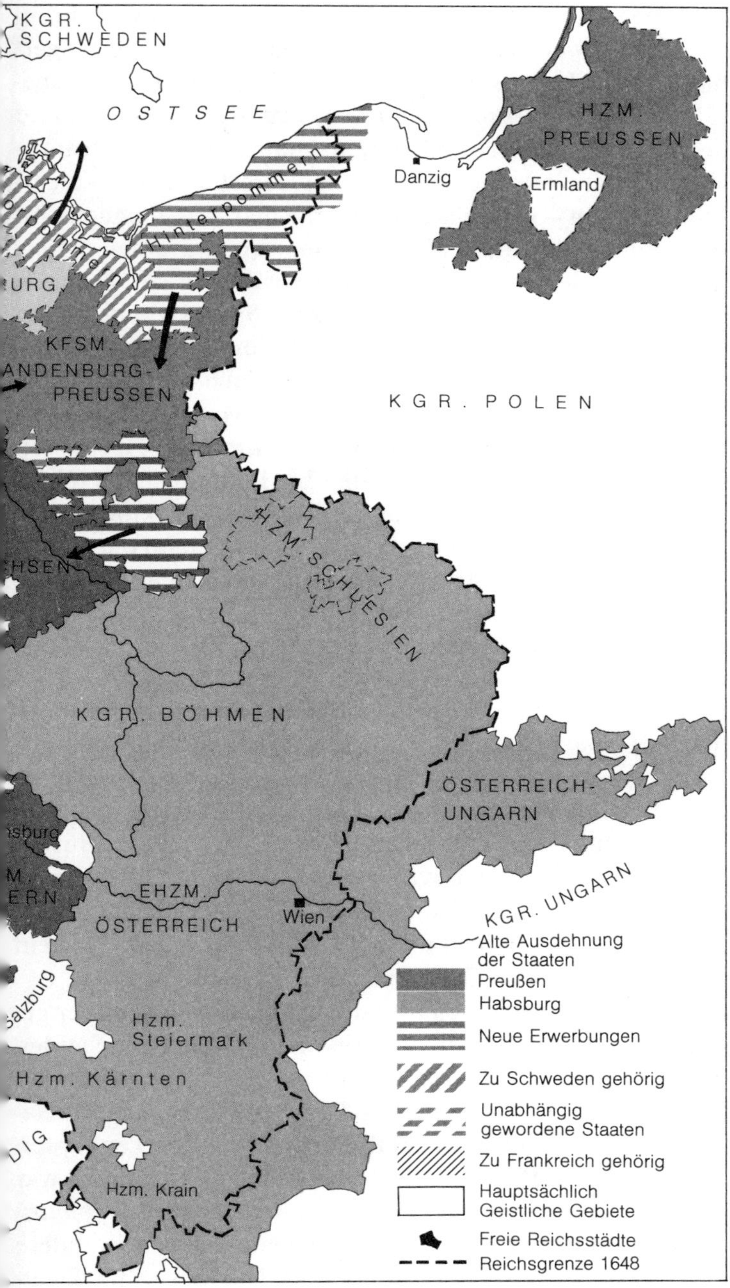

ENDPHASE UND »WESTFÄLISCHER FRIEDE«

Diese Festigung habsburgischer Macht hätte in Deutschland innenpolitisch-religiös zum Ausgleich und zum Kriegsende führen können, vor allem seit *Ferdinand III.* (R 1637–1657) den Kaiserthron bestiegen hatte, wenn nicht Frankreich unvermindert die Machtminderung der Habsburger und den politischen Vorrang vor Deutschland mit schwedischer Militärhilfe angestrebt und den Krieg somit in verheerender Weise in einer letzten Etappe, dem »Französisch-Schwedischen Krieg« (1635–1648), verlängert hätte. Der schwedische Kanzler *Oxenstierna* und die Generäle *Baner, Torstenson* und *Wrangel* auf der einen Seite und der Fuchs *Richelieu* und Feldmarschall *Turenne* auf französischer Seite eröffneten auf zwei verschiedenen Kriegsschauplätzen – in Sachsen und am Rhein – von neuem auf dem Boden des ausgebluteten Deutschland einen Krieg, der längst nicht mehr von religiösen Zielen, sondern von Machtstreben, Gewinnsucht und Zerstörungswut bestimmt war. Friedensinitiativen des Papstes und Friedensbereitschaft des Kaisers wurden von Frankreich und Schweden mit Erfolg blockiert. Die blutige, von Mord, Brandschatzung und Raub gekennzeichnete Spur ihrer Heere entstellte Deutschland vom Norden bis hinunter nach Wien, ehe nach vierjährigen Verhandlungen am 24. Oktober 1648 in *Münster und Osnabrück* das unendliche Elend der Bevölkerung und die chaotischen Zustände im Reich im »Westfälischen Frieden« beendet wurden.

In religiöser Hinsicht befestigte der erfolgte Friedensschluß den Ausgleich zwischen beiden Konfessionen im Reich auf der Basis voller Gleichberechtigung, aber in politischer Hinsicht zerriß er für eine verhängnisvolle Zukunft Deutschland in über dreihundert Staaten und lieferte es dem Einfluß Frankreichs und anderen Staaten aus, von den grauenhaften Verwüstungen und Menschenverlusten (etwa die Hälfte der Bevölkerung wurde getötet) ganz zu schweigen. Wohlstand und Bevölkerungszahl haben zum Teil erst im 19. Jahrhundert wieder den Stand vor dem »Dreißigjährigen Krieg« erreicht.

Ein ohnmächtiges Reich und die Frankreich gegenüber geschwächte Habsburger Dynastie mußten das Ausscheiden der *Schweiz* und der *Niederlande* aus dem Reichsverband hinnehmen, die Besetzung des *Elsaß* und ebenso die Tatsache, daß sich Frankreich am Rhein mit zwei Brückenköpfen auf der rechten Rheinseite festsetzte. Folge des Krieges war auch die Einverleibung *Vorpommerns, Stettins, Wismars, Bremens* und *Verdens* durch die Schweden, die – wie andere ausländische Herrscher mit territorialem Besitz im Deutschen Reich – nun auch Sitz und Stimme im Reichstag besaßen und zusammen mit Frankreich zu schiedsrichterlichen Garanten eines bedeutungslosen Deutschen Reiches wurden. Während die neuen Großmächte Frankreich, Schweden und die Vereinigten Niederlande (Holland), auch das abseits stehende England und das niedersinkende Spanien, ihren nationalen Staat gefunden hatten, herrschten im Zentrum Europas Chaos und politische Zerrissenheit.

Fußsoldat aus der Zeit des »Dreißigjährigen Krieges«: *Laden der Muskete.*

AUFSTIEG PREUSSENS

Ein Gesunden des Reiches war auf Dauer nur möglich, wenn einer der deutschen Staaten, eine der Dynastien, noch stark genug war, auch die Gesamtinteressen Deutschlands zu vertreten, sich mit ihnen zu identifizieren und ein gemeinsames Reichsgefühl über alle staatliche Zerrissenheit hinweg wecken konnte. Das jedoch war sehr unwahrscheinlich. Am ehesten konnte man die Lösung von den *Wittelsbacher Bayern* erwarten, am wenigsten vom *Kurfürstentum Brandenburg* unter den *Hohenzollern*, lag doch das arme Land mit seiner halb deutschen, halb slawischen Bevölkerung sozusagen am Ostrand der Weltpolitik, territorial zudem weit getrennt von den 1614 geerbten Gebieten Kleve, Mark und Ravensberg, wie auch von Preußen, das 1618 durch Erbfall als polnisches Lehen hinzugewonnen worden war. Und doch wurde gerade hier der Keim gelegt für einen Staat, der durch geschicktes Lavieren zwischen den bisherigen Großmächten als stärkste deutsche Macht neben Österreich auch zu einem neuen europäischen Machtfaktor werden sollte.
Zu verdanken war der Aufstieg Brandenburg-Preußens dem 1620 geborenen *»Großen Kurfürsten« Friedrich Wilhelm* (R 1640–1688) und seinen Nachfolgern, dem *»Soldatenkönig« Friedrich Wilhelm I.* (R 1713–1740) und dem *»Alten Fritz«* (*Friedrich II., der Große,* R 1740–1786). Entmachtung der Stände, Privilegierung des Adels, Förderung der merkantilistischen Wirtschaft (u. a. durch Aufnahme von 20 000 aus Frankreich vertriebenen Hugenotten), Schaffung und Ausbau eines stehenden Heeres, eine straff durchorganisierte Verwaltung und strenge Erziehung waren Pluspunkte, die in dieser Summierung zu dieser Zeit kein deutscher Staat aufzuweisen hatte, auch nicht Österreich.

ÖSTERREICH, UNGARN UND DIE TÜRKEN

Österreichs Südostlage führte zu wiederkehrenden Auseinandersetzungen mit den Ungarn und türkischen Osmanen. Der Kaiser versuchte daher durch absolutistische Maßnahmen eine wirksame Abwehr, stellte aber gleichzeitig den Freiheitswillen des ungarischen Adels auf harte Proben. Scharfes Vorgehen gegen die Anhänger der Reformation in Ungarn wurde seit 1669 zur Ursache eines ungarischen Aufstandes, der gefährliche Dimensionen annahm, als der Anführer *Graf Tököly* 1678 die Türken rief, um mit ihrer Hilfe den schmalen Streifen des österreichischen Ungarn in einen osmanischen Vasallenstaat umzuwandeln. 1683 griff der Großwesir *Kara Mustafa* (R 1676–1683) an, und wieder, wie 1529, drangen die Türken bis Wien vor, erneut

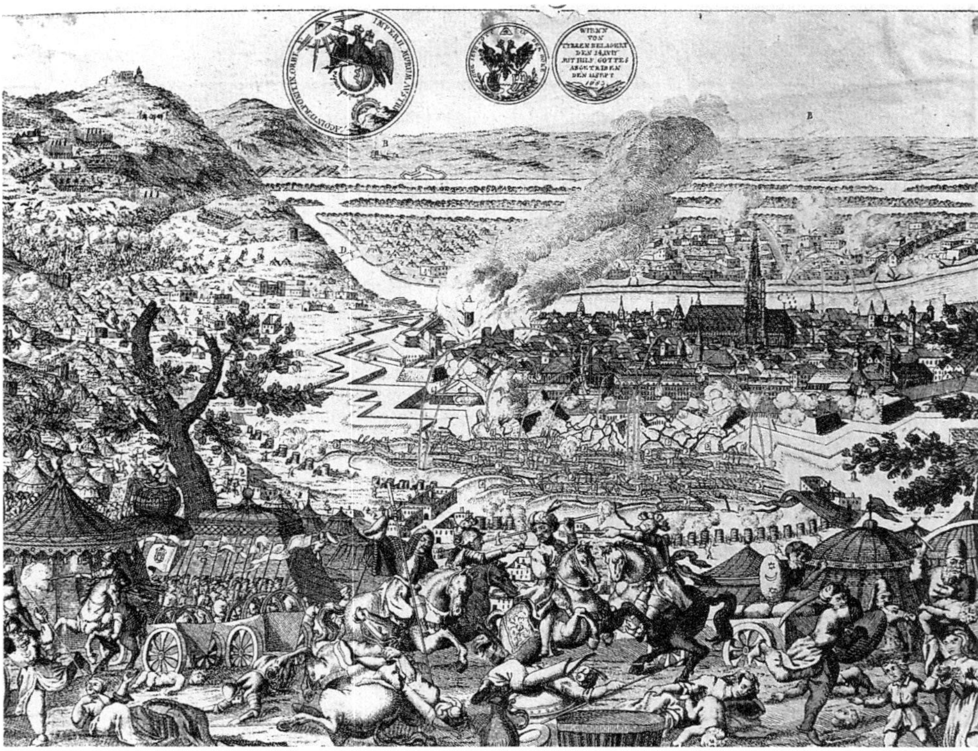

Berühmte Schauplätze der Türkenkriege. – *Oben: Türkenbelagerung Wiens, 1683. Gesamtansicht Wiens und der Umgebung aus der Vogelschau mit brennendem Schottenhof, der abgebrochenen Schlagbrücke und einer von den Türken errichteten Brücke bei Nussdorf. Zeitgenössischer Kupferstich. Österreichische Nationalbibliothek, Albertina; Wien. – Unten: Belagerung Belgrads am 9. 8. 1688 durch Kurfürst Max II. Emanuel. Italienischer Kupferstich. Bayerisches Hauptstadtarchiv, München.*

wie damals unterstützt von Frankreich. Unmittelbare politische Betroffenheit und Solidarität im Kampf gegen die ›Ungläubigen‹ führten rasch zur Unterstützung Österreichs durch Venedig, Polen, Bayern, Kursachsen, den fränkischen und schwäbischen Reichskreis. Selbst Kurbrandenburg und Schweden schickten Hilfe, so daß ein Entsatzheer unter dem Oberbefehl des Polenkönigs *Johann III. Sobieski* (*Jan S.*, R 1674–1696) den türkischen Belagerungsring sprengen und am *Kahlenberg* 1683 einen vollständigen Sieg über die Türken erringen konnte. Damit war die Macht der Osmanen in Europa aber noch längst nicht gebrochen; der Krieg ging weiter bis 1699, doch Österreich stand nicht mehr allein.

Der Held der Türkenkriege: Prinz Eugen von Savoyen. *Zeitgenössischer Kupferstich.*

Ein seit den mittelalterlichen Kreuzzügen nicht mehr gekanntes Gefühl christlich-abendländischer Gemeinschaft brachte 1670 sogar eine Allianz aller Wien-Sieger unter dem Schutz des Papstes zustande, der mit diplomatischen und finanziellen Mitteln die Habsburger so unterstützte, daß sie zum Gegenangriff übergehen konnten. An einem durchschlagenden Soforterfolg hinderte sie der französische König Ludwig XIV., als er durch seine Feldzüge nach Luxemburg und Trier der Allianz in den Rücken fiel. Den katholischen Glauben seiner Machtpolitik unterordnend, entlastete er die Türken. Dennoch konnten *Max II. Emanuel von Bayern* (R 1679–1726) und Markgraf *Ludwig Wilhelm I. von Baden, der »Türkenlouis«* (R 1677–1707), beide bewährte Heerführer, schließlich Österreichs Vormarsch bis zur Save-Drau-Linie und die Eroberung Belgrads ermöglichen.

Die Befreiung Ungarns von den Türken zahlte sich auch politisch aus, denn die Stände übertrugen zu Preßburg 1687 die erbliche Krone Ungarns den Habsburgern. Fortan war Österreich die königlich und kaiserliche »k.u.k. Monarchie Österreich-Ungarn« – bis zum 1. November 1918.

Den sechzehnjährigen Türkenkrieg seit 1683 beendete 1697 durch einen imponierenden Sieg über ein weit überlegenes Heer der neue Heerführer *Prinz Eugen von Savoyen* (* 1663, † 1736). Er verschaffte Österreich im »Friedensschluß von Karlowitz« 1699 eine glänzende Ausgangsposition für die weitere Entwicklung. Die umfangreichen türkischen Gebietsabtretungen des Hauptteils von *Ungarn, Slawoniens* und *Siebenbürgens* machten Österreich zur Vormacht im Südosten und zu einer neuen Großmacht in Europa, die ganz im Sinne Englands gleichgewichtsstabilisierend gegen Frankreich wirken sollte. Die Türken waren damit aus dem Konzert der Großmächte in Europa ausgeschieden. Neben Territorialverlusten an Österreich hatten sie auch *Podolien* (am Mittellauf des Dnjestr) an Polen und die griechische *Peloponnes* (Morea) an Venedig verloren. Erst fünfzehn Jahre später versuchten sie eine Revision des Vertrags von Karlowitz zu erreichen, aber die glänzenden Erfolge Prinz Eugens bei *Peterwardein* und *Temesvár* sowie die Eroberung *Belgrads* 1717 zwangen die Türken erneut zum Frieden (»F. von Passarowitz« 1718) mit Gebietsabtretungen des *Banat, Serbiens* und der *Kleinen Walachei.* Weiter nach Süden ist seitdem die Donaumonarchie nie mehr vorangekommen.

Der Rückzug der türkischen Macht entschärfte zwar den österreichisch-türkischen Gegensatz, legte aber den Keim zu neuen Verwicklungen, die für Europas Zukunft entscheidend werden sollten, weil im äußersten von Türken besetzten Süden Rußlands, im Bereich der Krim, mittlerweile die Russen einen ersten Zugang zum Asowschen Meer gewonnen hatten.

PETER DER GROSSE – RUSSLAND AUF NEUEN WEGEN

Mit Zar *Iwans IV. (Wassiljewitsch I., der Schreckliche;* R 1547–1584) Tod hatten in Rußland die Machtkämpfe um den Zarenthron eingesetzt. Nach einem kurzen Zwischenspiel des Bojaren *Boris Godunow* als Zar (R 1598–1605), der sich eines Angriffes der Polen erwehren mußte, stellte der neugewählte Zar *Michail Fjodorowitsch* (R 1613–1645), Begründer der Dynastie *Romanow,* im Innern die staatliche Ordnung wieder her und war um Ausgleich mit *Polen* und *Schweden* bemüht. Deren Ringen um die Vorherrschaft im Ostseebereich verschaffte Rußland eine Verschnaufpause, machte aber andererseits den gewünschten Zugang zur Ostsee unmöglich, weil jede der beiden Mächte stärker war als Rußland. Mitte des 17. Jahrhunderts regelte der Friedensvertrag von *Oliva* die Verhältnisse insofern, als Polen *Livland* und *Estland* an Schweden verlor, während Rußland das Land *Smolensk,* die Stadt *Kiew* und die *Ukraine* östlich des Dnjepr von Polen gewann. (In diesem Frieden wurde auch dem »Großen Kurfürsten« die Souveränität über Preußen zugestanden. Erreicht hatte er sie durch geschicktes Lavieren erst als Bundesgenosse Schwedens, dann als Bundesgenosse Polens.) Eine entscheidende Veränderung zugunsten Rußlands trat erst ein, als 1689 die Zarin *Sophie (Sofia Alexejewna)* von ihrem Halbbruder *Peter* gestürzt wurde.

Europäisch denkender Zar: Peter I., der Große. *Um 1700. Zeitgenössischer Kupferstich.*

Mit rücksichtsloser Strenge und ungeheurer Energie stellte sich Zar *Peter der Große* (R 1682–1725), wie er schon bald genannt wurde, der doppelten Aufgabe: für Rußland einen Zugang zum Meer und damit Anschluß an Europa zu ge-

F. C. Weber: Die Reformen Peters des Großen – 1718

Text der Zeit

Der große Monarch, welcher die schwere Krone und das Szepter desselben mit unaufhörlicher Sorgfalt und Wachsamkeit führet, kann mit seiner wohlgeneigten Intention, ja mit seiner Liebe gegen die Untertanen dennoch nicht zu dem vorgesetzten End und Zweck kommen, weil er alles allein und durch sich selbst verrichten muß und sich nicht ohne Ursach einbildet, daß alles, was er in seiner gloriösen Regierung verändert, von den Russen mit Widerwillen und nur aus bloßem Gehorsam angenommen wird. Die schlaflosen Nächte, welche Sie vor das Aufnehmen Ihrer Länder zubringen, dienen den meisten, die darin wohnen, zum Trost und zur Hoffnung, daß dadurch Dero Lebenstage werden verkürzt und das Reich wieder in seine alten Formen gebracht werde. Man weiß, daß Petersburg, Schiffe und Wasser, deutsche Moden und Bartscherer, alle ausländische Sitten und Sprache den meisten ein Greuel sind, und daß alles, was sich in Petersburg niederlassen müsse, nach ihrer Heimat als dem Paradiese seufzen und nichts mehr wünschen als wieder in den altrussischen Schlamm zu kehren. [. . .] Weshalb also dieser große Monarch nach seiner großen Penetration und vortrefflichem Verstande mehr als zu wohl urteilet, daß mit seinem Absterben der Russe wieder ein Russe werden und ihm, dem Zaren, nichts als der Nachruhm bleiben wird. [. . .]

Aus einem Bericht des hannöverschen Geschäftsträgers F. C. Weber. In: E. Herrmann »Zeitgenössische Berichte zur Geschichte Rußlands«, Bd. II, S. 117 Moderne Übertragung von V. Gitermann

winnen und im Innern das Land nach europäischem Muster zu reformieren. Dem politischen und kulturellen Kennenlernen und dem Anschluß an Europa dienten Auslandsreisen 1697–1698 und 1716–1717, auf denen er sich in Königsberg zum Geschützmeister ausbilden ließ, in Amsterdam zum Schiffsingenieur und in London zum Navigator. Daß seine Vorliebe dem »Schiffsholz« galt, bewies er als »Zar und Zimmermann«. Nach westlichem Vorbild schuf er ein stehendes Heer von 130 000 Mann unter Nachahmung der europäischen Armeegliederung, Ausbildung und Rangordnung. Für den Adel führte er die Dienstpflicht ein. Die Verwaltung wurde straff zentralisiert, verantwortliche Fachminister unterstanden dem »Senat«, dem obersten Regierungsorgan. Sogenannte »Prokuratoren« überwachten als »Augen des Zaren« die Arbeit in den elf Gouvernements und den fünfzig Provinzen des Reiches.

Um die Ausgaben für Heer, Verwaltung und Hofhaltung zu decken, setzte er eine Steuerreform mit kräftiger Steuererhöhung durch, suchte aber auch durch Förderung von Textil- und Eisenindustrie, durch Ausbau der Verkehrs- und Wasserwege günstige Bedingungen für den Fern- und Transithandel zu schaffen und die Steuerkraft zu heben. Ausländische Fachkräfte waren immer willkommen. Ein ausgeklügeltes System von vierzehn Rangklassen, an per-

»Zivilisierung« nach westlichem Vorbild. *Ein Bojar läßt sich seinen Bart abschneiden. Nach der Rückkehr von seiner Europareise besteuerte Peter der Große das Tragen von Bärten. Nur Geistliche und Bauern waren von dieser Steuerpflicht ausgenommen. Zeitgenössischer Holzschnitt.*

sönliche Leistung gebunden, das übrigens bis 1917 in Kraft blieb, ermöglichte soziale Mobilität, d. h., auch Niedriggeborene konnten in die hohen Ränge durch eigene Leistung aufrücken. Außenpolitisch blieb dagegen Peters Ruhm bis zum Ende des 17. Jahrhunderts bescheiden: Der Zugang zur Ostsee blieb ihm durch Schweden und Polen versperrt, am Schwarzen Meer hatte er 1696 zwar *Asow* an der Don-Mündung erobert, doch blockierten die Türken ein weiteres Vordringen zunächst mit Erfolg.
Im Osten Rußlands aufbrechende Europabezogenheit und im Westen Frankreichs noch machtvolle Stellung, unerschüttert selbst durch den Mißerfolg des 1. Juli 1690, als der gestürzte Stuart-König *Jakob II.* (R 1685–1688) trotz französischer Hilfe in Irland *Wilhelm III.* (R 1689–1702) unterlag, kennzeichneten die Lage am Ende des 17. Jahrhunderts. Dreißig Jahre später hatte sich diese Konstellation allerdings entscheidend infolge zweier Kriege verschoben, an denen Frankreich und Rußland entscheidend beteiligt waren, Frankreich im *»Spanischen Erbfolgekrieg«* (1701–1714), Rußland im *»Nordischen Krieg«* (1700–1721).

DER »SPANISCHE ERBFOLGE-KRIEG«

Spätestens seit dem »Frieden von Rijswijk« 1697 war die spanische Erbfrage zu einem heißen Diskussionsthema an den Kabinettstischen geworden. Ganz egal, wer dem letzten spanischen Habsburger, dem vergreisten *Karl II.* (R 1665–1700), nachfolgte, ob Frankreich, Österreich oder, was wahrscheinlich war, England oder Holland: Spanien, im Besitz einer dieser Mächte, mußte das ganze bisherige System der europäischen Staatenwelt durcheinanderbringen und ihr das unerwünschte Übergewicht sogar einer

Weltmacht bringen. Frankreich konnte sich die berechtigtsten Hoffnungen auf den Erbfall machen, an dessen Eintritt ernsthaft wohl nicht einmal Ludwig XIV. (siehe Seite 30) bei seiner Heirat mit Maria Theresia, der spanischen Königstochter, geglaubt hatte. Österreich vermochte seine dynastische Verwandtschaft ins Spiel zu bringen, England und Holland waren chancenlos, versuchten aber den drohenden Ernstfall (Machtzuwachs für Österreich oder Frankreich) zuerst durch einen Aufteilungsvorschlag zu entschärfen, dachten dann aber bald immer lauter darüber nach, die spanische Herrschaft auf eine kleine, unbedeutende Dynastie zu übertragen. Der Spanier wurde erst gar nicht gefragt und verharrte in resigniertem Schweigen. Noch zu seinen Lebzeiten verabschiedeten daher die Großmächte, auch Frankreich, einen Vertrag (1698), in dem der bayerische *Kurprinz Ferdinand* als Nachfolger Karls zum Universalerben des spanischen Reiches eingesetzt wurde.
Die Regierung eines Bayern über die Iberische Halbinsel, die Spanischen Niederlande, Mailand, Neapel, Sizilien, die Philippinen, Westindien und Amerika vom Mississippi bis zum Rio de la Plata, zudem von den europäischen Großmächten garantiert – das mußte den kleinen Wittelsbacherstaat im Herzen Europas mit einem Schlag zu einer Großmacht emporheben und für das politische Machtvakuum Deutschlands unübersehbare Folgen haben. Wer weiß, wie die deutsche und europäische Geschichte einer weiteren Großmacht zwischen Frankreich und Österreich unter Ferdinand und dem dynamischen Vater *Max II. Emanuel* im Hintergrund weiter verlaufen wäre? Dieser Vertrag markierte einen der seltenen Punkte in der Weltpolitik, an denen eine allmählich gewachsene Machtkonstellation mit ausrechenbarer Weiterentwicklung eine jähe, spektakuläre und unvorhergesehene Wendung nehmen konnte. Aber so schnell, wie er aufgetaucht war, verflüchtigte sich der wittelsbachische Großmachttraum wieder. Ferdinand starb unerwartet am 6. Februar 1699 in Brüssel (sein Vater war Statthalter der Spanischen Niederlande). Karl II. entschied sich vier Wochen vor seinem Tod (1. November 1700) in einem weiteren Testament für den Bourbonen *Philipp von Anjou,* Ludwigs XIV. Enkel.
Damit war genau das eingetreten, was England vermeiden wollte. Und als Ludwig XIV. seinen Enkel schon am 16. November 1700 als *Philipp V. von Spanien* (R 1700–1746) ausgerufen hatte, noch dazu in Versailles, sich auch ganz bewußt eine spätere Angliederung Spaniens an Frankreich offenhielt und die enge Verbindung durch sofortige Handelsverträge auch wirtschaftlich auszunutzen verstand, wa-

ren England und Holland als See- und Handelsmächte empfindlich getroffen. In *Den Haag* schlossen sich daher Großbritannien, Holland, das um sein Erbe gebrachte Österreich, das Deutsche Reich, Preußen, Hannover, Savoyen und Portugal gegen Frankreich und seine Verbündeten, den wittelsbachischen *Kurfürsten von Köln* und den wittelsbachischen *Kurfürsten von Bayern*, zusammen. Entsprechend der Bedeutung der beteiligten Länder weitete sich dieser »Erbfolgekrieg« zum ersten »Weltkrieg«, den die Neuzeit kennt, mit Kriegsschauplätzen von Gibraltar, Spanien über Italien und Süddeutschland bis zur Nordsee, selbst die Meere waren nicht mehr ausgeklammert.

Bayern bildete zunächst den Schwerpunkt des Krieges, der letztlich ein Ringen um die Vorherrschaft in Europa war. Nach anfänglichen Erfolgen Max Emanuels ging nach der Vereinigung der Heere und dem Zusammenwirken des genialen österreichischen Heerführers *Prinz Eugen* und des englischen *Herzogs von Marlborough* in den Schlachten am *Schellenberg* in Donauwörth, bei *Höchstädt* an der Donau und *Blindheim*, zwischen beiden gelegen, Bayern 1704 verloren. Der Kurfürst kämpfte in Flandern weiter, wo die Schlachten von *Ramillies* (1706), *Oudenaarde* (1708) und *Malplaquet* (1709) das Übergewicht der Alliierten bestätigten. Ludwig XIV., nach acht erfolglosen Kriegsjahren zermürbt, durch innere Aufstände gehemmt, war zu einem Frieden und zur Herausgabe der in den Friedensschlüssen von Nimwegen (1678) und Rijswijk (1697) gewonnenen Territorien bereit.

Aber die überspannten Forderungen der siegessicheren Gegner, Ludwig XIV. solle seinen eigenen Enkel mit Waffengewalt wieder aus Spanien vertreiben, ließen den »Sonnenkönig« den Krieg weiterführen. Und, wie so oft in schwierigen Situationen, hatte er das Glück, daß 1711 zwei politische Ereignisse die Kriegssituation grundlegend so änderten, daß er nicht erneut auf seine Friedensbedingungen zurückzugreifen brauchte. In Österreich war durch den Tod *Josephs I.* (R 1705–1711) der Thron für seinen Bruder *Karl* freigeworden, der, 1703 als König von Spanien gewählt, sich gegen den Bourbonen Philipp nicht hatte durchsetzen können und jetzt als *Karl VI.* (R 1711–1740) zum deutschen Kaiser gewählt wurde. In England waren nach dem Sturz der Whigs die Tories (Seite 26) an die Regierung gekommen. Weil sie an einer Fortsetzung des Krieges nicht interessiert waren, riefen sie Marlborough ab und drängten auf schnellen Frieden, da sie die mögliche französisch-spanische Weltmacht nicht gegen eine neue österreichisch-spanische eintauschen wollten.

»FRIEDE VON UTRECHT« – BEGINN ENGLISCHER VORMACHT

Ein Kongreß trat in *Utrecht* zusammen und handelte ein Abkommen aus, das als der »Friede von Utrecht« (11. April 1713) in die Geschichte eingegangen ist. Zusammen mit den ein Jahr später zwischen Kaiser Karl VI. und Frankreich geschlossenen Verträgen von *Rastatt* und *Baden* für Österreich und das Deutsche Reich regelten die Einzelbestimmungen die Verhältnisse West- und Mitteleuropas für das folgende Jahrhundert: Frankreich verlor nichts in Europa, das Deutsche Reich gewann nichts hinzu, Spanien durfte nie mit Frankreich vereinigt werden und konnte unter dem Bourbonen Philipp sein Kolonialreich fast ungeschmälert behalten, verlor aber von seinen europäischen Besitzungen die *Spanischen Niederlande, Mailand* und *Sardinien* an Österreich, während *Sizilien* an Savoyen fiel (1720 mit Österreich gegen Sardinien getauscht). Holland bedingte sich in den jetzt österreichischen Niederlanden sieben Grenzfestungen aus, England begnügte sich in Europa mit dem wertvollen Gewinn von *Gibraltar* und *Menorca*, legte dafür um so größeren Wert auf den territorialen und wirtschaftlichen Ausbau seines atlantischen Besitzes. Frankreich mußte dort *Neufundland, Neuschottland* und die *Hudson-Bay-Länder* abtreten, Spanien hatte in einem Wirtschaftsabkommen seine überseeischen Häfen für England zu öffnen und anderen europäischen Mächten zu versperren. Die zukünftige erfolgreiche Seepolitik Englands mit einer Kette von Stützpunkten war damit ebenso vorgezeichnet wie seine konkurrenzlose Handelspolitik, sobald die bisher dominante Handelsmacht Holland geschwächt war.

Frankreich, zu europafixiert, hatte seine Vormachtstellung in Übersee wie in Europa an England verloren. Dessen für den Kontinent zugeschnittene Gleichgewichtspolitik war dagegen voll aufgegangen und erlaubte ihm den freien Gebrauch seiner Schiedsrichterrolle. In zukünftigen Konflikten konnte sich England entweder weitgehend neutral verhalten oder den Partner unterstützen, der seinen europäischen und atlantischen Interessen am weitesten entgegenkam.

Wie im Westen der »Spanische Erbfolgekrieg«, so stellte im Osten der gleichzeitige »Nordische Krieg« die Weichen für die politische Zukunft des 18. Jahrhunderts. Und wie dort Frankreich dem aufsteigenden England weichen mußte, so glich hier der Aufstieg Rußlands den Niedergang Schwedens aus. Sein großes Ziel, den Zugang zur Ostsee, konnte Zar Peter der Große nur erreichen, wenn es ihm gelang, die dieses Meer umschließende und beherrschende Großmacht Schweden auszuschalten.

SCHWEDEN AUF DEM HÖHEPUNKT DER MACHT

Schweden hatte sich seit der Mitte des 16. Jahrhunderts als die beherrschende Ostseemacht – mit freiem Zugang zur Nordsee – etablieren können, und zwar auf Kosten Dänemarks, Polens und Brandenburg-Preußens. Der »Friede von Oliva« (1660) sah das Land auf dem Höhepunkt seines politischen Einflusses, es war der »dominus maris baltici«, Herr des baltischen Meeres. Mittelnorwegen, Karelien, das Ingermanland, Estland und Livland waren erobert, die Ostseeinseln fest in seiner Hand, ebenso die Küstengebiete Vorpommerns und die Odermündung; in den preußischen Häfen Pillau und Memel erhob es Zölle, strebte nach dem Besitz Kurlands und der Weichselmündung. *Gustav II. Adolf* (R 1611–1632), Reichskanzler *Oxenstierna, Karl X. Gustav* (R 1654–1660) und *Karl XI.* (R 1660–1697) hatten die unbestrittene Vorherrschaft Schwedens aufgebaut.

Karl XI., obwohl im Feld nicht immer glücklich, setzte im Innern den absoluten Herrschaftsanspruch durch, und das bedeutete hier wie andernorts: Entmachtung des Adels, Beschneidung des Mitbestimmungsrechts von Parlament oder Reichsrat und Reichstag, Aufbau einer zentralen Verwaltung und eines stehenden Heeres, deren Kosten, in einem genauen Staatshaushalt festgehalten, durch Steuern, erhöhte Produktivität in Landwirtschaft und Handel sowie durch Einzug früher ausgegebenen Kronlandes gedeckt wurden.

Als Karl XI. nach siebenunddreißigjähriger Regierung starb, hinterließ er seinem fünfzehnjährigen Sohn *Karl XII.* (R 1697–1718) ein innen- wie außenpolitisch gefestigtes Reich, über dem allerdings drohend der Schatten Rußlands stand. Ebenso wie Polen, seit dem Frieden von Karlowitz 1699 vom Druck des Osmanenreiches entlastet, suchte jetzt Zar Peter der Große erst recht Zugang zum Meer.

Schwedische Eingriffe in einen innerdänischen Konflikt ließen es die Dänen ratsam erscheinen, bei Rußland und bei Polen, wo seit 1697 *Kurfürst August II., der Starke, von Sachsen* gewählter König war, um ein Bündnis nachzusuchen. Als die Schweden mit Truppen in Dänemark intervenierten, kam es auch aufgrund dieses Bündnisses im Februar 1700 zum »Nordischen Krieg«.

DER »NORDISCHE KRIEG« – SCHWEDEN UND RUSSLAND

Alle drei Verbündete hatten sicher mit Schwierigkeiten während des schwedischen Thronwechsels und der Unerfahrenheit des jungen Königs gerechnet, täuschten sich aber in dessen militärischer Begabung und zupackender Tatkraft. Karl XII. landete nämlich sofort auf *Seeland*, schlug die Dänen im eigenen Land und zwang sie schon im

August zum Frieden. Inzwischen waren die Russen ins *Ingermanland* eingefallen und belagerten die schwedische Hauptfestung *Narva.* Mit nur zehntausend Soldaten überquerte daraufhin Karl XII. die Ostsee und setzte sich am 20. November gegen vielfache russische Übermacht durch. Aber statt das russische Heer völlig zu vernichten, wandte er sich gegen den dritten Gegner Polen, verjagte dessen Truppen aus *Livland* und eroberte *Kurland.* An der Südgrenze Preußens vorbei stieß er nach *Warschau* vor, trug dann den Krieg nach *Sachsen* hinein und zwang August den Starken im »Frieden von Altranstädt« 1706 zum Verzicht auf die polnische Krone. In nichterwarteter Offensive war Karl einer Vereinigung der Gegner zuvorgekommen und hatte sie einzeln geschlagen, und das tief im Feindesland. Vernichtet aber waren sie alle drei nicht.

Zar Peter der Große hatte seit Narva die Zeit genutzt, *Estland* und *Livland* ungehindert den Schweden wieder entrissen und als Zeichen unerschütterlichen Glaubens an sich und die russische Zukunft die neue Hauptstadt *Petersburg* (heute Leningrad) am Ausgang der sumpfigen Newa gegründet und auf einem Inselvorsprung den Hafen von *Kronstadt* angelegt. Gegen Rußland als einzigen gefährlichen Gegner suchte Karl XII. 1707/08 die Entscheidung

Schweden als Großmacht. – *Oben: »Nordischer Krieg« zwischen Schweden und Rußland (1700–1721). Gegen fünffache Übermacht stürmt und nimmt Karl XII. von Schweden die Festung Narva am 21. November 1700. – Unten: Karl XII.*

im Bund mit aufständischen Kosaken der Ukraine. Aber er verrechnete sich, wie später Napoleon und Hitler, in Rußlands Durchhaltevermögen, den riesigen Entfernungen, den Unbilden der Natur und den Nachschubschwierigkeiten: Er erlitt die erste Rußlandkatastrophe der Neuzeit, als er mit völlig entkräfteten Truppen die Schlacht bei *Poltawa* tief in der Ukraine am 28. Juli 1709 wagte und verlor, zudem auf dem Rückzug den größten Teil der Soldaten einbüßte. Verwundet entkam er in die Türkei und versuchte mit deren Hilfe, das Kriegsglück zu wenden. Für einen Augenblick schien ihm diese Chance gegeben: Peter I. wurde im »Russisch-Türkischen Krieg« (1711) am *Pruth* von großer Übermacht eingeschlossen. Aber die Bestechlichkeit des kommandierenden Großwesirs ermöglichte ihm gegen den Verzicht auf die Stadt Asow freien Abzug.

Karls XII. Ritt aus der Türkei 1714 quer durch Feindesland ins schwedische Stralsund, ein unglaubliches Bravourstück, hätte einen neuen Anfang setzen können, doch die Übermacht der Feinde war zu groß geworden, seit nach dem »Frieden von Utrecht« (siehe Seite 55) auch *Hannover* und *Brandenburg* der anti-schwedischen Koalition beigetreten waren. Von Dänemark bis Rußland spannte sich nun das Halbrund konzentrischer Angriffe auf Schweden: Rußland eroberte *Finnland* und die zwischen Finnland und Schweden gelegenen *Ålandinseln*, Hannover und Preußen teilten sich die schwedischen Besitzungen in Deutschland, Dänemark wendete sich gegen den schwedischen Besitz *Bremen* und *Verden*. Während die Außenbesitzungen nach und nach verlorengingen, konzentrierte sich Karl XII. nur noch auf den Abwehrkampf um Schweden selbst mit gelegentlichen Entlastungsangriffen gegen das dänische Norwegen. Auf einem dieser Züge fiel er vor der norwegischen Grenzfestung *Frederikshald* 1718.

Schweden stand seit diesem Zeitpunkt russischen Invasionen weit offen. Doch die Furcht der Verbündeten vor Rußlands ungehemmtem Vordringen im Ostseeraum und das englische sowie französische Interesse an der Gleichgewichtslage auch in diesem Bereich bewahrten Schweden vor einer völligen territorialen Niederlage und ermöglichten ihm zu günstigen Bedingungen separate Friedensschlüsse mit den Gegnern. Dänemark erhielt im »Frieden von Frederiksborg« 1720 den größten Teil *Schleswigs*, im »Frieden von Stockholm« 1719/20 bekam Preußen *Vorpommern mit Stettin*, die *Odermündung* und die Inseln *Usedom* und *Wollin*, Hannover die Gebiete *Bremen* und *Verden*.

Rußlands ständige Nadelstiche der Verheerung schwedi-

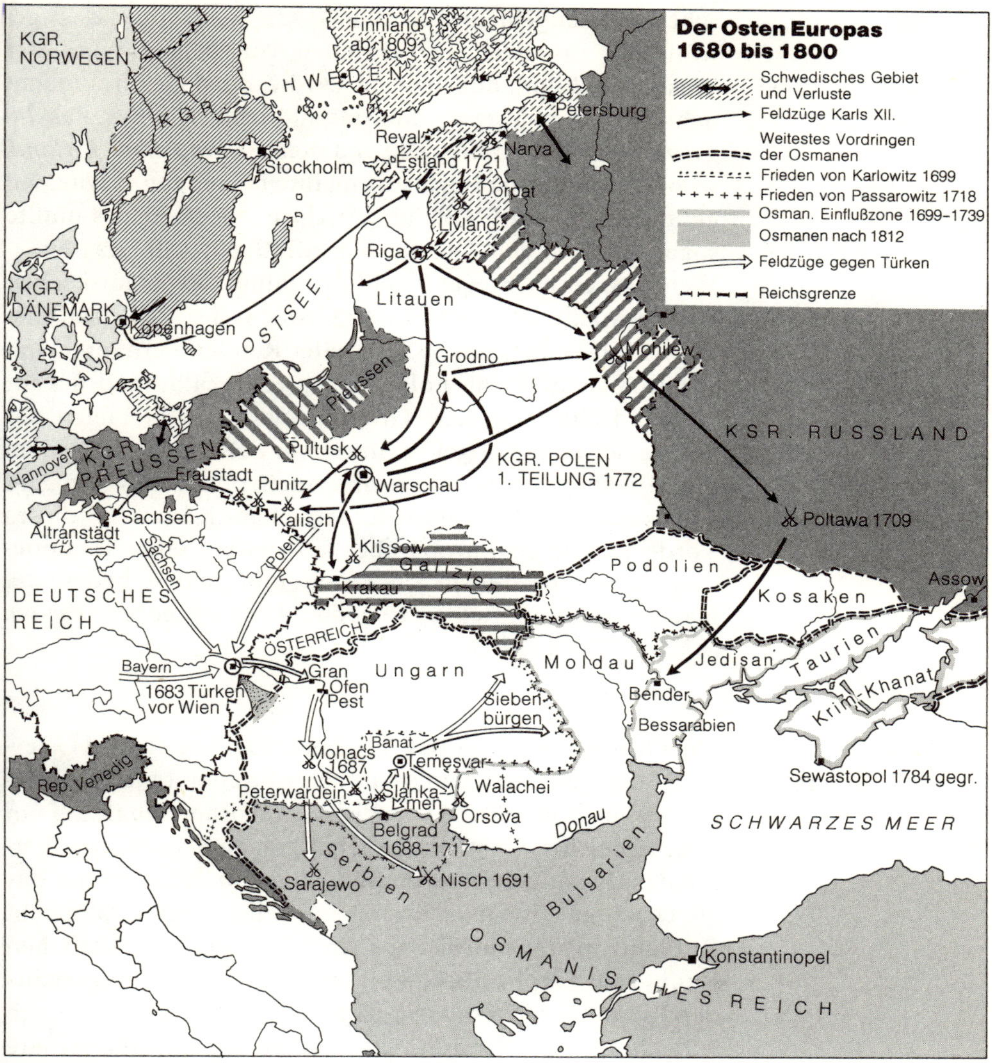
Der Osten Europas 1680 bis 1800
Schwedisches Gebiet und Verluste
Feldzüge Karls XII.
Weitestes Vordringen der Osmanen
Frieden von Karlowitz 1699
Frieden von Passarowitz 1718
Osman. Einflußzone 1699–1739
Osmanen nach 1812
Feldzüge gegen Türken
Reichsgrenze
KGR. NORWEGEN
KGR. SCHWEDEN
Finnland ab 1809
Petersburg
Stockholm
Reval
Narva
Estland 1721
Dorpat
Livland
Riga
KGR. DÄNEMARK
Kopenhagen
OSTSEE
Litauen
Grodno
Mohilew
Preussen
KSR. RUSSLAND
Hannover
KGR. PREUSSEN
Pultusk
Warschau
KGR. POLEN 1. TEILUNG 1772
Fraustadt
Punitz
Kalisch
Sachsen
Altranstädt
Poltawa 1709
Klissow
Galizien
Krakau
Podolien
Kosaken
Assow
DEUTSCHES REICH
Sachsen
Polen
ÖSTERREICH
Bayern
1683 Türken vor Wien
Gran
Ofen
Pest
Ungarn
Moldau
Jedisan
Taurien
Krim-Khanat
Bender
Bessarabien
Siebenbürgen
Banat
Temesvar
Mohacs 1687
Rep. Venedig
Peterwardein
Slankamen
Walachei
Orsova
Belgrad 1688–1717
Donau
Sewastopol 1784 gegr.
SCHWARZES MEER
Serbien
Sarajewo
Nisch 1691
Bulgarien
OSMANISCHES REICH
Konstantinopel

Polen 2. Teilung 1793
Ostsee
Danzig
Wilna
KGR. PREUSSEN
1772
1793
Warschau
Kalisch
Lublin
Minsk
KSR. RUSSLAND
1772
1793
Lemberg
1772
KGR. UNGARN
(ÖSTERR. MONARCHIE)

Polen 3. Teilung 1795
Ostsee
Danzig
1772
1793
Kalisch
Wilna
1795
1795
Warschau
1795
Lublin
Minsk
1772
1793
Lemberg
1772
An Preußen
An Rußland
An Österreich-Ungarn

scher Küstengebiete brachten 1721 auch ihm das gewünschte Ergebnis: Im »Frieden von Nystad« (an der Westküste Finnlands) zwang es die einstige Großmacht Schweden zum Verzicht auf das südliche *Karelien*, das *Ingermanland*, die baltischen Staaten *Estland* und *Livland*, wobei die deutsche Bevölkerung ihre bisherigen Privilegien garantiert bekam. Polen ging nicht nur leer aus, es mußte sogar *Kurland* dem Zaren als Einflußgebiet überlassen.
Wenn es einen Sieger nach Abschluß des »Nordischen Krieges« gab, dann Peter den Großen, der sich nach diesem Erfolg selbst zum »Kaiser aller Reußen« ernannte, um dadurch sichtbar die Folge dieses Krieges auszudrücken: Rußland hatte als neue Großmacht in den Gebieten der Ostsee Schweden abgelöst, und zwar auf Dauer, außerdem die Hinwendung nach Europa auch politisch vollzogen, wie es der Zar von Anfang an vorgehabt hatte. Daß dieses Vordringen nach Europa aber keineswegs eine Abkoppelung seiner Interessen im Osten und Süden bedeutete, machte der unmittelbar folgende Feldzug gegen *Persien* (1722–1723) deutlich.

SCHWANKENDE GLEICHGEWICHTSPOLITIK

Die Großmächte Europas, England, Frankreich und Österreich, die sich nach dem »Utrechter Frieden« und dem damit verbundenen Ende französischer Vorherrschaft auf ein neues Gleichgewicht einpendelten, reagierten auf den Verfall des Osmanenreiches im Südosten und vor allem auf das gleichzeitige Hineinwachsen der neuen, vierten Großmacht Rußland in den nordischen und jetzt auch südöstlichen Raum sehr empfindlich, weil eine unbekannte, angesichts der Riesenräume weder in ihren territorialen Zielen noch wirtschaftlichen Entfaltungsmöglichkeiten kalkulierbare Größe das System aus dem Gleichgewicht zu bringen drohte, zudem Energien Österreichs und Preußens binden und dem Westen entziehen mußte. Die Friedensbestimmungen von Nystad und die ständigen Eingriffe Rußlands in innerschwedische Verhältnisse nach dem Ende Karls XII. und dem Aussterben des Wasa-Hauses erforderten die erhöhte Aufmerksamkeit der beiden »Westmächte« England und Frankreich.
Mehr als früher bestimmten fortan diplomatische Aktivitäten und taktisches Agieren die Politik, aber die eigentlichen Entscheidungen fielen weiter mit den Waffen, wenn es um territoriale Neugewinne, Erweiterungen der Kolonialgebiete oder handfeste Handelsinteressen ging. Wie das 18. Jahrhundert begann, so endete es auch: mit Kriegen. Trotz aller Gleichgewichtspolitik, deren Garant England war,

und trotz aller Benennung als »Zeitalter des aufgeklärten Absolutismus« und der Epoche der »Aufklärung« war in den kommenden achtzig Jahren von Vernunft zumindest in der Politik wenig zu spüren.

Literatur

Dülmen, Richard van: Entstehung des frühneuzeitlichen Europa 1550 bis 1648, Frankfurt 1982

Gitermann, Valentin: Geschichte Rußlands. Zweiter Band, Zürich 1945

Howell, Roger: Cromwell, München 1981

Kluxen, Kurt: Geschichte Englands, Stuttgart 1985[3]

Neander, Irene: Grundzüge der russischen Geschichte, Darmstadt 1976[2]

Schröder, Hans-Christoph: Die Revolutionen Englands im 17. Jahrhundert, Frankfurt 1986

Silburg, Heinz-Otto: Grundzüge der französischen Geschichte, Darmstadt 1964

Stadelmann, Rudolf: Geschichte der Englischen Revolution, Wiesbaden 1954

Troyat, Henri: Peter der Große, Düsseldorf 1981

Vierhaus, Rudolf: Deutschland im Zeitalter des Absolutismus, Göttingen 1978

HEINRICH PLETICHA

St. Petersburg

Wer hätte schon gedacht, daß sich aus einem kleinen hölzernen Fort in nur wenigen Jahrzehnten die Hauptstadt des russischen Reiches und eine der bedeutendsten Städte Europas entwickeln würde? Am 16. (27.) Mai 1703 hatte Zar *Peter I., der Große* (R 1682/89–1725), den Befehl erteilt, auf der kleinen Insel *Liust Eland* an der Newa-Mündung eine Befestigung anzulegen. Die morastige, von Wassergräben durchzogene Gegend war alles andere als ermutigend für eine Siedlung. Die Sommer waren dort kurz, hart die Winter, und der Frühling verwandelte das Land in einen gewaltigen Sumpf, aber die strategische Lage zwischen den Mündungsarmen der Newa erwies sich als besonders günstig.

Selten nur läßt sich die bauliche Entwicklung einer Stadt so gut verfolgen wie gerade hier. Peter I. legte das Schwergewicht des Ausbaues in den ersten Jahrzehnten auf den Festungsbereich der heutigen *»Peter-Paul-Festung«*. Hinter den Bastionen, deren Ausbau der Zar selber leitete, lagen die Wohnhäuser, Verwaltungsgebäude, Magazine und Unterkünfte für die Truppen, alles aus Holz, das von der benachbarten Birken-Insel rasch und bequem herangeschafft wurde. Aus Holz wurde auch die erste Kirche errichtet. Der Name des Schutzheiligen, zugleich der des Zaren, gab der Siedlung, die eigentlich nur auf der westlich vom Fort gelegenen großen *Wassilij-Insel* entstehen sollte, ihren Namen: St. Petersburg. Sie behielt ihn bis zum Ersten Weltkrieg, erst dann wurde er in *Petrograd* russifiziert, zehn Jahre später in *Leningrad* umgewandelt.

Peter I. trieb den Ausbau der Festung mit der ihm eigenen Härte und Rücksichtslosigkeit voran, aber sein ursprünglicher Plan, den öffentlichen, nicht militärischen Bereich auf die Wassilij-Insel zu konzentrieren, ließ sich nicht verwirklichen, da die neuen Siedler das *Südufer der Newa* bevorzugten und sich davon auch nicht abbringen ließen.

So dehnte der italienische Architekt *Domenico Trezzini*, der die Pläne des Zaren im Eiltempo verwirklichen mußte, seine Bautätigkeit auch auf diesen Bereich aus. 1703 ließ Peter hier schon das erste Kloster gründen, drei Jahre später begann Trezzini mit dem Bau eines *Sommerpalastes*, der Peter als erste Residenz dienen sollte, bald jedoch durch den Bau des *Winterpalais* abgelöst wurde.

Peter I. organisierte nicht nur die Bauvorhaben, sondern suchte auch die Besiedlung selbst zu lenken. So sollten sich die Adligen und die Kaufleute auf der Wassilij-Insel niederlassen, während Soldaten und Handwerker die Newa-Seite zugewiesen erhielten. Da erstere sich den Plänen des Zaren nicht fügen wollten, ließ er 1714 einfach neunhundert Familien im Lande auswählen und befahl, daß sie sich auf der Insel Häu-

Die neue Hauptstadt des Zarenreiches – Ein »Fenster zum Westen«. *– Oben: Stadtansicht des 19. Jh. Unter großen Menschenverlusten war die prächtige Metropole auf Sumpfboden errichtet worden. – Unten: Newakai mit Haus des Grafen Orlow.*

ser bauen mußten. Um den Bau zu erleichtern und zu beschleunigen, entwarf Trezzini drei Typen von *Modellhäusern*, die genormt waren und sich äußerlich nur in Größe, Höhe und Fassadenschmuck unterschieden.
1712 zog schon der *Kaiserliche Hof* von Moskau nach St. Petersburg um. Allmählich folgten auch verschiedene *Ministerien*, allen voran das wichtige *Außen-* und das *Kriegsministerium* sowie die *Admiralität*, während beispielsweise das Finanzministerium weiterhin in Moskau verblieb. Peter I. hat entgegen mancher anderslautenden Vorstellung St. Petersburg nie offiziell zu seiner Hauptstadt erhoben, und die Verlegung der letzten zentralen Behörde wurde erst unter *Katharina II., der Großen* (R 1762–1796), abgeschlossen.

Zu den Verwaltungsbauten, denen Peter besondere Bedeutung zumaß, gehörte die Admiralität. Sie wurde deshalb auch zum Zentrum der Entwicklung auf der Festlandseite schräg gegenüber der Peter-Paul-Festung.
Bis 1713 waren auf der Petersburger Seite schon an die 1600 Häuser entstanden, darunter nur ganz wenige Ziegelbauten. Um die Entwicklung von Ziegel- und Steinhäusern zu fördern, ordnete der Zar an, daß im ganzen übrigen Rußland nur Holzhäuser errichtet werden durften und alle Maurer und Steinmetze nach St. Petersburg zu gehen hätten. Der Zar ließ nun auch eine Straße anlegen, die in gerader Linie vom Turm der Admiralität zur alten Nowgoroder-Chaussee führte und später den Namen *»Newskij-Prospekt«* erhielt.

Die Stadt wächst

1719 war die Frage nach der Verlagerung des Schwergewichts immer noch nicht entschieden. Erst dann beauftrage Peter I. den Architekten *Jeropkin* mit dem Entwurf für eine Neuplanung, und dieser verlegte das Stadtzentrum endgültig auf die Südseite der Newa. Als Ergänzung zum »Newskij-Prospekt« wurden nun weitere Straßen von der Admiralität aus sternförmig durch die Stadt geführt.
Für den Zaren war die neue Stadt das »Fenster zum Westen«, das er weit geöffnet hatte, um den Ostseehandel in sein Reich zu leiten. Dementsprechend große Bedeutung kam dem Hafen zu, der an der Spitze der Wassilij-Insel entstand, wo sich Große und Kleine Newa gabelten. Unter Katharina II. wurde ein Teil dieses Handelshafens noch weiter westwärts in den Bereich von *Kronstadt* verlegt.
Als Peter der Große 1725 starb, hatte die neue Stadt schon 70000 Einwohner – mindestens ebenso viele Menschen waren in den zwei Jahrzehnten seit der Entstehung bei den Bauarbeiten ums Leben gekommen! Erst jetzt wurde eine *Wasserleitung* in Betrieb genommen, eine *Brückenverbindung* in Form einer Pontonbrücke zur Wassilij-Insel entstand 1727. In den folgenden Jahrzehnten verlor die Stadt unter den Nachfolgern Peters etwas von ihrer Nüchternheit und damit von ihrem Schrecken, und sie gewann zumindest für die privilegierte Schicht zunehmend an Reiz und Eleganz.
Mit Zarin *Elisabeth Petrowna* (R 1741–1762), die *Bartholomeo Rastrelli* als Baumeister berief, begann die Phase des »Petersburger Rokoko«, in der die Holzhäuser immer mehr den Steinbauten wichen und eine Reihe wichtiger Paläste entstand, so das *vierte Winterpalais* und mehrere schöne Adelspaläste, aber auch das *Smolnyj-Kloster*. Auch die schon von Peter I. angelegten *Jagdschlösser* wie »Peterhof« und »Zarskoje Selo« erhielten in dieser Bauphase neuen Glanz.
Noch war das Pflaster auf den Hauptstraßen ausgesprochen schlecht, aber immerhin wurde nun auch eine erste *Straßenbeleuchtung* angelegt. Um diese Zeit verfügte Petersburg über rund 4500 Häuser, von denen zehn Prozent aus Stein errichtet waren. Unter der Zarin Katharina II., der Großen, stieg die Zahl der steinernen Häuser schon auf 1300, auch die Bevölkerung wuchs mit erstaunlicher Schnelligkeit und hatte bis 1790, also gut achtzig Jahre nach Gründung der Stadt, bereits 220000 erreicht und sollte sich im Laufe der nächsten fünfundzwanzig Jahre noch einmal verdoppeln.

WOLFGANG WEISMANTEL

Die europäischen Staaten im 18. Jahrhundert bis zum Beginn der »Französischen Revolution«

An den französischen Anspruch auf Hegemonie (Vorherrschaft) in Europa erinnerte zu Beginn des 18. Jahrhunderts nur mehr das Französische als Sprache der gebildeten Welt und die höfische Kultur nach dem Vorbild von Versailles. Politisch hatten der »Spanische Erbfolgekrieg« (1701–1714, siehe Seite 52) und der »Nordische Krieg« (1700–1721, siehe Seite 56) die Gewichte auf dem Kontinent verschoben. Während Frankreich seine Führungsrolle endgültig aufgeben mußte, Schweden sogar als Großmacht gänzlich ausschied, stiegen Österreich, Rußland und unter Friedrich II., dem Großen (R 1740–1786), auch das kleine Preußen in den Kreis der führenden Mächte auf. Sie bildeten von nun an trotz aller Gegensätze und konkurrierender Interessen, teils aus Einsicht, teils gezwungenermaßen zusammen mit England die Eckpfeiler des europäischen Staatensystems, das bis zur »Französischen Revolution« die Grundlinien europäischer Politik bestimmte. Selbst auf dem »Wiener Kongreß« 1814/15 fand sich das Konzert der Mächte wieder zusammen und formulierte für das beginnende 19. Jahrhundert, was England bereits hundert Jahre zuvor als Maxime europäischer Politik durchgesetzt hatte: Die Erhaltung eines ungefähren Gleichgewichts der Mächte, die »balance of power«.

Erschöpft und kriegsmüde war nach Jahrzehnten unablässiger Kriege die Kritik an ruhmsüchtigen Eroberungszügen selbstgefälliger absolutistischer Herrscher unüberhörbar. Das nach dem Tode Ludwigs XIV. finanziell und politisch schwer angeschlagene Frankreich bot hierfür ein anschauliches Beispiel. Trotz gewisser Resignation darüber, daß keiner der wichtigen Staaten seine hochgesteckten Ziele voll erreichen konnte, betrieben die Herrscher weiterhin

Machtpolitik, doch Diplomatie und Bündniskonstellationen gewannen an Bedeutung. Außenpolitik erwarb sich damit immer mehr den Ruf einer außergewöhnlichen Kunst, die mehr denn je Fingerspitzengefühl, Umsicht und politisches Urteilsvermögen verlangte. Alte Rivalitäten bestanden indes fort, etwa zwischen England und Frankreich, oder bildeten sich neu, wie der Konflikt zwischen Preußen und Österreich.

ENGLAND UND DIE NIEDERLANDE – NICHT KONKURRIERENDE KONKURRENTEN

Englands Position nach dem »Frieden von Utrecht« (1713, siehe Seite 55) setzte das Land in die Lage, als aufmerksamer Beobachter die kontinentalen Kräfteverhältnisse so zu kontrollieren, daß seine Seemacht mit weltweiten Kolonial- und Handelsinteressen möglichst wenig berührt wurde (siehe auch »Entdeckungen und Siedlungen im 17. und 18. Jahrhundert«, Seite 199). Doch sein Modell des Kräftegleichgewichts war beschränkt auf Europa, in Übersee trat Großbritannien kompromißlos für britische Vorherrschaft ein. Stetige Reibereien mit Spanien, vor allem in Mittelamerika, verstrickten die Engländer regelmäßig in koloniale Auseinandersetzungen, die sich, ausgehend vom »Englisch-Spanischen Seekrieg« (1739), durch das Eingreifen Frankreichs in Übersee ausweiteten und schließlich im Zusammenhang mit dem »Österreichischen Erbfolgekrieg« (1740–1748) zu einem weltumspannenden Konflikt eskalierten.

Als unmittelbare Nachbarn der dominanten Seemacht England verstanden es die Niederlande, durch kluges Verhalten die eigene Position zu ihrem Vorteil neu zu bestimmen. In taktischer Rücksichtnahme auf Großbritannien zogen sie Vorteile aus dem »Frieden von Utrecht«, vermieden hingegen peinlich, als eine politische Konkurrenz der Engländer aufzutreten. Vielmehr setzten sie erfolgreich auf ihre Kapazitäten als erstrangige Handelsmacht, die vor allem in europäischen Häfen und im Europahandel führend blieb. Der fehlende Ehrgeiz einer eigenständigen Außenpolitik erwies sich damit bei genauer Prüfung als wohlkalkulierter Kurs im Kielwasser Englands.

Die innere Stabilität und die lange Friedensphase, gleichzeitig Voraussetzung für den Aufstieg zur Weltmacht und zur Konsolidierung der Verhältnisse in Europa, verdankte England der umsichtigen Regierung durch das *Parlament* und die *Adelspartei* der *Whigs.* Zusammen mit ihren Gegenspielern, den *Tories* (siehe auch Seite 26), hatten sie auf der Insel die *parlamentarische Regierungsform* politisch durchgesetzt. Die Könige aus dem Hause Hannover, *Georg I.* (R

Weiterentwicklung des englischen Parlamentarismus unter dem Haus Hannover. *Georg II., König von England. In der Innenpolitik ließ er dem Whig-Ministerium unter Walpole und seit 1757 dem älteren William Pitt freie Hand. Gemälde von Thomas Hudson.*

Heftige Debatten im Unterhaus. *Das House of Commons mit William Pitt bei einer Sitzung im Jahr 1793. Den Vorsitz führt Addington. Vorn auf der Oppositionsbank: Charles James Fox. Gemälde von Karl Anton Hickel, 1793. National Portrait Gallery, London.*

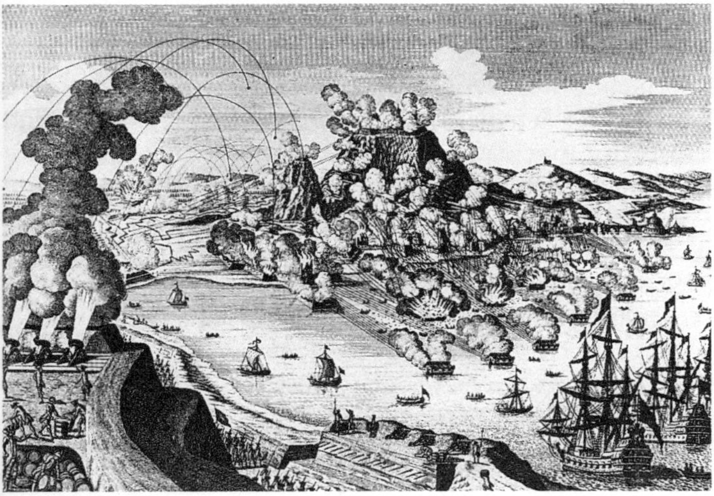

Verteidigung der englischen Kolonialmacht. *Die erfolglose Belagerung von Gibraltar (seit 1704 englischer Stützpunkt) durch spanische und französische Truppen (1779–1782). Am 9. September 1782 eröffnet der Herzog von Crillon den Sturm. Kupferstich.*

Daten zu Europa im 18. Jahrhundert

1711–1740	Kaiser Karl VI. (Österreich)
Seit 1714	Personalunion zwischen dem Kurfürstentum Hannover und dem Königreich England
1715	Tod Ludwigs XIV. (Frankreich)
1721	Ende des »Nordischen Krieges« (Schweden–Rußland u. a.)
1736–1739	Niederlage Österreichs im Kampf gegen die Türken
1740–1786	Friedrich II. König von Preußen
1740–1780	Maria Theresia Kaiserin, Königin von Böhmen und Ungarn, Erzherzogin von Österreich
1740–1748	»Österreichischer Erbfolgekrieg« (»Erster« und »Zweiter Schlesischer Krieg«)
1744–1747	»Französisch-Englischer Seekrieg«
1746–1763	Englisch-Französischer Krieg in Südindien
1756–1763	»Siebenjähriger Krieg«
1762–1796	Katharina II. Zarin von Rußland
1763	»Friede von Paris«
1768–1774	Türkisch-Russischer Krieg
1772	»Erste Teilung Polens«
1774–1792	Ludwig XVI. König von Frankreich
1775–1783	Unabhängigkeitskrieg der englischen Kolonien in Nordamerika
1787–1792	Türkisch-Russischer Krieg
1789	Beginn der »Französischen Revolution«

1714–1727) und *Georg II.* (R 1727–1760), begünstigten diese Entwicklung durch politisches Desinteresse und fehlenden Willen zur Integration. Das Verdienst des Lordkanzlers und herausragenden Staatsmannes *Sir Robert Walpole* (* 1676, † 1745), durch einen Finanzskandal 1720 an die Macht gelangt, war es, daß er innen- wie außenpolitisch einen erfolgreichen Ausgleichskurs steuerte. Er war stets um Frieden bemüht, damit die englische *Handelsflotte* den Wohlstand im Lande mehren und die *Kolonialmacht* ihre Stellung auf den Weltmeeren ausbauen konnte. Vom Kontinent blickten viele mit Neid auf die blühende Insel, wo das erfolgreiche *englische Bürgertum* aufgeklärt und selbstbewußt seinen Idealen lebte, wenn auch die politische Macht weitgehend dem *Adel* vorbehalten blieb.

FRANKREICH, SPANIEN, ITALIEN – INNEN- UND AUSSEN-POLITIK

Die von England für Europa angestrebte und für lange Zeit garantierte Ruhe war insbesondere dem innerlich zerrütteten Frankreich willkommen. Nach der über siebzigjährigen Regierungszeit *Ludwigs XIV.* (R 1643–1715) hatten die Franzosen in ihrer Mehrzahl erleichtert eine Epoche überstanden, die zuletzt nicht mehr viel gemeinsam hatte mit dem strahlenden Anspruch des »Sonnenkönigs«. Innere

Prachtentfaltung am französischen Hof: König Ludwig XV. *(R 1715–1774). Der Urenkel Ludwigs XIV. im Königsornat. Der bei seinem Herrschaftsantritt erst fünfjährige Monarch, der später für seinen frivolen Lebensstil bekannt wurde, stand bis 1723 unter der Vormundschaft Philipps II. von Orléans. Seine Teilnahme am »Siebenjährigen Krieg« gegen Preußen und England kostete Frankreich den größten Teil seines Kolonialimperiums. Gemälde von Hyacinthe Rigaud, 1730. Versailles.*

Hervorragende Herrscherpersönlichkeiten und Begründer der Großmachtstellung ihrer Reiche. – *Rechts: Friedrich II., der Große, König von Preußen, zu Pferde im »Ersten Schlesischen Krieg« (1740–1742). Zeitgenössische Radierung, koloriert. – Unten: Peter I., der Große, bei einem Besuch in Paris im Hotel Lésdiguieies am 10. Mai 1717. Unter Mißachtung jeglicher höfischer Etikette nimmt er den kleinen, noch minderjährigen Ludwig XV. auf den Arm. Im selben Jahr schloß der Zar, der eine Politik der Hinwendung nach Europa betrieb, den »Vertrag von Amsterdam« mit Frankreich und Preußen.*

Selbstdarstellung der Machthaber Rußlands und Preußens. – *Links: Katharina II., die Große, Zarin von Rußland, auf ihrem Hengst »Brillant«. Die hochgebildete und reformfreudige Fürstin, die ihren Gatten Peter III. stürzte und sich 1762 zur Zarin ausrufen ließ, leitete eine neue Phase des russischen Aufstiegs ein. Zeitgenössisches Gemälde. – Unten: Das Tabakskollegium Friedrich Wilhelms I., Soldatenkönig: Bei einer zwanglosen Zusammenkunft diskutiert der König mit seinen Ratgebern die politischen Fragen. Links im Vordergrund: der junge Thronfolger, der spätere König Friedrich der Große.*

Kaiserin des österreichischen Habsburgerreiches: Maria Theresia.
Die älteste Tochter Kaiser Karls VI. und seiner Frau Elisabeth von Braunschweig-Wolfenbüttel im Kreise ihrer Familie auf einer Schloßterrasse von Schönbrunn bei Wien. – Links: Ihr Gemahl, Franz I. Stephan von Lothringen, dem sie in 29jähriger Ehe sechzehn Kinder gebar. – In der Mitte: Thronprinz Joseph, der spätere Kaiser Joseph II. Gemälde von Martin van Meytens d. J. 1754/55. Schloß Schönbrunn, Wien.

Monarch des »Ancien Régime«. *Ludwig XV., König von Frankreich.*

Gegensätze, lange aufgestaut, brachen auf. Erst der geschickt agierende *Kardinal de Fleury* (* 1653, † 1743) erreichte als leitender Minister die Stabilisierung der Staatsfinanzen. Zugleich sorgte er durch eine Ausgleichspolitik nach innen wie außen mit Augenmaß und diplomatischer Raffinesse dafür, daß das Land die dringend benötigte Atempause nutzte. Dennoch stagnierte das politische System des Absolutismus unter *Ludwig XV.* (R 1715–1774) und drohte immer stärker in Widerspruch zu den Entwicklungen in Adel und Bürgertum zu geraten. In der Heimat der großen aufgeklärten Geister des 18. Jahrhunderts, wie Voltaire, Diderot oder Rousseau, deren Gedanken sich unaufhaltsam im Lande verbreiteten, nahm der Monarch keinen Anteil an der Auseinandersetzung um die Ideen, die nicht nur Frankreich beunruhigten und nach Veränderung drängten (siehe auch das folgende Aspektkapitel).

Um sich eine größere außenpolitische Bewegungsfreiheit zu sichern, begannen Frankreich und Spanien, durch Fleury geschickt eingefädelt, ihre Außenpolitik nach 1730 aufeinander abzustimmen. Diese jahrzehntelange erfolgreiche Zusammenarbeit wirkte sich in *Spanien* innenpolitisch auch in der Weise aus, daß die *Monarchie* eine stärkere *Zentralisierung* durchzusetzen versuchte, die das *ständische Parlament,* den »Cortes«, weitgehend bedeutungslos werden ließ. Ähnlich wie in Frankreich sollten so bereits Ansätze zur Umverteilung von Macht und Einfluß erstickt werden.

Während *Philipp V.* (R 1700–1746) noch sehr am Vorbild Frankreichs orientiert war, steuerte das Land unter *Karl III.* (R 1759–1788) einen unabhängigeren Kurs. Im Gegensatz zu Versailles profilierte sich nun der spanische Königshof durch aufgeklärte Reformpolitik.

Als gewinnbringend erwies sich die Verbindung von Frankreich und Spanien im »Polnischen Thronfolgekrieg« (1733 bis 1735/38). Mit äußerst geringem Einsatz, aber großem diplomatischen Geschick hatte Fleury dabei alte Ansprüche auf das Herzogtum *Lothringen* bekräftigt, die 1766 eingelöst werden konnten. Der lothringische *Herzog Franz Stephan,* seit 1736 Ehemann von Österreichs Thronfolgerin *Maria Theresia,* sollte nach dem Aussterben der Medici mit dem *Großherzogtum Toskana* entschädigt werden. *Piemont-Sardinien* konnte sich durch ein Tauschgeschäft auf Kosten des Kaisers in Italien stärken, außerdem fiel das *Königreich Neapel-Sizilien* von Österreich als Sekundogenitur an Spanien, mit dem es ebenso wie das 1748 erlangte *Parma* nie vereinigt werden durfte.

Selbst in Italien war damit um die Mitte des Jahrhunderts

Begriffe

Absolutismus. Herrschafts- und Gesellschaftsform des 17. und 18. Jahrhunderts, die vom absolut, d.h. unumschränkt herrschenden Monarchen bestimmt ist, der über allen Gesetzen steht und in seiner Person den Staat repräsentiert. Gesetzgebung, Rechtsprechung, exekutive Gewalt, Verwaltung, Finanz- und Steuerwesen, Wirtschaftsführung (Merkantilismus) und militärische Gewalt unterliegen seinem Willen. Alle ›Staatsdiener‹ sind ihm persönlich durch Eide verpflichtet. Die Entartung des absolutistischen, nationalistisch orientierten Staates, der jede Gegengewalt und Kontrolle der Stände, des Adels und des Individuums unterdrückt, zum Polizeistaat oder zum Gewaltstaat aus dem »Gottesgnadentum« des Königs, bildet eine Brücke zu späteren Formen des diktatorischen Staates republikanischer Prägung. Unter dem Einfluß der »Aufklärung« kam es zu einer Milderung der Verhältnisse im »Aufgeklärten Absolutismus«, der größere religiöse Toleranz, ein humaneres Strafrecht, ein besseres Bildungswesen und lebenserleichternde Regelungen für die Bürger und Bauern zuließ.

Rationalismus. Eine Vernunft und Logik betonende Philosophie und Gesellschaftstheorie, die davon ausgeht, die Welt sei von Gott logisch und nach festen Gesetzmäßigkeiten aufgebaut (»Metaphysischer R.«) und sittliches Handeln habe den angeborenen Vernunfteinsichten zu folgen (»Ethischer R.«). Allein die Vernunft ist nach rationalistischer Anschauung – auch ohne die Notwendigkeit von Erfahrungswerten – in der Lage, die Welt, ihre Gesetzmäßigkeit, ihre Dinge und ihr Wesen zu erkennen (»Erkenntnistheoretischer R.«).

Aufklärung. Mit dem Aufstieg des Bürgertums einhergehende rationalistische Emanzipationsbewegung, geboren aus den Erkenntnissen des Humanismus, der Reformation und der rationalistischen Philosophie, die letztlich die Vernunft zur Grundlage aller Erkenntnis erhob und zum Maßstab des menschlichen Handelns machte. Die Forderung nach dem »Ausgang des Menschen aus der selbstverschuldeten Unmündigkeit«, wie sie Kant forderte, wurde zum Charakteristikum der Aufkärung. Kritik am »Gottesgnadentum« und der Alleinherrschaft des Monarchen, die Forderung, die »Menschenrechte« zu beachten, eine vernunftbezogene Moral durchzusetzen sowie der Anspruch einer Wiederherstellung unverformter »natürlicher« Lebensumstände, der Gewaltenteilung, des Mitspracherechts, der umfassenden Bildung, der freien Entfaltung der Wirtschaft unter besonderer Würdigung der Landwirtschaft als einer originären, »natürlichen« Wirtschaftsbasis des Volkes – all diese Zielsetzungen mündeten ein in die Forderung auf Beachtung des »Gesellschaftsvertrages« und nach neuen Verfassungen. E. B.

der Gleichgewichtsgedanke als leitendes Prinzip durchgesetzt, wodurch zwischen 1748 und 1796 eine Periode der inneren Ruhe folgen konnte. Die Großmächte hatten sich auf der Apenninenhalbinsel arrangiert, und im Schatten ihrer Politik blühten Wirtschaft, Kultur und Gesellschaft auf. Endgültig vorbei waren die Zeiten, als der *Kirchenstaat* eine Art politisches Zentrum Europas beanspruchte. Wenn Friedrich der Große davon sprach, daß »der Papst in seinem Winkel verstaubt« und froh ist, »wenn ihn niemand absetzt«, klang aus diesen Worten zwar die Respektlosigkeit eines protestantischen Herrschers. Dennoch erfaßte er damit sehr pointiert die tatsächliche Machtlosigkeit des Papstes, der selbst von den katholischen Großmächten Österreich, Spanien und Frankreich nur mehr als Teil ihrer machtpolitischen Operationen gesehen wurde. Für jedermann sichtbar, hatte das Prinzip staatspolitischer Vernunft eine – über Jahrhunderte – deutlich konfessionell dominierte Politik unwiderruflich abgelöst.

DEUTSCHES REICH: KLEINSTAATEREI UND BEGINNENDER DUALISMUS

Während die staatliche Macht in den führenden Staaten Europas gefestigt und erweitert wurde, blieb auch im 18. Jahrhundert das Deutsche Reich ein ohnmächtiges Gebilde, in böser Übertreibung seiner Bedeutungslosigkeit sogar als »lebender Leichnam« geschmäht. Auf *Reichsbewußtsein* traf man in erster Linie in den *Reichsstädten* und den *geistlichen Territorien*, oft gerühmt wegen der landesväterlichen Haltung ihrer Regenten, deren politisches Gewicht neben den größeren weltlichen Territorien unaufhaltsam verfiel.

Im europäischen Kräftespiel ohne jeden Einfluß war die Mehrzahl der über dreihundert Einzelstaaten vornehmlich mit sich selbst beschäftigt. Ihre finanziellen Möglichkeiten und ihre Bedeutung maßlos überschätzend, ließen sich viele von ihnen vom welkenden Glanz der Hofhaltung in Versailles faszinieren und betäubten so auf kostspielige Weise ihre Machtlosigkeit. Die in den Jahrzehnten nach dem »Spanischen Erbfolgekrieg« entstandenen Residenzen und Lustschlösser lassen in ihrer Pracht und Formenvielfalt nur ahnen, mit welchen Opfern ehrgeizige Projekte dieser Art neben aufwendiger Hofhaltung und Militärbudget von allzu oft verarmten Duodezfürstentümern finanziert werden mußten, die zu diesem Zweck sogar ihre Untertanen als Soldaten verkauften.

Daneben werden vor allem in den größeren Territorien erste Ansätze erkennbar, die Staaten in Wirtschaft und Verwaltung zu rationalisieren. Selbst Machtpolitik, gestützt

auf kleine stehende Heere, ausgerichtet am französischen Vorbild Ludwigs XIV., wurde in bescheidenem Umfang versucht. Im Inneren setzte die Macht der Stände fürstlichem Herrscherwillen allerdings vielfach enge Schranken, die beispielsweise in Preußen mit unnachgiebiger Härte gebrochen wurden.
Von den größeren Staaten vermochten auf der Bühne europäischer Politik lediglich *Kurbayern* im Schatten Frankreichs gegen das österreichische Übergewicht und *Kursachsen* durch seine dynastischen Bindungen an Polen eine bescheidene Rolle zu spielen. Auch dem Kurfürstentum *Hannover* erlaubten seine Beziehungen zu England ein begrenztes Engagement in der europäischen Diplomatie. Stranggenommen lief die große Politik selbst an diesen Staaten vorbei, ließ auch sie ein Leben führen als dynastische Idyllen von bestenfalls kulturgeschichtlichem Rang. Allein in *Wien* und *Berlin* fielen im 18. Jahrhundert politische Entscheidungen, die an europäischen Höfen für Schlagzeilen sorgten und dafür, daß sie Weichenstellungen für das Kräfteverhältnis auf dem Kontinent bewirkten. Obwohl Teile des Deutschen Reiches, traten *Österreich* und *Preußen* zunehmend als souveräne Staaten auf, mit eigenen Zielsetzungen und dem Anspruch auf Vorrangstellung.

ÖSTERREICH UND PREUSSEN: DEUTSCHES GEGENEINANDER

Erbe des letzten spanischen Habsburgers. *Karl VI., deutscher Kaiser.*

Unter Kaiser *Karl VI.* (R 1711–1740) hatte sich Österreich dank der siegreichen Türkenzüge des Prinzen Eugen (siehe Seite 49) weit nach Osten ausgedehnt. Mit dem Tod des Feldherrn 1736 schien den Kaiser das Kriegsglück endgültig zu verlassen, und den Österreichern blieb schließlich von ihren Eroberungen auf dem Balkan im »Frieden von Belgrad« (1739) lediglich das *Banat.* Trotz russischer Hilfe, die sich als ineffektiv erwies, das Verhältnis zwischen den beiden Ländern abkühlte und den Türken wenig entgegenzusetzen hatte, verloren die Österreicher ihre Position auf dem Balkan und – weit folgenreicher – an Ansehen als wichtige Militärmacht.
Verbissen und mit lähmendem Ernst richtete Karl VI. in den beiden letzten Jahrzehnten seiner Regierung alle Energie auf die innen- und außenpolitische Anerkennung der »Pragmatischen Sanktion«: Um die Einheit des Habsburgerstaates zu erhalten, sollte die *weibliche* Erbfolge für den Fall eintreten, wenn kein männlicher Thronerbe zur Verfügung stünde. Im Innern ließen sich die Stände ihre Zustimmung nur gegen weitreichende Sonderrechte abhandeln, wodurch in den folgenden Jahren eine umfassende Reformpolitik zumindest erheblich erschwert wurde. Außen-

politisch setzte der Kaiser darauf, durch zweiseitige Verträge die Thronfolgeregelung international durchzusetzen, versäumte es jedoch, abgelenkt durch die in Europa herrschende Friedensperiode, sich militärisch für einen etwaigen Konfliktfall zu rüsten, wie dies Prinz Eugen angeraten hatte. Unbewußt manövrierte Karl VI. sein Reich damit in eine international bedrohliche Situation. Obgleich alles geregelt schien, bedeutete der überraschende Tod des Kaisers am 20. Oktober 1740 dennoch eine politische Sensation, die an den Höfen Europas Anlaß zu wilden Spekulationen gab.

Der »Soldatenkönig«. *Friedrich Wilhelm I., König von Preußen.*

Im Mai desselben Jahres war in Berlin König *Friedrich Wilhelm I.* (R 1713–1740) gestorben, dessen persönlicher Ehrgeiz es gewesen war, die »Krone fest wie ein rocher von Bronce« zu setzen, aus dem kleinen Königreich Preußen einen europaweit respektierten Staat zu formen. Entschlossen, jeden Widerstand zu brechen, begründete er mit eiserner Hand und vorbildlichem Arbeitswillen den preußischen Beamtenstaat. Effektive, zentralisierte Verwaltung, gezielte Wirtschaftsförderung und Ansiedlungspolitik, sparsamste Haushaltspolitik und militärische Aufrüstung sollten Preußen zum Musterstaat mit Großmachtanspruch werden lassen, und tatsächlich prägten die nach ihm sprichwörtlichen preußischen Tugenden von Pflichterfüllung, Fleiß und Sparsamkeit auf Generationen den preußischem Staat. Schuf Friedrich Wilhelm I. durch die gesteigerte Wirtschaftskraft auch vornehmlich die Voraussetzung für ein in ganz Europa viel bewundertes Heer mit prall gefüllter Kriegskasse, so hielt sich der bibelfeste, verantwortungsvolle Herrscher mit militärischen Abenteuern vollkommen zurück, und die europäische Friedensperiode bot zudem keine verlockende Gelegenheit, sich auf dem Schlachtfeld auszuzeichnen.

Dies änderte sich schlagartig für seinen Nachfolger *Friedrich II.* (*den Großen*, R 1740–1786), einen aufgeklärten intellektuellen, gleichzeitig von politischem Ehrgeiz getriebenen Monarchen. Als Gunst der Stunde und Herausforderung betrachtete er, daß in Wien die politisch unerfahrene dreiundzwanzigjährige *Maria Theresia* (R 1740–1780) nach dem plötzlichen Tod Karls VI. auf den Thron gefolgt war. Diplomatische Beobachter gaben der jungen Herrscherin wenig Chancen bei der Durchsetzung der »Pragmatischen Sanktion«, zumal der Zustand von Heer und Verwaltung als miserabel eingestuft wurde und die Staatskasse praktisch leer war. Dennoch verschätzte sich Friedrich II. in der Hartnäckigkeit der Thronfolgerin, die gegen den Rat ihrer Vertrauten die Provinz Schlesien nicht für ein erpresserisches Angebot von zwei Millionen Reichstalern und zukünftige preußische Unterstützung abtreten wollte. Ohne Kriegserklärung fielen darauf am 16. Dezember 1740 preußische Truppen in Schlesien ein.

»ÖSTERREICHISCHER ERBFOLGEKRIEG« – EIN EUROPÄISCHES SZENARIO

Der Preußenkönig hatte den Zeitpunkt für diesen »Ersten Schlesischen Krieg« (1740–1742) mit Bedacht gewählt: Durch den Sturz der russischen Zarin *Anna Iwanowna* (R. 1730–1740) war *Rußland* seit 1740 in innere Wirren verstrickt und würde vorerst an Konflikten in Mitteleuropa kein Interesse zeigen. Der latente *Kolonialkonflikt* zwischen *Frankreich* und *England* mußte dagegen erneut aufbrechen, da die österreichische Erbfolge von England und den Niederlanden ausdrücklich anerkannt, von französischer Seite aber durch die Unterstützung der Ansprüche des Kurfürsten *Karl Albrecht von Bayern* unterlaufen wurde. Schließlich war damit zu rechnen, daß Machtverschiebungen auf dem Kontinent zugunsten Frankreichs, etwa in den *Österreichischen Niederlanden,* Rückwirkungen haben mußten auf die Konkurrenz zu britischen bzw. niederländischen Interessen in *Indien* und *Amerika.*
Der schnelle Sieg Preußens 1741 bei *Mollwitz* ließ, nach Anerkennung des preußischen Vorgehens durch Frankreich, eine kurzfristige anti-österreichische Verbindung Preußens mit Frankreich attraktiv werden. Dessen Günstling, Kurfürst Karl Albrecht, konnte mit französischen, bayerischen und sächsischen Truppen tatsächlich *Prag* (damals österreichisch) erobern. Hier ließ er sich unter Ausnutzung der momentanen österreichischen Schwäche zum König erheben und im Januar 1742 in Frankfurt gar als *Karl VII.* zum Kaiser krönen. Nominell endlich Kaiser, war er jedoch nicht einmal mehr Herr über Bayern, das die Österreicher inzwischen besetzt hatten. Karl Albrecht blieb lediglich die Rolle einer tragischen Figur im Spiel der Mächte.
Eine unerwartete Wende trat nach dem »Vorfrieden von Breslau« (1742) ein, als es zur Einstellung der Kampfhandlungen zwischen Österreich und Preußen kam und Preußen den Besitz Schlesiens bestätigt bekam: Erneute Kämpfe und Siege Österreichs und das Eingreifen Englands verschieben im »Zweiten Schlesischen Krieg« (1744–1745), der zunächst erneut Frankreich und Bayern an Preußens Seite sieht, die Akzente. Gleichzeitig operierten sächsische, englisch-niederländische, hannoversche und österreichische Truppen erfolgreich in Italien, Böhmen und Bayern. 1744 rückten sie sogar ins Elsaß ein, doch gegen Preußen

vermochte Maria Theresia letztlich kein Terrain zurückzugewinnen. Zwar scheidet Frankreich als Partner aus, doch auch Sachsen kämpft nicht länger mit. 1745 kommt es im »Frieden von Dresden« zu einem Arrangement zwischen Preußen, Sachsen und Österreich. Gegen die Anerkennung von *Franz (Stephan) I.*, Gemahl Maria Theresias, der nach dem Tode Karls VII. zum Kaiser gewählt wurde, ließ sich Preußen den Besitz Schlesiens endgültig bestätigen.
Gesamteuropäisch beendete erst der »Friede von Aachen« 1748 den Krieg. *Parma* und *Piacenza* fielen von Österreich an die spanischen Bourbonen, ebenso Teile des Herzogtums *Mailand* an Sardinien. Die »Pragmatische Sanktion« wurde international anerkannt, und Frankreich hatte die von ihm 1745 besetzten Österreichischen Niederlande wieder zu räumen.
Ungeklärt blieben weiterhin die überseeischen Konflikte zwischen Frankreich, der stärksten Kontinentalmacht, und England, das seinen Einfluß im Sinne des Mächtegleichgewichtes geltend gemacht hatte. Mit dem Auftreten Preußens als kleinem, jedoch höchst effizient verwaltetem und militärisch schlagkräftigem Staat hatte ein ebenbürtiger Konkurrent seinen Anspruch gegenüber Österreich angemeldet. Statt *Friede* von Aachen hätte angesichts der weiter schwelenden Konflikte der Begriff vorläufiger Waffenstillstand wohl treffender den Charakter der Vereinbarungen von 1748 gekennzeichnet.

DER »SIEBENJÄHRIGE KRIEG« – TEIL WELTWEITER AUSEINANDERSETZUNGEN

Da die wirkliche Entscheidung zwischen England und Frankreich noch ausstand, galt es für beide, eine möglichst günstige Ausgangsposition anzustreben. Die überlegene englische Flotte war kaum zu bezwingen, also mußte Frankreich seine Landmacht auf dem Kontinent ausspielen. England suchte folgerichtig Preußen als Schutz für das Kurfürstentum Hannover, das Stammland des englischen Königs *Georg III.* (R 1760–1820).
Im habsburgischen Süden hingegen, in Wien, betrachtete man längst Preußen als den gefährlichsten Gegner, dessen militärische Stärke nur durch eine schlagkräftige Koalition bezwungen werden konnte. Auf der Suche nach einem ›Schlußstein‹ für eine solche Allianz beschritt *Wenzel Anton Graf Kaunitz* (* 1711, † 1794), Österreichs scharfsinniger und kalt berechnender Außenminister, den höchst ungewöhnlichen Weg, in Versailles »die alte Rivalität gegen das Haus Österreich zu entwurzeln«. Es gelang ihm der sensationelle Coup, über die traditionelle Feindschaft beider Monarchien hinweg Frankreich gegen Preußen zu gewin-

Europäische Bündnispolitik und britische Vorherrschaft in Indien.
Oben: Durch das preußische Werben um die Gunst Rußlands zur Zeit der russischen Siege im »Siebenjährigen Krieg« wird die Allianz von Petersburg erschüttert. Radierung eines englischen Künstlers für ein Flugblatt. 1758/59. British Museum, London. – Rechts: Lord Clive erhält vom Mogul die Provinzen Bengalen, Bihar und Orissa als ›Lehen‹ (11. August 1765).

Ein Reich zerfällt – Die Aufteilung Polens. *Karikatur von 1773 auf die erste Teilung Polens. Katharina II. von Rußland, Stanislaus II. August Poniatowski von Polen, Joseph II. von Österreich und Friedrich II. von Preußen vor der polnischen Landkarte.*

nen, und zwar durch das Versprechen, die Österreichischen Niederlande abzutreten. Rußland beteiligte sich an dieser Allianz, da ihm Kurland und Ostpreußen als Gewinn winkten. Schweden und Sachsen, weitere Partner, schließlich erhofften sich vom Sieg der Koalition Zuwachs in Pommern und Mitteldeutschland.

Friedrich II. erfuhr über seine Spitzel von dieser regen, gegen Preußen gerichteten diplomatischen Verhandlungstätigkeit, allerdings blieb ihm das Offensivbündnis zwischen Rußland und Österreich bis zuletzt verborgen. Die Einkreisung seines Staates vor Augen, sah er nur einen Ausweg: einen ›befreienden‹ Präventivschlag: Mit seinem Überfall vom 29. August 1756 auf Sachsen und Böhmen eröffnete er den »Siebenjährigen Krieg« (1756–1763) und zwang damit (1757) Frankreich, Rußland, Schweden und die meisten

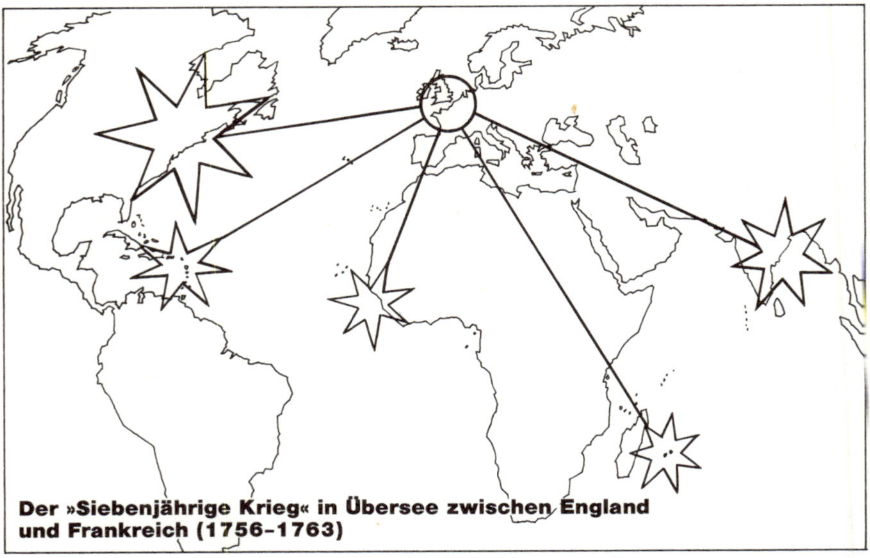

Der »Siebenjährige Krieg« in Übersee zwischen England und Frankreich (1756–1763)

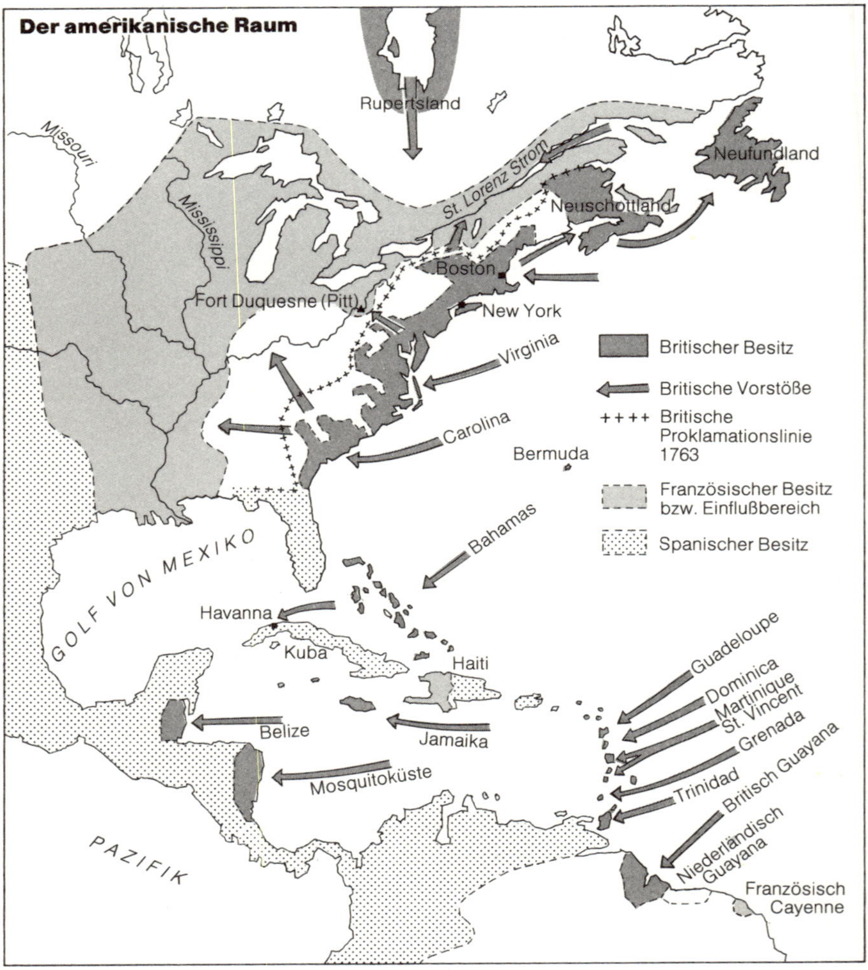

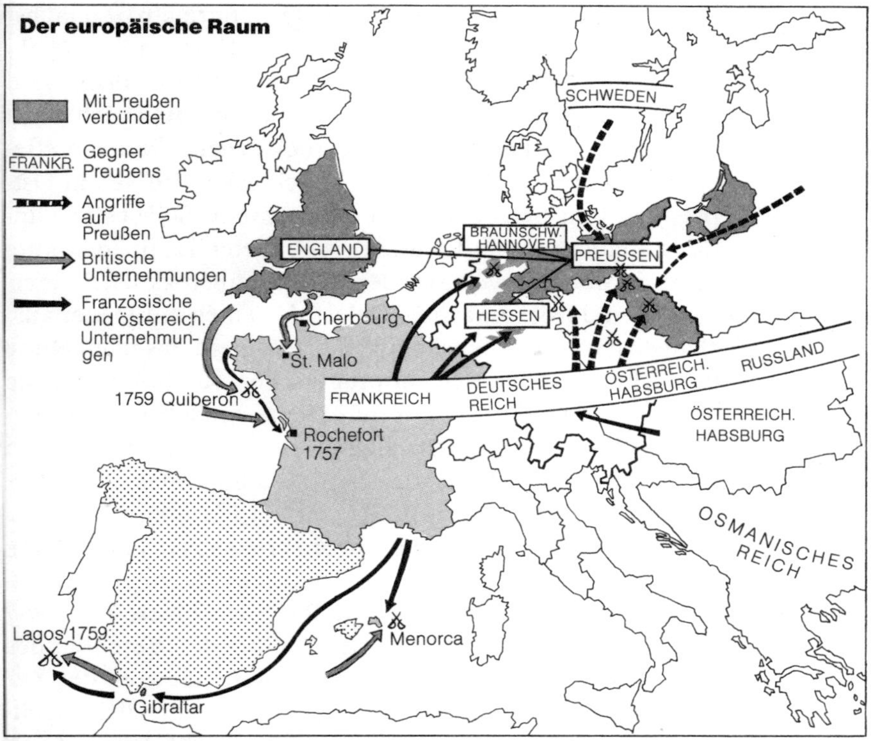
Der europäische Raum
Mit Preußen verbündet
FRANKR. Gegner Preußens
Angriffe auf Preußen
Britische Unternehmungen
Französische und österreich. Unternehmungen
SCHWEDEN
ENGLAND
BRAUNSCHW. HANNOVER
PREUSSEN
HESSEN
Cherbourg
St. Malo
1759 Quiberon
Rochefort 1757
FRANKREICH
DEUTSCHES REICH
ÖSTERREICH. HABSBURG
RUSSLAND
ÖSTERREICH. HABSBURG
OSMANISCHES REICH
Lagos 1759
Menorca
Gibraltar

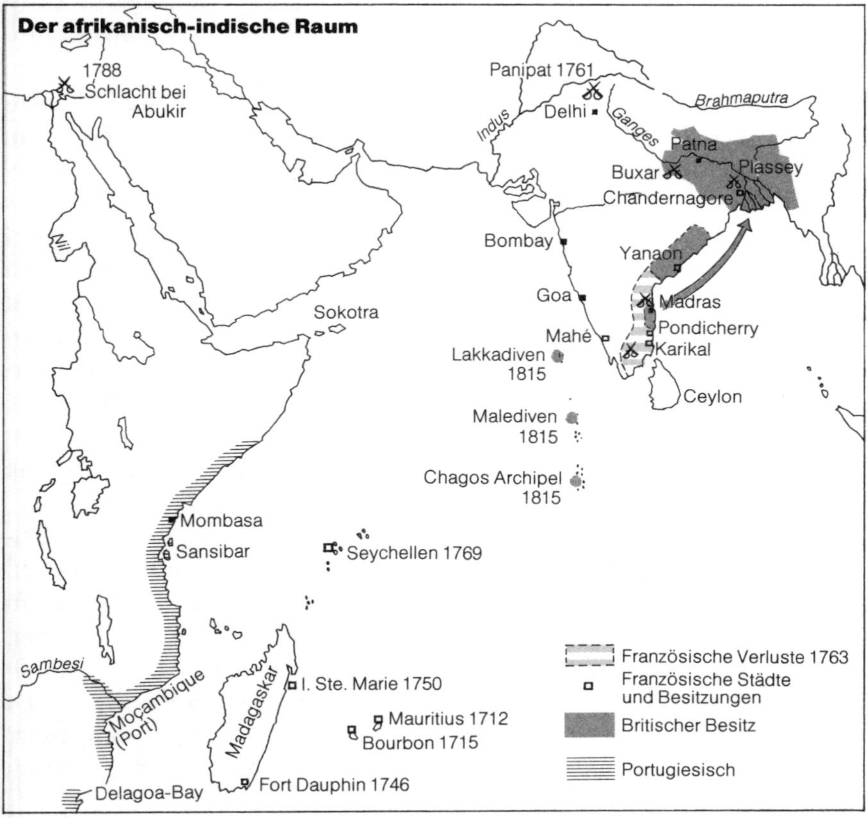
Der afrikanisch-indische Raum
1788 Schlacht bei Abukir
Panipat 1761
Delhi
Brahmaputra
Indus
Ganges
Patna
Buxar
Plassey
Chandernagore
Bombay
Yanaon
Goa
Madras
Pondicherry
Mahé
Karikal
Lakkadiven 1815
Ceylon
Sokotra
Malediven 1815
Chagos Archipel 1815
Mombasa
Sansibar
Seychellen 1769
Sambesi
Moçambique (Port)
Madagaskar
I. Ste. Marie 1750
Mauritius 1712
Bourbon 1715
Delagoa-Bay
Fort Dauphin 1746
Französische Verluste 1763
Französische Städte und Besitzungen
Britischer Besitz
Portugiesisch

Reichsstände endgültig an die Seite Österreichs. Zunächst versuchte Friedrich II. in offensiv geführtem Schlagabtausch das Gesetz des Handelns zu diktieren, doch bald folgte die Ernüchterung. Die Preußen mußten sich nach der Niederlage bei *Kolin* 1757 zurückziehen, Franzosen fielen in Hannover, Österreicher in Schlesien, Russen in Ostpreußen und Schweden in Pommern ein. Selbst die Landung englischer, mit Preußen verbündeter Truppen konnte nicht darüber hinwegtäuschen, daß Preußen gänzlich überfordert und trotz einzelner Teilerfolge einen auf Dauer aussichtslosen Überlebenskampf führte. Allein das mangelnde taktische Geschick der antipreußischen Koalition und die Tatsache, daß die erschöpften Heere nicht zur Entscheidungsschlacht drängten, halfen dem Preußenkönig, so lange defensiv zu taktieren, bis tatsächlich das ›Wunder‹ geschah, das Preußen rettete.

Mit dem Tod der Zarin *Elisabeth Petrowna* (R 1741–1762), einer unerbittlichen Gegnerin Friedrichs II., zog sich Rußland aus der Koalition zurück. Ihr Nachfolger, Zar *Peter III. Fjodorowitsch* (R 1762), ein glühender Verehrer des Preußenkönigs, trat sofort an seine Seite. Obwohl der Zar noch im Sommer desselben Jahres von einer Offiziersclique ermordet wurde, blieb auch seine Nachfolgerin Zarin *Katharina II. Alexejewna* (*die Große,* R 1762–1796) zumindest neutral.

Als schließlich auch Schweden sich mit Preußen verständigte, lenkten die erschöpften Österreicher ebenfalls ein, zumal Frankreich und England bereits über einen Friedensschluß verhandelten.

Sieben Jahre Krieg zwischen Preußen und Österreich endeten im »Frieden von Hubertusburg« (15. 2. 1763) mit einem mageren Ergebnis, das die Jahre der Entbehrungen und Verheerungen kaum rechtfertigte: Die territorialen Besitzverhältnisse wurden erneut bestätigt, und Preußen versprach dafür *Joseph*, dem ältesten Sohn Maria Theresias, der nach 1780 als Herrscher des »Aufgeklärten Absolutismus« in Österreich von sich Reden machte, seine Stimme bei der Wahl zum römischen König.

Wie sehr die Kämpfe auf deutschem Boden einen Nebenkriegsschauplatz der weltweiten Auseinandersetzungen zwischen England und Frankreich darstellten, dokumentierte spätestens der »Friede von Paris« (10. 2. 1763), den die beiden Staaten zusammen mit Portugal und Spanien schlossen. Er sah England als den strahlenden Sieger: Es hatte sich in Nordamerika und Indien völlig durchgesetzt und Frankreich als kolonialen Konkurrenten praktisch ausgeschaltet.

ENGLAND – AUSBAU DES KOLONIAL-REICHES

Es erwies sich als folgenschwerer Fehler Frankreichs, die Allianzen gewechselt und sich an der Seite Österreichs in einen zermürbenden, jahrelangen europäischen Krieg eingelassen zu haben. Ein Krieg, der bis zu 160000 Soldaten band und das Land finanziell aufs äußerste strapazierte. England dagegen konzentrierte in dieser Zeit seine *Kräfte zur See* und in *Amerika*, griff in Europa meist nur mittels Subsidienzahlungen an Preußen ein und unterstützte den Aufbau der hannoverschen Armee. Dieses Konzept erwies sich als überlegen. Seit 1756 leitete *William Pitt d. Ä.* (* 1708, † 1778) mit dieser Taktik die Außenpolitik und Kriegführung persönlich, lediglich die Kämpfe in *Indien* ließ er von dem Kaufmann und Offizier *Robert Clive* im Auftrag der privaten »Ostindischen Kompanie« führen.
Mit der Vernichtung der französischen Flotte 1759 und dem Sturz von Pitt im Oktober 1761 sank rapide das britische Interesse an den Kämpfen in Europa. Als überlegene See- und Handelsmacht beherrschte England von nun an die Weltmeere und konnte ungestört sein weltweites Kolonialreich von Indien über Nordamerika bis nach Australien ausbauen.

***William Pitt d. Ä., Earl of Chatham.** Bedeutender britischer Staatsmann.*

In dem Maße wie die dreizehn nordamerikanischen Kolonien an Selbstbewußtsein gewannnen, mußte sich England jedoch auf neue Konflikte einrichten, die schließlich im Amerikanischen Unabhängigkeitskrieg (1775–1783) gipfelten (siehe auch Band 9).
In weiten Teilen Europas genossen die Menschen nach 1763 bis zu den Revolutionskriegen eine Periode des Friedens, denn abgesehen von begrenzten Konflikten, wie etwa dem »Bayerischen Erbfolgekrieg«, verschoben sich die zentralen Auseinandersetzungen in den Südosten Europas, in den Augen der meisten Zeitgenossen »weit hinten in der Türkei«.

RUSSISCHE EXPANSION – BALKANVOR-STOSS UND »POLNISCHE TEILUNGEN«

Der aktuelle Hintergrund für die von Rußland ausgehende Beunruhigung der internationalen Lage war die selbstbewußte Außenpolitik *Katharinas II., der Großen,* beflügelt vom russischen Expansionsdrang nach Westen und Südwesten sowie durch die innere Schwäche der Nachbarn Schweden, Polen und Türkei. Gleichzeitig agierte die Zarin aus dem Selbstverständnis heraus, daß sich ihr Land im »Siebenjährigen Krieg« als eine kriegsentscheidende Großmacht bewiesen hatte, und der deutsche Dualismus zwischen Preußen und Österreich vergrößerte zusätzlich den außenpolitischen Spielraum Rußlands, wobei beide Mächte um ein gutes Verhältnis mit Petersburg bemüht wa-

ren, das angesichts der Interessenlage allerdings nicht spannungsfrei bleiben konnte.
Als in den beiden »Russisch-Türkischen Kriegen« (1768–1774, 1787–1792) die Truppen der Zarin das südrussische *Schwarzmeergebiet* mit der *Krim* eroberten und auf den *Balkan* vorstießen, drohte eine Kollision mit der Interessensphäre Österreichs. Ein militärisches Eingreifen hätte auch das seit 1764 mit Rußland verbundene Preußen in den Konflikt gezogen.
Da das russische Zarenreich die besetzten *Donaufürstentümer Moldau und Walachei* nur gegen eine Entschädigung herausgeben wollte, einigten sich die drei Mächte auf Kosten Polens: In der »Ersten Polnischen Teilung« 1772 sprachen sie sich zur Abrundung ihrer Länder große Gebiete zu, und die Polen mußten diesen Landraub ohnmächtig ertragen.
Schon bisher hatte die Zarin Rußlands den westlichen Nachbarn als einen Spielball russischer Interessen betrachtet, nach Belieben die Königswahlen manipuliert und das durch Adelsfehden sowie religiöse Gegensätze geschwächte Land gezielt destabilisiert. Nun nahm man antirussische Strömungen als vordergründigen Anlaß zum Eingreifen. Was mit Polen geschah, war offenes Unrecht, doch es sollte sich 1793 und 1795 in der »Zweiten« und »Dritten Polnischen Teilung« wiederholen, bis die drei Großmächte den Staat restlos verschlungen hatten. Kaiserin Maria Theresia, 1772 von ihrem Sohn zu diesem Handel gedrängt, schämte sich für den Gewaltakt. »Sie weinte, aber sie nahm«, bemerkte wenig gefühlvoll dazu Preußenkönig Friedrich II.
Rußland war nach Europa hineingewachsen, die Berührungspunkte mit Preußen und Österreich wurden empfindlicher, und im Süden war mit der sogenannten »Orientalischen Frage« (Osmanisches Reich, Schwarzmeerraum, Bosporus, Balkan) einer der Konfliktherde des kommenden Jahrhunderts entstanden (siehe Band 9).

REFORMPOLITIK DES »AUFGEKLÄRTEN ABSOLUTISMUS«

Mit der Beruhigung der europäischen Verhältnisse im letzten Drittel des 18. Jahrhunderts konnten sich die Staaten wieder wirtschaftlich erholen, insbesondere da sich die meisten Herrscher einer inneren *Reformpolitik* widmeten. Der Austausch von Waren und Ideen, die wachsende Reiselust und die verbreitete Aufgeschlossenheit in Kreisen von Adel und Bürgertum förderten das Gedankengut der *Aufklärung* in ganz Europa. Während es in Frankreich weitgehend Theorie blieb, fand es in den übrigen europäi-

Russische Eroberungspolitik: Polen unter Fremdherrschaft. – *Oben: Szenen zum Polenaufstand Ostern 1794 in Warschau. Russische Truppen unter dem Feldherrn Alexander Wassiljewitsch Suworow unterdrücken den von Tadeusz Kościuszko geleiteten Freiheitskampf der Polen. Zeitgenössischer Kupferstich. – Links: Elisabeth Petrowna, Zarin von Rußland (R 1741–1762), Tochter Peters des Großen und Katharinas I.*

schen Staaten, je nach der Offenheit ihrer Herrscher und dem Geschick ihrer Minister Eingang in die praktische Politik. Der als »Aufgeklärter Absolutismus« bezeichnete Reformkurs von oben stellte den Herrscher als »ersten Diener« an die Spitze seines Staates, dessen Wohlergehen von nun an höchste Verpflichtung sein sollte. Gerade die kleinen, überschaubaren Fürstentümer gingen mit umfassenden Reformprogrammen beispielhaft voran. Als vielbewundertes Vorbild sei hier das *Großherzogtum Toskana* unter *Peter Leopold* (R 1765–1790) genannt. In fünfundzwanzig Jahren formte er ein Musterland, dessen fortschrittliche Wirtschafts-, Agrar- und Sozialpolitik ebenso gerühmt wurden wie die Reform der Justiz und die gezielte Förderung der Infrastruktur. Ähnlichen Ehrgeiz entwickelten *Neapel-Sizilien* unter König *Ferdinand IV.* (* 1751, † 1825) und die österreichische *Lombardei.*

Preußens König *Friedrich II., der Große,* konzentrierte sich nach 1763 ganz auf den Wiederaufbau Preußens und konnte dabei auf die Reformansätze König Friedrich Wilhelms I. zurückgreifen, die er weiterführte und durch wegweisende Neuerungen, wie etwa das »Preußische Landrecht« oder die Förderung von Bildung und Wissenschaft ergänzte. Kaiserin *Maria Theresia* hatte zur gleichen Zeit in Österreich den ganzen Staat umzugestalten, konnte jedoch für Finanz-, Heeres- und Verwaltungsreform aus dem preußischen Beispiel lernen. Seit 1765 bezog sie ihren Sohn *Joseph II.* (R 1765–1790) zunehmend in die Regierung ein, dessen ungestüme Reformleidenschaft (»Josephinismus«) den Erfolg der Maßnahmen und die Einheit des Staates allerdings häufig eher gefährdeten.

Unter den zahlreichen Fürsten des Deutschen Reiches machten sich zu dieser Zeit viele einen Namen als aufgeklärte Köpfe, wobei das *Herzogtum Sachsen* mit *Weimar* und *Jena* als fortschrittliches kulturelles Zentrum allgemeine Bewunderung fand.

Aufgeklärt absolutistische Herrscher regierten auch in den Ländern der *dänischen Monarchie* ebenso wie ab 1772 in *Schweden,* das zwischenzeitlich, seit dem Ende des »Nordischen Krieges« (siehe Seite 56), als russischer Satellit von konkurrierenden Adelsfamilien beherrscht worden war.

Auch mit *Katharina II., der Großen,* der wohl bedeutendsten Zarin, einer gebildeten und aufgeschlossenen Herrscherin, verband man die Hoffnung auf Reformen, vor allem auf eine weitere Europäisierung Rußlands. Allein, ihre ehrgeizigen Pläne blieben vorwiegend Programm, nicht zuletzt weil sie an der Starrheit des Adels scheiterten und weil ein einflußreiches Bürgertum fehlte.

EUROPA AM VORABEND DER REVOLUTION

Nach erbittert ausgetragenen Positionskämpfen hatten die führenden europäischen Staaten im Laufe des Jahrhunderts ein stabiles dynastisch bestimmtes Machtgefüge entwickelt, das innere Reformen statt außenpolitischer Abenteuer nahelegte. Daß die Ruhe dieser rund dreißigjährigen Friedenszeit trügerisch war, wußte, wer regelmäßig Nachrichten aus Frankreich bezog. Dort gärte es, und das europäische Bürgertum nahm leidenschaftlich Anteil. Die Staatskrise schien ausweglos angesichts der Erstarrung des französischen Absolutismus, der schnellen Verbreitung aufgeklärter Forderungen, der wirtschaftlichen und politischen Unzufriedenheit des Bürgertums und des Elends der Unterschichten. Als das explosive Gemisch 1789 die »Französische Revolution« auslöste, war Europa ebenso fasziniert wie entsetzt. Die Angst vor dem Flächenbrand einer europäischen Revolution und die ungewisse Aussicht auf ansehnliche Gewinne in den Revolutionskriegen riefen die Machtpolitiker auf den Plan, die freilich nicht damit rechneten, daß nicht einer von ihnen, sondern *Napoleon Bonaparte* die europäische Landkarte von Grund auf umgestalten sollte (siehe letztes Kapitel, Seite 301).

Literatur

Hinrichs, Ernst/Schmitt, Eberhard/Vierhaus, Rudolf (Hg.): Vom Ancien Régime zur Französischen Revolution, Göttingen 1978

Mieck, Ilja: Europäische Geschichte der frühen Neuzeit, Eine Einführung, Stuttgart 1982[3]

Schieder, Theodor/Wagner, Fritz (Hg.): Handbuch der europäischen Geschichte, Bd. 4: Europa im Zeitalter des Absolutismus und der Aufklärung, Stuttgart 1975[2]

HEINRICH PLETICHA

Paris

Paris im 18. Jahrhundert am Vorabend der Großen Revolution aufzusuchen, gleicht dem Besuch eines Theaterstücks in einer Pause. Ein Akt war zu Ende gegangen: die Zeit des »Sonnenkönigs« *Ludwig XIV.* (R 1643–1715). Obgleich der König die Stadt nicht besonders geschätzt und sich mit dem Schloß von Versailles eine seinem absolutistischen Selbstverständnis gemäße Residenz geschaffen hat, folgte er doch dem klugen Ratschlag seines obersten Finanzkontrolleurs Jean Baptiste Colbert, der ihm riet, Paris zur »allerschönsten Stadt der Welt« und zum »Thron der Herrlichkeit« zu machen. Er mußte ja dabei keineswegs von Anfang an beginnen, sondern vielmehr nur weiterführen und steigern, was seine Vorgänger Heinrich IV. und Ludwig XIII. begonnen hatten.

Seit Ende des 16. Jahrhunderts war es *Heinrich IV.* (R 1589–1610) gelungen, allmählich die mittelalterliche Stadt zu modernisieren. Noch existierte die alte Stadtmauer von 1370, die vom Louvre aus in einem nordwärts ausholenden Bogen das Kernstück der Stadt umschloß und wieder an die Seine zurückführte. Nach Süden zu bestand weiterhin die alte Mauer von 1180, die im Bogen von einem Ende der »Île de la Cité« zum anderen führte.

Längst waren die Vororte vor diesen Mauern dichter zusammengewachsen, aber erst Ludwig XIV. ließ die Befestigungen 1670 niederreißen und durch breite schattige Prachtstraßen ersetzen. Die alten Tore mußten *Triumphbögen* weichen, von denen noch die »Porte Saint-Denis« und die »Porte Saint-Martin« an den gleichnamigen Boulevards erhalten sind.

Erst am Vorabend der Revolution wurde 1784 mit dem Bau der *Zollmauer* begonnen. Sie war zum damaligen Zeitpunkt politisch höchst inopportun und führte zu dem Wort »Le Mur murant Paris rend Paris murmurant« (»die Mauer, die Paris umschließt, läßt Paris murren«). Aber ihr Verlauf ließ augenfällig deutlich werden, welche Ausdehnung die Stadt in den vorangegangenen zwei Jahrhunderten erfahren hatte.

Im gesamten Stadtbereich innerhalb wie außerhalb dieser Mauern ließen die Könige ein Netz neuer *Straßen* und *Plätze* anlegen, denen die alten, teilweise verfallenen und gar nicht mehr bewohnten mittelalterlichen Häuser weichen mußten. Die wohl berühmteste Straße ließ dabei Ludwig XIV. bauen, in dem vom »Rond Point« am Ende der »Tuilerien« eine 70 Meter breite Allee durch das damals etwas verrufene Viertel der »Elysèes« leicht ansteigend nach Westen führte. Diese *»Avenue des Champs Elysèes«* sollte sich innerhalb eines Jahrhunderts zu einer der berühmtesten Straßen nicht nur von Paris, sondern ganz Europas entwickeln. Bis zum Beginn der Revolutionszeit hatte sie allerdings mehr den Charakter eines langgestreckten Parks, an dessen Rändern Verkaufsstände aller Art, Gast- und Vergnügungsstätten wie Kegelbahnen und Tanzlokale entstanden. Ihre bewunderte, elegante Note erhielt sie erst im 19. Jahrhundert.

Bedeutsamer noch als die Straßen wurden die neuen Plätze, die rasch die alten wie die

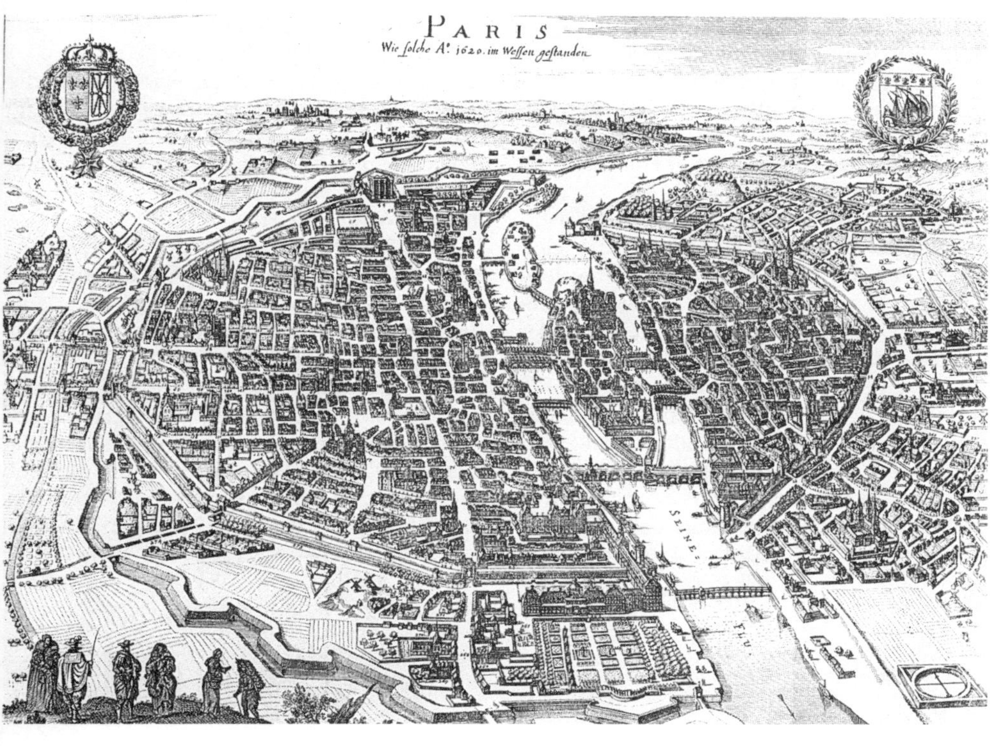

Glanzvolle Metropole an der Seine. – *Oben: Königsschloß/Louvre mit der Place du Carrousel. Im Vordergrund: der von Napoleon errichtete Kleine Triumphbogen »Arc du Carrousel«. – Unten: Stadtansicht (1620) von Merian.*

»Place Parvis Notre Dame« oder den »Greve-Platz« im Zentrum überflügelten. So begann schon Heinrich IV. am Ostrand der Stadt mit dem Bau der *»Place Royale«*, jenem auch heute noch tief beeindruckenden Ensemble, das während der Revolution den Namen »Place des Vosges« erhielt. Hier traf sich die vornehme Welt zum Corso, hier fanden höfische Feste statt, für die der Platz eine ideale Kulisse bot. Im Westen schuf sich Ludwig XIV. mit der *»Place Vendôme«* eine ähnlich aufwendige geschlossene Anlage, die aus dem alten Häusergewirr herausgeschlagen wurde. Sie diente nicht mehr wie die »Place Royale« dem Vergnügen und als Wohnbezirk, sondern der Repräsentation, und so wurden hier die Münze, die Akademie und ein Gästehaus für hohe Staatsgäste angelegt. Im Gegensatz zu diesen in sich geschlossenen Plätzen öffnete sich die *»Place de la Concorde«* nach drei Seiten hin. Es sollte die Place Royale Ludwigs XIV. werden. Es war der größte Platz von Paris und – wie manche sagen – auch einer der schönsten der Welt. Aber er wurde auch der wohl blutigste Platz der Welt; denn hier stand während der Schreckenszeit der Revolution die *Guillotine*, unter der nicht nur die Häupter König Ludwigs XVI. und der Königin Marie Antoinette fielen, sondern mehr als 1100 weitere Opfer starben.

Die Könige, der Adel und die Bürger wetteiferten im 17. und 18. Jahrhundert gleichermaßen mit dem Bau von Palästen und Häusern. Zu den alten und schon berühmten Bauten auf der »Île de Cité« mit der Kirche *»Notre Dame«* und dem *alten Schloß*, das nach Bränden 1618 und 1776 Ende des 18. Jahrhunderts dem Neubau des *Justizpalastes* weichen mußte, und dem *»Hôtel de Ville«* (Rathaus) von 1553 gesellten sich nun zahlreiche neue repräsentative Bauten. Noch war allerdings der *»Louvre«* nicht vollendet. Kardinal *Richelieu* hatte sich ihm gegenüber einen aufwendigen Palast errichten lassen, den er bei seinem Tode der königlichen Familie vererbte und der fortan den Namen *»Palais Royale«* führte. Auf der Westseite schloß sich der *»Tuilerienpalast«* an, den sich *Katharina von Medici* 1564 schon außerhalb der Stadmauer hatte anlegen lassen und der den französischen Herrschern bis zu seiner Zerstörung 1871 als Wohnsitz diente.

Südlich der Seine ließ Ludwig XIV. 1671 das *»Hôtel des Invalides«* für 7000 Veteranen seiner zahlreichen Feldzüge bauen und daran anschließend vier Jahre später den großartigen *»Invalidendom«* mit seiner 93 Meter hohen vergoldeten Kuppel. Unter seinen Nachfolgern wurde an der Südseite des Marsfeldes um die Mitte des 18. Jahrhunderts eine *Militärakademie* errichtet.

Noch stand bis zum Beginn der Revolution im Osten der Stadt die *»Bastille«*, im Mittelalter als Bollwerk gegen die Engländer errichtet, diente sie später als Arsenal und dann als Staats- bzw. Prominentengefängnis, deren Erstürmung 1789 mehr ein politisches Spektakel als eine Notwendigkeit war und die dann abgerissen wurde.

Durch die neuen Straßen wurde auch die Bautätigkeit angeregt, und ganz neue Wohnviertel entstanden, so am linken Ufer der Seine *Faubourg Saint-Germain* und am rechten *Faubourg Saint-Honoré* mit palastartigen Wohnhäusern.

Um 1500 zählte Paris etwa 200000 Einwohner, um die Mitte des 17. Jahrhunderts schon doppelt so viele, und am Vorabend der Revolution waren es nach vorliegenden Schätzungen über 600000. Sie drängten sich in den alten, engen, verwinkelten Gassen und auf den breiten neuen Avenuen, Reiche wie Arme, Akteure und Statisten eines grandiosen Welttheaters, das immer wieder Zuzug erhielt durch die besten wie durch die gerissensten Köpfe ganz Frankreichs und des Auslandes.

ALEXANDER DEICHSEL

Geisteswelt der Aufklärung

Glanz und Elend eines Aufklärers – Condorcet

»Es wird der Augenblick kommen, wo die Sonne auf der Erde nur freie Menschen bescheint, die keinen anderen Herren als ihre Vernunft anerkennen, wo Tyrannen und Sklaven, Priester und ihre Werkzeuge nur noch in den Geschichtsbüchern und auf der Bühne existieren werden. [...] Ein immer kleineres Stück Land wird dann eine Fülle von sehr viel nützlicheren und wertvolleren Lebensmitteln hervorbringen; bei geringerem Aufwand wird ein größeres Quantum an Genuß verfügbar sein; das gleiche Industrieprodukt wird mit niedrigeren Rohmaterialkosten produziert und dauerhafter sein; aller Boden wird für die Erzeugnisse nutzbar gemacht, die mit geringer Arbeitskraft eine größere Anzahl von Bedürfnissen befriedigen. [...] Die durchschnittliche Lebensdauer des Menschen wird keine angebbare Grenze haben. Der Mensch wird zwar nicht unsterblich werden, aber die Zeitspanne zwischen dem ersten Atemzug und dem letzten wird, wenn er, ohne Krankheit und Unfall, eines Tages von Natur aus nicht mehr länger leben kann, notwendigerweise immer mehr hinausgeschoben werden.«
[...]
Einige Tage, nachdem *Antoine Caritat Marquis de Condorcet* (* 1743, † 1794), Politiker, Mathematiker und Philosoph, seinen »Entwurf zu einer Geschichte der Fortschritte des menschlichen Geistes«, aus dem diese enthusiastische Prognose stammt, 1794 niedergeschrieben hatte, starb er in einem Gefängnis eben jener französischen Revolutionäre, denen er begeistert, aber redlich, seine intellektuellen Fähigkeiten in den Redaktionsstuben und im Parlament zur Verfügung gestellt hatte. Deutlicher können Glanz und Elend aufklärerischen Geistes kaum ineinander verwoben sein als im Schicksal dieses Mannes: Für Gleichberechtigung, insbesondere auch der weiblichen Bevölkerung, für Menschenrechte, Kranken- und Arbeitslosenversicherung, freie Meinungsäußerung und die Entfaltung möglichst vieler menschlicher Fähigkeiten durch ein breites Erziehungswesen eintretend, einen Verfassungsentwurf und einen Rahmenplan für das allgemeine Unterrichtsprogramm im Parlament einbringend, den Fortschritt, die denkbare Vollendbarkeit der Welt vor Augen, im Herzen, auf der Zunge und in der Feder, gerät er in Konflikt mit der ›realen‹ Macht, mit *Robespierre* und den *Jakobinern* (siehe auch Seite 297). Sie sehen ihre aufgeregte Politik durch seine menschenfreundliche Lauterkeit beeinträchtigt, verfolgen den ehemaligen Kampfgefährten und Berater und besudeln damit in der wirklichen Welt wiederum, was sie in der aufklärerischen Vorstellungswelt mit großartigem Motto ersehnen: Freiheit, Gleichheit, Brüderlichkeit. Doch wenn auch die Guillotine immer mehr Menschen im Namen der Zukunft tötete, der Geist der Aufklärung lebte in neuen Formen weiter und beunruhigt seitdem nicht nur Europa. Wie kam es dazu, und wem verdanken wir diese Gedanken?

***Popularisierung einer vernunftgeleiteten Welterkenntnis.** Titelkupfer zu Le Bovier de Fontenelles »Entretiens sur la pluralité des mondes«. Bibliothèque Nationale, Paris.*

John Locke: Vollzug der Gesetze – 1690

Text der Zeit

Da das Recht zum Vollzug der Gesetze sich nur auf besondere Ermächtigung durch die gesetzgebende Behörde begründen läßt, so ist diese auch jederzeit befugt, dieses Recht wieder wegzunehmen, wenn sie einen gerechten Grund dazu anführen kann, und denjenigen zu bestrafen, der schlecht und gesetzwidrig regiert hat. [. . .] Man wird hier ohne Zweifel die naheliegende Frage aufwerfen: wer soll beurteilen, ob der Fürst oder die gesetzgebende Behörde die ihnen gezogenen Grenzen überschreiten? Darauf gebe ich zur Antwort, daß dies das Volk zu tun hat; denn wer kann besser beurteilen, ob ein Auftrag richtig ausgeführt worden ist, als der Auftrageber selbst, der, eben auf seine Befugnisse gestützt, die Handlungsweise des von ihm Beauftragten mißbilligen und auf seine Dienste verzichten kann, wenn dieser sich nicht nach seinen Vorschriften richtet? Wenn dies unter Privatleuten als richtig und vernünftig gilt, warum sollte es nicht auch Gültigkeit haben in einer so wichtigen Sache, wie es die Sorge für das Glück einer Million Menschen ist? [. . .]
Man soll nicht meinen, es könne in einem derartigen Streitfall keinen Richter geben; denn wenn sich auf Erden keiner findet, den Zwistigkeiten unter Menschen ein Ende zu bereiten, so sitzt dafür einer im Himmel. Gewiß ist Gott von Rechts wegen allein Richter; doch das hindert nicht, daß in solchen und ähnlichen Fällen jeder imstande ist, selbst zu beurteilen, ob ein anderer Mensch sich mit ihm im Kriegszustand befinde und ob er also das Recht habe, sich an den höchsten Richter zu wenden. Wenn über einen Punkt, über den die Gesetze nichts vorschreiben oder der zweifelhaft ist, bei dem es sich aber um etwas sehr Wichtiges handelt, zwischen dem Fürsten und einigen aus dem Volke ein Streit entsteht, so bin ich sehr geneigt zu glauben, daß in einem solchen Falle das Volk selbst den Zwist zu entscheiden hat.

Aus: John Locke »To Treatises of Government«. Übers.: G. Guggenbühl

I. Der Kampf um die Wahrheiten – Philosophen gegen Priester

»Ecrasez l'Infâme«: Voltaire
Wenn die Aufklärung auch eine europäische Bewegung ist – man nannte sie »Enlightment« in England, »Iluminismo« in Italien, »Siglo de las Luces« in Spanien und »Philosophie des Lumières« in Frankreich – so entwickelt jedes Land die neuen Gedankenverbindungen doch auf dem Grund jeweils eigener Art. In der antiklerikalen Kampfparole »Ecrasez l'Infâme!« (»Zerschmettert die Abscheuliche«) des Franzosen *Voltaire* (* 1694, † 1778) erhält die aggressive gesellschaftspolitische Stoßrichtung des Zeitalters ihren deutlichsten Ausdruck. Die Kirche mit ihrer »theologischen Physik«, die in der mosaischen Schöpfungsgeschichte eine echte Wissenschaft der Natur enthalten sieht und mit ihrer Rechtfertigung der fürstlichen Machtrepräsentanten »von Gottes Gnaden« wird in Frankreich zum entscheidenden Gegner der Ideen um vorurteilslose Betrachtungen der Naturerscheinungen und selbstgestalterische Mitbestimmung in den öffentlichen Angelegenheiten.

Locke und Hume
1773 wird in Frankreich der Jesuitenorden verboten. *John Locke* (Philosoph, * 1632, † 1704) und *David Hume* (Philosoph und

Führende Denker der englischen und französischen Aufklärung. *– Oben links: John Locke, der wichtigste und einflußreichste Vertreter der Aufklärung im Sinne des Empirismus. Sein Hauptwerk, »An essay concerning human understanding«, wurde 1689/90 erstmals veröffentlicht. – Oben rechts: David Hume, der als Vollender des englischen Empirismus gilt, verkehrte in den Kreisen der Enzyklopädisten. – Rechts: Voltaire (eigentlich François-Marie Arouet), dessen Werke das gesamte Ideengut der Epoche umfassen.*

Wirtschaftswissenschaftler, * 1711, † 1776) hatten in England eine andere Kampflinie eröffnet. Die Ideen in unseren Köpfen waren *nicht göttlich eingepflanzte Wahrheiten*, die es im Leben möglichst annähernd zu verwirklichen galt, sondern unsere *Begriffe* waren das Ergebnis unserer *sinnlichen Eindrücke*. Begriffe und Gedanken hoben diese »Impressionen« in eine andere Etage unseres Geistes, in der wir uns mittels eben jener Begriffe nun wendiger und wirkungsvoller verständigen konnten (siehe auch Band 7, Seite 250). Diese Bindung unseres Denkens an die jeweiligen *empirischen*, konkreten Umweltfaktoren konnte der ungeheuren Vielfalt Rechnung tragen, die insbesondere durch die englischen Kaufleute und Seefahrer, Entdecker und Reisenden den nachdenkenden Menschen zu Hause präsentiert wurden.

Zerplatzte nicht die *eine* Wahrheit des scholastisch-theologischen Systems unter dem Beschuß der vielen Wahrheiten, um die sich die Menschen in der weiten Welt scharten? Die Glaubenslogik kam durch die *immanente Erkenntnislehre* und *sensualistische Psychologie* arg in Bedrängnis. »Nihil in intellectu est quod non antea fuerit in sensu« = »Nichts ist im Geist, was nicht vorher in den Sinnen war«, lautete die Parole.

Lessing

Eine dritte ›Streitaxt‹ wurde von *Gotthold Ephraim Lessing* (* 1729, † 1781) in Deutschland geschmiedet. Der norddeutsche Protestant war weniger antiklerikal als der Fran-

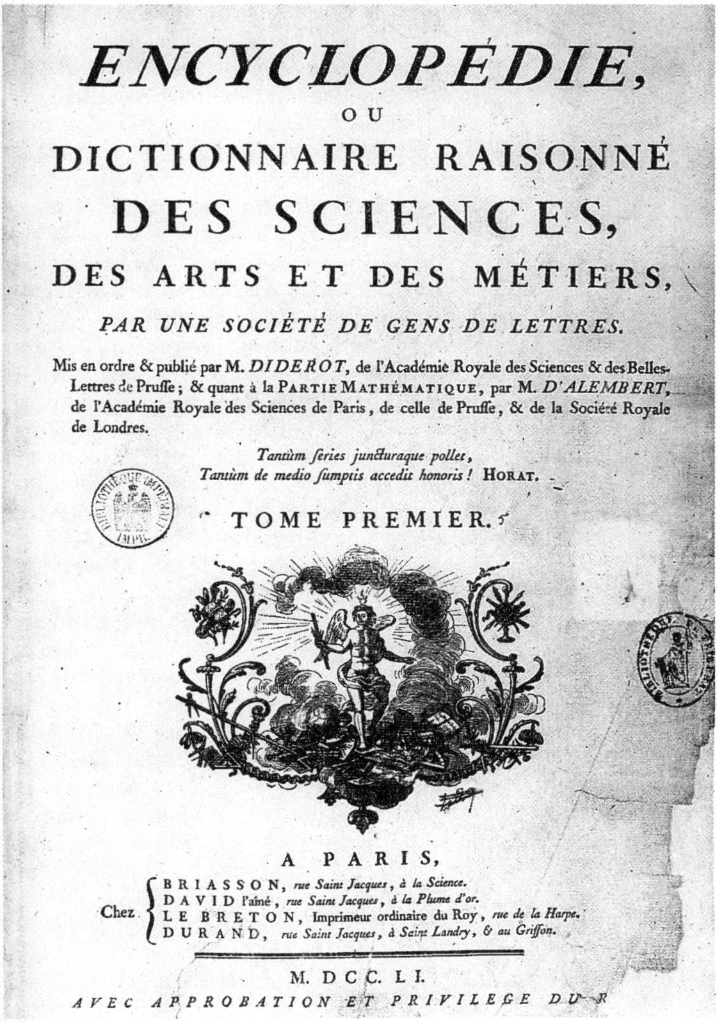

ENCYCLOPÉDIE,
OU
DICTIONNAIRE RAISONNÉ
DES SCIENCES,
DES ARTS ET DES MÉTIERS,
PAR UNE SOCIÉTÉ DE GENS DE LETTRES.

Mis en ordre & publié par M. *DIDEROT*, de l'Académie Royale des Sciences & des Belles-Lettres de Prusse; & quant à la PARTIE MATHÉMATIQUE, par M. *D'ALEMBERT*, de l'Académie Royale des Sciences de Paris, de celle de Prusse, & de la Société Royale de Londres.

Tantùm series juncturaque pollet,
Tantùm de medio sumptis accedit honoris! HORAT.

TOME PREMIER.

A PARIS,

Chez
BRIASSON, *rue Saint Jacques, à la Science.*
DAVID l'aîné, *rue Saint Jacques, à la Plume d'or.*
LE BRETON, Imprimeur ordinaire du Roy, *rue de la Harpe.*
DURAND, *rue Saint Jacques, à Saint Landry, & au Griffon.*

M. DCC. LI.
AVEC APPROBATION ET PRIVILEGE DU R

Vom Geist der Aufklärung getragenes Werk. *Titelseite des ersten Bandes der »Encyclopédie« von Diderot und d'Alembert. Das in 21 Text-, 12 Tafel- und 2 Registerbänden erschienene Sachwörterbuch, das das gesamte Wissen der Zeit zusammenfassen und ordnen sollte, ist die wichtigste Publikation der Aufklärung. Bibliothèque Nationale, Paris.*

zose, obgleich er mit Voltaire darin übereinstimmte, daß den Glaubensdogmen die Kraft der *prüfenden, experimentierenden Vernunft* entgegengestemmt werden muß. Aber waren die Religionen, insbesondere das Judentum, das Christentum und der Islam nicht vielleicht Bewährungsproben für uns Menschen, die in einem göttlichen Heils- und Geschichtsplan zu edlem Wettstreit im Ringen um die beste aller möglichen Welten aufforderten? In seinem publizistischen Bestseller (wie wir heute sagen würden) »Die Erziehung des Menschengeschlechtes« entwickelt er in hundert Paragraphen diese versöhnlichere, deutsche Position, die auf folgenreiche Weise das Kritisch-Moderne mit dem Historischen verband. *Humanität, wahres Menschentum,* war nicht von irgend jemandem gepachtet, Humanität als *Weg* lautete das deutsche Motto, als Aufgabe, »unendliche Aufgabe«, wie *Immanuel Kant* diese Aufforderung zur Toleranz in seiner Schrift »Zum ewigen Frieden« später nannte.

Diderot und die Enzyklopädie

Erfahrungsgestützte Wissenslust, dogmenzertrümmernder Geistesmut und selbstverantwortliche Geschichtsgestaltung – die drei europäischen Wurzeln aufklärerischen Denkens wachsen in der *»Grande Encyclopédie«* des *Denis Diderot* (* 1713, * 1784) und seiner vielen Mitautoren zu einem einzigartigen Baum der Erkenntnis heran. Als Diderot 1750 diese Enzyklopädie in Paris in einem Werbeprospekt ankündigt, plant

Mathematiker und Philosoph: Jean Le Rond d'Alembert. *Bis zum 7. Band war er Mitherausgeber der »Encyclopédie«.*

man 8 Bände und nennt 55 Mitarbeiter. Als 1772 der letzte siebzehnte Text- und elfte Bildband erscheinen, haben insgesamt 160 Autoren am Gesamtwerk mitgearbeitet – die crème der damaligen Experten. 1757 gibt es bereits 4200 Subskriptionen (Vorbestellungen), die verkaufte Stückzahl liegt erheblich höher. Nicht nur detail-besessene Dokumentationslust aus der Naturwissenschaft und den »mechanischen Künsten«, sondern auch temperamentvolle Stellungnahmen zu den packenden geistigen und sozialpolitischen Problemen des Jahrhunderts kennzeichnen die Haltung der Autoren zu diesem Werk: Will man etwas über die moderne Mathematik wissen? *d'Alembert,* der wissenschaftliche Kopf des Unternehmens, führt uns ein! – Was eigentlich ist unter Geschmack zu verstehen? *Montesquieu,* Autor des sensationellen Werkes »Geist der Gesetze« (1748), hilft die Frage zu beantworten. – Was ist Politische Ökonomie? *Jean-Jacques Rousseau,* der Erfolgsautor mit Blitzkarriere seit seinem ersten »Discours über die Frage, ob Wissenschaft und Kunst unser Leben verbessert haben« (1750), erklärt sie. – Redekunst? Eleganz? Esprit? All das sind Themen für *Voltaire.*

Die Enzyklopädie sollte kein abgestandenes Lexikon, vielmehr ein Handbuch für den gebildeten Jedermann sein, Beschreibung, Erklärung und Gestaltung der Welt, »in der wir leben«. Wissen, modernes Wissen sollte orientieren. Wissen war nicht an Geld und Gut und Blut gebunden, jeder konnte es erwerben. Wissen wurde Macht – und manche Macht begann sich vor diesem Wissen zu fürchten.

Das neue Publikum – Zirkel, Journalisten, Zeitungen

1448 war durch den Buchdrucker *Johannes Gutenberg* das einfachere Herstellen von sprachlichen Druckerzeugnissen und ihre schnellere Vervielfältigung in Europa ermöglicht worden. Im 15. und 16. Jahrhundert spielen Flugblätter, Liedertexte, Pamphlete eine zunehmende Rolle im öffentlichen Leben. Ein *breiter werdendes lesekundiges Publikum* bildet und beschäftigt sich außer mit *Büchern* mit einer Vielzahl von aktuellen *Druckschriften.* In London öffnen im 17. Jahrhundert die ersten *Kaffee-Häuser,* in Paris trifft man sich in den *Salons* wohlhabender Zeitgenossen, in Deutschland bilden sich *Lese- und Debattiergesellschaften* – das gedruckte, weit verbreitete Wort verbindet sich mit einem über die eigenen vier Wände hinausblickenden Interesse des Städters zum debattierenden, raisonnierenden Publikum, das sich zu allem und jedem seine eigene Meinung zu bilden beginnt. Wie ein Steppenbrand breitet sich dieser Wille zum Mitdenken und Mittun in Europa aus, und die Medien, die Techniken zur Übertragung und Verbreitung von Gedanken, Geschichten und Bildern gehen ihrer großen Zeit entgegen.

Ein neuer Beruf entsteht – der *Journalist.* Hunderte von Zeitschriften und Zeitungen werden im 18. Jahrhundert in den europäischen Ländern gegründet. Zuerst sind es meist literarisch-geistige *Zirkel,* die sich ›ihre‹ *Zeitung* schaffen. Die »Frankfurtischen Gelehrten Anzeigen« beschäftigen sich mit den »schönen Wissenschaften«, in Berlin gründet der Verleger *Friedrich Nicolai* eine »Bibliothek der schönen Wissenschaften und der freyen Künste« (1757).

Lessing hatte 1750 die »Beiträge zur Historie und Aufnahme des Theaters« initiiert. In Leipzig entsteht mit den »Wöchentlichen Nachrichten und Anmerkungen die Musik betreffend« 1767 eine erste musikkritische Zeitschrift. »The Tatler«, »The Spectator«, »The Guardian« sind frühe Zeitungsgründungen in England, Vorboten der gesellschaftlichen Publikationsorgane – »Le Moniteur«, »Chronique de Paris«, »Le Pere Duchesne« –, die während der Revolution in Frankreich immer mehr Menschen und unterschiedlichen Interessengruppen den Zutritt in die Argumentationsarenen ermöglichten, deren erste als »Parlament« in London entstanden war. *Kritik* war die Parole des Jahrhunderts, und das Parlament hatte sich zur breiten Öffentlichkeit erweitert, in der nicht nur der Abgeordnete, sondern jeder sich zuständig fühlte. Warum? Weil er eine Meinung hatte! Das begründete Meinen stellte sich dem blinden Glauben vor allem in der entstehenden Publizistik entgegen.

***Umfassender Denker von höchster Vielseitigkeit:** Denis Diderot. Er entwarf den Plan zur »Encyclopédie«.*

II. Die Individualität der Form – Künstler gegen Reglementierer

Roman, Rokoko, Oper – Neue Formen

Die bedeutenden Stilströmungen des 18. Jahrhunderts heißen Barock und Rokoko – es gibt keine ›aufklärerische‹ Architektur, keine ›aufgeklärte‹ Musik. Künstler sind keine Wissenschaftler, sie schaffen Formen, nicht Formeln. Wenn sie auch der programmatischen Weisheitslehre von Leibniz zustimmen, die da meint, »daß nichts mehr zur Glückseligkeit diene, als die Erleuchtung des Verstandes und Übung des Willens, allezeit nach dem Verstande zu wirken«, so verkörpern und veranschaulichen sie in ihrem Tun doch ein anderes Leitmotiv der Epoche: das *schöpferische, produktive Subjekt*! Auch hier setzt England die ersten kräftigen Akzente – im Roman. *Richardson, Fielding, Defoe, Sterne* erfinden gleichsam eine neue Form der erzählenden Literatur, die in ganz Europa kunstvolle, durchaus eigenständige Nachfolger findet. In Frankreich bringt *Diderot* Probleme in *Bürgerfamilien* auf die Bühne, die nun neben der bekannten komischen auch ernster Darstellung würdig werden. Seine »Tragédie domestique« macht *Lessing* und jungen Autoren wie *Friedrich Schiller* und *Johann W. Goethe* Mut zum »Bürgerlichen Trauerspiel«. Die Lyriker des »Sturm und Drang« verstehen sich als »Kraftgenies« und feiern in ihren Gedichten die Natur als schöpferisches Werden, wie ihre philosophierenden Kollegen. In Deutschland kreieren begabte Musikanten die Symphonie und die Oper, deren gleichsam entfesselte Klänge in Räumen erklingen, die im Stil der formenreichen »Phantasiekunst« des 17. und 18. Jahrhunderts erbaut sind, den Schlössern und Palais, den »Monrepos« und »Sanssoucis«, den Opern- und Herrenhäusern.

Waren auch die Dichter und Musiker keine Philosophen, so verarbeiteten sie doch immer wieder Motive, die ihre aufklärerische Haltung ausdrückten. *Daniel Defoe* (* 1660, † 1731) gelingt in seinem »Robinson Crusoe« die Geschichte des toleranten, einfallsreichen, naturnahen Europäers, der sich selber seine Welt aufbaut. Die Satiren von *Jonathan Swift* (* 1667, † 1745) geißeln unsere Laster – um uns an unsere Fähigkeit zur vernünftigen Lebensführung zu mahnen, so wie es *Leibniz* dem Jahrhundert vorgegeben hatte. Das Motiv des mäßigenden Ausgleichs und der verständnisinnigen Toleranz durchzieht die Kunst der Zeit bis in die »Zauberflöte« des fünfunddreißigjährigen *Wolfgang Amadeus Mozart*, in der uns im Zauberer Sarastro die lichte Gestalt eines Weisheitsfürsten entgegentritt, vor dessen Sonnentempel die dunklen Mächte der Königin der Nacht endgültig zurückweichen – eine aufgeklärte Welt, auf dem Theater bereits wirklich!

Häufig sind die Künstler Meister mehrerer Gattungen. *Voltaire* ist Essayist, Dramatiker, Historiker. *Diderot* organisiert nicht nur die »Summa« der Aufklärung, die *»Grande Encyclopédie«*, er schreibt auch Theaterstücke, Romane, erkenntnistheoretische Abhandlungen. *Lessing* brilliert in polemisch-witzigen Pamphleten gegen orthodoxe Kirchenvertreter, wird berühmt durch seine Theater- und Kunstkritiken, durch seine geschichtsphilosophischen Traktate, ist Lustspielautor und schreibt mit seinem »Nathan der Weise« schließlich den wichtigsten deutschen Theaterbeitrag zur Lebensmoral der Aufklärung.

Die Begegnung mit der Form

Die Aufklärung war nicht die Zeit der großen Systeme, sondern der vielen Einzelbeobachtungen. Der Philosoph *René Descartes* (* 1596, † 1650) wollte das Einzelne im Allgemeinen aufgehen lassen, Diderots Encyclopédie wollte den Reichtum der Einzelheiten zeigen, vorurteilslos, nur auf die Sache, auf das Objekt bezogen, sachlich, objektiv. Ihr Instrument war die *diskursive Vernunft*, ein Denken, das sich von Begriff zu Begriff nachvollziehbar und schrittweise voranarbeitete. Newton hatte es vorgemacht: Nicht jenseitige Gründe, sondern diesseitige Regeln konnten wir der Welt abgewinnen, nachprüfbar und fachspezifisch, ausgerüstet »mit dem Kompaß der Mathematik und der Fackel der Erfahrung«, wie es der Schirmherr der Enzyklopädisten, *d'Alembert*, später formulierte. Eine Formel für jeden Lebensbereich – jeder, der nachzudenken begann, wähnte sich ein kleiner Newton!

Und doch zertrümmert die Formel gerade jene Erscheinungsweise der Dinge, in der sie uns und wir ihnen begegnen – ihre Form. Der junge Goethe verdichtet dies Problem in illustrativer Weise:

Es flattert um die Quelle
Die wechselnde Libelle,
Mich freut sie lange schon;
Bald dunkel und bald helle,
Wie der Chamaeleon,
Bald rot, bald blau,
Bald blau, bald grün;
O daß ich in der Nähe
Doch ihre Farben sähe!

Sie schwirrt und schwebet, rastet nie!
Doch still, sie setzt sich an die Weiden.
Da hab' ich sie! Da hab' ich sie!
Und nun betracht' ich sie genau –
Und seh' ein traurig dunkles Blau –

So geht es dir, Zergliedrer deiner Freuden!

Der *Earl of Shaftesbury*, wiederum ein Engländer, machte seine Zeitgenossen etwa zwei Generationen vor Goethe auf dieses Problem aufmerksam. Keineswegs wollte er damit das vernunftbestimmte Zergliedern diskriminieren, vielmehr wollte er vergegenwärtigen, daß Freude an Dingen, Menschen, Erlebnissen, daß die Begegnung mit schönen Formen weder ein vernunftmäßiges Urteil noch einen empfindungsmäßigen Eindruck als Grundlage hat: Die Erfahrung des Schönen verschmilzt vielmehr »reason« (Vernunft) und »sentiment« (Empfindung) zum »ästhetischen Vergnügen«, das *Friedrich Schiller* gegen Ende des Jahrhunderts (1792) klassisch beschreibt: Die schönen Formen der Natur und der Künste haben »den Zweck gemein, Vergnügen auszuspenden und Glückliche zu machen. Spielend verleihen sie, was ihre ernsten Schwestern uns erst mühsam erringen lassen.« Verstand, Vernunft und Freuden der Sinne sind in der Erfahrung von Schönem zu einem einheitlichen Erlebnisakt verschmolzen, der uns deshalb so kräftigt, weil wir im Schönen an der Vollendung des Schöpferischen teilnehmen. Unsere Freude an Schönem ist selber ein zutiefst schöpferischer Akt des *ganzen* Menschen, keineswegs nur Sinnengenuß oder Vernunfterkenntnis. Beim »schönen« Erlebnis steht der Mensch in der Wahrheit des Universums. Es ist nicht an irgendeinen Bildungsstand gebunden, jedermann ›hat‹ es. *Was* jeweils als schön gilt, ist dabei durchaus unterschiedlich.

In der menschlich-geschaffenen, künstlerischen Form des Schönen verbindet sich im

Rahmen dieser Deutungsversuche das Aktiv-Ethische mit dem Schöpferisch-Neubildenden. Die Aufklärung wird hier durch *zwei* Gedankenströme charakterisiert. Einen englisch-deutschen, der dem Schönen seinen »enthusiastischen« Wert gibt, und einen französischen, der das künstlerische Schaffen im wesentlichen als einen kombinatorischen, Vorhandenes neu und originell zusammensetzenden Vorgang sieht; so etwa sieht es auch der vielgelesene Autor *Claude-Adrien Helvétius* in seinem populären Traktat »De l'Esprit«. Doch diese technische Deutung verzichtete wiederum darauf, die stilistische Formenvielfalt zu erklären, die ja nicht einfach eine Neukombination alter Elemente, sondern Ausdruck jeweils neuer Eigen-Arten ist. Die Nützlichkeit der Kunst, die Diderot so am Herzen lag, war bei Shaftesbury, Hutcheson, Lessing und Schiller keineswegs ausgeblendet. Sie sollte allerdings ***nicht nur sinnlich*** ergötzen, sondern ***gemüthaft vergnügen***, die *Seele erheben*, uns ***moralisch*** kräftigen. Wenn uns etwas gefällt, sind wir Gott am nahesten. Der ästhetische Sinn eines Gemäldes ist etwas anderes als die mathematisch naturwissenschaftliche Beschreibung seiner Farben.

Diese ästhetischen Theorien erschlossen den Zeitgenossen den Sinn der einzelnen Form in der Natur und in den kulturellen Schöpfungen des Menschen und verbanden sich damit den philosophisch-wissenschaftlichen Absichten, die ja ebenfalls eine auf Beobachtung gestützte Beschreibung der Erscheinungsweise der Dinge zum Ziel hatte. Die Schönheitstheoretiker vergegenwärtigten allerdings, daß die Dinge nicht nur logisch-mathematisch in *regelhafte* Beziehungen zu bringen waren, sondern daß sie als gestaltete Form auch jeweils *einzigartig* und *individuell* sind. Nicht nach Regeln fabrizierte Kunst-Werke, sondern geformte *Schöpfungen* waren gefragt – eine Auffassung, die dem schöpferischen, dynamischen Subjektivismus der Aufklärung ein weiteres Betätigungsfeld wies: Neben dem *Wahren* auch das *Schöne*, dem die Aufklärung eine tiefe, menschenbildende Bedeutung zuspielte: im »interesselosen Wohlgefallen« – diese Bestimmung stammt schon von Shaftesbury – an der Vollendung teilhaben, die die Natur und der Genius uns vor Augen führen.

Letzter Genius der Zeit und Überwinder der Aufklärung: *Jean-Jacques Rousseau. Sein »Contrat social« erschien 1762.*

III. Die end-gültige Gesellschaft – Politiker gegen Erbmächtige

Das Wahre und das Schöne hatten damit neue Akzente erhalten: Die Wahrheit als unendlicher Weg der Annäherung, das Schöne als intuitive Anschauung der Vollendung. Wie aber stand es mit dem Dritten im Bunde für ein glückseliges Leben, dem *Guten*? Auch hier hatten die Aufklärer eine nachdrückliche Antwort bereit: Es sollte durch die *Politik* verwirklicht werden. Die Aufklärung mündete in einen erneuten Versuch, in die große Revolution.

Vertragen über Verträge – der »Gesellschaftsvertrag«

Die Ordnung sollte diesmal allerdings nicht auf Gewalt beruhen. Vielmehr sollten alle Beteiligte als entscheidende Subjekte an der allgemeinen Debatte über den bestmöglichen Weg mitwirken. Nach deutlicher Klärung über Ziele und Wege sollten sie einen *Vertrag* miteinander schließen, der als Verfassung für alle bindend ist, ein friedfertiges Umgehen miteinander gewährleistet und die Zukunft verläßlich und planbar macht – das *rationale Gemeinwesen* sollte auf diese Weise *Herrscherwillkür und Untertanenohnmacht ablösen.* In England hatte der Philosoph und Staatstheoretiker *Thomas Hobbes* (* 1588, † 1679) diesen Vertragsgedanken zu einem *Unterwerfungsvertrag* ausformuliert. Die vernunftfähigen Individuen sollten sich in einer gedachten Versammlung öffentlich über das Sinnvolle verständigen; doch sodann einer Gruppe von ihnen die verantwortliche Machtausübung überantworten. Erneutes Dreinreden und ständiges Intervenieren störten – der praktische Engländer sah das *Gemeinwohl* nur garantiert, wenn *nach* der Phase der *vereinbarenden Gleichheit* die *Ungleichheit als Gehorsam dem Vereinbarten* gegenüber wieder akzeptiert wird. Ohne Unterwerfung unter den Vertrag würde der Krieg aller gegen alle nicht zum Stoppen zu bringen sein.

Auf diesen ›Krieg‹ aber, im Namen des Fortschritts und der wahren Menschlichkeit, wollte *Jean-Jacques Rousseau* (* 1712, † 1778) nicht einfach verzichten. Das Recht auf militanten Widerstand jeder »Seele« gegen möglichen Mißbrauch des Vereinbarten war für ihn der Weg, inhaltlich das *Menschenrecht* als Recht *jedes* Menschen immer wieder erneut zu fordern und weiterzutreiben. Der hypersensible Franzose witterte die Arroganz der Mächtigen, denen zu widersprechen und zu widerstehen – bei guten Gründen – eben jenes *Individualrecht* legitimierte, welches die Vernunftfähigkeit des Subjektes unterstellte. Erst wenn wirklich »la volonté de tous«, der Wille aller, berücksichtigt worden ist, kann »la volonté générale«, der Allgemeinwille, als verpflichtende Leitlinie gelten, denn erst dann ist Herrschaft für niemanden mehr Unterdrückung. Wann aber war dieser Zustand in der wirklichen Welt erreicht?

Wenn Thomas Hobbes eher eine *Staatstheorie,* Jean-Jacques Rousseau dagegen eher eine *Revolutionstheorie* aus dem Vertragsgedanken entwickelte, so finden sich bei *Johann Gottlieb Fichte* (* 1762, † 1814) und *Georg Wilhelm Friedrich Hegel* (* 1770, † 1831) in ihren jungen Jahren deutlicher die französischen Einflüsse, in reiferem Alter eher staatsrechtfertigende Gedankengänge. Das vertragsannulierende Anspruchsrecht einer »Basisdemokratie«, wie wir heute sagen, und das Überantwortungsrecht einer »Delegationsdemokratie« entstammen jedoch beide dem Naturrechtsdenken, das jedem menschlichen Individuum, »ohn' Ansehn der Person«, also ohne Hinsicht auf Stand, Vermögen und Rasse eine Vernunft-*Fähigkeit* zuerkennt, die seiner Lebensweise und seiner Kultur, ohn' Ansehn ihres tatsächlichen Einflusses, gleiches Lebensrecht zuerkennt. Hier strömt der aufklärerische Gleichheitsgedanke in die kultur-anthropologische Vielfaltsidee des jungen *Johann Gottfried Herder* (* 1744, † 1803), der nicht nur jedem Einzelsubjekt, sondern jeder *Kultur* ein Recht auf eigene Verwirklichung erfechten will.

Wirtschaft und Politik

Der aktivistische Individualismus zeigte sich auch im sich auffächernden Berufsleben und in der Entwicklung unterschiedlicher Wirtschaftslehren. Hatte der *Merkantilismus* die Regierungen – insbesondere die englischen – zu expansionistischen und protektionistischen Maßnahmen veranlaßt, die das *Bankwesen* aufzubauen, die *Grundstoffgewinnung* zu gewährleisten und die *Kolonialisierung* zu forcieren erlaubten, so entwickelten die *Physiokraten,* insbesondere im landwirtschaftlichen Kontinentaleuropa, eine Doktrin, die sich zur Aufgabe stellte, die Modernisierung der *Nahrungsmittelgewinnung* aus heimischen Böden zu verwirklichen. Im Gefälle eines ›entwickelten‹ Westens und ›unterentwickelten‹ Ostens spielten dabei vielfältige, örtlich gemischte Maßnahmen ihre entwicklungsgeschichtliche Rolle. Wirtschaftstheoretisch entfaltete sich damit allmählich die *Politische Ökonomie,* sozialgeschichtlich trugen die dynamisierenden Aktivitäten zur allgemeinen Belebung der Bevölkerungen bei, die sich gleichzeitig von dem Ideen- und Gedankenangebot der Aufklärung angesprochen fühlten, ja überzeugen ließen. So dirigierte Friedrich der Große in Preußen beispielsweise seine Manufakturen, sein Transportwesen, seine Bauern in Richtung auf bessere Koordination und mehr Export und lud gleichzeitig Voltaire als »maître de pensée« (Meister des Denkens) an den Potsdamer Hof – die Aufklärung war eine europäische Angelegenheit.

Eine bessere Rechtsprechung
Die neuen Gedanken zum Gesellschaftsrecht machten nun allerdings auch die Diskrepanz zwischen Idee und Wirklichkeit deutlich und schärften das Unrechtsbewußtsein – auch im Bereich der Rechtsfindung und des Rechtswesens. Ein bedeutender Reformator auf diesen Gebieten wurde der Strafrechtler *Cesare Beccaria von Bonesana* (* 1738, † 1794), der mit seiner Schrift »Von den Verbrechen und Strafen« (1766) aufgeklärte Gemüter von Madrid bis Petersburg zu neuen Prozeßverfahren und einer Suche nach den Ursachen für Straftaten ermutigte. Die Idee eines vereinbarten, legalen Strafregelbuches wurde von ihm propagiert und die *Gleichheit aller* – Adlige, Kaufleute, Volk – vor dem Strafrichter als Grundsatz gefordert. Am Buch von Beccaria schieden sich die Geister, die Jesuiten bekämpften, der Papst bannte, die Enzyklopädisten feierten es und Voltaire drückte es jedem Fürsten in die Hand, der ihn zu sich einlud. Italien hatte seine alte, angestammte Rolle in der humanistischen Rechtslehre erneut eindrucksvoll gespielt.

IV. Grundsätze statt Gewohnheiten – Die Revolution

Verursachen neue Gedanken Revolutionen oder bringen Revolutionen Menschen auf neue Gedanken? 1689 unterzeichneten in England Wilhelm III. und seine Gemahlin Maria, durch Parlamentsakte auf den englischen Thron erhoben, in Westminster die »Declaration of Rights«, in denen den Abgeordneten wichtige Grundrechte, u. a. das Recht auf Steuerbewilligung, auf Rede- und Wahlfreiheit, garantiert werden. 1776 klingen diese Rechte in der amerikanischen »Bill of Rights of Virginia« schon grundsätzlicher: »Artikel 1: Alle Menschen sind von Natur aus gleichermaßen frei und unabhängig [. . .].« Vierzehn Tage nach der Gefangenenbefreiung in Paris verkündet die Französische Nationalversammlung die Menschenrechte: »Artikel 1: Frei und gleich an Rechten werden die Menschen geboren und bleiben es. Die sozialen Unterschiede können sich nur auf das gemeine Wohl gründen.«
Das Geistesleben der Aufklärung schuf letztlich in Verbindung mit hunderttausendfachen Alltagssorgen in einer bankrotten Monarchie einen ersten brisanten, kontinentaleuropäischen Knotenpunkt – die »Französische Revolution« (Seite 290), eine turbulente Geschehensfolge, die zahlreiche Institutionen in eine Richtung hin veränderte, die die Rechte des einzelnen in neuer Weise mit den Rechten aller in Zusammenhang brachte. Freiheit und Gleichheit leuchteten ein – aber wie stand es mit der Brüderlichkeit? Am reinsten hat der jugendliche Diktator *Maximilien de Robespierre* (* 1758, † 1794) darauf geantwortet: »Wir wollen eine Ordnung der Dinge, wo alle niedrigen und grausamen Leidenschaften gebändigt, alle wohltätigen und großmütigen Leidenschaften durch das Gesetz erweckt sind. [. . .] Wo das Vaterland das Wohlsein jedes Individuums sichert und wo jedes Individuum mit Stolz das Gedeihen und den Ruhm des Vaterlandes genießt. [. . .] Wir wollen in unserem Lande den Egoismus durch Sittlichkeit ersetzen, die Ehre durch Rechtschaffenheit, die Gepflogenheiten durch Grundsätze, das Wohltun durch die Pflichten, die Tyrannei der Mode durch die Herrschaft der Vernunft. [. . .]«
Voltaire und Rousseau hätten diesen Formulierungen sicher zugestimmt, aber auch dem Politiker Robespierre? Die Bücher Rousseaus nahm »Der Unbestechliche« in seinem aufgeräumten Zimmer immer wieder zur Hand, ihn selber aber hätte er vielleicht auch unter die Guillotine gebracht. Wenn jemand die Gepflogenheiten, die Gewohnheiten durch Grundsätze ersetzen will, will er die Welt nur von *seinesgleichen* bevölkert sehen, die irritierende Vielfalt der menschlichen Lebensweisen beseitigen. Die *Vielfalt* war es jedoch, der die Aufklärung zu ihrem jeweiligen Recht verhelfen wollte und um deretwillen sie jeden Dogmatismus bekämpfte. Die Vernunft der Aufklärung war eine Vernunft der Vielfalt, ein begründetes, bedachtes Handeln, welches die Vielfalt entfalten helfen sollte, eine »humane Vernunft« im Sinne Lessings, eine Vernunft, die nicht vergißt, was sein *könnte* und *sollte*, die aber dem, was *ist*, auch Gelegenheit und Zeit gibt, sich auf seine Weise in diese Richtung zu entwickeln. Stürmischen Zeiten aber fehlt es an Zeit. Sie bieten dafür

rasche Alternativen. »Freiheit, Gleichheit, Brüderlichkeit oder der Tod« stand auf den Briefbögen des Pariser »Wohlfahrtsausschusses«. Auch Robespierre brachten sie den frühen Tod – statt der Zeit für Brüderlichkeit.

V. Europäische Aufklärung als Beitrag zur Geschichte unserer Welt

Als historischer Zeitabschnitt des, im wesentlichen, 18. Jahrhunderts verstanden, war die Aufklärung eine vielschichtige, von heftigen Gegensätzen geprägte Epoche. Den theologisch und kirchenorganisatorisch gespaltenen Kontinent verwüsteten wiederum mehrere, allerdings begrenzte Kriege; gemeinsam mit den Militärs arbeiteten sich Millionen von unternehmerischen Menschen an den Höfen und in den Städten wirtschaftlich empor, die Freigeister löckten allenthalben mit immer keckeren Argumenten den Stachel wider alte Herrschaftsformen, und das wuchernde Wachstum neuer Gedanken und Pläne versuchten ihrerseits die Jesuiten mit Stumpf und Stiel auszurotten – vergeblich. Mäzenatentum, organisatorische Geschicklichkeit und das Glück – und Elend – des Genies belebten künstlerische Gemüter zu vielfältigen Formen des Kunstschönen, die in einem sich langsam bildenden Markt ihren Mann zu ernähren begannen. Europa hatte schon blutigere Jahrhunderte erlebt.
Gedanken- und ideengeschichtlich aufgefaßt, stellt die Aufklärung ein eindrucksvolles, aus vielen Elementen errichtetes Gebäude dar, das sich um das Bild vom selbständigen Menschen aufbaut. »Aufklärung ist der Ausgang des Menschen aus seiner selbstverschuldeten Unmündigkeit«, formuliert Immanuel Kant den Kern des Gedankenentwurfes und macht daraus ein Lebensgefühl: »Unmündigkeit ist das Unvermögen, sich seines Verstandes ohne Leitung eines anderen zu bedienen. Selbstverschuldet ist diese Unmündigkeit, wenn die Ursache derselben nicht am Mangel des Verstandes, sondern der Entschließung und des Mutes liegt, sich seiner ohne Leitung eines anderen zu bedienen. Sapere aude! Habe Mut, dich deines eigenen Verstandes zu bedienen! ist also der Wahlspruch der Aufklärung.« *Sozialgeschichtlich* ist diese Epoche ein weiterer Schritt auf dem Weg in eine belebtere, individualisierte Welt, deren Kulturen und Personen mithandeln wollen. Die Menschenrechte produzieren ein Paradox: Der abenteuerliche Geruch der Gleichheit lockt auch den letzten ›Maulwurf‹ aus seinem kulturellen Schlupfloch und veranlaßt ihn, hocherhobenen Hauptes in die erleuchtete Arena der Geschichte marschieren zu wollen. Die große Menge von Personen führt sicherlich auch schon einmal zu Massen, aber diese sind keine monolithischen Sozialblöcke, sondern vielfach gegliederte, sich immer weiter differenzierende Gruppenverbindungen. Die Gleichheitsidee produziert Vielfalt.
Ins Weltgeschehen eingebettet, ist die europäische Entfaltung des Individualismus ein globaler Schub, dessen Kraft in die nächsten Jahrhunderte reicht. Keineswegs nur mittels Überzeugungskraft, auch mit Gewalt expandieren die europäischen Sprachen und Gedanken. »Tyrans, le sort en est jeté: Le bonnet de la liberté Fera le tour du monde [. . .]«, singen die Jakobiner in Paris: »Tyrannen, die Würfel sind gefallen – die Freiheitsmütze wird auf Weltreise gehen!« Aber: Unsere Welt hat viele Kraftzentren mit jeweils eigenen Lebens-Formen. Die Condorcetsche Linienvorstellung trifft immer auch auf andere Kultur-Bewegungen, und der europäische Universalismus wird den Sinn an bislang nur schlummernde Möglichkeiten des Menschentums übergeben. Vielleicht aber bleibt das ›Sapere aude!‹ tatsächlich ein lange unvergessener Beitrag Europas zur Weltgeschichte.

Literatur

Cassirer, Ernst: Philosophie der Aufklärung, Tübingen 1932
Hazard, Paul: La Crise de la conscience européenne 1935; Die Krise des europäischen Denkens, Hamburg 1939

***Einer der ersten großen Wissenschaftstheoretiker:** Francis Bacon, englischer Philosoph und Staatsmann, als Lordkanzler. Der als Begründer des modernen englischen Empirismus und als Theoretiker der Induktion geltende Bacon wollte an die Stelle der Spekulation die Erfahrung setzen und machte das handwerkliche Experiment zum Ausgangspunkt der Erforschung der Natur. Allerdings verkannte er teilweise die bleibende Bedeutung der Theorie, der Deduktion, insbesondere aber der Mathematik, deren Methodik er ablehnte. Anonymes Gemälde. Um 1620. National Portrait Gallery, London.*

Literarische Berühmtheiten – und die Pariser Salons als geistiges Zentrum. – *Rechts: Porträt Molières aus dem 17. Jh. Der größte Lustspieldichter seiner Zeit schuf sozialkritische Stücke, deren Personen keine klassischen Helden, sondern moralische Typen des Alltags waren. Musée Vulloid St. Germain, Paris. – Unten: Soirée in dem berühmten Salon der Mme. Marie Thérèse Geoffrin im Jahre 1755. Vor einem illustren Publikum, zu dem u. a. Buffon, Diderot, d'Alembert, Montesquieu und Rousseau gehören, liest der Schauspieler Lekain aus der Tragödie »L'Orphelin de la Chine« von Voltaire unter der Büste des großen Aufklärers. Gemälde von A. C. Lemonnier. Um 1770. Musée des Beaux Arts, Rouen.*

Verteidigung einer neuen Geisteshaltung im Zeitalter der Aufklärung. *Die Allegorie der Vernunft ehrt die Symbole der Freiheit und der Gleichheit, die beiden beliebtesten Losungsworte der europäischen Aufklärung, die sich in dem Wahlspruch der französischen Revolutionäre »Liberté, Egalité, Fraternité« wiederfinden sollten. Eines der einflußreichsten Instrumente der aufklärerischen Bewegung, die »Encyclopédie«, bot eine umfassende Grundlage für die Prinzipien einer allgemeinen, freien und sachbezogenen Bildung. 18. Jh.*

Geistige Größen der französischen Aufklärung und der deutschen Klassik. *– Rechts: Voltaire, der bedeutende Vertreter der europäischen Aufklärung, im Alter von 23 Jahren. Der Schriftsteller und Philosoph gilt als die Verkörperung des französischen* esprit. *– Unten: Goethe in der Campagna. Während seines Italienaufenthaltes (1786–1788) freundete sich Goethe mit dem Maler Johann Heinrich Wilhelm Tischbein an, der dieses weltberühmte Porträt 1787 in Rom anfertigte: In eindrucksvoller Haltung posiert der Dichter vor dem Hintergrund antiker Ruinen der Via Appia. Das Gemälde, das das Goethe-Bild bis in die neuere Zeit hinein beeinflußte, ist ein Ausdruck der Italienbegeisterung während der deutschen Klassik.*

Die Welt einer neuen Kultur

Europäische Literatur – Die großen Spanier – Frankreichs klassische Komödien und Tragödien – Anmut, Witz und Satire – Werke frommer Inbrunst – Der Siegeszug des Romans – Defoe und Voltaire – Diderot und d'Alembert – Englische Gesellschafts-Satire und deutsches »Bürgerliches Trauerspiel« – Lessing – Das Genie – Die Architektur und Malerei des Barock – Rokoko und Klassizismus – Musik im 17. und 18. Jahrhundert – Von Monteverdi bis Schütz und Praetorius – Oper und Musiktheater – Lully, Purcell, Händel, Gluck – Fürstliche Musikwochen in Wien und Dresden – Orgel- und Klaviermusik – Neue Instrumentalmusik – Geistliche Musik – Entfaltung klassischer Musik.

JÜRGEN EYSSEN

Europäische Literatur im 17. und 18. Jahrhundert

Linke Seite: ***Der Roman als Sprachrohr einer neuen Weltsicht.*** *Illustration zu J.-J. Rousseaus Erziehungsroman »Émile: Courons vite: L'Astronomie est bonne à quelque chose.« Propagiert wird das Ideal einer naturnahen Erziehung.*

Das Zeitalter des Barock verehrte als höchste Göttin die Vernunft. »Nicht der Geschmack hat sich der Kunst zu fügen, sondern die Kunst dem Geschmack«, schrieb der einflußreiche englische Kritiker *Joseph Addison* und präzisierte damit einen für den europäischen Klassizismus gültigen Lehrsatz. Ersetzen wir den Begriff »Geschmack« durch »Regelmaß«, so nähern wir uns bereits dem Geist der »L'Art poétique« des *Nicolas Boileau-Despréaux* (* 1636, † 1711). Dieses Werk wirkte wie ein Gesetzbuch und unterwarf alle Dichtungsgattungen seinem strengen Regelkanon unter der Verpflichtung zur Wahrhaftigkeit als dem obersten Gebot: »Rien n'est beau que vrai« (»Nur das ist schön, was auch wahr ist«).

LYRIK IM VERSMASS DES ALEXANDRINERS

In der europäischen Lyrik bestimmte der zwölfsilbige Alexandriner als Maß die Verstechnik, der mit seiner scharfen Zäsur in der Mitte einer jeden Zeile zur antithetischen Gedankenführung geradezu herausfordert. Die kunstvoll gedrechselten Barockgedichte des Spaniers *Luis de Góngora y Argote* (* 1561, † 1627) oder des Italieners *Giambattista Marino* (* 1569, † 1625) offenbaren so in ihrem allegorischen Bilderreichtum die Prunkliebe des Zeitalters; der Geist dieses »estilo culto« prägt noch die virtuosen Liebesgedichte eines *Christian Hofmann von Hofmannswaldau* (* 1617, † 1679).

THEATER – DAS SPANISCHE DREIGESTIRN

Die erste Rolle unter den Gattungen übernahm freilich die Bühnendichtung, bestimmt vor allem für die aristokratische Gesellschaft bei Hofe (deren Tagesablauf ja oftmals

Bedeutende Dramatiker des spanischen Barock. *Links: Lope Félix de Vega Carpio, der Schöpfer des spanischen Nationaltheaters. – Rechts: Pedro Calderón de la Barca. Gegenüber dem volkstümlicheren Lope de Vega zeigt er die strengere Kunst.*

einer gut einstudierten Theaterinszenierung glich). »Denn Komödie ist das Leben, allen ist es aufgegeben, und am Ende nimmt das Grab jedem seine Maske ab«, schrieb der Spanier *Tirso de Molina.* Wie volkstümlich gerade auf der Iberischen Halbinsel das Theater war, zeigt ein zeitgenössisches Credo: »Ich glaube an Lope, den allmächtigen Dichter Himmels und der Erden.« Das mag frommen Christen zwar blasphemisch klingen, kennzeichnet aber doch sehr genau die schrankenlose Verehrung, die Spaniens produktivster Bühnendichter bei seinen Anhängern genoß: *Lope de Vega* (* 1562, † 1635) soll über 1500 Spielhandlungen ersonnen und niedergeschrieben haben, von denen viele freilich verlorengingen. Zumeist handelte es sich um sogenannte »Mantel- und Degenstücke«, um leichtfüßige *Komödien,* in denen unter ständig wechselnden Masken und Verkleidungen sich Kavaliere um die Gunst einer schönen Doña bemühen und ihren Streit mit dem Nebenbuhler gerne mit blanker Klinge entscheiden. Lopes Rivale, der Mercedariermönch *Fray Gabriel Téllez,* gab sich mit dem vordergründigen Maskenscherz nicht zufrieden. Unter seinem Dichternamen *Tirso de Molina* (* 1571, † 1648) vertiefte er die »Mantel- und Degenstücke« zu Studien menschlicher Charaktere. »Ich kenne keinen zweiten spanischen Bühnendichter, den der Untergrund der menschlichen Seele so anhaltend beschäftigt, so unwiderstehlich anzieht«, urteilte der Romanist Karl Voßler. Seine Bemerkung zielte direkt auf den »Steinernen Gast«, die erste Fassung des »Don-Juan«-Stoffes. Denn Tirsos Don Juan verkörpert nicht lediglich einen leichtsinnigen Windhund wie die meisten Helden Lopes, sondern eine abgründig-dämonische und selbstzerstörerische Verführernatur.

Pedro Calderón de la Barca (* 1600, † 1681), der dritte und bedeutendste spanische Dramatiker des Barock, diente König Philipp IV. mit dem Degen als Soldat, mit der Feder als Hofdichter und mit dem Kruzifix als königlicher Hofkaplan getreu seiner Maxime: »Gut und Leben für den König/setzet ein, jedoch die Ehre/ist das Erbteil unsrer Seele/und die Seele ist ganz Gottes.« Wie seine »Autos sacramentales«, die ihrerseits die Gattung der *Fronleichnamsspiele* krönen, feiern auch Calderóns Schauspiele die Allgegenwart und Allmacht Gottes. So sieht sich der Bauer Crespo als »Richter von Zalamea« im nachhinein durch den König in seinem Todesurteil gegen den adeligen Verführer seiner Tochter bestätigt, weil dieser freventlich Crespos Familienehre verletzt und damit gegen Gottes Gebot verstoßen habe.

FRANKREICH: TRAGÖDIEN UND KOMÖDIEN VON KLASSISCHER GRÖSSE

Auch im Nachbarland Frankreich beherrschte ein Autoren-Dreigestirn die Bühnen. *Pierre Corneille* (* 1606, † 1684) prägte die klassische französische *Tragödie* nach den Regeln des Aristoteles als Einheit von Ort, Zeit und Handlung. Seine Menschen verkörpern Ideen und tragen ihre Konflikte auf dem zur Bühne verwandelten Forum ihres Gewissens öffentlich aus. Inhaltlich lehren Corneilles Tragödien (»Die Horatier«, »Cinna«) am Beispiel römischer Bürgertugend (»Ein jeder wackre Mann ist auch ein Mann von Wort«) die höfische Gesellschaft des Absolutismus rechte Staatsgesinnung: »Ein wahrer König ist nicht Gatte und nicht Vater.«

Corneilles Nachfolger *Jean Racine* (* 1639, † 1699) verlegt die Handlung seiner Tragödien zeitlich noch weiter zurück in das antike Hellas. In ihnen bestimmen Frauen den Gang der Handlung, die sich durch Leidenschaftlichkeit ihrer Gefühle in Konflikte verstricken (»Phädra«; »Andromache«). Racines psychologischem Scharfblick bleibt keine seelische Regung verborgen (»Sie wankt, sie zögert, kurz: ist eine Frau«). Damit knüpft Racines klassizistische Tragödie bewußt an Euripides an, dessen Stücke ihm als Vorlage für subtile Charaktergemälde dienten, die mit der berückenden Musikalität seiner geschmeidigen Verssprache in den großen Monologen seiner weiblichen Heldinnen ihren Höhepunkt finden.

Die *Charakterkomödien* des *Jean Baptiste Poquelin*, genannt *Molière* (* 1622, † 1673), in denen stets die Wahrheit über die Lüge triumphiert, kennzeichnet ein illusionsloser Skeptizismus: »Man stirbt nur einmal, aber für so lange!« Als Schauspieler, Theaterbesitzer und Bühnendichter ge-

Begründer und Vollender des klassischen französischen Dramas. *Links: Jean Baptiste Racine, mit dem der Höhepunkt in der Entwicklung des klassischen Theaters erreicht war. – Rechts: Pierre Corneille, Verfasser von mehr als 30 Schauspielen.*

Schöpfer der Charakterkomödie – Erneuerer der Fabel. – *Links: Jean Baptiste Molière, dessen Lustspiele noch heute zum Spielplan aller Bühnen gehören. – Rechts: Jean de La Fontaine. Er überwand die moralisierende Tendenz der älteren Fabeldichtung.*

hörte sein ganzes Leben den Brettern, die »die Welt bedeuten«. Wenige Stunden vor seinem Tode stand Molière noch in der Hauptrolle von »Der eingebildete Kranke« auf der Bühne.

Seine Komödien stellen fast immer eine menschliche Schwäche an den Pranger des Gelächters, so die Knauserei in »Der Geizige« oder das Heuchlertum in »Tartuffe«. Sie begnügen sich aber nie mit bloßer Spottlust, sondern lassen den Zuschauer stets auch die tragische Vereinsamung des Betroffenen spüren. So gehört der bis heute viel gespielte, überragende Charakterschilderer mit seinen meisterhaft gebauten Komödien zu den großen moralischen Erziehern in der europäischen Literatur, dessen Zielstrebigkeit durch den Ausspruch gekennzeichnet ist: »Ich werde meine Ansichten verteidigen bis zum letzten Tropfen Tinte.«

VERNUNFT UND ANMUT – DIE FABELN LA FONTAINES

Von einem großen Erzieher der Menschheit darf man ebenfalls bei *Jean de La Fontaine* (* 1621, † 1695) reden. Denn dieser Meister gereimter Fabeldichtung erweist sich als ein unerschütterlicher Anwalt der Vernunft und praktizierter Humanität. Seine Tierfabeln lesen sich als Lehrstücke für vernunftmäßiges Handeln und leisten diese Aufgabe ohne jede pädagogische Penetranz. Die Warmherzigkeit seines Charakters spricht aus der Klarheit und Anmut seiner Versbilder, die am Ende jeder Fabel ihren Sinngehalt in einprägsamer Pointe zusammenfassen. Bereits bei den Zeitgenossen erfreute sich La Fontaine größter Popularität: »Er ist kein Mensch, sondern ein Baum, auf dem die Fabeln wachsen.«

WITZIG, KRITISCH, BOSHAFT – DIE FRANZÖSISCHEN MORALISTEN

Behandelte der große Fabeldichter Torheiten stets mit lächelnder Nachsicht, so nutzten Moralisten wie *François de La Rochefoucauld* (* 1613, † 1680) oder *Jean de La Bruyère* (* 1645, † 1696) Geist und Witz, um die eigentlichen Triebfedern menschlichen Handelns schonungslos zu diagnostizieren. Für den Herzog von La Rochefoucauld gehören Egoismus und Eigenliebe zu den gefährlichsten Verführern der Urteilskraft. »Eigenliebe ist der schönste aller Schmeichler.« Unter der scharf geschliffenen Feder des Sprosses einer Familie des Hochadels wandelt sich der Aphorismus zu einer tödlichen Waffe gegen Dummheit, Borniertheit und Arroganz. Der Bürgerssohn La Bruyère dagegen lernte die höfische Gesellschaft als Erzieher des Herzogs von Bourbon kennen und formulierte aus seinen Beobachtungen »Die Charaktere«, eine Sammlung geistvoll boshafter Porträts von typischen Vertretern der tonangebenden Schicht: der mondäne Geistliche, der habgierige Finanzmann und der ehrgeizige Literat.

CHRISTLICHE WAHRHEITSSUCHE UND FROMME INBRUNST

Nicht nur menschliche Eigenschaften sahen sich bei den französischen Moralisten auf dem Prüfstand einer illusionslosen Diagnostik. So versuchte der Philosoph *Blaise Pascal* (* 1623, † 1662) die Größe und Bedeutung der christlichen Lehre in seinen »Pensées« (nach Nietzsche »die Vereinigung von Geist, Glut und Redlichkeit«) darzustellen und sie zu einem Gegenstand des öffentlichen Interesses auch außerhalb des Kreises der Fachtheologen zu machen.

Führte der Katholik Pascal in Frankreich seine Disputation mit den Mitteln einer gleichsam göttlich inspirierten Vernunft, so schuf der Puritaner *John Milton* (1608, † 1674)

Humanistische Rationalität und christliches Ethos in der englischen Geisteswelt. *Links: John Milton, der nachhaltig auf die englische Literatur wirkte: Rechts: Der Renaissancephilosoph und Staatsmann Francis Bacon.*

Dichtung im Dienst des Puritanismus. *Illustration zu John Miltons in 12 Büchern abgefaßtem Hauptwerk »Das verlorene Paradies« (1667, endgültige Fassung 1674). In »Das wiedergewonnene Paradies« (1671) vollendete Milton das religiöse Thema seines Epos'.*

sein Versepos »Das verlorene Paradies« in England aus der Tiefe eines inbrünstigen religiösen Gefühls. Der Mitstreiter Oliver Cromwells entwarf die Geschichte des Sündenfalls als das zeitlose Ringen zwischen Christus und Satan um die Seele des Menschen. Beide symbolisieren die Prinzipien von Gut und Böse in einer von sinnlicher Anschauung hymnisch durchglühten Verssprache. Miltons »Verlorenes Paradies« gehört jedenfalls in eine Reihe mit Dantes »Commedia« und Tassos »Gerusalemme liberata« als eines der drei Epen, in denen sich die religiösen Auseinandersetzungen der Epoche spiegelten.

Dasselbe gilt abgewandelt auch für das evangelische Kirchenlied. Protestantische »Predigerpoeten« wie *Paul Gerhardt* (* 1607, † 1676) gaben im festen Gottvertrauen ihren Versen schlichte Innigkeit und Gefühlstiefe. »Eine einzige

CAMPE
Robinson Crusoe
des Aelteren
wunderbare Schicksale
zu Wasser und zu Lande.
Zwei Theile in einem Bande.
Mit sechs colorirten Kupfern von Voltz.
Leipzig.
Expedition des Campe'schen Robinson.
Adolph Werl.

Abenteuerroman mit moralisch-pädagogischem Anspruch. *Titelseite von Daniel Defoes »Robinson Crusoe«, um 1850. Die Schriften Defoes verkörpern den Geist eines aufgeklärten Puritanismus. Sein »Robinson«, durch den er weltberühmt wurde, löste zahlreiche Nachahmungen aus.*

Strophe von Paul Gerhardt ist mehr wert als 3000 Ministerialreskripte«, urteilte noch zweihundert Jahre später Theodor Fontane. Er hätte damit genauso die geistlichen Gedichte des *Andreas Gryphius* (* 1616, † 1664) meinen können, in deren aufwühlenden Strophen der wortgewaltige Schlesier seiner Erschütterung über die grauenvollen Verwüstungen des »Dreißigjährigen Krieges« Ausdruck verlieh: »Die Herrlichkeit der Erden/muß Staub und Asche werden« (»Vanitas, Vanitatum, Vanitas«).

ENTWICKLUNGSROMAN – SCHELMENROMAN

Als Augenzeuge dieser historischen Katastrophe kann uns der »Simplicius Simplicissimus« des *Hans Jakob Christoffel von Grimmelshausen* (*um 1620/22, † 1676) dienen. Denn der Held dieses Buches erlebt die Greuel und das

Daniel Defoe *(* 1660, † 1731). Der Sohn eines Londoner Fleischers gehört zu den geborenen Journalisten. Er besitzt einen hellwachen Blick für soziale und politische Mißstände, persönlichen Mut und eine satirische Feder, die er unentwegt zu scharfen Angriffen gegen Unrecht und Machtmißbrauch einsetzt. Wiederholt stellt die Justiz Defoe an den Pranger; aber weder diese Strafen noch eine mehrjährige Gefängnishaft machen den Unbequemen mundtot. Im Gegenteil steigert sich Defoes Popularität nach dem Erscheinen des »Robinson« im Jahre 1719 zu literarischem Weltruhm. Sein Held ist ein ›Jedermann‹ des 18. Jahrhunderts, der sich nach einem Schiffbruch als einzig Überlebender auf eine einsame Insel verschlagen sieht und in dieser Situation zu bewähren hat. Diesem phantasievollen und zugleich realistischen Abenteuerroman folgen weitere Bücher, die Defoes Ruf als Erzähler festigen, unter ihnen »Kapitän Singleton« oder »Moll Flanders«. In die Geschichte eines resoluten Mädchens, das auf die schiefe Bahn gerät, dabei aber stets kühlen Kopf bewahrt, verpackt Defoe geschickt seine Kritik an den sozialen Zuständen seiner Zeit und erweitert die »novela picaresca« (mit einer weiblichen Heldin) zu einer mit sarkastischem Witz getränkten Gesellschaftskritik.*

Leid dieser Jahrzehnte am eigenen Leibe. Grimmelshausens ausufernde Erzählerphantasie und urwüchsige Sprachgewalt beschreiben den Lebensweg eines simplen Bauernburschen in einer von der Kriegsfackel gespenstisch erhellten Wirklichkeit.

Erfuhr der spanische Schelmenroman durch Grimmelshausen seine Einbürgerung in den deutschen Sprachraum, so eroberte er sich mit *Alain René Lesage* (* 1668, † 1747) seinen Platz in der französischen Literatur. »Gil Blas de Santillane«, dessen erste Bände 1715, im Todesjahr König Ludwigs XIV., erschienen, schildert den unaufhaltsamen Aufstieg des Sohnes eines Stallmeisters und einer Kammerzofe im Spanien Philipps III. durch einen Sumpf der Korruption, Bestechung und des Ämtermißbrauchs. Indem Lesage seine Handlung ins Ausland und um hundert Jahre zurückverlegt, entzog er den Roman dem Arm der Zensur, galt seine satirische Attacke doch nicht den absolutistischen Zuständen in Spanien, sondern, wie jeder Leser bald spürte, den gesellschaftlichen Verhältnissen in Frankreich.

ERZÄHLUNG, WITZ, SATIRE – DER ROMAN

Der Siegeszug des Romans als literarischer Gattung beruhte nicht zuletzt darauf, daß er einer breiten Leserschaft mühelos die Identifikation mit dem Helden erlaubte. Der

Satirischer Roman gegen menschliche Gemeinheit und Habsucht. *Titelseite zu Jonathan Swifts »Gullivers Reisen« (1726, dt. 1727/28) von Grandville. Auf Grund ihrer Anschaulichkeit wurden die ersten beiden Teile dieser düsteren Satire zu einem klassischen Jugendbuch.*

Welterfolg von »Das Leben und die seltsamen Abenteuer des Robinson Crusoe« erklärt sich mit aus diesem Sachverhalt.
In die weite Welt hinaus führt scheinbar auch der Ire *Jonathan Swift* (* 1667, † 1745) den Titelhelden von »Gullivers Reisen«. In Wahrheit jedoch wollte der erfindungsreiche Romancier dem Zensor ein Schnippchen schlagen. Die Leser des Romans jedenfalls amüsierten sich königlich über die zahllosen witzigen Anspielungen auf die Zustände am Hofe des englischen Königs Georg I. zur Zeit der Regierung des allmächtigen Lordkanzlers Walpole. An Schärfe des Witzes sah sich Swift in seiner Zeit nur noch von Voltaire übertroffen.

VERNUNFT UND GEFÜHL – ENCYCLOPÉDIE UND BRIEFROMAN

Unter den Schriftstellern seiner Zeit fand Voltaire seine Verbündeten vor allem im Lager der »Enzyklopädisten«. Zu den Mitarbeitern der »Grande Encyclopédie« zählten nämlich die besten und fortschrittlichsten Köpfe des Jahrhunderts unter der geistigen Führung von *Denis Diderot* (* 1713, † 1784) und *d'Alembert* (* 1717, † 1783). Das vielbändige Sammelwerk faßte in seinen Artikeln erstmals das gesamte Wissen der Epoche zusammen. Diderot war dar-

Voltaire. *François-Marie Arouet (*1694, †1778), der unter seinem Schriftstellernamen Voltaire die europäische Literatur seiner Zeit beherrscht, galt als der ungekrönte König der »Aufklärung«. Sein Wort besaß gesetzgeberischen Rang. König Friedrich II. von Preußen warb um die Freundschaft des Philosophen, und Voltaires berühmter Satz »Écrasez l'infâme!« (»Zerschmettert die Abscheuliche!«) wurde zur Losung aller fortschrittlichen Geister der Epoche.*

Der kleingewachsene Sohn eines Notars genießt als Jesuitenzögling eine vorzügliche Schulbildung. Dank seiner Begabung fühlt er sich bald in allen literarischen Sätteln zu Hause. Seine mit viel stilistischer Eleganz verfaßten Tragödien *erringen triumphale Bühnenerfolge (z. B. »Œdipe«) und sichern ihm zunächst die Gunst des Hofes. Schärfe und Witz seiner Feder, mit der er die Privilegien des Adels attackiert, bringen ihn jedoch wiederholt in die Bastille. Der unerschrockene Verteidiger der Menschenrechte läßt sich dadurch freilich wenig beirren, denn in seinem zerbrechlichen Körper brennt die Flamme des Ehrgeizes: »Die Arbeit befreit uns von drei Übeln: Langeweile, Lastern und Not.«*

Von 1750–1753 gehört das Mitglied der »Academie française« zu den täglichen Gästen der Tafelrunde des königlichen »Philosophen von Sanssouci«. Nach seiner Rückkehr aus Potsdam erwirbt sich Voltaire ein Landgut bei Genf und residiert dort als »Weiser von Ferney« bis zu seinem Tode. Sein Leichnam wird 1791 nach Paris überführt und im Panthéon beigesetzt. Damit ehrt die Nation den Vordenker der Großen Revolution von 1789, der sich in seinen Schriften unaufhörlich für Toleranz und Meinungsfreiheit eingesetzt hatte: »Ich stimme mit keiner Deiner Meinungen überein, aber ich werde Dein Recht, sie zu äußern, bis an mein Lebensende verteidigen.«

Die Leichtigkeit und der Esprit von Voltaires Prosastil, der seine Prägnanz zweifellos auch der ausgedehnten Korrespondenz *(mehr als 14 000 Briefe) mit wechselnden Partnern in ganz Europa verdankt, kam auch seiner* Erzählprosa *zugute. Sie krönt der Roman »Candide« als eine satirische Auseinandersetzung mit dem von Leibniz entworfenen Weltbild. Sein Schlußsatz: »Il faut cultiver son jardin« darf im übertragenen Sinne als die Quintessenz seines Lebenswerkes gelten: Man muß seinen Garten bestellen!*

über hinaus einer der produktivsten Schriftsteller der Aufklärung. In seinen *Romanen* (»Rameaus Neffe« oder »Jakob und sein Herr«) entwickelte er eine besondere *Dialogtechnik* als geistvolles Frage-und-Antwort-Spiel, das die modische Form des Briefromans gleichsam dramatisch akzentuierte. *Briefeschreiben* gehörte zu den großen Leidenschaften der Epoche, und es war nur naheliegend, daß

auch die Romanautoren ihre Handlungen in ähnlichem Stil anlegten.
So nahm ganz Europa Anteil an der rührenden Liebesbegegnung von »Manon Lescaut« und ihrem Chevalier des Grieux aus der Feder des Abbé *Prévost d'Exiles* (* 1697, † 1763), so wie man zuvor bei der Lektüre der beiden Romanungetüme »Pamela« und »Clarissa« des Engländers *Samuel Richardson* (* 1689, † 1761) wahre Tränenströme vergossen hatte. Der tragische Freitod eines anderen Romanhelden verursachte gar eine Selbstmordwelle und ein regelrechtes »Werther«-Fieber unter den Lesern dieses Bestsellers der Zopfzeit. Die Rede ist von »Die Leiden des jungen Werthers« *Johann Wolfgang von Goethes* (* 1749, 1832). *Choderlos de Laclos* (* 1741, † 1803) endlich nutzt den Briefroman zu einer schonungslosen Abrechnung mit der Verderbnis und Frivolität des Ancien Régime. Seine »Gefährlichen Liebschaften« leuchten tief hinein in die Abgründe der menschlichen Seele und brandmarken zugleich die gewissenlose, unmoralische Oberflächlichkeit breiter Adelsschichten.

HUMOR UND SKURRILITÄT – DER ENGLISCHE GESELLSCHAFTSROMAN

Zu einem Lieblingskind entwickelte sich der Roman in der bürgerlichen Gesellschaft Englands. Mit »Tom Jones«, dem Helden des gleichnamigen Romans, schuf hier *Henry Fielding* (* 1707, † 1754) seinem enthusiasmierten Publikum eine Gestalt, die alle Tugenden (aber auch alle Schwächen) eines Briten auf exemplarische Weise verkörpert. Die Lebenswirklichkeit auf der Insel ist von Fielding in vielen stimmungsvollen Details und mit warmherzigem Humor innerhalb einer meisterhaft komponierten Handlung eingefangen, die »Tom Jones« zu einem Musterbeispiel realistischer Romankunst stempelt.
Bewies Fielding die Organisierbarkeit eines umfangreichen Erzählstoffes zu einer sorgfältig »gebauten« Komposition, die einen Vergleich mit der Gesetzmäßigkeit großer Bühnendichtung nicht zu scheuen brauchte, so demonstrierte *Laurence Sterne* (* 1713, † 1768) die ungebundene Freiheit des Erzählers. Denn sein »Tristram Shandy« bezeichnet sich zwar auch als »biographischer Roman«, kommt aber über die frühe Jugend seines Helden nie hinaus, weil Sternes unerschöpfliche Phantasie sich immer wieder auf neue Seitenwege ablenken läßt. Das krause, von kühnen Gedankensprüngen durchzogene Bild der Wirklichkeit, das auf diese Weise entstand, sprudelt geradezu über von skurrilen Einfällen, witzigen Beobachtungen und tiefsinnigen Bemerkungen über die menschliche Natur. Sterne bestätigt

Gotthold Ephraim Lessing *(*1729, †1781). Der bedeutendste Kopf der deutschen Literatur im Zeitalter der Aufklärung stammt aus einem protestantischen Pfarrhaus. Auf der Fürstenschule in Meißen erzogen, stößt der Leipziger Student der Theologie auf die berühmte Theatertruppe der* Neuberin, *schreibt für sie das Lustspiel »Der junge Gelehrte«. Er sieht sich als der »deutsche Molière« gefeiert und beschließt, ein Leben als freier Schriftsteller zu wagen. Lessing geht zunächst nach Berlin, wo er vergebens auf eine Stelle als Bibliothekar an der Königlichen Bibliothek hofft, arbeitet einige Jahre in Breslau als Privatsekretär des Generals Tauentzien. Aus dem täglichen Umgang mit den Offizieren gewinnt er die Anregung für sein Lustspiel »Minna von Barnhelm«. 1767 ergeht ein Ruf an ihn als Theaterdirektor nach Hamburg, wo er mit der »Hamburgischen Dramaturgie« die Grundlage für die deutsche Theaterkritik legt, so wie bereits in Berlin mit den »Literaturbriefen« das Fundament der deutschen Literaturkritik. 1770 übersiedelt er dann als Bibliothekar nach Wolfenbüttel und kann endlich heiraten. Doch seine Frau stirbt im Kindbett. »Ich wollte es auch einmal so gut haben wie andere Menschen. Aber es ist mir schlecht bekommen.« Nicht genug damit, stellt ihn der Herzog von Braunschweig unter Zensur. Die Antwort Lessings, kurz vor seinem Tode, heißt »Nathan der Weise«, das Hohe Lied der Toleranz.*

mit diesem Roman jedenfalls seine These: »Bücher schreiben ist eine andere Form der Konversation.«

BÜRGERLICHES TRAUERSPIEL, KOMÖDIANTISCHER GLANZ, BEISSENDE IRONIE

Die Auseinandersetzung mit den Problemen der unmittelbaren Gegenwart, die bislang dem Roman vorbehalten blieb, griff nun auch auf andere Gattungen über. So feierte in den Bühnenwerken des Italieners *Vittorio Alfieri* (* 1749, † 1803) zwar der klassizistische Tragödienstil neue Triumphe; gleichzeitig aber sammelte sich in den bürgerlichen Trauerspielen eines *Gotthold Ephraim Lessing* (»Emilia Galotti«) oder *Friedrich Schiller* (»Kabale und Liebe«) Sprengstoff gegen Fürstenwillkür und Machtmißbrauch. Schließlich wetterleuchtete in einer brillanten Komödie wie »Der tolle Tag« des Franzosen *Pierre Augustin Beaumarchais* (* 1732, † 1799) bereits die Revolution von 1789 (Lorenzo da Ponte verwendete sie für ein Libretto zu Mozarts Oper »Die Hochzeit des Figaro«).
Alfieris Landsmann *Carlo Goldoni* (* 1707, † 1793) wiederum knüpfte in seinen Komödien an Molière an und eroberte sich, der zermürbenden Fehden mit seinen Gegnern

Die

Räuber.

Ein Schauspiel.

Frankfurt und Leipzig.
1781.

Dichter und Denker der deutschen Aufklärung und Klassik. *– Oben links: Zusammenkunft von Lessing, Lavater und Mendelssohn. – Oben rechts: Erstausgabe der »Räuber« von Schiller. Stuttgart, 1781. – Unten: Aquarell zu Goethes »Die Leiden des jungen Werthers«.*

in Venedig müde, die Bühne von Paris. Komödiantischer Glanz entfaltete sich auch in den geistvollen Dialogen der Lustspiele *Richard B. Sheridans* (* 1751, † 1816), mit deren witziger Konversationstechnik (»Die Lästerschule«) der geborene Ire den Gesprächston der vornehmen Welt kaum weniger genau traf als bereits vorher *Alexander Pope* (* 1688, † 1744) mit den eleganten Verszeilen seines komischen Epos »Der Lockenraub«.

Funkelnder Witz und geschliffene Bosheiten zählten im Zeitalter der Aufklärung in ganz Europa auf dem literarischen Markte jedenfalls zu den gesuchten Münzen. Mit ihnen zahlte in vielen kleinen Prosabeiträgen der Göttinger Philosoph und Naturwissenschaftler *Georg Christoph Lichtenberg* (* 1742, † 1799), der in seinen zahlreichen *Aphorismen* wohl das genaueste Deutsch seines Jahrhunderts schrieb und dessen Spottlust niemand, am wenigsten sich selber, verschonte: »Eine seltsamere Ware als Bücher gibt es wohl schwerlich in der Welt. Von Leuten gedruckt, die sie nicht verstehen, von Leuten gekauft, die sie nicht verstehen; gebunden, rezensiert und gelesen von Leuten, die sie nicht verstehen; und nun gar geschrieben von Leuten, die sie nicht verstehen.«

HYMNEN, VOLKSLIEDER, VERHERRLICHUNG DES GENIES

Nicht Lessing freilich, sondern *Friedrich Gottlieb Klopstock* (* 1724, † 1803) erkoren die jungen Autoren der folgenden deutschen Dichtergeneration zu ihrem Idol. Man war des nüchternen Skeptizismus der Aufklärung überdrüssig und begeisterte sich an der hymnischen Sprachgewalt und dem Klangzauber des Versepos »Messias«, mit dem Klopstock der Dichtung gleichsam wieder Offenbarungscharakter zuwies. Die Jünglinge, die sich während ihres Studiums um den genialen *Ludwig Heinrich Christoph Hölty* (* 1748, † 1776) zum Freundesbund des »Göttinger Hain« zusammenfanden, bekannten sich als Jünger Klopstocks und feierten in ihren Gedichten die göttliche Schönheit der Schöpfung in volksliedähnlicher Schlichtheit der Verse. Sie artikulierten auf deutschem Boden ein gesamteuropäisches Mißbehagen am Vernunftglauben der Aufklärung, dessen Wortführer *Jean-Jacques Rousseau* (* 1712, † 1778) aus Genf hieß. Dieser leugnete jeden Fortschritt der Menschheit durch die Vernunft und machte diese im Gegenteil dafür verantwortlich, die Menschen aus ihrem paradiesisch-unschuldigen Naturzustand gerissen zu haben. »Zurück zur Natur« wurde zum Schlachtruf der kommenden Jahrzehnte.

In der Dichtung verstand man diese Losung als Legitimation für den Versuch, die von der Vernunft ersonnenen metrischen Fesseln abzustreifen und sich statt dessen auf die natürliche Kraft der Volkspoesie zu besinnen. So sammelte der englische Landpfarrer *Thomas Percy* (* 1729, † 1811) seine »Reliques of Ancient English Poetry«; *Johann Gottfried Herder* (* 1744, † 1803) erweiterte diese Sammlung altenglischer Balladen in seinen »Stimmen der Völker in Liedern« ins Europäische.

Die Rückbesinnung auf das »Ursprüngliche« der Volksdichtung sah sich als Bundesgenossen im Kampf gegen die Aufklärung vom *Geniekult* begleitet. An literarischen Wunderkindern und genialischen Dichterjünglingen herrschte in diesem Jahrhundert wahrhaftig kein Mangel. Denken wir nur an den Deutschen *Johann Christian Günther* (* 1695, † 1723), der die Qual eines gescheiterten Lebens in

Verse von höchster subjektiver Empfindsamkeit goß: »Wo fang ich an, wo soll ich hin, wo ist mein Trost, wo ist mein Retter?«; an den Briten *Thomas Chatterton* (* 1752, † 1770), der seine Zeitgenossen mit Falsifikationen spätmittelalterlicher Manuskripte zunächst erfolgreich nasführte, um sich, als der Schwindel aufflog, eigenhändig zu vergiften; an den Franzosen *André Chénier* (* 1762, † 1794), der unter der Guillotine Robespierres enden mußte, noch bevor seine (erst 1819 veröffentlichten) Gedichte ihn als die größte lyrische Begabung seines Landes seit Racine erkennen ließen; an den »norwegischen Anakreon« *Carl Mikael Bellman* (* 1740, † 1795), der als Hofdichter König Gustavs III. seine ungehemmte Lebenslust in sinnenfrohen Versen verströmen ließ und sie im Kreise seiner Zechkumpane zu selbstkomponierten Melodien vortrug:

»Holt mir Wein in vollen Krügen.
Notabene: Wein vom Sundgau.
Und ein Weib soll bei mir liegen.
Notabene: eine Jungfrau.
Ewig hängt sie mir am Munde,
Notabene: eine Stunde ...«

Literatur

Der bürgerliche Roman. Aufstieg einer Gattung. Defoe, Richardson, Fielding, Frankfurt 1974 (Suhrkamp TB Wissenschaft)

Emrich, Wilhelm: Deutsche Literatur der Barockzeit, Königstein 1981

Hildebrandt, Dieter: Lessing, München 1979

Köhler, Erich: Vorlesungen zur Geschichte der französischen Literatur, Stuttgart 1983/84.

Orieux, Jean: Das Leben des Voltaire, Wiesbaden 1985

Propyläen Geschichte der Literatur, Bd. 3; Renaissance und Barock, Berlin 1984

Propyläen Geschichte der Literatur, Bd. 4: Aufklärung und Romantik 1700–1830, Frankfurt/Berlin 1983

Wuthenow, Ralf Rainer: Das Bild und der Spiegel, Europäische Literatur im 18. Jahrhundert, München 1984

CHRISTIAN ROEDIG

Vom Barock zum Klassizismus: Beispiele bildender Kunst in Europa

Niemals in der Geschichte der Kunst ist die Idee des Gesamtkunstwerks ihrer Verwirklichung so nahe gewesen wie in der Zeit des Barock. Alle Künste dienten dieser Aufgabe: Architektur, Bildhauerei, Malerei und Kunsthandwerk. War der Begriff »Barock« einst abschätzig gemeint, eine Umschreibung für absonderlich, scheußlich oder überladen, so bezeichnet er heute eine Epoche der Kunst, deren künstlerische Ausdruckskraft die höchste Bewunderung verdient.

Die Kunst des Barock entstand um 1600 in Rom und war in ihren Anfängen mit der Gegenreformation verbunden. Die katholische Kirche verlangte nach der Verkörperung ihrer neu gewonnenen Macht und nach einer religiösen Kunst, die den Gläubigen durch das sinnliche Erlebnis der göttlichen Botschaft bewegte, ja überwältigte. Der neue Stil kündigte sich bereits beim *Neubau des »Petersdomes«* an, der mehr als hundert Jahre (1506–1669) die berühmtesten Baumeister und Künstler beschäftigte, unter ihnen *Michelangelo Buonarroti* (* 1475, † 1564), der die monumentale Kuppel entwarf und ein plastisches Raumwunder schuf, wie es bis dahin unbekannt war.

Giacomo Vignola (* 1507, † 1573) errichtete mit dem Innenraum von *»Il Gesù«* in Rom (seit 1568) den richtungweisenden Sakralbau. Er verschmolz den tonnengewölbten Längsbau mit dem zentralen Kuppelbau, ersetzte die Seitenschiffe durch aneinandergereihte Kapellen und nahm der Kuppelbasilika damit die herkömmliche Strenge. Das Licht fällt durch die Kuppel in das Kircheninnere und schafft illusionistische Effekte, so daß man den Eindruck gewinnt, der Raum öffne sich ins Unendliche: himmlische Herrlichkeit wird so unmittelbar sichtbar gemacht. Auch

Dramatische Bewegtheit der Raumaufgliederung. Rom. *Petersdom mit Kolonnaden und Petersplatz, dessen Anlage von Bernini gestaltet wurde. In der Mitte des riesigen Ovals steht ein ägyptischer Obelisk. Kupferstich von Piranesi. Um 1750.*

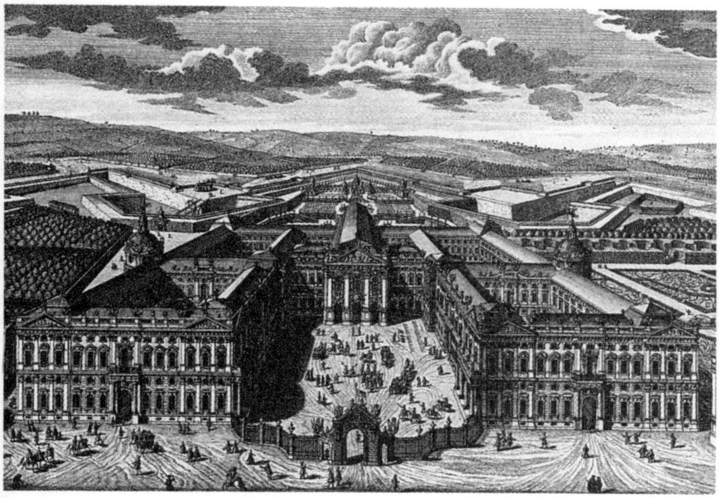

Weiträumige Schloßarchitektur des späten Barock. *Die Fürstbischöfliche Residenz (1720–1744) in Würzburg nach dem Entwurf der Baumeister Johann Lukas von Hildebrandt und Balthasar Neumann. Mainfränkisches Museum, Würzburg.*

wird »Il Gesù« reich ausgestaltet, in der Folgezeit mit dem berühmten Deckengemälde des *Giovanni Battista Gaulli* (* 1639, † 1709).

Die Decke ist im Barock häufig ein eigenes, vollkommenes Kunstwerk, geschaffen aus dem Zusammenklang von Malerei, Plastik und Architektur. Da das Deckengemälde über den eigentlichen baulichen Rahmen hinausgreift und Teile der Wände einbezieht, gelingt es – unterstützt durch Fenster und Spiegel, die Illusion hervorzurufen, daß Mauern und Decken nicht länger existieren und daß Grenzen zwischen Raum und Transzendentalem verwischen.

Das Kircheninnere von »Il Gesù« setzt sich – wie in anderen Barockkirchen – aus vielen Einzelteilen zusammen, die raffiniert zu einem Gesamteindruck komponiert sind: In der verwirrenden Fülle der Ausstattungsdetails soll das Auge

Barock. Vielfalt der Kirchenbaukunst

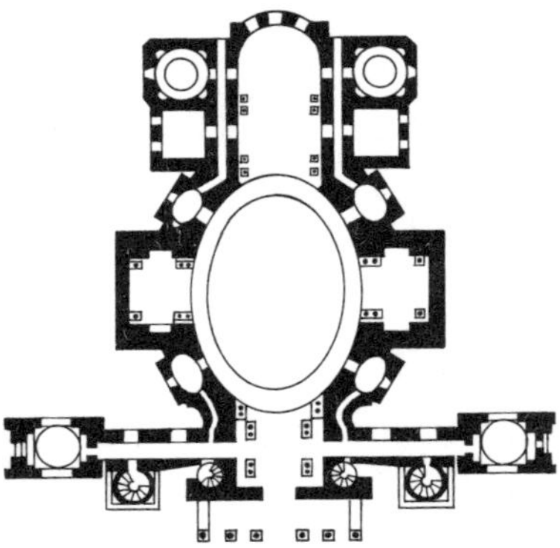

Karlskirche, Wien. Betont durch klassizierende Elemente (Portikus) und römische Bildsäulen. Erbaut 1715–1737 von Fischer von Erlach. Ansicht und Grundriß.

Links: Santa Maria della Salute, Venedig. Zentralbau-Gruppierung, Hauptbau auf oktogonalem Grundriß. Errichtet von Baldassare Longhena, beeinflußt durch Palladio. 1631–1685.

Unten: »Invalidendom« (St. Louis des Invalides), Paris. Überkuppelter Zentralbau mit stufenweise vorspringender Fassade von Jules Hardouin Mansart. 1675–1706. Grundriß und Ansicht.

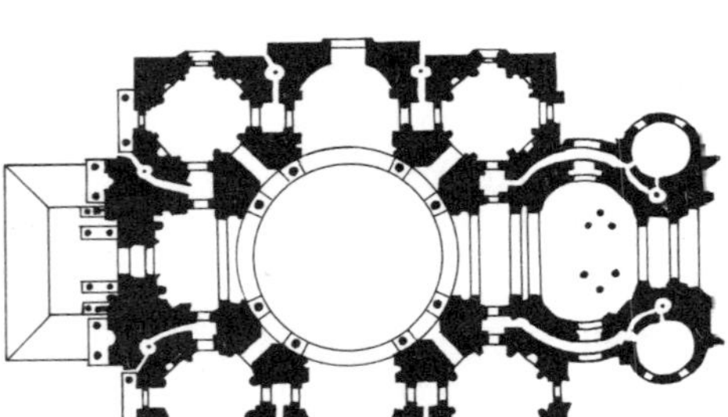

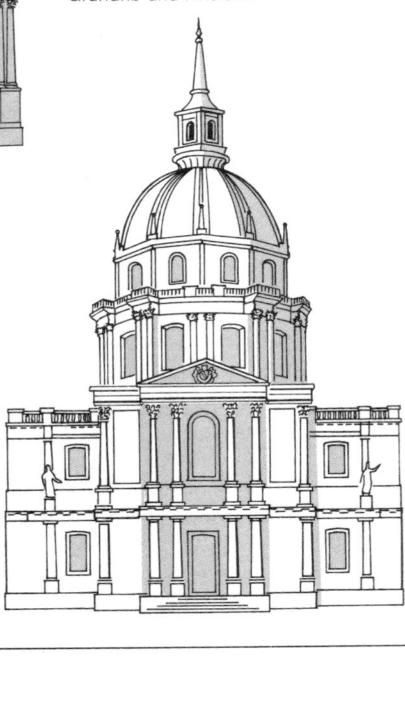

Links: Klosterkirche Vierzehnheiligen bei Lichtenfels/Main. Spätbarocker Kirchenbau Balthasar Neumanns. Langhaus, überwölbt von drei Ovalkuppeln. 1743–1771.

St. Pauls Kathedrale, London. Vielgliedriger überkuppelter Langhausbau mit Portikus und vielfältiger Säulenverwendung von Christopher Wren. 1672–1687.

Vierzehnheiligen, Fassade und Grundriß.

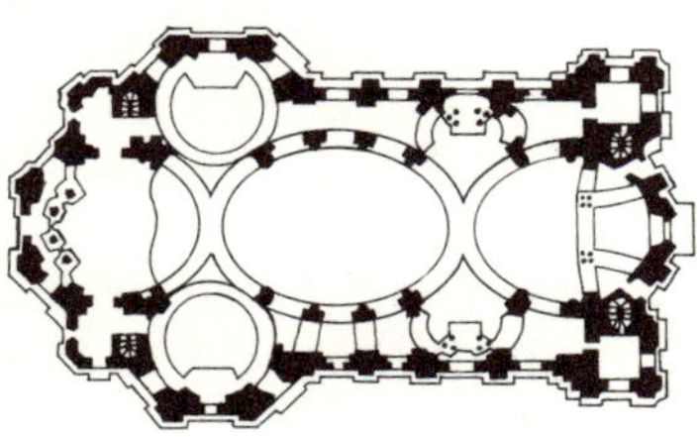

Santa Maria della Pace, Rom. Vertikal betonte, konvexe Portalfassade. 1656–1657.

Oben: San Carlo alle quattro fontane, Rom. Schwingende, gesprengte Fassade. Francesco Borromini. 1665–1667.

Wallfahrtskirche Steinhausen. Zweischaliger Bau über ovalem Grundriß. D. Zimmermann. 1728–1733.

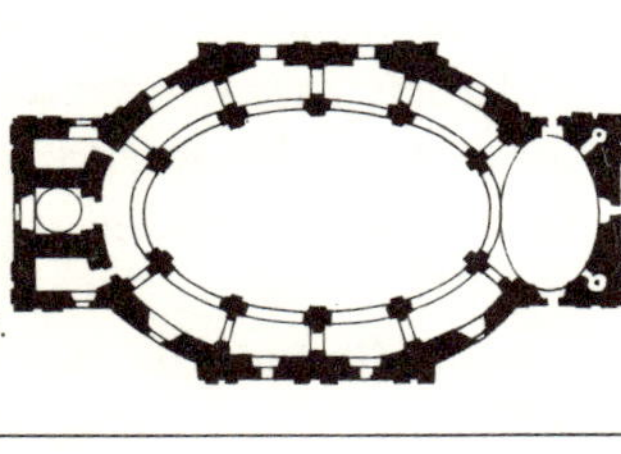

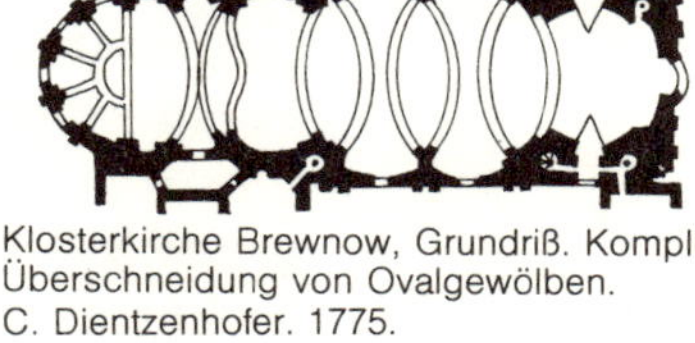

Klosterkirche Brewnow, Grundriß. Komplizierte Überschneidung von Ovalgewölben. C. Dientzenhofer. 1775.

Volle Entfaltung der Barockplastik in den Werken G. L. Berninis. »Raub der Proserpina«. Kontrastreiche Licht-Schatten-Wirkung.

keine Stelle entdecken, an der es Ruhe findet. Dem Barock kommt es auf die mitreißende Wirkung an.

Die Fassade von »Il Gesù« entwarf *Giacomo della Porta* (* 1537, † 1602). Auffällig ist die Betonung der Mittelachse. Erst mit dem Hauptportal werden die Pilaster zu Halbsäulen gesteigert.

DIE BEWEGTE FASSADE – EIN KENNZEICHEN DES BAROCK

Die Barock-Architekten schätzen den Bewegungseffekt. *Francesco Borromini* (* 1599, † 1667) erbaute u.a. *»San Carlo alle Quattro Fontane«* in Rom, das schulemachende Bauwerk. Wie die Baumeister der Renaissance verwendet er Bauteile wie Säule, Pilaster, Nische, Giebel oder Kuppel. Er unterwirft sie aber neuen Spielregeln, indem er alle statischen Elemente in ein bewegtes Schema einordnet: In »San Carlo« ist es der ovale Grundriß, eine Verbindung von Langhaus- und Zentralkirchenbau, der das Innere in eine rhythmisch vor- und zurückschwingende Raumschöpfung verwandelt. Nicht minder bewegt ist die erhöhte, dem Baukörper vorgeblendete Fassade mit den stark geschwungenen Mauerkurven.

Richtungweisend wie diese Baugestaltungen Borrominis waren auch die Schöpfungen *Giovanni Lorenzo Berninis*

(* 1598, † 1680). Bezeichnenderweise war er zugleich Baumeister und Bildhauer. Er schuf so berühmte Kunstwerke wie den *hohen Baldachin in St. Peter* mit seinen vier gedrehten Säulen oder den *»Vierströmebrunnen«* auf der Piazza Navona in Rom. Als er den Auftrag erhielt, den Petersplatz in Rom zu gestalten (1657–1667), schuf er die vierreihigen *Kolonnaden*, die mit dem Petersdom verbunden sind: Wie ausgreifende Arme umfassen sie den ovalen Platz mit dem Obelisken im Mittelpunkt. Bernini verwandelte den Versammlungsplatz der Pilger und »Eingangshof« von St. Peter in ein Sinnbild der Einheit von Papst und Kirche.
Berninis Plan für einen Umbau des Louvre in Paris, der damals noch königliche Residenz war, gelangte nicht zur Ausführung. Der junge König Ludwig XIV. saß ihm aber Modell für eine *Marmorbüste*, die das ideale Bild des absolutistischen Herrschers vermittelt, aber dennoch lebendig und natürlich wirkt. Der barocke Bildhauer hält nur den dramatischen Höhepunkt oder eine theatralische Geste fest und überläßt es der Phantasie des Betrachters, sich die dazugehörige Geschichte auszumalen. So auch Bernini: Ludwig XIV. ist im Begriff zu sprechen.

DAS SCHLOSS VON VERSAILLES – EIN SINNBILD DES ABSOLUTISMUS.

Wie die Einladung Berninis an den französischen Hof zeigt, waren auch Könige und Fürsten bestrebt, durch den neuen Baustil ihre Macht und Herrlichkeit sichtbar zu machen. Beispielgebend für die höfische Baukunst Europas wurde das Schloß, das sich Ludwig XIV. unweit von Paris in Versailles errichten ließ (1661–1689). Nur die Luftaufnahme kann eine Vorstellung von der ungeheuren Ausdehnung des Palastkomplexes mit seinen zwei langen Flügeln vermitteln. Die Gartenfront ist 580 m lang und hat 375 Fenster. Der Park mit seinen schnurgeraden Alleen und zu architektonischen Formen geschnittenen Hecken und Bäumen, mit seinen Wasserspielen und Terrassen erstreckt sich meilenweit. Landschaft und Natur sind dem Willen des Architekten unterworfen und dienen zur Verherrlichung des königlichen Bauherrn.
»Barock« war Versailles vor allem im Hinblick auf die Grundidee, die Menschen durch die überwältigenden Ausmaße der Schloßanlage zu beeindrucken und ein Sinnbild des Absolutismus zu geben. In der Fassadengestaltung, die den Mittelbau betont und sich an die traditionelle Ordnung hält, vermied man hingegen jeden italienischen Überschwang. Frankreich bezeichnet seine Kunst des 17. Jahrhunderts nicht als Barock, sondern als »style classique«, d.h. »klassischen Stil«.

Vom Barock zur Klassik. Schloßbauten und Gärten

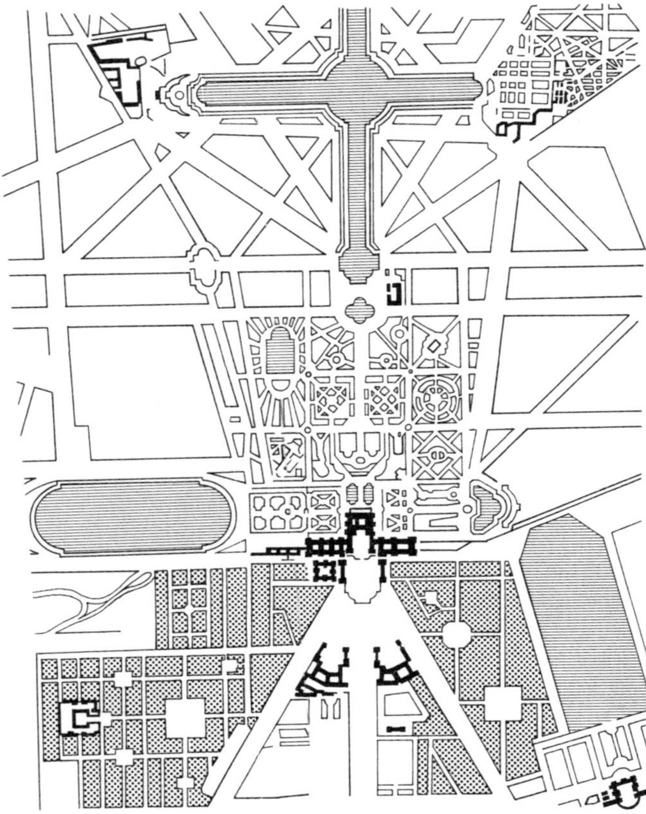

Frankreich: Schloß Versailles, Gartenanlage von André le Nôtre und Gebäudeanordnung.

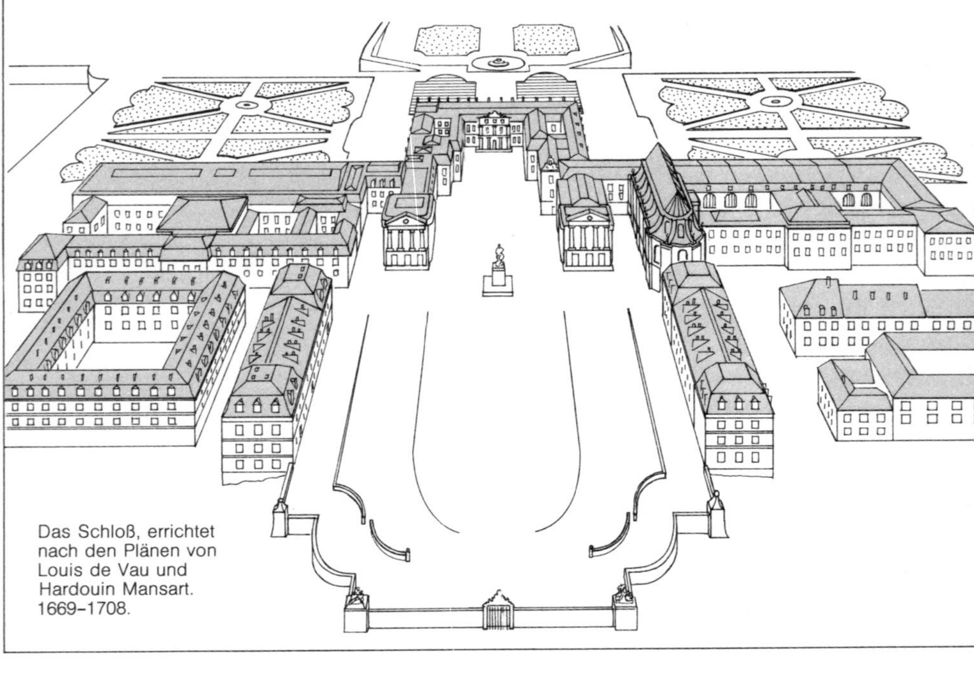

Das Schloß, errichtet nach den Plänen von Louis de Vau und Hardouin Mansart. 1669–1708.

Vom Barock zur Klassik. Adels- und Bürgerbauten

Italien:

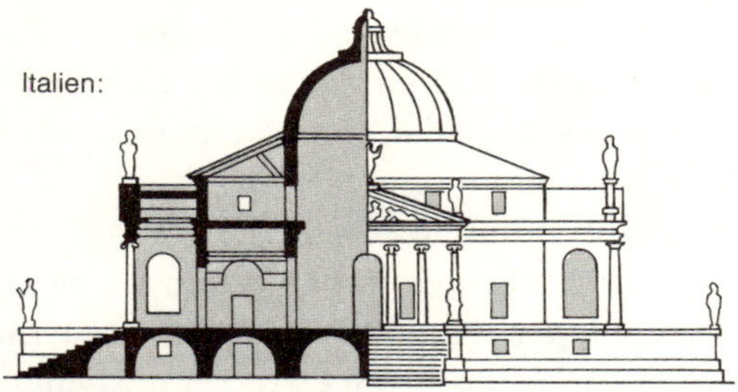

Andrea Palladio, Villa Rotonda, Vicenza. Antike Tradition im Übergang von der Renaissance zum Barock.

Niederlande:
Klassizistisches Mauritshuis, Den Haag.
Begonnen 1633.

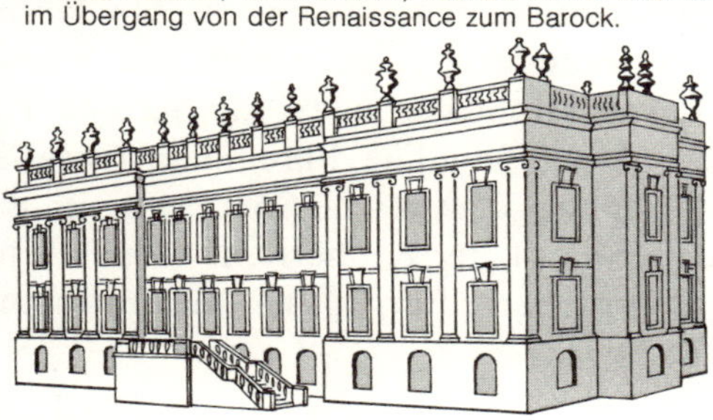

England:
William Talman, Chatsworth House, Derbyshire. 1687–1696.

Irland: Casino Marino, Dublin.
Ländliches „Lusthaus" in palladianischem Klassizismus. Sir William Chambers. 1759.

Deutschland:

Karl Friedrich Schinkel, Klassizistisches Schauspielhaus Berlin. 1818–1821.

Deutschland:

Chinesisches Teehaus, Sanssouci. Rokoko, G. W. v. Knobelsdorff. 1754.

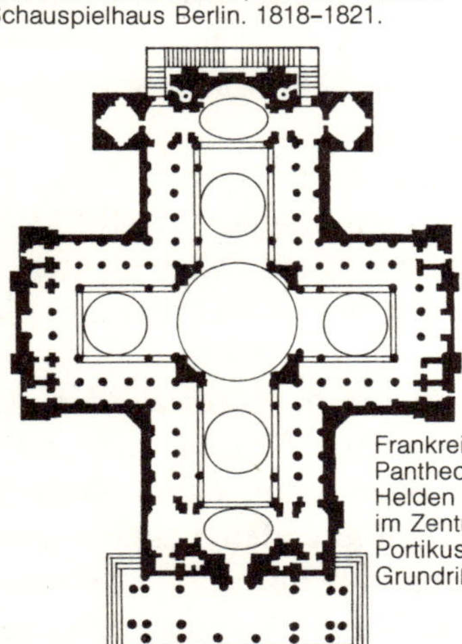

Frankreich:
Pantheon, Paris. Kultbau für die Helden der Nation. Tambourkuppel im Zentrum, vier Nebenkuppeln und ein Portikus bestimmen den Bau Pierre Vignons. Grundriß 1824.

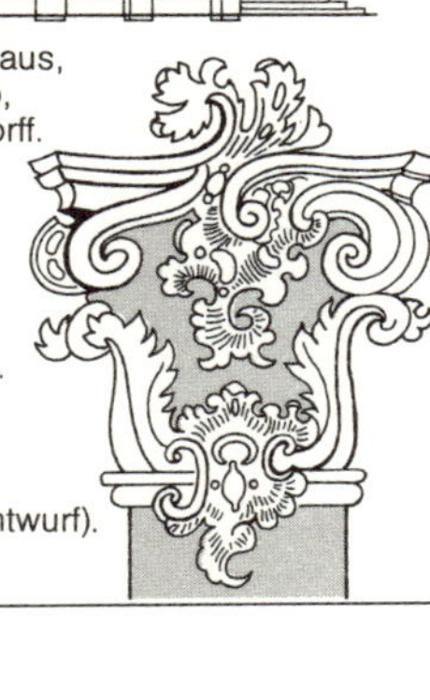

Rocaille (Kapitellentwurf). Rokoko.

Das Raumprogramm des Versailler Schlosses ist ganz den Bedürfnissen des höfischen Zeremoniells angepaßt. Zentrum sind der große Festsaal sowie das Audienz- und Paradeschlafzimmer des Königs, Schauplätze des täglich zelebrierten »Lever« und »Coucher« (»Aufstehens und Zu-Bett-Gehens«).
Fortan wollte jeder Fürst, und war sein Land auch klein und unbedeutend, sein Versailles haben. Ganze Landstriche wurden in Parkanlagen verwandelt, Jagd- und Lustschlösser, Fasanerien und Orangerien errichtet und mit den berühmten französischen Namen geschmückt. Die kirchlichen Würdenträger wetteiferten dem römischen Vorbild nach und ließen Barockkirchen erbauen, die Berninis Entwurf an Kühnheit übertrafen. Die Barockkunst breitete sich über ganz Europa aus. Zahlreiche Sonderformen entstanden, je nachdem ob z. B. der Bauherr ein süddeutscher Fürstbischof oder ein biederer Bürger aus den protestantischen Niederlanden war.

SONDERFORMEN IN ENGLAND, SPANIEN, DEUTSCHLAND

Einen eigenen Weg nahm England. Hier dominierte gleichzeitig mit dem Barock ein an den Werken des Renaissance-Künstlers *Andrea Palladio* (* 1508, † 1580) geschulter Baustil, dessen Hauptvertreter *Sir Christopher Wren* (* 1632, † 1723) war, der Baumeister von *»Saint Pauls Cathedral«* (1675–1710). Man spricht vom »Palladianismus«. Der italienische Barock und das höfische Versailles galten in England als zu überschwenglich und extravagant. Aus dem Vernunftgedanken erwuchs die Vorliebe für eine maßvolle, den klassischen Regeln unterworfene Kunst. Im übrigen bevorzugte man nicht das Prunkschloß, sondern den *Landsitz* und den *»Englischen Garten«*: Er ist nicht mehr streng geometrisch angelegt, man liebt die zwar gestaltete, aber natürlich belassene Landschaft.
In *Spanien* und *Portugal* entstand eine Sonderform des Barock, die durch überreiche Verzierungen auffällt. Der Barock verschmolz mit einheimischen Stilelementen, der Kunst des Islam, auch mit Einflüssen aus den amerikanischen Kolonien.
Zu den berühmtesten Baumeistern nördlich der Alpen zählte *Johann Bernhard Fischer von Erlach* (* 1656, † 1723), der u. a. die *Karlskirche in Wien* schuf, einen Kuppelbau mit Säulenhalle und zwei flankierenden Fassadentürmen nach dem Vorbild der Trajanssäule in Rom. Die schulemachende Fassade verlieh dem Bauwerk einen monumentalen Charakter.
In Österreich und Deutschland setzte sich der Barock erst

mit zeitlicher Verzögerung durch, denn der »Dreißigjährige Krieg« hatte weite Teile verwüstet oder in Armut gebracht. Die Grenzen zum Stil des Rokoko, das auf den Barock folgt, sind deshalb fließend.
Die deutschen *Palastbauten* zeichnen u. a. die großen *Treppenhäuser* aus, die in Höhe und Ausdehnung oft den ganzen Bau bestimmten. Die in Spanien entwickelte »Kaisertreppe«, Schauplatz des höfischen Zeremoniells, führt einläufig auf einen Absatz zu, wendet um 180 Grad und steigt dann in zwei parallelen Läufen bis zu dem breiten oberen Umgang. Die Faszination des barocken Treppenhauses ist nur im Hinauf- und Herabsteigen zu erleben, denn seine Deckengemälde und anmutigen Dekorationen sind ganz auf die Bewegung hin gestaltet. Vorbildliche Lösungen fanden *Johann Lucas von Hildebrandt* (* 1668, † 1745) in *Schloß Pommersfelden* und *Balthasar Neumann* (* 1687, † 1753) in der *Würzburger Residenz.* Fast alle Vorbilder übertraf in Deutschland der *»Zwinger« in Dresden.* Das von *Matthäus Daniel Pöppelmann* (* 1662, † 1736) erbaute Schloß bildet mit den Skulpturen *Balthasar Permosers* (* 1651, † 1732) ein Gesamtkunstwerk voll aristokratischer Eleganz und Pracht.

NEUE IDEALE DES ROKOKO: ANMUT, ELEGANZ UND CHARME

Das Rokoko, dessen Blütezeit zwischen 1730 und 1770 lag, nahm von Frankreich seinen Anfang. Allmählich nämlich erschöpfte sich der übermächtige Einfluß des Versailler Königshofes auf alle Künste, und Adel und vornehmes Bürgertum sahen sich nicht mehr an das prägende Vorbild gebunden.
Die Menschen konnten und wollten wieder nach eigenem Ermessen und Stilempfinden ihre Lebenswelt gestalten. Ihre Dokumentations-Bedürfnisse waren nicht auf Pathos und Größe ausgerichtet, sondern auf häuslich-intime Prachtentfaltung. Kunst sollte als Ambiente heiterer Feste dienen und die neuen Ideale verherrlichen: Anmut, Eleganz und Charme. Bezeichnenderweise entstanden vor allem dekorative Ausstattungen für die Pariser Adelspaläste. Kennzeichen ist die »Rocaille«, das durch weitere Naturformen wie Wellen, Flammen oder Federwolken variierte *Muschelwerk*, das mit asymmetrischen Schwüngen alle Wände und Decken überzieht. Spiegel, Stuck, Schnitzereien und andere Illusionseffekte steigern die verwirrende Lebendigkeit des Raumes, der in ein zartes und helles Licht getaucht ist.
Eine Vorliebe galt den luxuriösen Nebensächlichkeiten, vor allem den *Porzellanfiguren.* Das gerade in Europa neu

Bedeutendster Meister der frühbarocken Helldunkelmalerei. *Caravàggio: »Die Wahrsagerin«. Das »Kellerlicht« des Künstlers, der als stärkster Naturalist der iralienischen Malerei um 1600 gilt, machte in ganz Europa Schule. Louvre, Paris.*

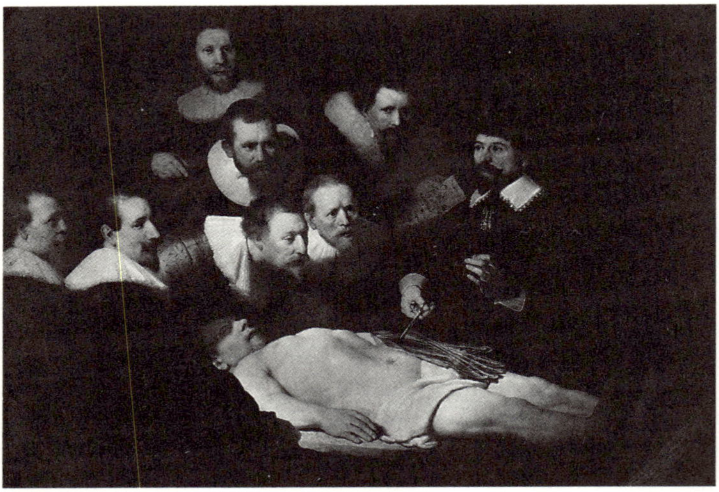

Naturalistisches Hauptwerk Rembrandts. *Die »Anatomie des Dr. Tulp«, 1632. Professor Nicolas Tulp demonstriert die Sektion des linken Armes. Die Häufigkeit anatomischer Darstellungen resultiert aus dem Vergänglichkeitsgefühl (»Vanitas«) der Barockzeit.*

entdeckte Porzellanmachen (bis dahin kannte man nur China-Porzellan) bot vielfältige Möglichkeiten. Dieses kostbare und zerbrechliche Porzellan, das dem Bedürfnis nach einem plastisch formbaren Material entgegenkam, erreichte durch zarte Bemalung und Glasur ganz besonders subtile Wirkungen.

Viele Vorstellungen und Wünsche dieser Epoche vereinen sich in den graziösen, puppenhaften Figürchen, die *Franz Anton Bustelli* (* 1723, † 1763) für die Porzellanmanufaktur Nymphenburg entwarf. Seit *Johann Friedrich Böttger* (* 1682, † 1719) für Europa die Porzellanherstellung entdeckt hatte, entstanden immer neue Manufakturen, zuerst in *Meißen*, dann in *Berlin, Capodimonte, Chelsea, Sèvres, Wien,* um nur einige zu nennen.

Bildnisse in duftiger Rokokomanier. Jean Honoré Fragonard: *»Die Schaukel«, 1766. Erotisches Genrebild, in dem sich Figuren und Natur in spielerischer Bewegtheit befinden. Fragonard war ein Schüler F. Bouchers und J.-B. S. Chardins.*

DIE MALKUNST DES BAROCK UND ROKOKO

Auch in der Malerei kam es nun zu einem Stil- und Themenwechsel. Zwar entzieht sich die Malerei fast noch stärker als die Architektur jeder Verallgemeinerung. Bestimmte Stilelemente treten in der Barockmalerei aber immer wieder auf: Größe, Bewegung, dramatische Übersteigerung, die Illusion der Unendlichkeit und der Kontrast zwischen Licht und Schatten. Die *Helldunkelmalerei* verleiht dem Bild dramatische Spannung und ermöglicht einen krassen, übersteigerten Naturalismus in der Darstellung des Menschen und des menschlichen Körpers, wie er zuerst bei dem Italiener *Michelangelo Merisi da Caravàggio* (* 1573, † 1610) hervorsticht. Er beeinflußte den Flamen *Peter Paul Rubens* (* 1577, † 1640), dessen Schüler *Anthonis van Dyck* (* 1599, † 1641) und *Frans Hals* (* um 1581/85, † 1666), den führenden holländischen Meister der Barockzeit.

Die Lichtdramatik Caravàggios beschäftigt auch *Rembrandt Harmensz van Rijn* (* 1606, † 1669), den genialen Einzelgänger dieser Zeit, der seine Figuren vor dunkle, geheimnisvolle Hintergründe stellte und das Licht gewissermaßen von innen leuchten ließ. Das Licht erreicht die Dimension »seelischer Durchdringung« der Figur. Der Licht- und Schattenkontrast, ein Grundthema der Barockmalerei, wird von dem Spanier *Diego Rodríguez de Silva y Velázquez* (* 1599, † 1660) zu ungeheurer plastischer Wirkung gesteigert.

Der Betrachter seiner Bilder wird – wie auch bei anderen Barockmalern – in das Kunstwerk einbezogen, indem er zum Beispiel dem Blick dargestellter Personen, die aus dem Bild heraus einen imaginären Vorgang zu beobachten scheinen, folgen muß. Oder Handlungen und Vorgänge, Mimik und Gestik »sprengen« den Bildrahmen und üben auf den Betrachter eine fast magische, suggestive Wirkung aus.

Neben dem *Porträt* und den *Themen aus Heilsbotschaft* und *Historie* wendet sich der Barockmaler, wenn wie in den Niederlanden der bürgerliche Auftraggeber danach verlangt, auch häuslichen *Alltagsszenen* und dem floralen oder Tier-*Stilleben* zu.

Mit dem Siegeszug des Rokoko greift die Malerei auf den häuslich-familiären Bereich und galante Themen über. Weibliche Schönheit, Freundschaft, heitere Kindheit und unbeschwertes Spiel sind beliebte Motive. Ein unübertroffener Meister des Rokoko ist *Jean-Antoine Watteau* (* 1684, † 1721), der als Schöpfer eines neuen Genres gilt, der »Fêtes galantes«, intimer Gesellschaftsstücke, in denen die vom höfischen Zwang befreite Gesellschaft ihre Feste in verzauberter *Natur* feiert.

ZAUBERHAFTES ROKOKO DER BAUKUNST

Der Rokokostil wurde auch für den katholischen Kirchenbau vor allem Süddeutschlands vorbildlich. Eine Erklärung mag darin liegen, daß die Volksfrömmigkeit nach einer religiösen Kunst verlangte, die das Mysterium des Glaubens als sinnlich erfaßbare Realität erscheinen ließ und im Glanz und Licht des irdischen Abbildes die paradiesischen Verheißungen der Heilsbotschaft sichtbar machte.
Wenn das Gotteshaus die Pracht eines höfischen Festsaales entfaltete, so war dies für den Gläubigen keine Verirrung, sondern ein Ausdruck der göttlichen Allmacht. Das süddeutsche Rokoko schuf zauberhafte Raumschöpfungen, die aus der phantasievollen Synthese von Rund- und Ovalräumen, zarten Fresken und bühnenwirksamen Dekorationen komponiert wurden. Volkstümliche *Wallfahrtskirchen* wie *»Die Wies«* (1746–1757) von *Dominikus Zimmermann* (* 1685, † 1766) zeigen die handwerkliche Virtuosität und das vollendete Raumgefühl der Rokoko-Künstler. Eines der schönsten Beispiele einer *profanen* Rokoko-Anlage ist *Schloß »Sanssouci«* bei Potsdam (1745–1747) von *Georg Wenzeslaus Knobelsdorff* (* 1699, † 1753), die heiter verspielte Sommerresidenz Friedrichs des Großen, die der König in den Grundzügen selbst entworfen hatte. Architektur und Gartenanlage gehen ineinander über.

NEUE KUNSTIDEALE: DER KLASSIZISMUS

Schon um die Mitte des 18. Jahrhunderts machte sich gelegentlich ein Überdruß an der Prachtentfaltung des Barock und der Verspieltheit des Rokoko breit. Angeregt von den ersten sensationellen Ausgrabungen in Pompeii und Herculaneum (seit 1748), erhob der deutsche Gelehrte *Johann Joachim Winckelmann* (* 1717, † 1768), der seit 1775 in Rom lebte, die Kunst des klassischen Griechenland zum Vorbild von zeitloser Gültigkeit. Seine Schriften, u.a. »Gedanken über die Nachahmung der Griechischen Werke in der Malerei und Bildhauerkunst« wurden in alle europäischen Sprachen übersetzt. »Nachahmung« verstand er als einen eigenschöpferischen, geistigen Prozeß, nicht als Kopie der antiken Formen, die im übrigen seit der Renaissance in Gebrauch waren.
Die erneute Hinwendung zur Antike erfolgte in einer Epoche, in der das aufstrebende Bürgertum großen Einfluß auf das Kulturleben gewann und die Kunst auch als Kampfmittel gegen den herrschenden politischen Absolutismus entdeckte.
Die neuen Kunstideale konnten dem Zweck nutzen, den Bruch mit der höfischen Kultur sichtbar zu machen: Der

Klassizismus verwarf den dynamischen, dekorativen Überschwang des vorangegangenen Barock als Geschmacklosigkeit und Verschwendung. Er forderte einfache Formen, dem menschlichen Maß adäquate Formen, strenge Symmetrie und einen erhabenen Gesamteindruck, der dem Kunstwerk Ernst und Würde verleihen sollte.

Die klassizistische Kunst sollte die Menschheitsideale verkörpern, die sich mit der europäischen Aufklärung (siehe Seite 93) verbanden, und gewann so häufig propagandistische Wirkung. Ein berühmtes Beispiel ist das Gemälde »Der Schwur der Horatier« von *Jacques Louis David* (* 1748, † 1825). Als es erstmals im Jahr 1785 in Rom und Paris ausgestellt wurde, soll es einen Massenansturm ausgelöst haben. Schon das Thema des Gemäldes mußte als Sensation wirken: Dargestellt ist, wie römische Republikaner, umgeben von klagenden Frauen und Kindern, todesmutig den Schwur zur Befreiung des Vaterlandes leisten. Der Vater hält den Söhnen feierlich die Waffen entgegen. Unter der Maske des Historiengemäldes verbirgt sich also der Aufruf zum Befreiungskampf. Radikaler hätte der Bruch mit der heiter-verspielten Welt des Rokoko nicht ausfallen können. Revolutionäres Pathos bestimmt den klar gegliederten Bildaufbau, der bereits bei oberflächlicher Betrachtung bedeutungstragende Elemente erkennen läßt. Auch die Farben folgen einer einprägsamen Symbolik, so kündigt das Rot der Gewänder den Opfermut der Helden an.

David, der gefeierte Maler der Jakobiner in der »Französischen Revolution«, stieg später zum Hofmaler Napoleons auf. Diese Nähe zur Macht wird schließlich in vielen Fällen bezeichnend für die klassizistische Kunst, die sich den großen Ideen, Persönlichkeiten und historischen Stoffen verschrieben hatte.

Die Begeisterung für antikes Heldentum begegnet uns in der *Plastik* wieder. Einer der weltweit gefeierten Bildhauer war der Däne *Bertel Thorvaldsen* (* 1768, † 1844), der seinen Marmorstatuen, Reliefs und Denkmälern jene gefällige Glätte und reine Schönheit verlieh, die im Klassizismus als Ausdruck von Tugend und heroischer Selbstüberwindung galten.

Der idealistische Kunstbegriff der Epoche ist dem modernen Menschen vielfach fremd und erschließt sich nur vor dem damaligen Bildungshorizont. Die Stoffe der antiken Mythologie und Götterwelt waren bevorzugte Themen. Ohne Kenntnis davon, daß die griechischen Skulpturen ursprünglich mit starken Farben verlebendigt wurden, verwendet der klassizistische Bildhauer den weißen Marmor

Vorbild für die Kirchenarchitektur des Barock: Il Gesù. *Empfang Urbans VIII. in der Kirche Il Gesù in Rom. Das dem katholischen Dogma entsprechend reich geschmückte Gebäude ist fertiggestellt, allerdings fehlen noch die berühmten Deckenfresken. Die von Vignola entworfene Hauptkirche des Jesuitenordens, eine Verbindung von Langschiff und zentralem Kuppelbau, zeigt den typischen Innenraum der Frühbarockkirche. Gemälde von Andrea Sacchi. Zweites Viertel 17. Jh.*

Höfisches Interieur aus der Sicht des Hauptmeisters der spanischen Barockmalerei. *»Las Meniñas« (1656) von Diego Velásquez. Das Gemälde, das die Infantin Margherita Maria mit ihren Hofdamen im Atelier des Künstlers zeigt, bezieht den Vorgang des Malens in die Schilderung ein. In einem Spiegel erscheint das spanische Königspaar, das für sein Porträt gekommen ist. Typisch für Velázquez ist die Öffnung des Raumes durch die hellerleuchtete Tür. Museo del Prado, Madrid.*

Bürgerliche und private Welt als Sujet der großen künstlerischen Genies. *– Oben: »Die Staalmeesters« (1662), Gemälde aus der letzten Schaffensphase Rembrandts, der als die stärkste und vielseitigste Erscheinung der holländischen Kunst im 17. Jh. gelten darf. Gruppenbild der Vorsteher der Amsterdamer Tuchfärberzunft. Die Personen sind im Augenblick einer gemeinsamen Reaktion festgehalten. Man hat ihren Ausdruck als inneren Widerspruch gegen einen von außen kommenden Einwurf gedeutet. Rijksmuseum, Amsterdam. – Links: Peter Paul Rubens: Der Künstler mit seiner ersten Frau, Isabella Brant, in der Geißblattlaube. Alte Pinakothek, München.*

Huldigung schöner, einflußreicher Damen und galante Feste: Die Kunst des Rokoko. –
Rechts: Madame Pompadour, die berühmte Mätresse Ludwigs XV. Gemälde aus dem Jahre 1758 von François Boucher, einem der Hauptmeister der französischen Rokokomalerei und typischen Vertreter der Salonkultur. Er war der Lieblingsmaler der Marquise. Victoria & Albert Museum, London. – Unten: Gesellige Unterhaltung im Freien. Gemälde von Antoine Watteau. Mit seinen Darstellungen der »Fêtes galantes«, der fröhlichen Zusammenkünfte ausgesucht gekleideter Damen und Herren zum Schäferspiel in arkadischer Landschaft, schuf Watteau ein Abbild der höfisch-aristokratischen Gesellschaft seiner Zeit. Gemäldegalerie, Dresden.

mit makellos glatt polierter Oberfläche, um jenen kühlen, Distanz hervorbringenden Stil zu treffen, dem er beim Studium der antiken Vorbilder begegnet ist.

Die wesentlichen Leistungen des Klassizismus liegen in der *Architektur* und *Stadtplanung*. Unausweichlich begegnet dem Klassizismus, wer die aufstrebenden Hauptstädte dieser Zeit besucht. Viele klassizistische Bauten sind zum Wahrzeichen der Stadt oder einer ganzen Epoche geworden, etwa das *»Brandenburger Tor«*, erbaut zwischen 1788 und 1791 von *Carl Gotthard Langhans* (* 1732, † 1808), oder der *»Arc de Triomphe«*, 1806 durch *Jean François Chalgrin* (* 1739, † 1811) begonnen und erst 1836 vollendet. Der Klassizismus wird zum angemessenen Baustil für die Selbstdarstellung ganz unterschiedlicher Herrschaftssysteme. Ein gutes Beispiel ist das Pariser *»Panthéon«*, der früheste klassizistische Bau, der als Beispiel vollkommener Architektur gefeiert wurde.

Das »Panthéon« wurde 1776 von *Jacques-Germain Soufflot* (* 1713, † 1780) als Kirche der heiligen Genoveva begonnen und zu Napoleons Zeiten in einen Ehrentempel des französischen Volkes verwandelt. Der Baumeister hatte Süditalien bereist und die berühmten griechischen Tempel von Paestum vermessen, um dem als christliche Kirche geplanten Monument später das Gewand eines antiken Tempels zu verleihen. Der französische Imperator Napoleon begeisterte sich vor allem für Bauten nach römischem Vorbild, weil er so seine unbesiegbare Macht zur Schau stellen wollte. Auch Berlin, die preußische Hauptstadt, erhielt ein klassizistisches Gesicht. Allerdings prägt die Architektur hier, preußischen Idealen folgend, der Wille zu Nüchternheit und Schlichtheit. In Berlin wurde der Maler und Architekt *Karl Friedrich Schinkel* (* 1781, † 1841) mit der *»Neuen Wache«* (1817/18), mit *Schauspielhaus* (1818–1824) und dem *Alten Museum* (1822–1830) zum führenden klassizistischen Künstler.

Literatur

Baumgart, Fritz: Vom Klassizismus zur Romantik, 1750–1832, Köln 1974

Hager, Werner: Barock, Baden-Baden 1975

Hubala, Erich: Die Kunst des 17. Jahrhunderts (Propyläen Kunstgeschichte Bd. 9), Berlin 1970

Hubala, Erich: Barock und Rokoko, München 1978

Keller, Harald: Die Kunst des 18. Jahrhunderts (Propyläen Kunstgeschichte Bd. 10), Berlin 1971

JOHANNES GLANZ

Von Schütz bis Beethoven: Europäische Musik im 17. und 18. Jahrhundert

Venedig war das Zauberwort, das in der ausgehenden Renaissance die Musikwelt faszinierte, seit *Andrea* und *Giovanni Gabrieli* (* 1510, † 1586 bzw. * 1557, † 1612) im Markusdom Chöre und Instrumentalgruppen miteinander wetteifern ließen. Moderne, festliche Musik verwandelte die Kirche in einen Konzertsaal und öffnete den Zugang zu neuentdeckten Klangwelten. Hier bei Giovanni Gabrieli erhielt der sächsische Jurastudent *Heinrich Schütz* (* 1585, † 1672) die entscheidenden Anregungen für seine spätere musikalische Laufbahn. Schon in seinem op. 1, einem Band italienischer *Madrigale*, den er seinem Mäzen, dem Landgrafen Moritz von Hessen, als Dank für das großzügige Stipendium zusandte, war die Meisterschaft in der Anverwandlung neuer Ideen zu spüren. Erst recht ließ der zum Hofkapellmeister in Dresden avancierte junge Künstler mit seinen ersten großen Kompositionen aufhorchen: Die mehrchörigen »Psalmen Davids« und die »Cantiones sacrae«, Werke von ungewohnter subjektiver Ausdruckskraft, verbanden traditionelle, voll entwickelte *Motettenkunst* mit dem als revolutionär empfundenen *Konzertstil* der Venezianer.

VERZAUBERT DURCH DIE ITALIENISCHE MODERNE

Während eines zweiten Venedig-Aufenthalts (1629) setzte sich Schütz noch intensiver mit den neuen Entwicklungen im Musikleben Italiens auseinander, in enger Verbindung mit dem großen *Claudio Monteverdi* (* 1567, † 1643), dem gewaltigen Neuerer seines Jahrhunderts und Wegbereiter der Musik im Europa der Neuzeit. Monteverdi unterschied zwischen einem herkömmlichen Kompositionsstil, der »Prima Prattica«, die der Musik die Führungsrolle gegenüber dem Wort zusprach, und der modernen »Seconda Prattica«, in der die Sprache Herrin der Musik sein sollte. Aus dieser Forderung erwuchs der Musik – wollte sie nicht zum unbedeutenden Begleiter absinken – die Aufgabe, mit subtilsten Mitteln die »Regungen der Seele« im Text aufzuspüren und mit elementarer Kraft, die sich bei Monteverdi im »stile concitato« (= erregten Stil) zu bisher unbekannter Leidenschaft steigerte, hörbar zu machen und die Anteilnahme der Hörer zu beschwören. Monteverdi ließ z. B. die Melodiestimme im Tremolo erzittern oder interpretierte den Text durch »Diminution« (= Verkleinerung), indem er einen Ton mit vielen Tönen umspielte und verzierte.

Claudio Monteverdi. *Mit »L'Orfeo« (1607) begann die Operngeschichte.*

Der Bindung ans Wort kam eine neue Form musikalischen Vortrags entgegen, die *»Monodie«* (= instrumental begleiteter Sologesang). Von der Florentiner »Camerata«, einem Humanistenkreis der Jahrhundertwende, als klassische Gesangsform im alten Griechenland angesehen, wurde sie nun zur modernen Weise des *Textvortrags*, vor allem tragendes Gerüst als Rezitativ und Arie der jüngsten Schöpfung der neuen Zeit: der *Oper*. Der Reiz des Ungewohnten lag darin, daß die Melodie von sogenannten Generalbaßinstrumenten begleitet und gestützt wurde, und zwar zur Markierung der Baßlinie fortlaufend vom »basso continuo«, ausgeführt von tiefen Streichern oder vom Fagott, und akkordisch von Violen, Lauten oder auch von Tasteninstrumenten.

Dieser Dualismus von Melodie + Begleitung drängte das oft nicht durchschaubare Gewebe der Vielstimmigkeit und die ihr innewohnende Kompositionstechnik von Note gegen Note (= Kontrapunkt) zurück und leitete das »Generalbaßzeitalter« ein, das, vom akkordischen Stil bestimmt, weit ins 18. Jahrhundert reichte.

Eine andere, nicht minder gravierende Veränderung im Musikleben, schon lange in Ansätzen erkennbar, war nun nicht mehr zu übersehen: die *Emanzipation der Instrumentalmusik*, die sich aus der dienenden Funktion als Begleiterin der Vokalmusik löste und zu eigenen Formen fand, die sich nun ebenfalls im Stile der »Monodie« ausbildeten. Eigenart und Klangfarbe der verschiedenen Instrumente wurden nun zum Kriterium ihrer Auswahl. Monteverdi setzte als erster Instrumente ein, um beabsichtigte Wirkungen zu erzielen; er »instrumentierte« gezielt und wandte sich damit vom üblichen »ad-libitum«-Gebrauch ab, der eine Verwendung von Instrumenten »nach Belieben« gestattet hatte, und bald folgte man ihm darin ganz allgemein.

»VATER DER DEUTSCHEN MUSICI«

Der Erfahrungsschatz der Italienreisen spiegelte sich im *Schützschen Gesamtwerk.* Wohl waren Zeitgenossen wie *Michael Praetorius* (* 1571, † 1621) oder die beiden anderen »berühmten S« des Jahrhunderts, *Johann Hermann Schein* (* 1586, † 1630) und *Samuel Scheidt* (* 1587, † 1654) immer offen für die »nuove musiche« aus Italien, doch war ihnen die unmittelbare Begegnung mit der Moderne in Italien versagt geblieben. Erst Schütz vereinte italienische und deutsche Elemente: leidenschaftliche Hingabe, sakrales Pathos und tiefe Frömmigkeit schlackenlos, wie z. B. in den drei Bänden »Symphoniae sacrae«, einem modernen *Kantatenwerk* mit dramatisch angelegten Dialogen, in den »Kleinen geistlichen Konzerten«, die sich durch ein bisher ungewohntes Zusammenwirken von Gesangs- und Instrumentalpartien auszeichnen, in den »Sieben Worten Christi am Kreuze«, einer Art *Oratorium,* in dem die Christuspartie im »stile concitato« eindringlich gestaltet ist. Nicht aus dichterischen Vorlagen, sondern aus dem reinen Bibeltext schöpft Schütz hier seine Kraft, wie ja auch in seinen Alterswerken, den Passionen und im großartigen »Deutschen Magnifikat«. In ihnen zeichnet sich auch eine Rückkehr zur schlichten, aber dennoch ausdrucksstarken Vielstimmigkeit im reinen »A-cappella« ab. Seinen großen Schülerkreis warnte er damals, den »stile antico« mit dem großen Erbe des Kontrapunkts völlig aufzugeben. Die nächste Generation hörte noch auf ihn, aber dann war Schütz vergessen.

DIE OPER, DAS LIEBLINGSKIND DER NEUEN ZEIT

Von Schütz, dem Meister geistlicher Musik, stammt auch die erste *deutsche Oper.* Er führte die »Dafne« nach einem von *Martin Opitz* übersetzten Text des Italieners *Rinuccini* mit seiner Dresdner Hofkapelle zu einer Fürstenhochzeit in Torgau 1627 auf. Die Partitur dieses vermutlich nach Florentiner Muster erstellten »dramma per musica« ist ebenso verlorengegangen wie die der ersten, 1597 in Florenz aufgeführten »Dafne« *Jacopo Peris* (* 1561, † 1633) nach dem Text *Ottavio Rinuccinis.*

Glanzvoll, als Hochzeitsgabe für den französischen König Heinrich IV. und Maria von Medici, wurde das neue Jahrhundert mit »Euridice«, einer weiteren Gemeinschaftsarbeit beider Autoren, eröffnet. Getreu den Intentionen der »Camerata« ordnete sich die Musik der Poesie unter, standen doch Humanisten Pate an der Wiege der Oper mit dem Ziel, die antike griechische Tragödie zu erneuern. Chor, Tanz, Instrumentalmusik ließen dem am Sprachrhythmus orientierten Sprechgesang den Vortritt, der die Mitte zwischen affektbetonter Deklamation und Gesang einzuhalten hatte, von Gebärden unterstrichen und von Generalbaßinstrumenten gestützt wurde. Allein das im »stile recitativo« bzw. »rappresentativo« vorgetragene Wort war Handlungsträger.

Doch der Triumph der Poesie über die Musik hielt nicht lange an. Schon in *Giulio Caccinis* (* 1550, † 1618) »Euridice« (1602) lösen sich aus dem strengen Rezitativ ariose Kantilenen (= Melodiebögen), die sich später zu kunstvollen Arien ausweiteten; sie stellten das lyrische Gegengewicht zum epischen Bericht und damit ein verzögerndes Moment inmitten der drängenden Handlung dar.

Ohne den Vorrang des Wortes anzutasten, gelang es schließlich *Monteverdi*, die junge Kunstgattung zu einem großartigen *Musiktheater* umzuwandeln. Die Aufführung des »L'Orfeo« 1607 am Hofe der Gonzaga zu Mantua darf man zu Recht als die eigentliche Geburtsstunde der europäischen Oper bezeichnen. Der Tragödie stellte er eine Ouvertüre voran, die nach Art einleitender Fanfarenrufe zu Festlichkeiten auf das dramatische Geschehen einstimmte. Bläser und Streicher faßte er mit Harfe, Lauten und Orgeln zu einem stattlichen Orchester zusammen, das mit überraschenden Klangwirkungen Handlungsmomente heraushob und so Akzente setzte. Dramatischer Atem durchweht Rezitative und Kantilenen, Chöre begleiten das Geschehen wie in der Antike, eine kühne musikalische Sprache betört durch ihren Wohlklang, schreckt aber auch nicht vor Dissonanzen zurück, um Spannungen zu verdeutlichen. Die Klage der »L'Arianna«, das einzige erhaltene Fragment aus der gleichnamigen Oper, wird als schönstes Beispiel dieser Monteverdischen Tonsprache gerühmt.

Die Monteverdi-Renaissance des 20. Jahrhunderts hat auch das Alterswerk wieder entdeckt: »Die Rückkehr des Ulixes« (1641) und »Die Krönung der Poppea« (1642), beide in Venedig komponiert, wo der Maestro seit 1613 an San Marco wirkte und wo er 1643 starb.

VENEZIANISCHE PRACHTENTFALTUNG DER OPERNWELT

Rasch durchbrach die Oper die Schranken elitärer Zirkel und höfischer Etikette; im Nu wurde sie Lieblingskind der Musikliebhaber aller Schichten und verwöhnte ihr neues Publikum jährlich mit zahlreichen Neuschöpfungen, die einen wahren Ohren- und Augenschmaus boten. 1637 wurde in Venedig das erste *ständige Opernhaus* »San Cassiano« eröffnet, das Bürger, Patriziat und Fürsten zum Kunstgenuß vereinte. Im selben Jahrhundert folgten noch weitere sechzehn feste Theater, die sich alle in der Raffinesse der

Inszenierungen zu übertreffen suchten. Ausstattung und Maschinenapparat wurden immer wichtiger, um eine Traumwelt aus mythischen und allegorischen Stoffen hervorzuzaubern und Helden der Vergangenheit im schönsten Licht zu zeigen. Zugleich verschob sich das Handlungsgefüge: Chöre nach antikem Muster traten zurück, Kastraten und Primadonnen regierten die »Solistenoper« und bezogen Stargehälter, denen gegenüber sich die Honorare der Komponisten recht bescheiden ausnahmen. Weit entfernt von der Renaissanceoper wetteiferten die Textmacher in der Zubereitung spannender Stoffe: Intrigen und Amouren würzten die Handlung, Betrug und Gewalttat erhitzten die Gemüter. Bald trat die neue *Ausstattungs-* und *Musizieroper* ihren Siegeszug durch Europa an.

Mit dem Niedergang der Dichtung im 17. Jahrhundert meldete die Musik ihren Führungsanspruch an. Auf den Bühnen Venedigs residierte jahrzehntelang *Pier Francesco Caletti-Bruni,* genannt *Cavalli* (* 1602, † 1676). In seinen 42 Opern rühmte man die Meisterschaft in der Zuspitzung dramatischer Handlungselemente und eine reiche Phantasie, die für die ganze Palette der Gefühlswelt Ausdrucksmittel bereitstellte. In seinen Rezitativen erblühen Melodien venezianischer *Barcarolen,* die diesen Liedtyp in ganz Europa bekanntmachten. Wenn stimmungsvolle Akzente gesetzt werden sollten, ließ das Cembalo als Begleiter Streichern den Vortritt: das trockene »Secco«-Rezitativ verwandelte sich dann in ein farbiges »Accompagnato«. Herzmitte der Oper wurde die aus zwei Teilen gegensätzlichen Charakters bestehende Arie. Dem ständigen Wunsch des Publikums nach Wiederholung kam man mit einer fest eingeplanten Wiederholung des ersten Teils zuvor, wonach die neue dreiteilige Form den Namen »Da-capo-Arie« erhielt. Sie bot nun den Stars die schönsten Entfaltungsmöglichkeiten (mitunter durch eigene Zutaten), die auch in den Duetten auf dem Höhepunkt der Handlung genutzt wurden: Die venezianische *Konzertoper* war geboren!

EIN ITALIENER IN PARIS: EIGENSTÄNDIGE FRANZÖSISCHE OPER

Der sich nun anbahnenden Alleinherrschaft italienischer Opernkunst widersetzte sich Frankreich mit einem eigenen Konzept. Trotz Protektion italienischer Musik durch die Königinnen aus dem Hause Medici und neuerdings durch den mächtigsten Mann im Staate, den Italiener Kardinal Mazarin, wuchsen die Vorbehalte. Cavalli fand keine Resonanz, auch nicht mit »Ercole amante«, den er eigens zur Hochzeit König Ludwigs XIV. 1662 komponiert hatte; Beifall fand aber die in seine Opern eingefügte Ballettmusik.

Ihr Komponist war *Jean-Baptiste Lully* (* 1632, † 1687), ein gebürtiger Florentiner; er wurde Schöpfer einer eigenständigen französischen Oper, der »Tragédie lyrique«. Seine Begabung als Geiger und Tänzer zog die Aufmerksamkeit des Königs auf sich, sein Ehrgeiz und Intrigantentum machten ihn zum Orchesterleiter und Theaterdirektor, zum »Sonnenkönig« der Musik bei Hofe. Das musikalische Erbe Italiens im Blut, knüpfte er mit dem »Ballet de cour« und »Air de cour« an französische Traditionen an – tänzerische und liedhafte Grundformen einer autoritären Hofkultur. Nach dem Vorbild der berühmten königlichen Kapelle der »Vingtquatre violons du roi« schuf er ein wegen seiner Technik und Spielkultur einzigartiges Streicherensemble, die »petite bande«, die er mit modernen Violinen ausstattete und durch Hinzunahme von Bläsern und Schlagzeug zum *ersten modernen Orchester* ausbaute. Für die festliche Umrahmung des umfangreichen Hofzeremoniells erhielt er auch die besondere Anerkennung des »Sonnenkönigs«.

Meister der französischen Barock-Oper.
Jean-Baptiste Lully.

Aus Lullys Zusammenarbeit mit J. B. Poquelin gen. Molière (siehe Seite 113) entstand die *Ballettkomödie*, eine Frühform der französischen Oper, die in ihrer Bevorzugung des tänzerischen Elements über den Rahmen der Bühnenarbeit hinaus die Ausbildung neuer tänzerischer Formen der Instrumentalmusik förderte.

Die größten Schwierigkeiten auf dem Wege zu einer eigenen französischen Oper entstanden bei den Versuchen, die französische Sprachmelodie nahtlos in den musikalischen Ablauf einzubinden. In *Philippe Quinault* (* 1635, † 1688) fand Lully einen Librettisten, der seine Texte nach dem Vorbild der klassischen französischen Tragödie gestaltete und zugleich auf die Wünsche des Komponisten einging. In der »Tragédie en musique« erstand nun ein Gegenbild zur italienischen Oper, geprägt vom Pathos der Sprache und von der Grazie tänzerischer Bewegung. Das »Accompagnato«-Rezitativ wurde Träger der Handlung, die Chor, Ballett und eigenständige Instrumentalmusik als »Ritornell« (= Zwischenspiel) begleiteten. Die Lullysche Ouvertüre, geprägt durch punktierte Rhythmen im ernsten Anfangsteil, der am Schluß wiederholt wird, und einen fugierten Mittelteil, wurde ein Grundmuster instrumentaler Musik über den Barock hinaus. Dem klassischen Fünf-Akte-Schema wurde jeweils ein Huldigungsprolog an den König vorangestellt, den die Helden der Handlung jeweils widerspiegeln. Nur in verschwenderischer Ausstattung treffen sich französische und italienische Oper; sonst trennen sie Welten.

***Bahnbrecher der englischen Opernmusik im 18. Jh.** Links: Georg Friedrich Händel. Seit 1712 war England die Wahlheimat des deutschen Komponisten. Er schrieb mehr als 40 Opern. – Rechts: Henry Purcell, der bedeutendste englische Komponist der Barockzeit.*

»ORPHEUS BRITANNICUS«

Der englische König Karl II. Stuart, als Emigrant in Paris ein Bewunderer des »Sonnenkönigs« und französischer höfischer Kultur, gründete nach seiner Rückkehr, dem Vorbild der Pariser Hofkapelle folgend, das *Streicherensemble* der »Twenty-four violins«, dessen Leitung er dem deutschen Violinvirtuosen *Thomas Baltzer* übertrug. Neben Tanz- und Tafelmusiken erklangen vor allem »Oden« für Soli, Chor und Streichorchester zur Verherrlichung des Monarchen. Ihnen entsprachen im kirchlichen Bereich »Anthems« (= nicht an die Liturgie gebundene Kompositionen), die eine beachtliche Chor- und Instrumentalkultur voraussetzten.

In den *Musiktheatern* suchte man das *Maskenspiel* (= masque) neu zu beleben, in dem Dichtung, Pantomime, Tanz und Musik im bunten Reigen zusammenwirkten, um prächtig ausgestattete mythologische Szenen zu verlebendigen.

Auf dem Weg zu einer eigenständigen *englischen Oper* blieb man zunächst bei der Umwandlung von Dramen zu gesprochenem Theater mit Musikeinlagen stehen, bis *Henry Purcell* (* 1659, † 1695) mit »Dido and Aeneas« eine englische Oper von klassischem Format vorstellte. Nahtlos verband er venezianische und französische Stilelemente mit Volkstümlichkeit von unverwechselbarer englischer Eigenart. Ein Musikdramatiker von der Größe Monteverdis, verweist er andrerseits in Klangsinnlichkeit und melodisch-harmonischer Schönheit schon auf seinen Nachfolger bei Hofe: *Georg Friedrich Händel* (* 1685, † 1759). Für ihn war Musik eine Erhöhung der Poesie, eine Auffassung, die schon auf Mozart und Beethoven hindeutet. Aus der Symbiose alter und neuer Klangwelten erblühen nun zauberhafte Wirkungen im vokalen und instrumentalen Bereich.

Alle Stimmen einer Partitur sollen »singen«, wünschte sich der »Orpheus Britannicus«, der die Musikalität der englischen Sprache entdeckte und alle Gefühle seismographisch in Töne umzusetzen verstand.

BAROCKER PRUNK IN WIEN UND DRESDEN: »FESTA TEATRALE«

Am Hofe der Habsburger in Wien herrschte die Musik. Kaiser musizierten, komponierten, dirigierten, und sie besetzten führende Positionen im Musikleben mit Spitzenkräften aus Italien. Mit den venezianischen Prunkopern des Hofkapellmeisters *Antonio Bertali* (* 1605, † 1669) begann der Aufstieg Wiens zur europäischen Opernmetropole. Zum Jahrhundertereignis wurde die »Festa teatrale« – die Musikwochen zur Hochzeit Kaiser Leopolds I. (1667). Im Mittelpunkt stand die Aufführung des »Goldenen Apfels«; Komponist war der Großmeister der venezianischen Oper, der Franziskanermönch *Marc'Antonio Cesti.* Pomphafte Ausmaße erreichte ein halbes Jahrhundert später auch »La Costanza e Fortezza«, ein Werk des Wiener Barockkomponisten *Johann Joseph Fux* (* 1660, † 1741), der die Vorherrschaft der Italiener abgelöst hatte. Bei diesem europäischen Musikfest anläßlich der Krönung Kaiser Karls VI. zum König von Böhmen in Prag, spielten Berühmtheiten wie *Tartini, Graun* und *Quantz* im Orchester, spendeten 4000 Zuschauer Hunderten von Akteuren Beifall.

Andere Fürstenhöfe wollten nicht zurückstehen. So bestimmten z. B. auch im kurfürstlichen *Dresden* Italiener das Musikleben: *Carlo Pallavicino* (* 1630, † 1688) komponierte im venezianischen Stil, *Giovanni Andrea Bontempi* (* 1625, † 1705) – Kastrat, Komponist, Theaterarchitekt, Musikhistoriker – führte die Dresdner Hofmusik nach Heinrich Schütz zu einem weiteren Höhepunkt. In der Regierungszeit August des Starken (R 1694–1733) stritten italienische, deutsche, polnische und französische Musiker um den Vorrang. Nach des Fürsten Übertritt zum Katholizismus kam es zur Blüte einer katholischen Hofmusik unter *Antonio Lotti* (* 1666, † 1740) und *Jan Dismas Zelenka* (* 1679, † 1754), der italienische und österreichische Barockmusik mit Elementen böhmischer Volksmusik bereicherte. Höchsten Rang aber erreichte am Dresdner Hof die Barockoper. Der Architekt Matthäus Daniel Pöppelmann wurde angewiesen, die Zwingerbauten in die Anlage eines Festplatzes einzuordnen, der bis zum Elbufer reichen sollte, damit Opernaufführungen im Freien mit Aufzügen, Turnieren und Massenballett einen angemessenen fürstlichen Rahmen fänden. Die Hochzeit des Kurprinzen (1719) wurde so zu einer »Festa teatrale« ohnegleichen, an die man sich noch Jahrzehnte erinnerte.

KÖNIGIN DER INSTRUMENTE – DIE ORGEL

Inzwischen hatten sich neue Formen instrumentalen Musizierens ausgebildet, die eine Zuwendung zum reinen Hören forderten und spätere Auffassungen einer von außermusikalischen Bindungen losgelösten »absoluten« Musik vorbereiteten. *Laute, Orgel* und *Klavier* gingen eigene Wege; Meister der Komposition und Interpretation erschlossen diesen Instrumenten neue Welten. *Girolamo Frescobaldi* (* 1583, † 1643), Organist zu St. Peter in Rom, führte die europäische Orgelmusik mit seinen *Toccaten* (= freigestaltete Stücke mit virtuosen Passagen), *Ricercaren* (= Einleitungen, aus denen die Fuge hervorging) und *Capriccis* (= kunstvoll verarbeitete »Einfälle«) zu einem ersten Höhepunkt.

Während nach seinem Tod die Orgelmusik in Italien zurücktrat, eroberte ihr sein Schüler *Johann Jakob Froberger* (* 1616, † 1667) am Kaiserhof in Wien und auf Konzertreisen durch Europa neue Hörerkreise. Zu einer Schlüsselfigur wurde *Johannes Kaspar von Kerll* (* 1627, † 1693), Leiter der Münchner Hofkapelle und danach Organist am kaiserlichen Hof in Wien: Er gab das römisch-deutsche Erbe der Orgelkunst bis an Händel und Bach weiter. Anstöße gingen auch von der französischen Orgelmusik aus, die sich eng an die Liturgie hielt; *Johann Sebastian Bach* (* 1685, † 1750) fand das »Livre d'orgue« des *Nicolas de Grigny* (* 1671, † 1703) so wichtig, daß er es abschrieb.

Bach nahm in seinem Orgelwerk alle Anregungen des Barockzeitalters auf und vereinte sie mit hoher Kunst zu einem neuen Ganzen. Als junger Mann hörte er den Großen seiner Zeit zu und lernte von ihnen: von *Johann Pachelbel* (* 1653, † 1706) in Nürnberg, *Georg Böhm* (* 1661, † 1733) in Lüneburg, *Johann Adam Reinken* (* 1623, † 1722) in Hamburg, *Dietrich Buxtehude* (* 1637, † 1707) in Lübeck. Er selbst wurde der Größte in Komposition und Spiel. Alle schon ausgebildeten Formen, Toccaten, Fantasien, Sonaten, Trios, die architektonischen Kunstwerke der miteinander verbundenen Präludien und Fugen, die Kostbarkeiten der verschiedenartigen Choralbearbeitungen u. a. versah er mit seiner unverwechselbaren Handschrift und führte sie zu klassischer Vollendung.

JUNGE KLAVIERKUNST

Das kleine tragbare *Virginal* mit seiner an der Breitseite angeordneten Klaviatur hatte Anfang des 17. Jahrhunderts Lauten und Gamben an Beliebtheit übertroffen. Die träumerischen, fast melancholischen Kompositionen *William Byrds* (* 1543, † 1623), *John Dowlands* (* 1562, † 1626), *Orlando Gibbons'* (* 1583, † 1625) und vieler anderer »Virgina-

Krönender Abschluß des musikalischen Barock: Das Werk Johann Sebastian Bachs. *Porträt des größten Meisters der Barockmusik, der alle europäischen Traditionen in sich aufnahm. Vier der Söhne des seit 1723 als Thomaskantor in Leipzig tätigen Komponisten waren bedeutende Musiker.*

Neue, richtungweisende Formen in der Klaviermusik. *Titelkupfer des »Clavichord-Concerts« von Johann Sebastian Bach, 1794. Das Klavichord, ein Saiteninstrument, bei dem die quer zu den Tasten verlaufenden Saiten durch Metallstifte (Tangenten) angeschlagen werden, gehört zu den ältesten Vorläufern des Hammerklaviers.*

Früh entdeckter Klaviervirtuose. *Der siebenjährige Cembalist und Komponist Mozart spielt bei einer Teegesellschaft der Princesse de Conti. Gemälde von M. B. Ollivier (Ausschnitt). Louvre, Paris.*

Begriffe

Accompagnato (= recitativo a.): Orchesterbegleitetes Rezitativ.

Allemande: Deutscher zweiteiliger Schreittanz mäßigen Tempos.

Arie: Kunstvoller, gegliederter Sologesang mit Instrumentalbegleitung.

Air de cour: Spezifisch französisch liedhaftes Gesangsstück.

Ballett de cour: Hofballett gekennzeichnet durch Zusammenwirken von Dichtung, Tanz, Gesang und Instrumentalmusik.

Barkarole (ital. barcaruola): Schifferlied, Arbeitslied der venezianischen Gondolieri im 6/8- oder 12/8-Takt.

Cantiones sacrae: Geistliche Gesänge mit vorwiegend lateinischem Text.

Courante: Altfranzösischer Gesellschaftstanz mit punktiertem Rhythmus in mäßigem Tempo (3/2- oder 6/4-Takt).

Fantasia: Zunächst freigestaltete Instrumentalkomposition, die im 17. Jh. in andere Formen, u. a. Präludium, Toccata übergeht.

Fuge: Kunstvollste Form der Mehrstimmigkeit: Thema und seine Antwort werden durch alle Stimmen geführt.

Generalbaß: Instrumentale Baßstimme mit darüber oder darunter notierten Ziffern und Versetzungszeichen (= bezifferter Baß).

Gigue: Schneller, zweiteiliger Tanzsatz irisch-schottischen Ursprungs.

Kantate: »Singstück« im Gegensatz zur Sonata (»Klingstück«); mehrsätzige, instrumental begleitete, betrachtende Gesangskomposition geistlichen Inhalts.

Kantilene: Getragene, beherrschende gesangliche oder instrumentale Melodielinie.

Magnificat: Lobgesang der Jungfrau Maria (= Meine Seele erhebet den Herrn).

Oratorium: Betsaal; musikalische Bezeichnung für eine mehrsätzige episch-dramatische Komposition für Soli, Chor und Orchester.

Präludium: Vorspiel vor der Fuge auf Tasteninstrumenten, besonders Orgel.

Sarabande: Spanisch-mexikanischer Tanz; der ausgelassene Volkstanz wandelte sich im 17. Jh. zum gravitätischen Schreittanz bei Hofe im langsamen 3/4 Takt mit Betonung der 2. Zählzeit; wird eingebunden in die Suite.

Secco (= recitativo s.): Das einfache generalbaßbegleitete Rezitativ.

Toccata: Fantasieartiges, freigestaltetes virtuoses Instrumentalstück für Tasteninstrumente oder Laute; häufige Einleitung wie ein Präludium.

Siehe auch Erläuterungen zum Kapitel »Musik im 16. Jahrhundert« (Band 7).

listen« entzückten die Hörer durch eine neuartige, dem Tasteninstrument eigene Klangwelt, die durch Passagen und Verzierungen bereichert wurde. Mit ihnen machte der königliche Lautenmeister in London, *Denis Gaultier* (* 1603, † 1672), das Pariser Publikum bekannt, das sich von nun an für den »silbrig rauschenden« Klang des französischen Tasteninstruments, des *Clavecins,* begeisterte. »Tremblements« (= Triller) und »agrements« (= Verzierungen) erforderten eine außerordentliche Spielkunst.

Froberger, als bedeutendster Klavierkomponist vor Bach auch »Mozart des 17. Jahrhunderts« genannt, studierte die neue Kunst in Paris. Nach französischem Vorbild schuf er die deutsche *Klaviersuite,* die im Wechsel von Langsam und Schnell die Tänze Allemande, Courante, Sarabande und Gigue folgen ließ. Auch in Deutschland wurde nun das *Cembalo,* das deutsche Clavecin mit einer an der Schmalseite angeordneten Klaviatur, das führende Instrument der Hausmusik. Die »Pièces de clavessin« der französischen Clavecinisten wurden zu Hofe und in bürgerlichen Kreisen begeistert aufgenommen und beeinflußten die deutsche Klaviermusik von Froberger bis Bach, Haydn und Mozart.

Der Hofclavecinist *Jacques Champion de Chambonnières* (* 1602, † 1672) begründete den charakteristischen französischen Stil einer intimen *Salonmusik,* sein Schüler *Louis Couperin* (* 1626, † 1661) und dessen Neffe, *François Couperin* (* 1668, † 1733), »le Grand« genannt, kultivierten diese Kunst des Rokoko, die in Grazie und Eleganz schwelgte. Anders die deutschen Klavierkomponisten: *Johann Kuhnau* (* 1660, † 1722), der Amtsvorgänger Bachs als Leipziger Thomaskantor, löste sich von der Suite und ging den Weg zur *Sonatenform. Johann C. F. Fischer* (* 1670, † 1746), einer der »stärksten Klavierspieler seiner Zeit«, beeinflußte *Bachs* »Wohltemperiertes Klavier«. Dieser Titel deutet auf ein musiktheoretisches Problem: Um die Schwingungszahlen der Intervalle innerhalb einer Tonleiter auszugleichen (= zu temperieren), hatte ein Zeitgenosse Bachs, *Andreas Werckmeister* (* 1645, † 1706), die bis heute gültige Kompromißlösung gefunden, die Oktave in zwölf gleiche Teile einzuteilen. Eine neue Welt öffnete sich; man konnte nun von einer Tonart in die andere übergehen, modulieren! In den beiden Teilen des »Wohltemperierten Klaviers« stellt Bach die neue Ordnung vor, einen Kosmos, der durch alle Tonarten führt. Auch seine Inventionen, Suiten und Variationen kennzeichnen Gipfel und Abschluß einer Epoche.

Einen völlig neuen Klavierstil stellen die »Essercizi«, einsätzige Sonaten, *Domenico Scarlattis* (* 1685, † 1757) vor, in denen die rhythmischen Modelle der bekannten Tänze zu einer neuen Form verschmolzen sind.

SONATE UND KONZERT: NEUE FORMEN DER INSTRUMENTALMUSIK

Hauptmeister des barocken Violin-Konzertes. *Antonio Vivaldi.*

Der moderne monodische Stil äußerte sich nicht nur in Rezitativ und Arie, sondern bestimmte auch den Zug zum Überschaubaren in Solo, Duo und Trio der Instrumentalmusik. Die Emanzipation der Musik vom Wort drängte zu angemessenen Formen. Aus dem schlichten »Klingstück«, der »Sonata« der Frühzeit, kristallisierten sich im 17. Jahrhundert die wohlgeordneten Gebilde der »Sonata da camera« (= Kammersonate) und »Sonata da chiesa« (= Kirchensonate) heraus, mit drei oder vier Sätzen verschiedenen Charakters. Beide sind Trio-Sonaten: zwei melodietragende Instrumente, meist Violinen, aber auch Flöten oder Oboen, werden vom Generalbaß gestützt. Die Verschmelzung beider Typen führte im 18. Jahrhundert zur Ausbildung der klassischen Sonate. Unbestrittener Meister der Trio-Sonate wurde *Arcangelo Corelli* (* 1653, † 1713), der zugleich großartige, solistisch besetzte Violinsonaten schuf. Als diese auf den Meistergeigen Stradivaris und Guarneris erklangen, begann die Zeit der *Violinvirtuosen.* Die Nachfolger Corellis gingen bereitwillig auf diese Entwicklung ein, die in einer virtuosen Melodik gipfelte, so *Tommaso Albinoni* (* 1671, † 1750), *Antonio Caldara* (* 1670, † 1736), der Wien und Madrid mit dem neuen Stil bekanntmachte, *Francesco Geminiani* (* 1679/80, † 1762), Repräsentant der italienischen Kammermusik in London, und *Evaristo Felice Dall'Abaco* (* 1675, † 1742), Konzertmeister am Münchner Hof, dessen Sonaten schon Elemente der Wiener Klassik vorausnehmen.

Eine großartige Leistung barocker *Instrumentalkunst* stellt das »Concerto grosso« dar: Ein kleiner Klangkörper (Concertino) – zunächst ein Trio, bestehend aus zwei Melodieinstrumenten, begleitet vom Generalbaß – wird dem Orchester (Tutti oder Ripieno) gegenübergestellt. Die reizvolle Korrespondenz zwischen beiden Gruppen erklärt die Beliebtheit der neuen Form, die abweichend von den Kirchen- und Kammersonaten auf vier bis acht Sätze erweitert wird, deren innere Gliederung schon auf den klassischen Sonatensatz verweist. Auch hier ist Corelli mit seinen zwölf Konzerten der große Wegweiser neben *Giuseppe Torelli* (* 1658, † 1709), dem Konzertmeister des Markgrafen von Brandenburg. Torelli gilt auch als Schöpfer des *Violinkonzerts,* das sich zwanglos aus der Einschmelzung des »Concertinos« zu einer »Violino concertato« ergab und dem bald *Cellokonzerte* folgten.

***Begründer des Stils der Wiener Klassik:** Joseph Haydn. Seine größte künstlerische Bedeutung erlangte der Komponist in der Klaviersonate, im Streichquartett und in der Sinfonie. Zu den bekanntesten seiner insgesamt über 100 Sinfonien gehören die »Abschieds-Sinfonie« und die »Sinfonie mit dem Paukenschlag«.*

Antonio Vivaldi (* 1678, † 1741), der »Großmeister des Violinkonzerts« gab diesem die klassische Prägung: Allegro – Andante – Allegro. Wie beim »Concerto grosso« bezaubert der dramatische Dialog zwischen Solo und Tutti und der Wechsel im Charakter der Sätze von der Anspannung bis zu Entspannung. *Johann Sebastian Bach* (* 1685, † 1750) war von diesem Formtypus begeistert und führte ihn in den »Brandenburgischen Konzerten« und Instrumentalkonzerten auf eine weitere Höhe. Auch *Georg Friedrich Händel* (* 1685, † 1759) bleibt dem Urbild in seinen Oboen- und Orgelkonzerten verpflichtet, während *Giuseppe Tartini* (* 1692, † 1770) eine neue Richtung durch individuellere thematische Gestaltung und Vertiefung des Ausdrucks im langsamen Mittelteil erkennen läßt.

»MUSICA SACRA«

Parallel zur Entwicklung der Oper in Italien versuchte man im kirchlichen Bereich außerhalb der Liturgie, das geistliche Spiel musikalisch lebendig zu gestalten, um die moralische Wirkung zu intensivieren. *Emilio Del Cavalieris* (* 1550, † 1602) »Spiel von Seele und Leib« (1600) läßt deutlich die Zuwendung zum modernen »stile recitativo« erkennen. Diese Ansätze einer »geistlichen Oper« münden in eine neue – unszenisch gestaltete – Form musikdramatischen Gehalts: *das Oratorium.* Unbestrittener Meister der neuen Gattung wurde *Giacomo Carissimi* (* 1605, † 1674), der die ausgewählten biblischen Stoffe ausdrucksvoll dramatisierte. Ein weiter Schülerkreis schaffte Verbindungen nach ganz Europa.
Italien blieb auch im 18. Jahrhundert Vorbild u. a. für *Händel,* der während seines Italienaufenthalts entscheidende

Vollender der Epoche des Wiener klassischen Stils: Ludwig van Beethoven. *Der große Komponist, der die Ausdrucksmöglichkeiten der Musik in vor ihm ungeahnter Weise steigerte, war in seiner Weltanschauung Vertreter des deutschen Idealismus. Seine »Eroica«-Sinfonie ist – dem Titel nach – dem »Andenken eines Großen Menschen« [ursprünglich Napoleon] gewidmet.*

Anregungen für die Komposition geistlicher Musik erhielt und der mit der großartigen Reihe seiner 26 Oratorien, unter denen der »Messias« (1742) eine Sonderstellung einnimmt, zu den Klassikern dieser Gattung gehört.
Seit der Mitte des Jahrhunderts traten immer mehr die Vertonungen der Passion in den Vordergrund: mit betont lyrischem Charakter ganz im Gegensatz zur dramatischen Wucht der Passionen J. S. Bachs, dessen andere Oratorien von einer Verflechtung der Elemente geprägt sind. Am Ausgang des Jahrhunderts überrascht *Joseph Haydns* (* 1732, † 1809) vom aufklärerischen optimistischen Weltbild geprägte »Schöpfung« mit ihrer abgeklärten musikalischen Gestalt, aus dem gleichen Geist kommend wie das weltliche Oratorium »Die Jahreszeiten« (1801).
Das Eindringen konzertanter und opernhafter Elemente in die Kirchenmusik wird bei den Konfessionen unterschiedlich beantwortet. Während die katholische Kirche barocke Festlichkeit begrüßt, kommt es in der Evangelischen Kirche Deutschlands zu Auseinandersetzungen. Vor Bachs kostbarem *Kantatenwerk* von ursprünglich fünf Kirchenjahrgängen mußte allerdings jede Kritik verstummen – vor einer Musik, die in tiefinnerlicher, frommer Ehrfurcht dem Wort diente.

DIE ENTFALTUNG KLASSISCHER MUSIK

Schon zur Zeit Bachs und Händels führten verschiedene Strömungen zu einem Stilwandel, der die Klassik einleitete. Die *Melodie* beherrschte Satz und Ausdruck, ein Zug zur *Einfachheit* und *Innigkeit* wurde sichtbar, man brach mit der Vergangenheit und suchte im *Volkstümlichen* neue Kräfte. Empfindsamkeit, Leidenschaft und gefällige Galanterie vermischten sich in der neuen persönlichen Tonsprache. Die Bach-Söhne *Carl Philipp Emanuel* und *Johann Christian* leiteten das Erbe ihres Vaters an Haydn, Mozart und Beethoven weiter. Der Deutschböhme *Johann Wenzel Anton Stamitz* (* 1717, † 1757), Konzertmeister am Mannheimer Hof, entwickelte mit seiner Kapelle von Geigenvirtuosen einen fulminanten Stil, der in Paris Furore machte und Mozart wie Beethoven begeisterte. Die »Opernreform« seines Landsmanns *Christoph Willibald Gluck* (* 1714, † 1787) hatte zum Ziel, die Musik wieder ausschließlich in den Dienst des Dramas zu stellen und aus ›nivellierten‹ Typen musikalische Charaktere zu bilden. Seiner Forderung nach Einfachheit, Wahrheit und Naturtreue folgte auch die französische Oper. Dem Singsang der neapolitanischen Oper setzte *Giovanni Battista Pergolesi* (* 1710, † 1736) eine natürliche Tonsprache entgegen, die er als Mittel psychologischer Darstellung nutzte. Von seiner »Magd als Herrin« ließen sich Jean-Jacques Rousseau und Mozart anregen.

Die Steigerung des subjektiven Ausdrucks in der Musik und die Zuwendung zum Hörer als Partner kennzeichnen die Klassik und gipfeln im Werk *Haydns, Mozarts* und *Beethovens*, das sich vom Boden höfischer Musik ablöst. Sonate, Symphonie und Konzert spiegeln eine durchgeistigte Ordnung wider, die in jedem der drei Wiener Klassiker einen unverwechselbaren persönlichen Ausdruck findet. Unter *Joseph Haydns* (* 1732, † 1809) Händen wird das Streichquartett zur Idealform des musikalischen Gesprächs, die dualistischen Spannungen Hell-Dunkel prägen das überquellende Gesamtwerk *Wolfgang Amadeus Mozarts* (* 1756, † 1791), *Ludwig van Beethoven* (* 1770, † 1827) bezwingt den Überschwang des »Sturm und Drang« im Kampf um das künstlerisch vollendete musikalische Kunstwerk.

Dieses Dreigestirn der Wiener Klassik hinterläßt ein alle Gattungen einschließendes überreiches Erbe, an dem die Nachfahren sich messen lassen müssen. In der Auseinandersetzung mit der Überlieferung entstehen mustergültige Schöpfungen, die lange zurückreichende Entwicklungen abschließen. So lagen im sinfonischen Bereich die Wurzeln in Italien, Markierungen setzten das europäische Musikzentrum Paris, Mannheim mit *Johann W.A. Stamitz* (* 1717, † 1757), Berlin mit *Carl Philipp Emanuel Bach* (* 1714, † 1788), London mit *Johann Christian Bach* (* 1735, † 1782) und dem Veranstalter der Bach-Abel-Konzerte *Karl Friedrich Abel* (* 1723, † 1787), nicht zuletzt die Wiener Vorklassiker um *Georg Christoph Wagenseil* (* 1715, † 1777). Das Gesamtwerk der einhundertvier Sinfonien Haydns gipfelt in den »Londoner Sinfonien« der neunziger Jahre, die vierzig Sinfonien Mozarts finden ihren krönenen Abschluß in den drei letzten des Sommers 1788 mit der »Jupiter-Sinfonie«, während Beethoven in neuem Ansatz ab 1800 neun sinfonische Meisterwerke erstellt, deren letztes, Instrumente und menschliche Stimmen in Schillers Ode »An die Freude« verschmelzend, mit idealischem Schwung eine neue Menschheit beschwört.

Den Menschen ansprechen will auch die *Kammermusik*, die sich bisher mit gesellschaftlicher Unterhaltung begnügte. Haydn verläßt in seinen Streichquartetten die Nähe zur Suite und Serenade; die neue Viersatz-Architektur verbindet Gebilde individuellen Charakters zu einer Einheit. Hier knüpfen Mozart und Beethoven an und setzen in thematischer Verarbeitung und inhaltlicher Beseelung weitere Akzente. Zum Juwel der Klassik wird die *Klaviersonate*, im neuen Grundmuster von Haydn erweckt, erblühend in Mozartschen Melodien, vollendet in der persönlichen Aussage Beethovens. Gleiches läßt die *Liedkomposition* erkennen. Klassische Höhepunkte *musikdramatischer* Kunst, ob seria, buffa, Singspiel oder Zauberoper, von »Idomeneo« über »Die Hochzeit des Figaro« und »Die Entführung aus dem Serail« bis zur »Zauberflöte« erreicht Mozart, während Beethovens einmaliger »Fidelio« im neuen Jahrhundert einen Siegeszug über alle europäischen Bühnen antritt. Aus der Fülle *geistlicher* Musik bleiben wohl Mozarts »Requiem« und Beethovens »Missa solemnis« einmalige erschütternde Zeugnisse musikalischer Ausdeutung letzter Fragen.

Literatur

Bukofzer, Manfred: Music in the Baroque Era, New York 1947

Massin, J. B.: Histoire de la Musique Occidentale Bd. 1, Paris 1983

Meyer, Ernst Hermann: Musik der Renaissance, Aufklärung, Klassik, Leipzig 1973

Nestler, Gerhard: Geschichte der Musik, Gütersloh 1962

Siehe auch Literatur »Musik im 16. Jahrhundert« (Band 7)

Erkenntnis und Wissen – Reformierte Pädagogik und neue Naturwissenschaft

Pädagogik und Gesellschaftsreform – Widerstreitende Bildungsauffassungen – Im Geist der »Böhmischen Brüder« – Comenius: »Besserung der menschlichen Verhältnisse« – Gottbezogene Erleuchtung – Lebenslanges Lernen – Francke: Christentum der Tat – Gottgefällige Disziplin – Ph. J. Spener – Franckesche Anstalten – Realschulen – Lehrerbildungsseminare – Rousseau: Der Mensch im Naturzustand – »Gesellschaftsvertrag« – Mensch, Gesellschaft und Politik – Die neuen Naturwissenschaften – Von Galilei bis Newton – Experiment und mechanistische Philosophie – Die neue Sprache der Wissenschaft – Auf dem Weg zur »Industriellen Revolution«.

WINFRIED BÖHM

Von Comenius zu Rousseau: Der verantwortlich handelnde Mensch

Wer die europäische Bildungsgeschichte von der Mitte des 17. bis um die Mitte des 18. Jahrhunderts überschaut, der wird dreier ganz herausragender pädagogischer Persönlichkeiten gewahr – *Comenius, Francke* und *Rousseau* –, wobei sich ihre Lebensläufe so verzahnen, daß Comenius am Anfang dieser Epoche steht, Rousseau am Ende und Francke ziemlich genau in ihrer Mitte. Obwohl sie drei verschiedenen Kulturkreisen entstammen – Comenius dem slawischen, Francke dem germanischen, Rousseau dem romanischen –, reicht ihre Bedeutung weit über den nationalen Rahmen hinaus, und das gilt sowohl für ihre eigene geistige Bildung als auch hinsichtlich ihres Tätigkeitsfeldes, vor allem aber für die Auswirkungen ihres Denkens, die sich räumlich auf die ganze Welt erstrecken und zeitlich bis in unsere heutige Gegenwart hineinreichen. Obwohl alle drei in ihren pädagogischen Bemühungen das Herzstück ihrer Lebensaufgabe sehen, sind sie nicht nur Pädagogen; obwohl sie an die Macht der Erziehung glauben, sind sie weit davon entfernt, von der Erziehung allein die Lösung aller menschlichen und gesellschaftlichen Probleme zu erwarten. Alle drei sind von einem tiefen Reformeifer beseelt und von der Berufung erfüllt, zur Verbesserung der menschlichen Situation und der gesellschaftlichen Verhältnisse entscheidend beizutragen; alle drei erblicken dabei freilich in einer Erneuerung der Erziehung den Schlüssel zu weitergehenden Reformen, und ihr Denken zeitigt seine nachhaltigen Folgen nicht nur auf den Gebieten von Pädagogik und Erziehung, sondern wirkt wie ein Sauerteig in Theologie und religiösem Glauben, in Ökonomie und Wirtschaftsleben, in Soziologie und Gesellschaft, in Staatslehre und selbst in die Kunst hinein.

Linke Seite: ***Staatliche Förderung der naturwissenschaftlichen Forschung.*** *Ludwig XIV., der als Mäzen Wissenschaft und Künste unterstützte, besucht mit Minister Colbert die 1666 gegründete französische Akademie der Wissenschaften (1671). Von hier erhielt die damals entstehende Großindustrie wichtige Impulse. Kupferstich von Leclerc, um 1695.*

Comenius, Francke und Rousseau sind beispielhafte Gestalten und zentrale Figuren der Pädagogik ihrer Epoche, insofern sie die Unzufriedenheit mit ihrer Zeit verkörpern, einen erklärten Reformwillen widerspiegeln und (übrigens bis heute gültige) Entwürfe einer besseren Erziehung und einer menschenwürdigeren Zukunft vorlegen. Soweit aber die Kritik an den gegebenen Verhältnissen, der Einsatz für eine Verbesserung der menschlichen Dinge und die Ausarbeitung von Wegen, die zu mehr Menschlichkeit führen, Bausteine einer jeden wahrhaftigen Pädagogik bilden, kann uns der Blick auf Leben und Werk dieser drei hervorragenden Männer nicht nur die pädagogische Entwicklung ihres eigenen Zeitalters erhellen, sondern zugleich über das belehren, was Pädagogik überhaupt ist. Unser Blick wird sich dabei einerseits auf das Gemeinsame, andererseits auf die erheblichen Unterschiede richten, die sich bei Comenius, Francke und Rousseau bezüglich der kritischen Durchleuchtung der Zeitlage und im Hinblick auf die Reformentwürfe zeigen, damit sowohl die widerstreitenden Bildungsauffassungen der Epoche als auch die vielfältigen Möglichkeiten pädagogischen Denkens überhaupt aufscheinen können.

COMENIUS – PÄDAGOGIK ZUR BESSERUNG DER MENSCHLICHEN VERHÄLTNISSE

Johann Amos Komensky – in der gebräuchlichen latinisierten Fassung seines Namens: Comenius – wird 1592 in Nivnice (Ostmähren) als Sohn eines angesehenen Mitglieds der »Böhmischen Brüder« geboren und im Geiste dieser religiösen Gemeinschaft, die auf den tschechischen Reformator *Jan Hus* (* 1370, † 1415) zurückgeht und deren Mitglieder streng nach den Regeln der Bergpredigt leben wollen, erzogen.

Comenius, der selber später Bischof dieser Brüdergemeine wird, besucht zunächst deren Lateinschule in Přerov und wird dann mit einigen anderen begabten Brüdern an die junge calvinistische Universität Herborn geschickt; seine Studien beendet er 1613 an der Universität Heidelberg. Im selben Jahre wird er zum Pfarrer ordiniert, und 1618 – in dem Jahr, in dem der »Dreißigjährige Krieg« beginnt – übernimmt er die Leitung von Schule und Gemeinde in Fulnek. Als die Stadt 1621 geplündert und seine Familie von einer Seuche dahingerafft wird, beginnt für Comenius ein außerordentlich unruhiges Leben, wobei ihn die Flucht vor religiösen Verfolgungen, erzwungenes Exil, die Wirren des Krieges, aber auch ehrenvolle Einladungen, die an den bald in ganz Europa berühmten und hochgeschätzten Lehrer und Pädagogen ergehen, von Land zu Land treiben:

Neugestalter des Unterrichtswesens. *Johann Amos Comenius.*

Begriffe

»Böhmische Brüder«. Aus der »Hussitenbewegung« hervorgegangene religiöse Gruppierung, auch »Mährische Brüder« genannt. Ursprünglich Teil der »Utraquisten«, die vor allem die Teilnahme am Abendmahl in beiderlei Gestalt forderten, traten sie seit 1467 selbständig auf. Nach der Niederlage der Hussiten in der »Schlacht am Weißen Berg« bei Prag 1620 flohen sie aus Böhmen und fanden in Deutschland unter dem Schutz und der Förderung von Graf Zinzendorf ein neues Zuhause und in der »Brüdergemeine« eine Fortsetzung ihres Wirkens. Der letzte Bischof der Gemeinschaft in Böhmen war Johann Amos Comenius.

»Herrnhuter Brüdergemeine« (»Brüderunität«, »Evangelische Brüderkirche«). Religionsgemeinschaft in der Nachfolge der »Böhmischen Brüder«, die in der Oberlausitz auf Gut Berthelsdorf des Grafen Zinzendorf eine neue Heimat gefunden hatten. Urchristliche Prinzipien und die Forderung nach Bruderliebe, Schlichtheit, Keuschheit, tätige Nächstenliebe sowie Gemeindeversammlungen, wöchentliche Singstunden, Pflege des Schulwesens, das Abendmahl als eucharistische Gemeindefeier und eine rege Missionstätigkeit, vor allem auf dem amerikanischen Doppelkontinent, in der Karibik und in Afrika, sind Kennzeichen dieser Gemeinschaft.

»Pietismus« (von lat. *pietas* = Frömmigkeit). Evangelische Bewegung, die ein praktiziertes Christentum forderte und im Schulwesen, in der Jugenderziehung sowie im Heimwesen hervortrat. Leistungswille, Gehorsam, Disziplin und Tugendstreben verbinden sich mit mystischen Vorstellungen. Erbauungsversammlungen, Jugendförderung und Laienaktivierung einerseits, Schwärmerei und puritanische Weltflucht andererseits beeinflußten eine Entwicklung, die in ihren Anfängen vor allem von P. J. Spener, A. H. Francke, J. J. Hecker, später von J. Böhme und – in der Brüdergemeine – von Graf Zinzendorf geprägt war. In der Literatur schlug sich pietistische Sensibilität, Empfindsamkeit und religiöse Überzeugungskraft u. a. in den Werken von Ch. F. Gellert, F. G. Klopstock und von J. K. Lavater nieder. E. B.

zunächst nach Lissa ins polnische Exil, dann nach England, von dort über Holland nach Schweden, wo ihn der Reichskanzler *Oxenstierna* in seine Dienste nimmt, quer durch Europa nach Siebenbürgen und schließlich wieder nach Holland, wo er sein Lebenswerk vollendet und 1670 in Amsterdam stirbt.

Trotz dieser von außen bedingten Unstetigkeit seines Lebens, zu der auch noch der mehrfache Verlust seiner Bibliothek und seiner eigenen Manuskripte kommt, arbeitet er stetig und unbeirrt an seinem eindrucksvollen pädagogischen Werk. Am Anfang seiner Arbeit stehen sogenannte Trostschriften, mehrere »Didaktiken« – also Bücher über die rechte Kunst des Lehrens – und zahlreiche Schulbücher, darunter der 1658 erschienene *»Orbis sensualium pictus«* (zu deutsch: Gemalte Welt der Sinne), das wohl bekannteste Schulbuch der ganzen Weltgeschichte. Alle diese anderen Schriften werden überragt von dem großen, erst 1935 in den Franckeschen Stiftungen in Halle (wieder-)entdeckten siebenbändigen Buch *»De rerum humanorum emendatione consultatio catholica«,* gewöhnlich übersetzt als *»Allgemeine Beratung über die Verbesserung der menschlichen Verhältnisse«.* Dieses Buch ist ohne allen Zweifel eines der großartigsten Werke der pädagogischen Weltliteratur; der Passauer Pädagogik-Professor Johannes Schurr hält es sogar für das allumfassendste pädagogische System, das jemals vorgelegt worden ist.

Allumfassend ist diese Pädagogik in der Tat, und Comenius stellt sein welt- und menschheitsumgreifendes Reformprogramm bewußt in eine Tradition, die man als barocke »Generalreformation« bezeichnet hat. Der württembergische Theologe *Johann Valentin Andreä* (* 1586, † 1654), mit dem Comenius in Briefverkehr steht, bindet in seinen Schriften wie in einem Brennspiegel die Gedanken einer solchen allumfassenden Reform: Kritik an der in Orthodoxie, d.h. Rechtgläubigkeit erstarrten Reformation, Spott über die zu langweiligen Diskussionen entartete und zu leeren Spekulationen ausgehöhlte Wissenschaft, vor allem aber der Vorwurf gegenüber dem Christentum, daß es zu wenig praktisch werde und seine weltgestalterische Kraft verloren habe. Eine »Allgemeine und General Reformation der ganzen weiten Welt« – so Andreä – tut also not, und sie hat anzusetzen bei einer Erneuerung des Menschen aus wahrhaft christlichem Geist; sie ist mithin ein Werk von Pädagogik und Erziehung.

So wie alles pädagogische Denken anhebt mit einer Besinnung auf das Wesen und auf die Situation des Menschen – wissenschaftlich gesprochen: mit einer Anthropologie –, so fragt auch Comenius nach dem, was den Menschen als Menschen auszeichnet, und danach, was an ihm verkehrt sein muß, wenn es so schlecht um die menschlichen Dinge steht, wie es ganz offenbar der Fall ist. Die Antwort des Comenius ist – wie könnte es auch anders sein – eine biblisch-christliche: Der Mensch ist von Gott geschaffen, und seine Auszeichnung vor allen anderen Geschöpfen besteht darin, daß Gott, der alles und den ganzen Kosmos nach seiner Idee geschaffen und gestaltet hat, den Menschen als sein eigenes Ebenbild gemacht hat. Das aber heißt, daß so, wie der göttliche Geist zunächst die Welt und ihre Ordnung in der Idee entworfen hatte, ehe er sie Wirklichkeit werden ließ, auch der menschliche Geist – als Ebenbild Gottes – die ganze Welt und ihre innere Ordnung in sich trägt: Der Mensch ist ein Kosmos im kleinen oder – mit dem entsprechenden griechischen Wort – ein Mikrokosmos. Die den Menschen weit über alle andere Kreatur erhebende Berufung besteht darin, daß er das Insgesamt dessen, was ist, also das ganze Universum, erkennt, und zwar vollständig, d. h. samt der ihm einwohnenden und aus dem einen Ursprung von allem hervorgehenden Ordnung.

GOTT-BEZOGENE ERLEUCHTUNG IM LABYRINTH DER WELT

Wenn Comenius eine solche Erkenntnis *Pansophie* (von griech. *pan* = alles und griech. *sophia* = Weisheit) nennt und in seinen didaktischen Schriften von der pädagogischen Aufgabe spricht, »allen alles auf alle Weise zu lehren«, so redet er damit nicht einer Allerweltsgelehrsamkeit das Wort, und erst recht meint er damit nicht, daß der Mensch mit Vielwissen vollgestopft werden solle. Denn bei der wirklichen Didaktik und beim wirklichen Lernen kommt es nicht darauf an, den Geist mit vielem Wissen zu mästen, sondern es geht darum, *vollständig* zu erfassen, was *wesentlich* ist, und das so Erfaßte als ein geordnetes Ganzes in seiner Einheit und aus seinem *einheitlichen Ursprung heraus* zu begreifen. Nur aus der Erkenntnis dieser Ordnung heraus kann der Mensch zu seiner ureigensten Pflicht finden: das von Gott in die Schöpfung sich verströmende Licht als ein heller Spiegel zurückwerfen, damit Gott zu loben und alles an ihn zurückzugeben, von dem alles kommt.

Das »allen alles auf alle Weise lehren« bedeutet also – recht verstanden – »allen Menschen, und zwar einem jeden von ihnen, das Ganze wohlbegründet« vor Augen zu stellen, damit es ihnen *einleuchtet*, sie danach handeln und so die Welt und die menschlichen Dinge wieder in Ordnung bringen. Diese sind nämlich deshalb in Unordnung geraten, weil die Menschen sich vom äußeren und oberflächlichen Schein der Dinge blenden lassen, so daß sich die Welt aus einer wohlgefügten Ordnung in einen Irrgarten verkehrt, in dem die Eitelkeit als Königin regiert. In diesem »Labyrinth der Welt« – so der Titel einer von Comenius' frühen Trostschriften – tappen die Menschen richtungslos umher, und sie werden dabei von zwei Weggefährten in die Irre gelenkt: *»Fürwitz Allerweil«,* mit dem Beinamen *»Überalldabei«* und *»Wahnhuld«*, einem Zwittergeschöpf-

aus leerem Gerede, Abgestumpftheit durch Gewohnheit, Vorurteil und äußerliche Meinung. Eine Befreiung des Menschen aus dieser Verstrickung ist nur möglich, wenn er sich das Zaumzeug des eitlen Vorwitzes und die Brille der Verblendung durch den äußeren Schein herabreißt und die Welt in ihrer Geschöpflichkeit und Endlichkeit erkennt. Die beiden Weggefährten verlieren in dem Augenblick ihre Macht über den Menschen, in dem ihm angesichts des Todes die Nichtigkeit der Welt aufgeht und er über die Welt hinausschaut auf ihren Ursprung und ihr Ziel: auf Gott.

UMFASSENDE BILDUNG DURCH LEBENSLANGES LERNEN IN GLEICHHEIT VOR GOTT

Da für Comenius die eigentliche Sünde des Menschen in mangelnder Einsicht gründet, stehen im Mittelpunkt aller »Beratung über die Verbesserung der menschlichen Verhältnisse« zwangsläufig die Erziehung und das Lernen. In dem mittleren der sieben Bände seines großartigen Hauptwerkes entwirft Comenius deshalb eine *»Pampaedia«* (von griech. *pan* = alles und griech. *paideia* = Bildung), also eine auf das Ganze und auf die (göttliche) Ordnung der Welt bezogene Bildung des Menschen. Die umfassende Bildung schließt alle Lebensalter ein, und sie gliedert sich in acht Schulen: jene des vorgeburtlichen Lebens, jene der frühen Kindheit, jene des Knabenalters, jene der Reifezeit, jene des Jünglingsalters, jene des Mannesalters, jene des Greisenalters und schließlich gar eine Schule des Todes. Damit nimmt Comenius den modernen Gedanken eines lebenslangen Lernens ebenso um Jahrhunderte vorweg wie den Entwurf einer vorschulischen und frühkindlichen Erziehung oder den der Altenbildung. Er ist der erste, der die Forderung nach einer gleichen Bildung für alle Menschen erhebt, und er begründet sie mit der Gleichheit aller Menschen vor Gott. Comenius zeichnet das Bild einer Schule, die weit mehr ist als bloße Unterrichtsanstalt oder wohlfeiles Instrument zur Erreichung einer gesellschaftlichen Stellung und ökonomischen Wohlstandes, nämlich der Ort, an dem alle Verbesserung der menschlichen Dinge anzusetzen hat, indem der Mensch durch Einsicht und wahrhaftiges Lernen in die Unversehrtheit seines Ursprungs (als Ebenbild Gottes) zurückgeführt und die Welt gemäß ihrer ursprünglichen Ordnung gestaltet und vervollkommnet wird. Wenn im Hinblick auf Comenius von »natürlicher Erziehung« gesprochen wird, dann meint Natur jenen ursprünglichen aller Verwirrung und Verderbtheit, allem Lug und Trug vorausgehenden Zustand des Menschen und der Welt, der wiederhergestellt werden muß, wenn es mit dem Menschen und mit der Welt recht vorangehen soll. Dar-

***Theologe, Pädagoge und Anhänger des Pietismus.** August Hermann Francke.*

über ist gründliche und unermüdliche Beratung aller Menschen nötig, und Comenius fordert – dreihundert Jahre vor Völkerbund und UNO – bereits eine Art Weltkonzil, auf dem der Weltfriede gesichert werden soll, indem der Einheit des Wissens, der Einheit des Glaubens und der Einheit des politischen Handelns vorgearbeitet wird.

FRANCKE – NÄCHSTENLIEBE, CHRISTENTUM DER TAT UND DISZIPLIN

Auch *August Hermann Francke* (* 1633 in Lübeck, † 1727 in Halle/Saale) ist reformierter Theologe, und auch er ist zutiefst erfüllt von der Berufung, zu einer durchgreifenden Erneuerung von Mensch und Gesellschaft aus dem Geiste des christlichen Evangeliums beizutragen. Dabei leitet ihn vor allem der Gedanke einer »Reform der Reformation«, denn deren wirkliche Anliegen erscheinen ihm erstickt unter dem Mantel einer neuen Theologie; für Francke machen aber nicht theologische Lehrmeinungen und Auseinandersetzungen das Christentum aus, sondern ihm gilt zuhöchst das christliche Gebot der *Nächstenliebe*, und für ihn zählt zuerst ein *»Christentum der Tat«*; »Lehre und Erbauung« sind innere Begnadung.
Anders als Comenius fühlt sich Francke durch ein besonderes Bekehrungs- und Erweckungserlebnis, über das er in sehr anschaulichen Worten berichtet, berufen: Über der Vorbereitung auf eine Predigt gerät er am Michaelistag 1687 im Nachsinnen über die Unterschiede zwischen »einem wahren, lebendigen Glauben« und »einem bloßen menschlichen und eingebildeten Wahnglauben« in die allergrößten Glaubenszweifel. Sein in dieser tiefen Krise kniefällig erhobenes Gebet findet jähe Erhörung: »Denn wie man eine Hand umwendet, so waren alle meine Zweifel hinweg. Ich war versichert in meinem Herzen der Gnade Gottes in Christo Jesu. Ich konnte Gott nicht allein Gott, sondern meinen Vater nennen. Alle Traurigkeit und Unruhe des Herzens ward auf einmal weggenommen. Hingegen ward ich als mit einem Strom der Freuden plötzlich überschüttet, daß ich aus vollem Mut Gott lobte und preiste, der mir solche große Gnade erzeigt hatte. Ich stand gar anders gesinnt wieder auf als ich mich niedergelegt hatte.«

DURCH PIETISTISCHE STRENGE UND AUFSICHT ZUR GNADE

Für den Pietismus (zu deutsch eigentlich »Frömmlertum«), wie man die auf den evangelischen Theologen und mit Francke befreundeten *Philipp Jakob Spener* (* 1635, † 1705) zurückgehende religiöse Erneuerungsbewegung innerhalb des Protestantismus nennt, kann die Erneuerung von

Wortführer des lutherischen Pietismus.
Philipp Jakob Spener.

Kirche und Menschheit nur durch eine Vertiefung der persönlichen Frömmigkeit des einzelnen und durch die fruchtbringende Bewährung des Glaubens im christlichen Leben erfolgen. »Leben« gegen »Lehre«, »Geist« gegen »Amt«, »Kraft« gegen »Schein« usw. sind typisch pietistische Gegenüberstellungen, die oft den Charakter von Schlagworten annehmen. Für Francke, den Vertreter der pietistischen Pädagogik schlechthin, kann deshalb die Sünde des Menschen nicht wie für Comenius in fehlender Einsicht und in einem Mangel an Lernen wurzeln, sondern er geht von einer *grundsätzlichen Fäulnis* der menschlichen Natur aus, und für ihn trägt jedes neugeborene Kind schon den verhängnisvollen Samen des Verderbens in sich. Die Erlösung von dieser »Sündhaftigkeit« kann deshalb nicht durch Lehre und Unterricht geschehen, sondern hier kann, wenn überhaupt, nur eine Erziehung helfen, die den Menschen ganz und gar umpflügt und so den Boden für die Aufnahme der göttlichen Gnade bereitet. Ein Senfkorn echten, nämlich tätigen Glaubens gilt für Francke mehr als hundert Säcke Gelehrsamkeit, und obwohl die Erziehung im Letzten als Gottes Gnadenwerk erscheint, muß der Erzieher doch dieser Gnade vorarbeiten, indem er den natürlichen Eigenwillen des Kindes bricht, es einer gehorsamen Disziplin unterwirft, seinen emsigen Fleiß zu nützlicher und gottergebener Arbeit anstachelt und von ihm alles fernhält, was die Weltliebe fördern könnte, also Spiele und Vergnügungen jeglicher Art, aber auch Musik, Dichtung und Theater. Um dergleichen »Müßiggang« auszuschließen, verlangt Francke eine ununterbrochene und strenge Beaufsichtigung. Die *Franckesche Schulgründung* (seit 1695 in Halle) nimmt deshalb einen ganz anderen Charakter als der Schulentwurf des Comenius an: Sie ist eine *Anstalt*, in der der Zögling lückenlos von einer totalen Erziehung umfangen wird; sogar die Freizeit wird pädagogisch erfaßt und durch »Rekreationsübungen« (von lateinisch *recreare* = erholen) ausgefüllt; Ferien sind verpönt. Behütende Aufsicht, den Willen brechende Gewöhnung, das gute Beispiel der Erzieher, Zucht, Strafe und nützliche Arbeit sind die Mittel dieser Erziehung. Bis der Jugendliche für mündig erachtet werden kann, wird er in einem geschlossenen Raum von der bösen Welt draußen abgeschirmt und in einer künstlich gebauten pädagogischen Binnenwelt »auferzogen«.

Schon der Titel von Franckes kleiner, aber grundlegender Hauptschrift verrät deutlich das Ziel dieser Erziehung oder – wie Francke selber sie nennt – »Auferziehung«. Das 1702 erschienene Büchlein heißt *»Kurzer und einfältiger Unter-*

richt, wie die Kinder zur wahren Gottseligkeit und christlichen Klugheit anzuführen sind«. Gottseligkeit und christliche Klugheit – wohl zu unterscheiden von der weltlichen Klugheit! – aber werden dadurch befördert, daß dem umgepflügten »alten« Menschen die drei Tugenden der Wahrheitsliebe, des Gehorsams und des Arbeitsfleißes eingeprägt werden, damit kraft ihrer ein »neuer« Mensch erwachse.

DER DURCH LEISTUNG GEFORMTE GOTTGEFÄLLIGE MENSCH

Wenn man Franckes Pädagogik mit jener des Comenius vergleicht, dann fällt deutlich auf, daß der Hallenser Pietist die pädagogischen Gewichte von der objektiven Seite nach der subjektiven hin verlagert, d. h. von der Erkenntnis der Welt und ihrer Ordnung und vom gesicherten Wissen hin zum persönlichen Erlebnis und in die Innerlichkeit des menschlichen Herzens. Diese Verschiebung der Akzente ist für eine Erweckungs- und Wiedergeburtsbewegung wie den Pietismus durchaus verständlich; was daneben aber ins Auge sticht, das ist die doppelte Tatsache, daß zum einen diese seelische Innenwelt als durch die Erziehung veränderbar und machbar angesehen wird und daß zum anderen die menschliche Außenwelt nicht mehr als der ganze Kosmos erscheint, sondern abgeblendet wird auf die Sozialwelt der Arbeit, des Erfolges, der Bewährung und der leistungsmäßigen Bestätigung. So sehr Francke auch den letzten Grund für die menschlichen und gesellschaftlichen Mißstände in einer gestörten Mensch-Gott-Beziehung sehen mag, wendet sich sein Blick doch stärker auf die ganz konkrete Not, Armut und Verwahrlosung in seiner unmittelbaren Umgebung, und es ist kein Zufall, daß die Gründung der *»Franckeschen Stiftungen«* in *Halle* mit einer Armenschule und mit einem Waisenhaus beginnt, denen sich freilich bald eine Bürgerschule, eine Lateinschule, eine höhere Mädchenschule und ein Lehrerbildungsseminar hinzugesellen. Diese Anstalten, die bei Franckes Tod bereits von ca. 2300 Schülern besucht werden, behalten ihre Bedeutung und Selbständigkeit bis 1946; der Einfluß, der von ihnen in die ganze Welt ausgeht, kann schwerlich überschätzt werden. Sie werden zum Ausgangspunkt für die missionarische Ausbreitung des Erweckungschristentums im In- und Ausland, vor allem in Nordamerika, in Südafrika und in Indien; sie werden weltweit zum pädagogischen Vorbild der *Internatserziehung*, die Einbeziehung »nützlicher Kenntnisse« (z. B. Drechseln, Papparbeit, Buchdruck, Glasschleifen) und der sogenannten *Realien* (z. B. Naturkunde, Erdkunde, Landwirtschaft, Zeitge-

Erziehung zwischen Tradition und Fortschritt. *– Oben: »Die Knabenschule«. Bildungsrealität vor der Einführung der allgemeinen Schulpflicht: Unter Zuhilfenahme der Rute unterrichtet ein Magister Kinder in seiner Wohnung. Kupferstich von Abraham de Bosse. 17. Jh. – Unten: »Eine Schulmeisterstube«. Alttestamentarische Bilder und christliches Nebeneinander von Ängsten und Hoffnungen wirken noch lange weiter. Kupferstich von Daniel Chodowiecki als Illustration zu Ziegenhagens »Verhältnislehre«.*

Neue Wege der Mädchenbildung – Naturnahe Lehrweise. *Oben: Mädchen werden in handwerklichen Fertigkeiten unterwiesen: Drechsel- und Holzarbeiten, Experimente an einer Elektrisiermaschine. – Unten: »Verbesserte Erziehung«. Kupferstiche von Daniel Chodowiecki.*

schichte) in den Lehrplan wird zum Muster für die Gründung von *Realschulen*, das *Lehrerbildungsseminar* zum Muster für eine organisierte Lehrerausbildung.
Der Gedanke der Anstaltserziehung weitet sich schließlich aus zum Gedanken des das ganze Volk erfassenden ›Erziehungsstaates‹, wie ihn in Preußen vor allem Friedrich Wilhelm I. zu verwirklichen trachtet. Die im Pietismus und in der pietistischen Pädagogik angelegte Überzeugung, daß der (äußerlich sichtbare) Erfolg im Leben ein untrügliches Zeichen für die (innerlich wirksame) Begnadung und Auserwählung eines Menschen sei, wirkt vor allem in den angelsächsischen *Puritanismus* und in den *Calvinismus* hinein und wird – wenn man einer weitverbreiteten, wenngleich umstrittenen These des deutschen Soziologen *Max Weber* (* 1864, † 1920) glauben darf – zu einem wichtigen Antriebsmoment des modernen Industrialismus und Kapitalismus. Die Vorstellung von der Formbarkeit des Menschen durch Erziehung läßt den Gedanken an eine mögliche Erziehungs*wissenschaft* aufkommen, und Rousseau, der am Ausgang dieser Epoche und am Beginn der neuzeitlichen Pädagogik steht, wird diesen Gedanken nach seinen positiven wie nach seinen negativen Seiten hin noch weiter ausleuchten.

ROUSSEAU – FÜR DEN FREIEN, NICHT VERFORMTEN MENSCHEN

Während Comenius und Francke deutlich von den Auswirkungen der Reformation (einschließlich des Gedankens einer Reform der Reformation) geprägt sind und deshalb mehr aus einer geschichtlichen Rückschau verstanden werden müssen, weist das Denken Rousseaus stärker auf ein zukünftiges historisches Ereignis – die »Französische Revolution« – voraus und ist deshalb mehr von diesem Vorwärtsdrängen her zu begreifen. Das zeigt sich schon daran, daß die Zeit- und Kulturkritik Rousseaus ungleich radikaler, d. h. an die Wurzeln gehend, ist und von ihrem Verfasser mit unerbittlicher Schärfe schonungslos vorgetragen wird.
Der 1712 als Uhrmachersohn in Genf geborene *Jean-Jacques Rousseau* verliert zwar früh seine Mutter, wächst aber dennoch wohlbehütet auf. Als den Vater Händel mit einem angesehenen Bürger zur Flucht aus der Stadt zwingen, gerät der dreizehnjährige Jean-Jacques zu einem Kupferstecher in die Lehre, die er aber bald wieder abbricht. Das wird der Beginn eines jahrelangen Vagabundierens von Ort zu Ort, von Beruf zu Beruf, ohne daß Rousseau jemals eine bleibende Heimat fände oder in irgendeinem Beruf dauerhaft Fuß faßte. Er verdingt sich eine Zeitlang als

Hauslehrer und Erzieher, aber er hat wenig Erfolg und scheitert auch hier. Bei der Abfassung des Erziehungsromans *»Émile«*, des meistgelesenen Erziehungsbuches der Welt, gesteht er, er habe sich entschlossen, über Erziehung zu *schreiben*, da es ihm zu schwerfalle, die Erziehung zu *tun*. In der Vorrede zum *»Gesellschaftsvertrag«*, seinem politischen Hauptwerk, fragt er, ob er denn ein Fürst oder Gesetzgeber sei, da er über Politik schreibe, und er antwortet: keineswegs, aber gerade darum *schreibe* er über Politik.
Daß Rousseau zum Schriftsteller wurde und noch dazu zu einem wie wenig andere die Zukunft mitbestimmenden, das verdankt er nach eigener Aussage einem Erleuchtungserlebnis, welches er im Sommer 1749 auf dem Weg von Paris nach Vincennes hat: Im Gehen liest er eine Zeitung, und sein Blick fällt plötzlich auf eine von der Akademie in Dijon ausgeschriebene Preisfrage: »Hat der Fortschritt der Wissenschaften und Künste zur Veredelung der Sitten beigetragen?« Er gerät in hellste Erregung, die Ideen schießen ihm durch den Kopf, tausend Lichter gehen ihm auf, in trunkener Verwirrung läßt er sich unter einem Baum nieder. Zwölf Jahre später schreibt er darüber in einem Brief: »O hätte ich jemals nur einen Bruchteil dessen schildern können, was ich unter diesem Baum gesehen und gefühlt habe! Mit welcher Klarheit hätte ich alsdann all die Widersprüche unserer sozialen Ordnung aufzeigen können; mit welcher Kraft hätte ich alle Mißbräuche unserer Einrichtungen darlegen, mit welcher Deutlichkeit hätte ich beweisen können, daß der Mensch von Natur gut ist, und daß nur die Einrichtungen es sind, die ihn schlecht machen. Alles, was ich von der Fülle großer Wahrheiten, die mich unter diesem Baume erleuchteten, habe aufbehalten und in meinen Hauptschriften habe darstellen können, ist nur ein schwacher Nachklang dessen, was mich damals bewegte.«

DER »ORT DER TUGEND« – GEWISSEN, BASIS DES UNVERSEHRTEN MENSCHEN

Rousseaus Antwort – sein sogenannter erster »Discours« (später schreibt er einen zweiten über eine andere Preisfrage, die dem Ursprung der Ungleichheit unter den Menschen gilt) – gerät zu der denkbar schärfsten Absage an Wissenschaft und Künste. Aus dem Luxus geboren, zeugen sie wiederum Luxus und fördern Zügellosigkeit, Knechtschaft und Müßiggang. Die Wissenschaften sind unnütz durch das, was sie erstreben, und gefährlich durch das, was sie bewirken. Aus der ganzen Schrift spricht der Wunsch, sich von allem Wissensqualm zu befreien, den wissenschaftlichen Prunk auszurotten und sich einem schlichten und natürlichen Dasein zuzuwenden. Was aber auf den ersten Blick als eine grundsätzliche Verurteilung von Wissenschaft und Künsten erscheint, entpuppt sich bei näherem Zusehen als ein leidenschaftlicher Appell des Moralisten Rousseau an die Tugend und an das Gewissen, die er höher stellt als gesellschaftliche Konventionen und lebensfremdes Wissen. Dieser leidenschaftliche Appell gipfelt in Rousseaus Ausruf: »O Tugend! Erhabenes Wissen der einfachen Seelen; bedarf es denn so vieler Mühen und solchen Aufwands, um Dich zu erkennen? Sind Deine Grundsätze nicht in aller Herzen eingeschrieben – und genügt es nicht, um Deine Gesetze zu erlernen, in sich selbst einzukehren und die Stimme des Gewissens in der Stille der Leidenschaften zu hören? Das ist die wahrhafte Philosophie; lassen wir es uns an ihr genug sein und neiden wir den berühmten Männern, die in der Republik der Wissenschaften ihre Unsterblichkeit suchen und finden, ihren Ruhm nicht.«

Um die wahre Tugend zu finden und um zur Erkenntnis der Natur der Dinge und des Menschen zu gelangen, bedarf es nicht des Umweges durch die Wissenschaft; der Ort der Tugend ist das personale Gewissen, und der Quell aller wirklichen Kenntnis ist der Mensch selbst.

Wenn Rousseau in diesem Zusammenhang die folgenschwere Unterscheidung zwischen dem *guten Menschen im ›Naturzustand‹* und dem *verderbten Menschen im ›gesellschaftlichen Zustand‹* trifft, dann meint er mit gesellschaftlichem Zustand die entstehende bürgerliche Gesellschaft seiner Zeit, deren menschenverformende Einflüsse er mit aller Schärfe brandmarkt. Mit Naturzustand meint er jedoch nicht einen Entwicklungszustand des Menschen, der irgendwann einmal wirklich existiert hat oder je existieren wird; er meint damit vielmehr jenes Bild einer menschenwürdigen Gesellschaft und eines menschenwürdigen Lebens, das Rousseau als leuchtendes Fanal für das erzieherische und für das politische Handeln aufrichtet. Wenn der von seiner Natur her, d.h. so wie Gott ihn geschaffen hat, gute Mensch durch die Erziehung und durch die Vergesellschaftung mit dem verunstaltenden Firnis des gesellschaftlichen Scheins, der Abhängigkeit von dem Urteil der anderen und der unsittlichen Korruption überzogen wird, so stellt sich die Frage, wie der Mensch vor diesen gesellschaftlichen Entstellungen bewahrt und die Gesellschaft so gestaltet werden kann, daß sie jedem ihrer Mitglieder ein Leben in Freiheit und Selbstbestimmung ermöglicht.

Es liegt auf der Hand, daß diese Frage einer doppelten Antwort bedarf: einer pädagogischen und einer politischen.

MENSCH, GESELLSCHAFT, POLITIK

Es ist durchaus nicht zufällig, daß Rousseaus politisches Hauptwerk, der *»Gesellschaftsvertrag«*, und sein pädagogisches Hauptwerk, der *»Émile«*, im gleichen Jahr, nämlich 1762, erscheinen. In seiner politischen Theorie lehnt Rousseau jede Begründung der Gesellschaft aus der biologischen Natur des Menschen ab: Der Mensch ist kein politisches *Lebewesen*; er ist ein politisches *Wesen*, und es ist die Vernunft, die die gesellschaftlichen Bande knüpft. Aus dieser ethischen Begründung der Gesellschaft heraus entwirft Rousseau das Bild einer Gesellschaft, in der nicht ein Einzelwille und auch nicht die Summe aller Einzelwillen herrscht, sondern der Gemeinwille, der aus der Vernunft entspringt und dem sich zu unterwerfen nicht Knechtschaft, sondern Freiheit bedeutet.

In seiner pädagogischen Theorie zeichnet Rousseau den Gang einer Erziehung nach, die den Zögling so lange wie möglich von den verderblichen gesellschaftlichen Einflüssen abschirmt und als Lehrer die Dinge und die Natur bevorzugt. Erst wenn der Zögling zu jener sittlichen Reife gelangt ist, die ihm ein Leben in Selbstbestimmung und Freiheit gestattet, kann er an die Gesellschaft entlassen werden. Was man häufig als negative Erziehung bezeichnet und oft

Literatur

Böhm, Winfried: Wörterbuch der Pädagogik, Stuttgart (Kröner Taschenausgabe) 198[13]

Comenius, Johann Amos: Pampaedia. Lateinischer Text und deutsche Übersetzung, hg. von Dimitrij Tschižewskij, Heinrich Geissler und Klaus Schaller, Heidelberg 1965

Comenius, Johann Amos: Große Didaktik, hg. von Andreas Flitner, Düsseldorf 1954

Francke, August Hermann: Pädagogische Schriften, besorgt von Hermann Lorenzen, Paderborn 1957

Menck, Peter: Die Erziehung der Jugend zur Ehre Gottes und zum Nutzen des Nächsten, Wuppertal 1969

Rang, Martin: Rousseaus Lehren vom Menschen, Göttingen 1965

Ritzel, Wolfgang: Jean-Jacques Rousseau, Stuttgart 1971

Röhrs, Hermann: Jean-Jacques Rousseau – Vision und Wirklichkeit, Heidelberg 1966

Rousseau, Jean-Jacques: Émile oder Über die Erziehung, hg. von Ludwig Schmidts, Paderborn 1985

Jean-Jacques Rousseau in Selbstzeugnissen und Bilddokumenten, dargestellt von Georg Holmsten, Reinbek 1972

Schaller, Klaus: Comenius, Darmstadt 1973

Schurr, Johannes: Comenius, Passau 1981

genug in dem Sinne mißversteht, als wolle Rousseau das Kind der ungezügelten Wildheit seiner Lüste, Neigungen und Triebe ausliefern, das meint in Wirklichkeit nur das Zurückdrängen gesellschaftlicher Einflüsse und den Selbstand der menschlichen Person untergrabenden Einwirkungen einer falschen, nämlich von den gesellschaftlichen Erwartungen und Herkömmlichkeiten bestimmten Erziehung. Darunter verbirgt sich das durchaus positive Programm einer Erziehung, die den Menschen instandsetzen will, aus der Freiheit seiner Person und aus der Verantwortung seines eigenen Gewissens zu handeln, und zwar zum Wohle seiner selbst wie der Gesellschaft, zur Verbesserung der menschlichen wie der gesellschaftlichen Dinge.

Was einigt – bei allen Unterschieden – Comenius, Francke und Rousseau, und was spannt den Bogen »von Comenius zu Rousseau«? Es ist die Überzeugung, daß sich die Menschlichkeit und die Bildung eines Menschen nicht im Vielwissen erschöpft, sondern sich in seinem Handeln zeigt. Nur derjenige darf mit Fug und Recht beanspruchen, wahrhaft Mensch genannt zu werden, der sich unerschrokken für die Verbesserung von allem einsetzt, was dem Menschen zur Gestaltung und zur verantwortlichen Verwaltung aufgetragen ist: vor allem die menschlichen Dinge (Comenius), die soziale Welt (Francke), Gesellschaft und Politik (Rousseau).

FRANZ-JOSEF TEUFEL

Die Herausbildung der modernen Naturwissenschaften

Was sich innerhalb des 17. Jahrhunderts – mit einem Schlagwort benannt – als Geburt der wissenschaftlichen *Methode* erweist, ist im Rahmen des gesamten Prozesses der wissenschaftlichen Revolution zugleich der Übergang in die dritte abschließende Phase (1630–1690), nämlich die Herausbildung der modernen Wissenschaften. War die Renaissance (1450–1540) noch geprägt von der Kritik und der Überwindung scholastischer naturphilosophischer Denkweisen, was zur Etablierung eines neuen Fundaments moderner Naturwissenschaft führte, so wird die halberwachte Wissenschaft Europas bis 1630 schon bestimmt von den ersten großen Triumphen der auf Beobachtung und Experiment beruhenden Forschungsmethode. Die erste Beschreibung des heliozentrischen Universums durch Kopernikus (siehe Band 7) ist nun fest fundiert und trotz der Verdammung durch die Kirche, für die es lediglich als mathematische Hypothese existiert, weitgehend bestätigt. Teleskop und Mikroskop finden erstmalig Verwendung in der Wissenschaft, womit sich die Grenzen des Sichtbaren deutlich erweiterten.

DIE WISSENSCHAFT WIRD MÜNDIG

Der Akzent des Grand Siècle lag auf extensiven Untersuchungsmethoden, die das gesamte Gebiet der Natur und der Künste umfaßten, sowie auf konstruktiven Theorien innerhalb jener Gebiete, auf die sich mathematische Methoden anwenden ließen. In der geistigen Auseinandersetzung ging es jetzt nicht mehr um die Zerschlagung der Physik des Aristoteles, denn die erzielten Forschungsergebnisse und die wissenschaftlichen Erfolge des 17. Jahrhunderts widerlegten mehr und mehr die Anschauungen der Antike

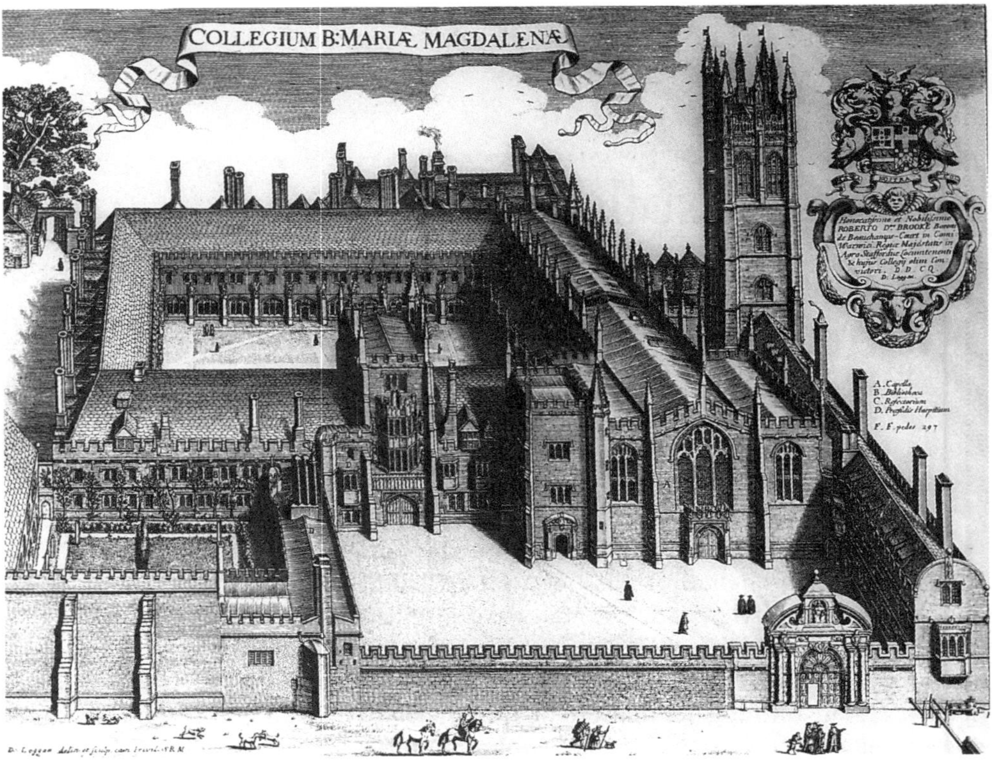

***Wissenschaftliche Forschungsstätten.** Oben: Universität Oxford. – Unten: Projektion von Sonnenflecken auf einen Schirm. Kupferstiche des 17. Jhs.*

und die traditionelle Form von Naturphilosophie. Die Naturwissenschaft des 17. Jahrhunderts legitimierte sich durch eigene Beobachtungs- und Experimentalverfahren sowie durch eine eigene Metaphysik und eine eigene Erkenntnisphilosophie.

Die Erfolgsbilanz beginnt mit der *Verfeinerung astronomischer Methoden*: Sie waren wesentliche Voraussetzung für eine bessere Navigation zur See sowie für die exakte Be-

stimmung der geographischen Länge. Die Lösung dieser wissenschaftlichen Probleme stand im direkten Zusammenhang mit der Frage nach der wahren Struktur des Sonnensystems. Dieses war zwar akzeptiert, aber physikalisch noch nicht erklärt. Die *Astronomie* bot das beste Feld für die mathematische Erklärung des Universums, und *Newtons* Lösung (siehe Seite 185) sollte mit Recht zum Haupttriumph der neuen Wissenschaft werden.

Die Anfänge der Chemie als einer exakten Wissenschaft. *Chemisches Laboratorium. Erst die Widerlegung der Phlogiston-Theorie durch A. L. de Lavoisier (*1743, †1794) begründete die neuere Chemie. Kupferstich aus der »Encyclopédie« (1779).*

Charakteristisch für die wissenschaftlichen Erfolge dieser Phase war die Tatsache, daß sie sich aus der genialen Synthese nunmehr gesicherter Fakten des Erkenntnisstandes ergaben, was vor allem für Newton und Boyle zutrifft.

Ein weiterer Schritt war die Entwicklung der *Optik* und der *Theorie des Lichts.* Die Verwendung des Teleskops verknüpfte diese Forschungsebenen mit der Astronomie, das Mikroskop stellte die Beziehung zur Biologie her. Außerordentliche industrielle Bedeutung erlangte schließlich die *Gastheorie*, weil in Verbindung mit dem Vakuum neue Techniken entwickelt wurden. Die neuen experimentellen Beweise für das Vorhandensein des *Vakuums*, bis dahin ein Thema *philosophischer* Auseinandersetzung, belebten die *Atom- und Korpuskulartheorie* und gaben erste Hinweise zu rationalen und quantitativen Erklärungen auf dem Gebiet der *Chemie*, die bislang aus technischen Rezepten und mystischen Erklärungsversuchen bestand. Hieraus ergaben sich Anfänge der *Physiologie*: Die Natur des Blutes, die Funktion der Lunge sowie die Wirkungsweise von Nerven und Muskeln, nicht zuletzt der Verdauungsprozeß wurden aus der Sicht der neuen materialistischen Philosophie diskutiert und experimentell erforscht.

Begünstigt wurde diese enorme wissenschaftliche Aktivität

einerseits durch die Phase relativer Ruhe nach den religiösen und politischen Unruhen der vorangegangenen hundert Jahre. Das Grand Siècle war ein Zeitalter des bewußten Aufbaus der Zivilisation. Die Gelehrten wurden als Teil der einheitlichen, gemeinsamen Welt der Wissenschaft anerkannt und geehrt, und mit der Gründung wissenschaftlicher Gesellschaften in England und Frankreich konnte die Naturwissenschaft institutionalisiert und endgültig ein anerkannter Kulturfaktor werden. Da die Regierungen und die herrschenden Kräfte aller führenden Länder gemeinsame Interessen am Handel und an der Schiffahrt sowie an der Verbesserung des Manufakturwesens und der Landwirtschaft hatten, wurden diese Interessen zu einer zusätzlichen treibenden Kraft auch für Wissenschaftsentwicklung. So erklären sich die überragenden Errungenschaften dieser dritten Phase der Revolution der Wissenschaft, der ersten wissenschaftlichen Umwälzung, in der organisierte und bewußte Anstrengungen auch für die praktische Nutzanwendung unternommen wurden.

DIE NEUE SPRACHE DER NEUEN WISSENSCHAFT: MATHEMATISCH FUNDIERT

Entscheidend für die wissenschaftlichen Leistungen des 17. Jahrhunderts war u.a. die Tatsache, daß sich schon im Vorfeld ein Leitgedanke und eine Arbeitsmethode durchsetzten, die ihrem Wesen nach mathematisch waren: Man ging davon aus, daß die Verhältnisse zwischen Dingen stets in mathematischen Begriffen ausdrückbar sind, und forderte zugleich, alle Vorstellungen von der Natur auf Folgerichtigkeit zu prüfen. Doch viel wichtiger als dieser auf die Natur angewandte mathematische Idealismus, der schon in der Antike von Platon vorgeprägt worden war, wurde auf Dauer für die Naturwissenschaft die mathematische Logik des Philosophen, Mathematikers und Physikers *Archimedes* (* 285 v. Chr., † 212 v. Chr.), die besonders der Naturforscher *Galileo Galilei* (* 1564, † 1642) bewunderte. Aus dieser Logik folgte: Ist eine bewirkende Ursache in der physikalischen Theorie einmal festgelegt, sind die sich aus ihr ergebenden Wirkungen mathematisch ableitbar. War die mathematische Beweisführung ohne Fehler, dann bildete die Entdeckung dieser Wirkungen in der Natur einen Beweis für die Richtigkeit der Ursachenbestimmung.

Die Begründung mit Worten wurde endgültig abgelöst durch die exakten Gesetzmäßigkeiten der neuen mathematischen Physik, die jetzt zur Sprache der Naturwissenschaft wurde. Das erschloß die Möglichkeit, den Kosmos als geordnetes System mathematisch geregelter Bewegungen zu sehen, und bot einen wesentlichen Ersatz für den statisch geordneten Kosmos des Aristoteles (siehe auch Band 5). Gleichzeitig ergab sich die Aussicht, die einzelnen Wissenschaftszweige zu mathematisieren und sie darüber hinaus in einer einheitlichen mathematischen Theorie aufgehen zu lassen. Das war die neue Schau von der Natur, wie sie von Newton 1687 festgelegt wurde und die von der Physik in der Zeit zwischen Galilei und Newton weiter aufgehellt werden sollte. Zwangsläufig setzte dieses Streben, die Geheimnisse der Natur zu enthüllen, leistungsfähige mathematische Verfahren voraus.

METHODENDISKUSSION – GALILEI, BACON, DESCARTES

Diese mathematische Schau der Natur legt es auch nahe, von *Naturgesetzen* zu sprechen. Die Annahme war üblich, diese Gesetze seien bei der Schöpfung von Gott aufgestellt worden, wobei *Isaac Newton* (* 1643, † 1727) argumentiert, Gott habe die Welt anders erschaffen können, wenn er gewollt hätte, dann wären auch die Naturgesetze anderer Art gewesen. Dies erklärt zwar, weshalb konstante Regelmäßigkeiten in der Natur zu finden sind, doch nicht, wie die Wissenschaftler sie nun wirklich finden. Alle Forschenden dieser Zeit wußten, worauf sie aus waren, doch sie hatten keine gemeinsame Erkenntnislehre, ihre Leistungen stammten aus dem Wechselspiel einer Vielfalt von Vorstellungen.

Begründer der klassischen theoretischen Physik. *Sir Isaac Newton.*

Zwei ganz verschiedene Forschungsmethoden wurden anerkannt: die *mathematisch-deduktive* Methode *Galileis* und die *induktive* Methode *Francis Bacons* (* 1561, † 1626). Im Gegensatz zur *Empirie* (siehe Band 7), die behauptete, ehe wir feststellen können, warum die Welt nun gerade so ist, wie sie ist, müssen wir feststellen, wie sie ist, war es noch erlaubt, Begründungen aus nicht bewiesenen Hypothesen zu benutzen, soweit diese einleuchtend und in Übereinstimmung mit den allgemeinen Grundsätzen der neuen Struktur des naturwissenschaftlichen Denkens zu sein schienen – die Naturwissenschaften des 17. Jahrhunderts waren, wie man daraus ersehen kann, ebenso cartesisch wie baconisch und galileiisch. Wem Galileis logische Geometrie zu eng und die Demonstrationen Bacons experimenteller Methode zu platt waren, dem gab *René Descartes* (* 1596, † 1650) ein neues Prinzip der Gewißheit über den wahren Zusammenhang der Dinge in der Natur und im Kosmos. Seine Überlegungen zur Beantwortung der Problem-Frage: »Wie soll der Naturwissenschaftler für das Gebäude des physikalischen Universums sichere Grundbegriffe erhalten?« zielten im wesentlichen auf eine Analogie zwischen der bereits bestehenden mathematischen Logik und der Lo-

Erster systematischer Denker der Neuzeit. *René Descartes.*

gik der Physik. Was auf der Ebene der Wahrnehmung Gültigkeit durch Klarheit und Deutlichkeit besaß, übertrug er logisch auf die Grundmerkmale der Struktur des Universums. Ein so erschlossenes System der Natur war zwar unbedingt umfassend, bot aber Gründe zur Anfechtung wie der reine Rationalismus der cartesischen Physik.

EXPERIMENTALPHYSIK

Völlig neu für die Naturwissenschaften zu Newtons Zeiten war die Entwicklung der Theorie durch *Experimente.* Daß Empirie allein keine positiven Ergebnisse brachte, zeigte sich an der Frage, ob der Aderlaß fieberhafte Erkrankungen heile. Niemand wußte es, obwohl alle annahmen, daß es der Fall sei. Da eine Theorie fehlte und die Statistik nicht zu Hilfe genommen wurde, mußte das Experimentieren mit der einen oder anderen Therapie bedeutungslos bleiben. Durch die neue Erkenntnismethode wurde die Erforschung der Natur ein zugleich empirischer und geistiger Prozeß – und damit zur experimentellen Wissenschaft, die gleichzeitig beschreibend und erläuternd war. Im Bewährungsvergleich: Das Problem, auf das sich die mathematische Philosophie Galileis und die rationalistische Philosophie Descartes richteten, war die Struktur wissenschaftlicher Erklärungen. Wenn die induktive Methode (Bacon) allein ein armseliges Werkzeug für die Erklärung des Universums war, so konnte doch die deduktive Logik nur mit einem vernünftigen Bild der Beschaffenheit des Universums arbeiten. Wissenschaftliche Begriffe und Naturgesetze kristallisieren sich nicht spontan aus Ansammlungen von Fakten aus der Natur (Bacon), doch ebensowenig kann man sie wie Schaum aus reinen Abstraktionen schlagen.
Die Mängel von Galileis Physik und schließlich der Zusammenbruch des cartesischen Ansatzes sowie das Scheitern bloßer Empirie veranschaulichen, daß wissenschaftliche Theorien nicht nur die Bedingungen der Logik, sondern außerdem diejenigen der Natur erfüllen müssen.

DIE MECHANISTISCHE PHILOSOPHIE

Isaac Newtons Überzeugung, daß die Natur immer einfach und mit sich selbst zu vereinbaren sei, machte ihn zu einem Vertreter der mechanistischen Philosophie. Diese mechanistische Einstellung hat ihren Ursprung in einer geistigen Grundeinstellung und folgenden Postulaten:
- Ein natürliches Ereignis kann nicht aus seiner Beziehung zur göttlichen Macht oder irgendeinem anderen geheimnisvollen Universalprinzip erklärt werden. Das richtige Verfahren ist, seine Antezendenzen (Ursachen) aufzu-

Fig. III.

Eindrucksvolles physikalisches Experiment. *Otto von Guerickes Versuch zum Nachweis des atmosphärischen Luftdrucks mit den luftleer gepumpten »Magdeburger Halbkugeln« 1654 in Regensburg. Fünf Jahre zuvor hatte Guericke die Luftpumpe erfunden.*

spüren, diese auf einfachere Umstände zurückzuführen, deren Funktionsweise besser zu verstehen ist.

- Alles, was im Universum geschieht – außer Wundern –, habe eine materielle Ursache.
- Die einfachsten Eigenschaften der Materie sind ihre Quantität und ihre Bewegung.
- Aus dem vierten Postulat, daß die letzten Wirklichkeiten – Materie und Bewegung – stets erhalten bleiben, folgt, daß jede Veränderung eine Neuverteilung nach sich zieht, d. h., veränderte Phänomene können ebenso erfaßt werden, da dieselbe konstitutive Regel zugrunde liegt.
- Die Merkmale dieser Teile (im Prozeß der Neuverteilung) können aus denen makroskopischer Körper erschlossen werden.

Für die wissenschaftliche Arbeit im Sinne der mechanistischen Philosophie blieb zu beantworten: Wie ergeben sich die Phänomene aus den Materiepartikeln und Bewegung? D. h., die Postulate besetzen eine Bühne mit Schauspielern; den Naturwissenschaften obliegt es nun, ihnen Sprache und Geste zu verleihen.

NEWTON UND DIE GRAVITATION

Seit *Tycho Brahe* (siehe Band 7) das Funktionsbild der starren Himmelsphären aufgegeben hatte, auf denen die Planeten festgemacht ihre Kreise zogen, gab es keine erkennbaren Kräfte mehr, die sie in ihren Bahnen hielten. Ganz offensichtlich bewegten sie sich aber auch nicht willkürlich. Dem Systembild der Sonne und der Planeten fehlte damit Zusammenhalt. Als erster erkannte *Descartes* die Notwendigkeit eines himmlischen Kräftegleichgewichts und sprach von einer Art kosmischem Seil, das die Planeten

daran hindere, aus dem Sonnenwirbel unter der Gewalt seiner Umdrehung zu entfliehen. Galilei, obwohl er sich viel mit den dynamischen Auswirkungen der Schwere beschäftigte, berücksichtigte die Frage, was das Sonnensystem zusammenhält, überhaupt nicht – sein Begriff der »zirkularen Tätigkeit« befreite ihn von dieser Notwendigkeit.
Es war *Kepler*, der das Problem der *Schwere* mit dem der *Kollision* des Himmels in Beziehung brachte. Sein Drittes Gesetz (siehe Band 7) zeigte, auf welche Weise die Bewegungen der fünf Planeten mathematisch so voneinander abhingen, daß sie ein harmonisches System bildeten. *Newton* erkannte, daß die gegenseitige Abhängigkeit das Ergebnis des Wirkens einer *einzigen* Kraft war. Er berechnete die *(Flieh-)Kraft*, mit der ein Planet seiner Bahn zu entfliehen suchen würde, und erkannte, daß er mit der gleichen Kraft, nämlich der Massenanziehungskraft der Sonne, in der Bahn gehalten wurde. Von dieser Wechselbeziehung Schwerkraft (Anziehungskraft) und Fliehkraft ausgehend, löste Newton das Problem Galileis, weshalb die Körper nicht von der sich drehenden Erde herabgeschleudert werden (Rotationskraft). Seine Berechnungen und Beobachtungen, darunter auch noch die Beobachtung der Kraft der Monddrehung, ergaben die Übereinstimmung mit Keplers Drittem Gesetz. Daß eine einzige Kraft in der Sonne genügte, alle Planeten auf ihren Umlaufbahnen zu halten, das waren Forschungsergebnisse von ungeheurer Bedeutung. Newtons Leistung liegt in seiner grundsätzlichen Überlegung und der Schärfe seines Verstandes, die Möglichkeit zur Lösung erkannt zu haben. Seine Entdeckung bedeutete den Vorstoß auf einen neuen Zweig der Mechanik, die Dynamik kreisender Körper. Newton war dazu übergegangen, Planeten als Körper zu betrachten, die sich in einem dynamischen System bewegten und den von ihm entdeckten Beziehungen/Gesetzmäßigkeiten unterworfen waren. Im Sinne der experimentellen Naturwissenschaft des 17. Jahrhunderts besaß die Theorie dieser universalen Gravitation überhaupt nur einen Wert als mathematische Theorie. Und nur als mathematische Theorie konnte sie durch Beobachtung so bestätigt werden, daß sie überzeugte.

NEWTONS UNIVERSUM

In seinem Werk »Principia« machte Newton durch die mathematische Physik bis dahin nicht erfaßte Tiefen des exakten Verständnisses zugänglich und rechtfertigte die mechanistische Ansicht von Natur. Seine Welt war eine Welt des Gesetzes. Bewegung ist das Ergebnis von Kraft. Die Gesetze der Mathematik sind Gesetze, denen die physikalische Wirklichkeit gehorcht. Nichts geschieht zufällig, nichts ist willkürlich und nichts ist sui generis – ein Gesetz für sich selbst. Alle Phänomene der Dinge und all ihre Eigenschaften müssen auf eine kleine Gruppe grundlegender Naturgesetze zurückzuführen sein. Newtons Gott – das wird nun klar – war weder die christliche Gottheit noch der Gott einer Sekte. Die Attribute, die er ihm zuschreibt, sind nicht außergewöhnlich: Er ist lebendig, intelligent, allmächtig, ewig, allwissend und vollkommen, aber er ist ein Gott der Naturwissenschaften, nicht der Theologie. Dennoch ist Gott für Newton, weil er »immer und überall existiert«, der Bürge für die Absolutheit von Zeit und Raum, denn dies sind Dimensionen Gottes.

DER ÜBERGANG INS 18. JAHRHUNDERT

Gegen 1690 hatte sich die Naturwissenschaft endgültig durchgesetzt. Das auf ihren Grundlagen errichtete Gebäude war stabil, ihre Methode allgemein bekannt, und sie sollte nie wieder in Vergessenheit geraten.

Im Rückblick auf das 17. Jahrhundert prägt sich vor allem das Bild wissenschaftlicher Umwälzung ein; was dann kommt, ist die »Industrielle Revolution« in der zweiten Hälfte des 18. Jahrhunderts. Dieser scharfe Schnitt stellt nicht Kontinuität in Frage, er soll den deutlichen qualitativen Unterschied signalisieren: Der Durchbruch im 17. Jahrhundert betrifft im wesentlichen das Denken, in der darauffolgenden Phase eindeutig die Praxis. Das Ende des 17. Jahrhunderts bringt auch noch den wirtschaftlichen Faktor in das Wechselspiel jener Kräfte, die dann die Entwicklung der Wissenschaft im 18. Jahrhundert bestimmen. In dieser Entwicklung und Einwirkung begründet, liegen auch die Ursachen für den Übergang von der mathematisch-astronomisch-medizinischen Wissenschaft des 17. Jahrhunderts zur Chemie, Wärme- und Elektrizitätslehre des 18. Jahrhunderts. Wissenschaft hat nicht mehr nur allein eine Wechsel*beziehung*, sondern zunehmend eine Wechsel*wirkung* vor allem auch auf die Gesellschaft.

Nach der heroischen Zeit des 17. Jahrhunderts ist zwischen 1690 und 1760 jetzt eher eine Verlangsamung wissenschaftlicher Aktivität und des Forschungsdranges zu verzeichnen. Spekulationen suchen die Ursachen in der Autorität Newtons, der die Entwicklung in eine bestimmte Richtung gelenkt hatte, und in seinem Werk, das seinen Zeitgenossen so weit vorausgeeilt war.

In diesem Zeitabschnitt breitete sich die Wissenschaft in Europa aus. Um die Mitte des Jahrhunderts konnte kein Hof vollständig genannt werden, wenn er keine »Akademie

Die Entfaltung der Wissenschaften im 17. und 18. Jahrhundert Daten, Fakten, Personen – Erkenntnisse, Theorien, Entdeckungen

1548–1600 **Giordano Bruno,** italienischer Dominikaner und Renaissance-Philosoph: Erweiterte die Erkenntnisse des Kopernikus (siehe Band 7) zu einer umfassenden Weltanschauung mit pantheistischen Zügen. Unser Sonnensystem ist nur eines von vielen. Die Welt wird durch innere Kräfte bewegt. Pantheistische Schau Gottes, der mit einem harmonischen Universum gleichgesetzt wird. Höchste Form religiösen Verhaltens: Erforschung und Befolgen der Gesetze des Universums. G. B.s Werk löste die enge Bindung von Philosophie und Theologie.

1561–1626 **Francis Bacon,** englischer Philosoph, Staatsmann und Schriftsteller: Führt alles menschliche Wissen auf Erfahrung zurück. Erst Beobachtung und Experiment schaffen verläßliche Basis des Wissens (»Empirie«). Befürwortet induktive Methode des wissenschaftlichen Vorgehens vom Einzelnen zum Allgemeingültigen. Hauptwerk: »Das neue Atlantis«, eine technische Utopie.

1564–1642 **Galileo Galilei,** italienischer Mathematiker und Physiker: Arbeitet mit mathematischen Beweisverfahren. Formuliert die Gesetze des freien Falls, des Wurfes und der Pendelschwingung. Entdeckt mit selbstgebautem Fernrohr Mondberge, Jupitermonde, Sonnenflecken, die Phasengestalten der Venus. Bekennt sich zu einem Weltbild auf der Grundlage der Kopernikanischen Gesetze (siehe Band 7). Erfinder einer hydrostatischen Waage zum Bestimmen des spezifischen Gewichts. Begründer einer modernen, mathematisch-fundierten Physik.

1571–1630 **Johannes Kepler,** deutscher Lehrer für Mathematik und Moral und Astronom in der Nachfolge Tycho Brahes am Hof von Prag: Begründer der Himmelsmechanik. Erkennt die Gesetzmäßigkeiten der Planetenbewegung und formuliert die drei Planetengesetze (Ellipsenbewegung statt Kreisbahnen). Siehe auch Band 7.

1588–1679 **Thomas Hobbes,** englischer Philosoph und Staatstheoretiker: Systematiker und Begründer einer modernen Philosophie, beeinflußt von dem mathematisch-physikalischen Denken Descartes' und Galileis. Um den Krieg aller gegen alle, in dem in der Natur der Stärkste siegt, innerhalb der Gesellschaft zu vermeiden, sucht er durch gesellschaftlichen Zusammenschluß in der staatlichen Gemeinschaft individuelle Selbstsucht zu überwinden. Die Werte der Gemeinschaft stehen über individuellen Rechten. Was im Interesse der Gemeinschaft liegt, ist sittlich, der Staat darf deshalb auch vollkommen (absolut) über Einzeleigentum verfügen, muß aber andrerseits das Bedürfnis nach Wahrheit und Frieden erfüllen. Dieser »Vertrag« wird am besten durch den König (in der absoluten Monarchie) erfüllt. Sein Werk »Leviathan« fordert auch die Befreiung der Erziehung und Wissenschaft von kirchlicher Bevormundung.

1596–1650 **René Descartes (Cartesius),** französischer Philosoph und Naturwissenschaftler: Sichere Basis menschlicher Erkenntnis und Wahrheitsfindung kann nur die aus dem Denken kommende

	Vernunft auf der Basis logischer Schlüsse sein (»Rationalismus«), während Sinneswahrnehmungen unzuverlässig bleiben müssen. Natur und Geist sind zu unterscheiden. Macht die logische Gesetzmäßigkeit der Mathematik zur Grundlage der Philosophie. Materie wird als gesetzmäßig verlaufende Bewegung kleinster Teile erkannt.
1609	Galilei: Fall- und Pendelgesetze
1609	Kepler: Gesetze der Planetenbewegung
1610	Galilei: Sonnenflecken und Jupitermonde
1611	Kepler: Astronomisches Fernrohr
1614	Napier: Logarithmentafel
1618	Harvey: Großer und kleiner Blutkreislauf
1621	Snellius: Brechung des Lichtes
1623–1662	**Blaise Pascal,** französischer Philosoph, Mathematiker und Physiker: Entwickelt Wahrscheinlichkeitsrechnung, formuliert die Gesetze des Kegelschnitts und erfindet erste Rechenmaschine und veröffentlicht Untersuchungen über das Vakuum. Sucht im Bewußtsein der Grenzen rationaler Erkenntnisse, Religion und Naturwissenschaft in einem Glauben auf logischer Basis zu verbinden. Die Gegensätze von Vernunft und Intuition, von Elend und Größe des Menschen sind weitere Themen Pascals, der darin als ein Vorläufer des Existenzialismus gesehen werden kann.
1626	Bacon: Wärme entsteht durch Bewegung kleinster Teilchen
1627	Bacon: Bild des Idealstaates in »Das neue Atlantis«
1632	Comenius: Niederschrift der »Großen Unterrichtslehre«
1632–1677	**Baruch Spinoza (Benedictus de Bento d'Espinosa),** niederländischer Philosoph: Streben nach Erkenntnis als entscheidende Basis sittlichen Vervollkommnungsstrebens. Grundlage seiner pantheistisch wirkenden, von Descartes beeinflußten Philosophie (Gott ist in aller Natur) sind mathematische Gesetzmäßigkeiten. Die Identität von Denken und Sein entspricht der Einheit von Natur und Gott (»Monismus«), alle Lebensformen sind Arten (Modi) dieser Einheit, und ihr Zusammenhang ist nach mechanischer Gesetzmäßigkeit geordnet.
1632–1704	**John Locke,** englischer Philosoph und Pädagoge: Leugnet »angeborene« Ideen. Alle Erkenntnis ist Ergebnis von Beobachtungen und Sinneswahrnehmungen. Fordert Erziehung zur sittlichen, im Einklang mit der Natur befindlichen Persönlichkeit, die sich aus eigener Einsicht höheren Gesetzmäßigkeiten unterwirft. Trennung von Legislative (Gesetzgebung) und Exekutive (Ausführende Gewalt) im Staat. Alle Naturschätze sind Gemeineigentum.
1633	Comenius: Erstes Buch über Kleinkindererziehung
1635	Académie Française gegründet
1636	Harvard-Universität, Amerika
1637	Descartes: Analytische Geometrie
1637	Descartes: Denken als Erkenntnisgrundlage
1638	Galilei: Mechanische Physik
1642	Pascal: Rechenmaschine
1643	Torricelli: Barometer
1643–1727	**Isaac Newton,** genialer Naturwissenschaftler, Mathematiker, Physiker und Astronom: Erkannte die Gesetzmäßigkeiten gegenseitiger Anziehung (»Gravitation«) von Körpern, formulierte die »Gravitationsgesetze« und bezog sie auf die Gestirne. Begründete die Bewegung der Planeten um die Sonne, erklärte das Phänomen

	von Ebbe und Flut und berechnete die Abplattung der Erdpole sowie die Masse von Mond und Planeten. Entdeckte das Farbspektrum der Sonne und die Farbringe der Interferenz (»Newtonsche Ringe«), woraus er die »Korpuskulartheorie« ableitete, nach der Licht aus Teilchen besteht. Er schuf die Grundlagen für die Differential- und Integralrechnung. In seinem Hauptwerk »Philosophiae naturalis principia mathematica« veröffentlichte er die nach ihm benannten Axiome der Mechanik, die erst in der Relativitätstheorie Einsteins eine Berichtigung fanden.
1646	Pascal: Abnahme des Luftdrucks mit der Höhe
1646–1716	**Gottfried Wilhelm Leibniz,** deutscher Universalgelehrter, Philosoph und Naturwissenschaftler: Sieht die Harmonie der Welt als Summe unendlich vieler unendlich kleiner Krafteinheiten (»Monaden«) und erkennt die Welt in ihrer Unvollkommenheit als notwendiges Teilübel und in dieser Sicht als die bestmögliche aller Welten. Erarbeitet wesentliche Grundlagen der Philosophie (Logistik), der Sprachwissenschaft, Psychologie (unbewußte Vorstellungen) und der Erdgeschichte. Erfinder der ersten Rechenmaschine für Multiplikationen. Entwickelt parallel zu Newton die Differentialrechnung.
1649	v. Guericke: Luftpumpe
1651	Harvey: Untersuchungen zur Urschöpfung und Fortpflanzung
1654	v. Guericke: Magdeburger Halbkugeln (Vakuum)
1654	Pascal/Fermat: Wahrscheinlichkeitsrechnung
1654	Comenius: »Orbis sensualium pictus« (Anschauungsunterricht)
1658	Swammerdam: Rote Blutkörperchen
1659	Spinoza: Kausalität in allen Naturvorgängen
1662	Britische Akademie der Wissenschaften
1660	Nils Stensen: Herz ist ein Muskel
1661	Boyle: Analytische Chemie
1661	Malpighi: Kapillare Blutförderung
1662	Boyle: Gasgesetze (Druck und Volumen)
1663	v. Guericke: Elektrisiermaschine und Manometer
1665	Huygens: Siede- und Gefrierpunkt des Wassers
1665	Newton: Infinitesimalrechnung
1666	Französische Akademie der Wissenschaften
1666	Newton: Gravitationsgesetz; Differentialrechnung; Farbspektrum
1669	Newton: Spiegelfernrohr
1669	Huygens: Gesetz von der Erhaltung der Kraft
1671	Leibniz: Elektrischer Funken entdeckt
1675	Römer: Lichtgeschwindigkeit
1676	Spinoza: Scheinbare Willenfreiheit des Menschen von Naturgesetzen beeinflußt
1677	Spinoza: Hauptwerk »Ethik«
1678	Huygens: Wellennatur des Lichtes
1679–1754	**Christian Wolff,** deutscher Philosoph, Mathematiker und Aufklärer: Entwickelt einheitliche deutsche Fachbegriffe auf mathematischer Grundlage für die Philosophie und macht sie so allgemeinverständlich. Entwickelt in Ablehnung tradierter Formen der Autorität ein Menschen- und Gesellschaftsbild, das auf der Suche nach eigenen, vernunftgemäßen Erkenntnissen basiert (»Aufklärung«).
1681	Papin: Dampfkochtopf

1683	Leeuwenhoek: Bakterien
1690	Bernoulli: Angewandte Integralrechnung
1689–1755	**Montesquieu (Charles de Secondat Baron de La Brède et de M.),** französischer Rechts- und Staatsphilosoph und Schriftsteller: kritisiert die absolute Königsherrschaft sowie den Einfluß des Adels und erklärt die Unterschiede in den Staatsformen aus ihren natürlichen und gesellschaftlichen Vorbedingungen. Sein Hauptwerk »De l'Esprit des Lois« (»Vom Geist der Gesetze«) vergleicht kritisch die Herrschaftsformen der Demokratie (Republik), Monarchie und Despotie (Tyrannei) und fordert eine neue gesellschaftliche Ordnung durch Regierungsbeteiligung des Volkes und Dreiteilung der Staatsgewalt (Legislative, Jurisdiktion und Exekutive).
1690	Locke: Erkenntnis als Ergebnis von Erfahrung und Verstand
1690	Huygens: Wellentheorie des Lichtes
1690	Papin: Erste Dampfmaschine mit Zylinder und Kolben
1694–1778	**Voltaire (François-Marie Arouet),** französischer Philosoph, Historiker und Dichter: Fordert in Rückbesinnung auf urchristliche Prinzipien Toleranz, Menschenliebe, Gerechtigkeit und Freiheit als natürliche, allen Völkern gemeinsame Werte, wobei er Gott als »vernünftigen« Urheber sieht. Verwirklichung durch Brechung der Abhängigkeit von Priesterschaft, Kirchen- und Staatsgewalt. Tritt für einen zur Gestaltung seines Lebens selbst fähigen, freien, selbstbewußten und selbstverantwortlichen Menschen ein.
1695	Leibniz: Rechenmaschine
1700	Akademie der Wissenschaften, Berlin
1704	Newton: Werk »Über die Optik«
1707	Papin: Schiff mit Schaufelradantrieb
1710	Leibniz: Werk »Theodizee«
1711–1765	**Michail Wassiljewitsch Lomonossow,** russischer Gelehrter und Schriftsteller: Begründer der russischen Wissenschaft. Erkennt Wärme als Bewegung kleinster Teile und formuliert Gesetze der Erhaltung von Energie und Materie. Erfaßt physikalische Grundlagen der Chemie. Wichtige Forschungen im Bereich der Geographie und Geologie. Verfasser einer »Russischen Grammatik«. Begründer der ersten russischen Universität (Moskau).
1711–1776	**David Hume,** englischer Philosoph, Staatsmann und Schriftsteller: Der Mensch als »leeres Blatt« wird während seines Lebens mit den Zeichen der Erfahrung »beschrieben«. Die Seele verknüpft Geistesleben und Sinneseindrücke nach psychologischen Gesetzmäßigkeiten. Sicheres Wissen ist zweifelhaft (»Skeptizismus«).
1712–1778	**Jean-Jacques Rousseau** (siehe auch Seite 176), französisch-schweizerischer Philosoph und Schriftsteller: Der Mensch ist im Gegensatz zur Vorstellung von der »Erbsünde« von Natur aus gut. Fordert Rückkehr zu einer Ordnung und Erziehung im Sinne der natürlichen Unverformtheit des Menschen und der Welt. Sieht den Staat im Werk »Der Gesellschaftsvertrag« als freiwilligen Zusammenschluß freier und gleicher Menschen (bzw. Einzelwillen) zu einer Gesamtheit (Gesamtwillen). Das Ideal der naturnahen Erziehung wird im Roman »Émile oder Über die Erziehung« dargestellt.
1713–1784	**Denis Diderot,** französischer Philosoph, Mathematiker, Physiker und Schriftsteller: Materialistischer Aufklärer. Begründer der »Großen Enzyklopädie der Wissenschaften, Handwerke und

	Künste« zusammen mit d'Alembert, Rousseau und Voltaire. Siehe auch Kapitel Seite 93 und 165.
1714	Leibniz: Werk »Monadologie«
1714	Fahrenheit: Quecksilberthermometer
1724–1804	**Immanuel Kant,** deutscher Philosoph. Sieht Erkenntnis auf der Basis der »Kritik der reinen Vernunft« als ein Zusammenwirken von Erfahrung und Verstand, Wahrnehmung und Denken (sinnlicher und intelligibler Erkenntnis), wobei die Wahrnehmung subjektiv in den Regeln von Raum und Zeit, das Denken allgemeingültig in unveränderlichen Kategorien erfolgt. Das Gebot der Sittlichkeit, des Strebens nach Vervollkommnung und der Pflichterfüllung ohne Rücksicht auf Neigung oder Belohnung wird als höchste Religiosität definiert (»Kategorischer Imperativ«). Nur der handelt sittlich und findet den Weg zum ewigen Frieden, der aus *freiem* Entschluß so handelt, daß sein eigenes Tun als Gesetz für alle gelten könnte.
1726	Hales: Blutdruckmessung
1735	Linné: Benennung und Klassifizierung der Tier- und Pflanzenwelt (Gattungen und Arten)
1736–1819	**James Watt,** schottischer Mathematiker: Die erste, von ihm erfundene Dampfmaschine und seine weiteren Erfindungen des Schwungrades, des automatischen Rücklaufes des Kolbens stehen am Beginn des kommenden Maschinenzeitalters.
1738	Bernoulli: Kinetische Gastheorie
1742	Celsius: Thermometereinteilung; Wassersiedepunkt bei 100 Grad
1743–1794	**Antoine Laurent Lavoisier,** französischer Naturforscher und Chemiker. Erkennt den Verbrennungsvorgang als Ergebnis einer Sauerstoffverbindung und entdeckt die Zusammensetzung des Wassers. Legt die Grundlagen für exaktes Messen und Wiegen und führt die Elementaranalyse in der Chemie ein.
1751	Diderot: Arbeitsbeginn an der »Großen Enzyklopädie«
1754	Rousseau: »Über die Ungleichheit des Menschen«
1757	Lomonossow: Erhaltung von Energie und Materie
1762	Rousseau: »Gesellschaftsvertrag«
1765	Watt: Dampfmaschine
1766	Cavendish: Wasserstoff
1767	Pristley: Elektrizität steht im Zusammenhang mit Atomen
1772	Rutherford: Stickstoff
1773	Erstes Dampfschiff
1777	Lavoisier: Verbrennen ist Folge einer Sauerstoffverbindung
1778	Lamarck: »Pflanzenwelt Frankreichs«
1781	Kant: »Kritik der reinen Vernunft«
1781	Lavoisier: Chemische Zusammensetzung von Wasser
1782	Watt: Dampfmaschine mit Schwungrad
1783	Montgolfier: Heißluftballon
1783	Herschel: Bewegungen unseres Sonnensystems beobachtet
1784	Herschel: Milchstraße Anhäufung von Sternen
1785	Blanchard: Ballonflug Dover–Calais
1786	Cartwright: Mechanischer Webstuhl
1788	Kant: »Kritik der praktischen Vernunft«
1789	Lavoisier: Gesetz von der Erhaltung der Materie
1791	Galvani: Berührungselektrizität im Experiment mit Fröschen
1791	Lamarck: Unterscheidung der Wirbeltiere und Wirbellosen
1800	Volta: Galvanische Batterie

E. B.

der schönen Künste und der Wissenschaften« besaß, deren gewöhnlich unregelmäßig bezahlte Mitglieder auch mit unterhaltenden Experimenten um die fürstliche Gunst zu buhlen hatten. Im Gegensatz zu den distinguierten »Wissenschaftlichen Gesellschaften« sollten die neugegründeten »Akademien« in Schweden und Rußland im wesentlichen die großen Rohstoffquellen untersuchen.
In der Philosophie wurden zu Beginn des 18. Jahrhunderts die Fortschritte des 17. Jahrhunderts durchdacht und verarbeitet. Den Philosophen des 18. Jahrhunderts war das wissenschaftliche Weltbild Newtons selbstverständlich. Sie erweiterten es, integrierten seine Aussagen und diskutierten die darin begründete Geisteshaltung vor allem im Blick auf die neuen politischen und ökonomischen Ansätze.

WISSENSCHAFT UND »INDUSTRIELLE REVOLUTION« (1760–1830)

Dieser Zeitabschnitt ist für die Wissenschaft und die Politik gleichermaßen bedeutend. Für die Wissenschaft kann man ihn mit dem 17. Jahrhundert vergleichen, muß aber beachten, daß die praktischen Konsequenzen erheblich weitreichender waren. Die »Industrielle Revolution« selbst hing in ihren Anfangsstadien nicht von irgendwelchen Beiträgen der Wissenschaft ab. Die Baumeister waren erfindungsreiche Handwerker. Ihren Ursprung hatte sie zwar in der Textilindustrie, aber ohne die Dampfmaschine und die praktisch unbegrenzte Energie hätte sich die »Industrielle Revolution« vielleicht nur bis zu einer schnelleren Tuchherstellung in wasserreichen Gegenden entwickelt. Die »philosophische Maschine«, die An-Triebskraft, ist allerdings doch in erster Linie eine ganz bewußte Anwendung wissenschaftlichen Denkens.
Die wiederaufkommende wissenschaftliche Aktivität war eng mit den von der Industrie aufgeworfenen Problemen verknüpft. Die Ausgangspunkte der Wiederbelebung der Wissenschaft im 18. Jahrhundert waren jetzt nicht mehr wie im 17. Jahrhundert die Universitäten von Oxford, Cambridge oder London, sondern die Unternehmen von Leeds, Glasgow, Edinburgh, Manchester und vor allem das neugegründete Birmingham. Der neue Einfluß der Wissenschaft auf die »Industrielle Revolution« liegt, das muß man sehen, zum guten Teil darin begründet, daß die Männer, die ihre Entwicklung lenkten, wie die mittel- und nordenglischen Fabrikanten und ihre Freunde, einerseits von wissenschaftlichem Geist erfüllt waren oder aber seinen Wert begriffen hatten. Die Ursachen für die »Erfolglosigkeit« der Wissenschaft in der Vergangenheit sahen sie darin, daß die Wissenschaftler keine Männer der Praxis gewesen waren.

Zum erstenmal in der Geschichte wurden jetzt wissenschaftliche Erkenntnisse auch außerhalb der Universitäten und der Seefahrtsschulen systematisch gelehrt. Die Kombination von Wissenschaft und Fabrikation gab es allerdings nur in England gegen Ende des 18. Jahrhunderts.

Ein Ergebnis einer direkt für die Industrie durchgeführten Forschung war z.B. die Erfindung der *Sicherheitslampe* (1815). Ursprünglich dafür bestimmt, Grubenexplosionen zu verhindern. Tatsächlich wurde sie jedoch in bisher durch Gaseinbrüche unzugänglichen Stollen verwendet, die Förderleistung stieg, aber die Anzahl der Unglücksfälle wurde nicht kleiner.

So gering der revolutionäre Effekt der Wissenschaft hier auch einzustufen ist, so muß er doch im Blick auf ihre Entwicklung im 18. Jahrhundert gewürdigt werden, selbst wenn Technik und Wirtschaft die vorderen Plätze belegen.

Im 17. Jahrhundert waren die Probleme, die einst griechische Denker so intensiv beschäftigten, mit Hilfe von neuen mathematischen und experimentellen Methoden gelöst worden. Die Wissenschaftler des 18. Jahrhunderts sollten mit Hilfe dieser Methoden sogar Probleme lösen, an die kein antiker Gelehrter auch nur gedacht hätte. Sie taten aber noch mehr: Sie bauten die Wissenschaft in das Getriebe der Produktion ein. Durch die Kraftmaschinentechnik, durch die Chemie und die Elektrizitätslehre wurde die Wissenschaft von diesem Zeitpunkt an für die Industrie unentbehrlich. Der erste Schritt hierzu war im 17. Jahrhundert mit den Beiträgen der Astronomie im Dienste der Seefahrer getan worden. Trotzdem blieb die Wissenschaft insgesamt noch immer, wozu sie sich im Altertum entwickelt hatte: ein etwas esoterischer Bestandteil des Systems der Glaubenssätze, ein Bestandteil des weltanschaulichen Überbaus. Wirksames hatte sie auch nicht zur Industrie beigetragen. Dann aber zu Beginn des 19. Jahrhunderts wurde sie, ohne ihren akademischen Charakter zu verlieren, eines der Hauptelemente der Produktivkräfte der Menschheit.

Literatur

Bernal, John D.: Wissenschaft – Science in History, Bd. 2; Reinbek/Hamburg 1970

Böhme, Gernot: Experimentelle Philosophie, Frankfurt 1977

Hall, A. Rupert: Die Geburt der naturwissenschaftlichen Methode 1639–1720, Gütersloh 1965

Kuczyzinski, Jürgen: Wissenschaft u. Gesellschaft, Berlin 1972

Die ›Erfassung‹ der Welt: Forschung, Handel, Rohstoffe

Handelsinteressen und Entdeckungen – Stützpunkte an der afrikanischen Küste – Erkenntnisse über Sibirien, China, Alaska – Handelsstützpunkt in Japan – Europäische Handelskonkurrenten in Hinter- und Vorderindien – »Ostindische Kompanien« – Kämpfer und Niebuhr in Persien und Arabien – Die ersten Schritte ins Innere Nordamerikas – Erforschung Südamerikas – Die »Terra Australis« – Tasman und Cook – Nordamerika: Ein Beispiel der Erschließung – Mit Scouts und Kanus unterwegs – Französische Entdecker von Cartier bis LaSalle und d'Iberville – Englische Kolonien, holländische Stützpunkte – Pelzhandel und Tabakplantagen – Der Weg nach Osten zum Pazifik – Kalifornien und Alaska.

HEINRICH PLETICHA

Entdeckungen und Siedlungen im 17. und 18. Jahrhundert

Das 15. und 16. Jahrhundert war die große Zeit der portugiesischen Seefahrer und spanischen Eroberer gewesen. Fast schien es, als habe Papst *Alexander VI.* 1493 in seiner Bulle »Inter caetera divinae« die Welt für alle Ewigkeit in eine spanische und eine portugiesische Hälfte (siehe Band 7) geteilt, aber diese Ewigkeit dauerte nicht einmal hundert Jahre, und schon drängten andere Nationen nach, andere Seefahrer, andere Entdecker, aber auch andere Eroberer. Nichts verlief mehr so spektakulär, die westliche Hemisphäre war in ihren Umrissen ebenso bekannt wie Afrika, die großen indianischen Reiche waren in Trümmer gesunken, ihre Bevölkerung war teils ausgerottet, teils unterjocht, die Seewege zwischen Europa und Afrika und zwischen Afrika und Indien waren von den Schiffen der europäischen Seefahrernationen befahren. Aber noch blieben genug geographische Fragen offen, gab es noch genug zu erforschen und zu entdecken – und mehr als genug auch noch zu erobern.

Linke Seite: ***Europäische Machtinteressen in Australien und Ozeanien.*** *James Cook wird auf Hawaii von Eingeborenen erstochen (14. Februar 1779). Begleitet von Gelehrten, hatte Cook von 1768 an die Südsee auf drei Reisen systematisch durchforscht.*

ENTLANG DER KÜSTE AFRIKAS – FAKTOREIEN UND FORTS

Unbekannt blieb bis zum Ende des 18. Jahrhunderts das Innere Afrikas. Die portugiesischen Seefahrer hatten zwar die Küstenlinien erkundet, und vor allem an der Küste im *Guineabogen*, wo die alten geographischen Namen wie »Gold-, Sklaven-, Elfenbeinküste« von der europäischen Ausbeutung künden, waren zahlreiche Faktoreien entstanden. Der Profit lockte dort, vor allem der *Sklavenhandel* nach Amerika (siehe auch Band 9) versprach reichen Gewinn. Neben die ersten portugiesischen Händler traten bald Spanier, Engländer und Franzosen, denen im 17. Jahrhundert Holländer, Dänen und Deutsche folgten. Eine

Reihe einfacher Faktoreien wurde zu stabilen Festungen ausgebaut wie etwa *El Mina* von den Portugiesen, *Fort Nassau* von den Holländern, *Fort Christiansburgh* von den Dänen oder 1681 *Groß-Friedrichsburg* von den Soldaten des Großen Kurfürsten Friedrich Wilhelm von Brandenburg. Auch Händler aus Nordamerika schalteten sich seit der Mitte des 17. Jahrhunderts unter Umgehung des britischen Handelsmonopols direkt in das Geschäft ein. Alle diese Niederlassungen waren aber nichts als Auffangs- und Durchgangsstationen, um direkte Kontakte mit Innerafrika kümmerte sich kaum jemand. An der *Südspitze Afrikas* errichteten die Holländer 1652 in der Tafelbucht eine Verpflegungsstation auf dem Seeweg nach Indien. Die »Niederländisch-Ostindische Kompanie«, der sie unterstand, rief Ansiedler in das Land, deren Rechte zwar stark beschränkt waren und die eng mit der Kompanie zusammenarbeiten mußten, die aber im Laufe der Zeit allmählich über die ursprünglich geplante und verhältnismäßig enge Siedlungszone in das Innere vorstießen und bis Ende des 18. Jahrhunderts den *Oranje-Fluß* erreichten.

Aus der Verwaltung der »Kap-Kolonie« kam auch der deutsche *Peter Kolb* (* 1675, † 1729), der sich als erster eingehend mit Land und Leuten beschäftigte und sich vor allem für die *Hottentotten* und ihre Lebensgewohnheiten interessierte und der später als Schulrektor im fränkischen Neustadt a. d. Aisch 1719 unter dem Titel »Caput Bonae spei hodiernum« die beste Beschreibung des Kaplandes gab, die bis ins 19. Jahrhundert wenig an Bedeutung verlor.

An der *Ostküste* erreichten die europäischen Niederlassungen nie eine ähnliche Bedeutung wie die im Westen. Nur die Portugiesen hielten sich hier bis 1728 und wurden dann von den *Arabern* wieder vertrieben. Nordafrika war sowieso das Einflußgebiet des Islam, und die Araber beherrschten von den Küstenstaaten aus die Handelsstraßen quer durch die Wüste nach dem Sudan und verhinderten erfolgreich die geographische Erforschung der Sahara.

So blieb Innerafrika das ganze 17. und 18. Jahrhundert hindurch unerforscht, und man muß schon dem scharfzüngigien Spötter *Jonathan Swift*, dem Autor von »Gullivers Reisen«, recht geben, wenn er einmal feststellte:

»Geographers in Afric maps
With savage pictures fill their gaps
And over inhabitable downs
Place elefants, for want of towns«.

(Die Geographen füllen ihre Lücken auf den Karten Afrikas mit wilden Zeichnungen und malen in die unbewohnten Flächen Elefanten anstelle von Städten.)

***Die Erschließung Afrikas.** Oben: »Bansa (Salvador), Hauptstadt von Congo«. Kupferstich aus Dappers Beschreibung von Afrika. Amsterdam, 1670. – Links: Tauschhandel an der afrikanischen Küste. Um 1690.*

KOSAKEN, SEEFAHRER, JESUITEN-PATRES – BEGINNENDE ENTSCHLEIERUNG ASIENS

Asien war im 17. Jahrhundert für Europa zwar kein fremder Erdteil mehr, in einigen Teilen sogar verhältnismäßig gut bekannt, über das Innere wußte man allerdings kaum mehr als in den Tagen Marco Polos (* 1254, † 1324). Im *Nordteil*, also in *Sibirien* vom Ural aus ostwärts bis zur pazifischen Küste, folgte die Entdeckung und Erschließung erst nach der Eroberung. Seit 1579 drangen die *Kosaken* von den Stationen der Pelzhändler im Ural ostwärts vor. Sie eroberten die Mongolenstadt *Sibir* und gründeten hier bis 1587 die Siedlung *Tobolsk*. Von da aus zogen sie allmählich weiter und erreichten fünfzig Jahre später das *Ochotskische Meer*.

Jetzt erst setzten zögernd die ersten Entdeckungsfahrten ein. Zwar fuhr schon *Semjon Iwanowitsch Deschnew* 1648 von der Mündung der *Kolyma* aus an der Küste südwärts, doch wurden die Ergebnisse seiner Reise nie richtig bekannt. Deshalb beauftragte Zar Peter der Große 1725 den dänischen Seefahrer *Vitus Bering* (* 1680, † 1741) herauszufinden, ob eine Wasserstraße zwischen Asien und Alaska existiere. Dieser befuhr dann auch tatsächlich die nach ihm benannte »Beringstraße«, da er aber das amerikanische Festland nicht sichtete, unternahm er 1741 eine zweite Reise, bei der er an der *Küste Alaskas* landete. Auf der Rückfahrt strandete er an der »Bering-Insel« und starb dort an Skorbut. Nur ein kleiner Teil der Mannschaft, darunter der deutsche Naturforscher *Georg Wilhelm Steller* (* 1709, † 1746), konnte sich retten.

Die wichtigsten geographischen Nachrichten über *China* und *Tibet* verdanken wir im 17. und 18. Jahrhundert Missionaren aus der »Gesellschaft Jesu«. Den *Jesuitenpatres* war es dank ihrer wissenschaftlichen Kenntnis und ihrer Wendigkeit gelungen, das Vertrauen der chinesischen Kaiser zu gewinnen und im Lande Fuß zu fassen. Dabei sammelten sie eifrigst geographische Fakten. Schon 1584 malte *Pater Matteo Ricci* (* 1552, † 1610) für den Kaiser Wan-Li eine Karte von China. Neben einer ganzen Reihe anderer Missionare brachte dann vor allem Ende des 17. Jahrhunderts *Pater Jean-François Gerbillon* (* 1631, † 1707), der vom französischen König Ludwig XIV. als Leiter einer Gruppe von Mathematikern und Astronomen nach China geschickt worden war, wichtige geographische Fakten über Ostchina.

Jesuiten gelangten auch als erste Europäer in das den Fremden streng verschlossene *Tibet*. So kam *Ippolito Desideri* (* 1684, † 1733) als erster bis nach *Lhasa*. Ihm folgten etwa fünfzig Jahre später die beiden Engländer *George Bogle* (* 1746, † 1781) und nach ihm *Samuel Turner* (* 1749,

† 1803), die von Indien aus über den Himalaya nach Tibet zogen, um dort Handelskontakte zu knüpfen. Bogle gelangte 1774 bis *Teschu Lumbo*, Turner 1783 bis *Bhutan*; Lhasa sahen sie beide nicht, das schafften erst wieder 1846 die beiden Lazaristen-Patres *Huck* und *Gabet*.

BERICHTE AUS DEM VERSCHLOSSENEN JAPAN

Auch Japan blieb für die Fremden in diesen beiden Jahrhunderten verschlossen. 1542 hatte der portugiesische Seefahrer *Antonio de Moto* zufällig die Inseln entdeckt, als ihn ein Sturm dorthin verschlug. Zwar suchten Portugiesen wie Spanier sogleich Handelskontakte aufzunehmen, und mit den ersten Kauffahrteischiffen landeten 1549 auch Jesuitenmissionare, an ihrer Spitze der später heiliggesprochene *Franz Xaver* (*Xavier*, * 1506, † 1552), der zwei Jahre in Japan blieb, dort beachtliche missionarische Erfolge erzielte, und dem Europa auch die ersten genaueren Informationen über das fernöstliche Reich verdankte. 1614 wurde zwar der Katholizismus in Japan wieder verboten, da aber die Japaner andrerseits den Handel mit Europa nicht aufgeben wollten, gewährten sie 1611 den Holländern, die an einer Christianisierung nicht interessiert waren, gewisse Handelsrechte. Als Verbindungsstelle und Guckloch zur Welt diente die kleine künstliche *Insel Deshima* im Hafen von *Nagasaki*, wo sieben Holländer unter beschränkten Verhältnissen leben durften und ihre Geschäfte – mit trotzdem erheblichem Gewinn – abwickelten. Ihr Schicksal teilte von 1690–1692 der deutsche Reisende *Engelbert Kämpfer* (* 1651, † 1716) aus Lemgo, der sich von den Holländern als Arzt anwerben ließ. Er war ein guter, sorgfältiger Beobachter, und seine »Geschichte und Beschreibung von Japan«, die erst siebzig Jahre nach seinem Tode aus seinen nachgelassenen Schriften herausgegeben wurde, blieb bis ins 19. Jahrhundert hinein die wichtigste Quelle über japanisches Leben und japanische Kultur. Erst während der Napoleonischen Kriege, als die Holländer Schiffe neutraler Staaten für ihren Japanhandel chartern mußten, kamen auch amerikanische und 1814 zwei englische Schiffe nach Deshima.

DIE »NIEDERLÄNDISCH-OSTINDISCHE KOMPANIE« IN SÜDOSTASIEN

Während sich die Staaten Hinterindiens ihre Unabhängigkeit bewahren konnten und nur gelegentlich von Jesuiten-Missionaren wie *Alexander von Rhodes* (* 1591, † 1660) oder *Gui Tachard* (* ca. 1650, † 1712) bereist wurden, setzten sich die europäischen Nationen schon im 16. Jahrhundert auf den Inseln des *Malaiischen Archipels* fest. 1508 er-

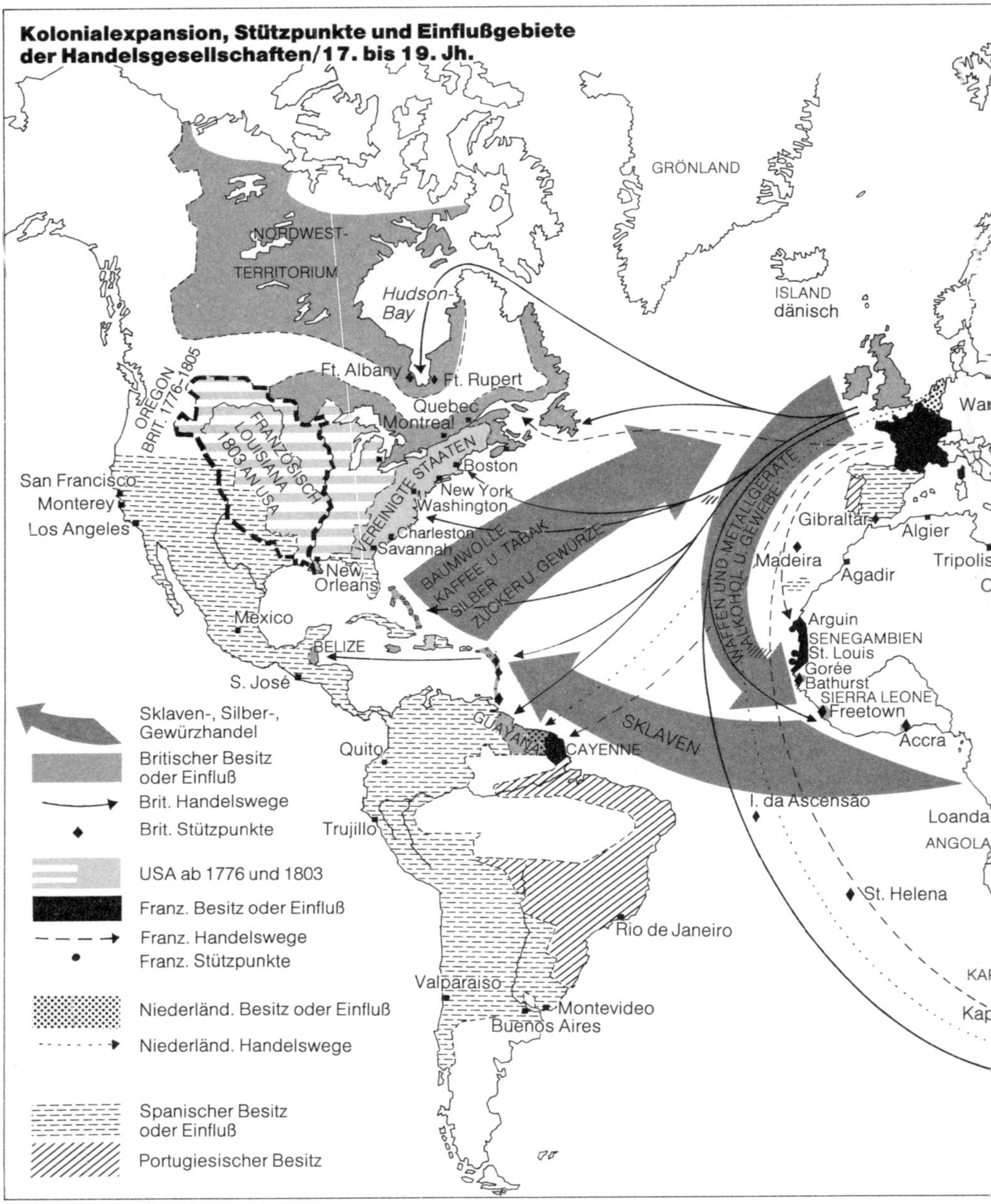

Kolonialexpansion, Stützpunkte und Einflußgebiete der Handelsgesellschaften/17. bis 19. Jh.

Rohstoffe und Sklaven als Grundlage des Welthandels. *Die zunehmende Erschließung der kontinentalen Küsten einerseits durch neue Häfen und Kolonialstützpunkte, das Vordringen europäischer Händler und Siedler ins Innere vor allem von Amerika andrerseits sowie der Ausbau der Handelsflotten, Handelskompanien und Faktoreien durch Spanier, Portugiesen, Holländer, Franzosen und Engländer belebte im 17. und 18. Jahrhundert in erheblichem Maße den Welthandel. Da die Rohstoffe der »Neuen Welt« und die Plantagenprodukte nur mit Hilfe von großen Arbeiterzahlen nutzbar gemacht bzw. erzeugt werden konnten, wurden Sklaven benötigt, die man unter unmenschlichen Umständen aus Afrika holte.*

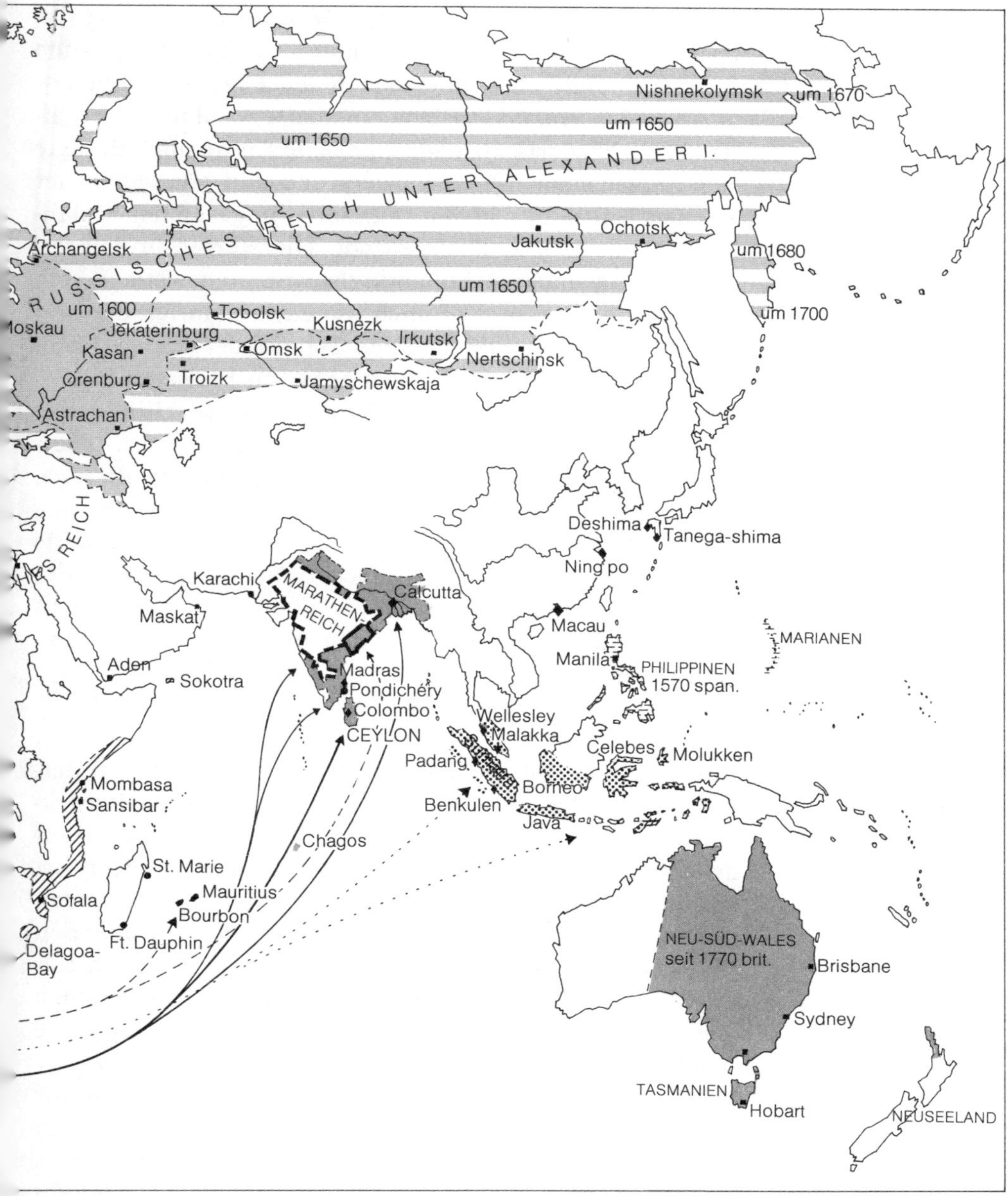

»Dreieckshandel« der europäischen »Manufaktur-Wirtschaften« mit den Rohstoff- und Sklavenländern. *Der Sklavenhandel von Afrika nach Amerika, an dem die Europäer gut verdienten, schuf die Grundlage für die wirtschaftliche Nutzung vieler amerikanischer Kolonien, aus denen ein Strom von Edelmetallen, Mineralien, Fisch, Fleisch, Holz, Kaffee, Kakao, Zucker, Melasse, Getreide, Früchten, Gewürzen und Rum in die Handelsunternehmen floß, die ihrerseits Manufakturwaren (insbesondere Metallgerätschaften, Textilien, aber auch Waffen und Alkohol) in den Kolonien absetzten. Aus den Gewinnen konnten verstärkt Gewürze und andere Produkte Asiens erworben werden.*

oberten die *Portugiesen* die Stadt *Malakka* und stießen von da aus in den folgenden Jahrzehnten auf die umliegenden Inseln vor. Bald aber sollten sie in den *Engländern* und vor allem in den *Holländern* eine ernsthafte Konkurrenz erhalten. Die »Niederländisch-Ostindische Kompanie« drängte sich immer mehr in den Vordergrund und erlangte in der zweiten Hälfte des 17. Jahrhunderts im gesamten Malaiischen Archipel das Übergewicht. Die Herren in Amsterdam und in anderen holländischen Städten wählten sich für ihre Unternehmen ähnlich wie einst Heinrich der Seefahrer von Portugal (siehe Band 7) besonders fähige Kapitäne aus, denen sie auch einen gewissen Freiraum für Erkundungs- und Entdeckungsfahrten gewährten. Eine ganze Reihe von ihnen, darunter auch ein gutes Dutzend deutscher Kapitäne, schrieben recht beachtenswerte Reiseberichte, die als Quelle für die Verhältnisse in Südostasien dienen können. In der zweiten Hälfte des 18. Jahrhunderts setzte dann allerdings ein rascher Niedergang ein, der schließlich 1798 zum Bankrott der Kompanie führte, deren Besitzungen dann offiziell von den *Niederlanden* übernommen wurde.

EUROPÄISCHE KONKURRENZ IN INDIEN

Eine ähnliche Entwicklung vollzog sich auch in Vorderindien. Hier hatten ja die Portugiesen durch die Entdekkung des Seeweges von Afrika zur indischen Küste im Handel einen Vorsprung gewonnen, den sie im 16. Jahrhundert vor den rivalisierenden europäischen Ländern auszubauen suchten. Sie sicherten sich nicht nur die Kontrolle über den Indischen Ozean, sondern stießen von hier aus auch ostwärts vor. Schon 1513 landeten die ersten portugiesischen Schiffe in *China*, allerdings durften sie erst vierzig Jahre später dort eine Handelsniederlassung errichten. So wie sie aber in Hinterindien und im Malaiischen Archipel, wie wir hörten, allmählich der holländischen Konkurrenz weichen mußten, so erwuchs ihnen seit Beginn des 17. Jahrhunderts allmählich im indischen Subkontinent durch England ein ernsthafter Rivale. Nach mehreren vergeblichen Versuchen gründete die britische »Ostindische Kompanie« 1612 ihre ersten Faktoreien im Reiche des *Großmoguls* (siehe Band 7), fünfzig Jahre später kam *Bombay* unter die Herrschaft der Kompanie, und 1690 wurde von dieser *Calcutta* gegründet.

So wie in dem großen Spiel um Macht und Gewinn die Holländer die Portugiesen abgelöst hatten und ihrerseits dem englischen Druck unterlagen, erwuchs den Engländern in der zweiten Hälfte des 17. Jahrhunderts durch die

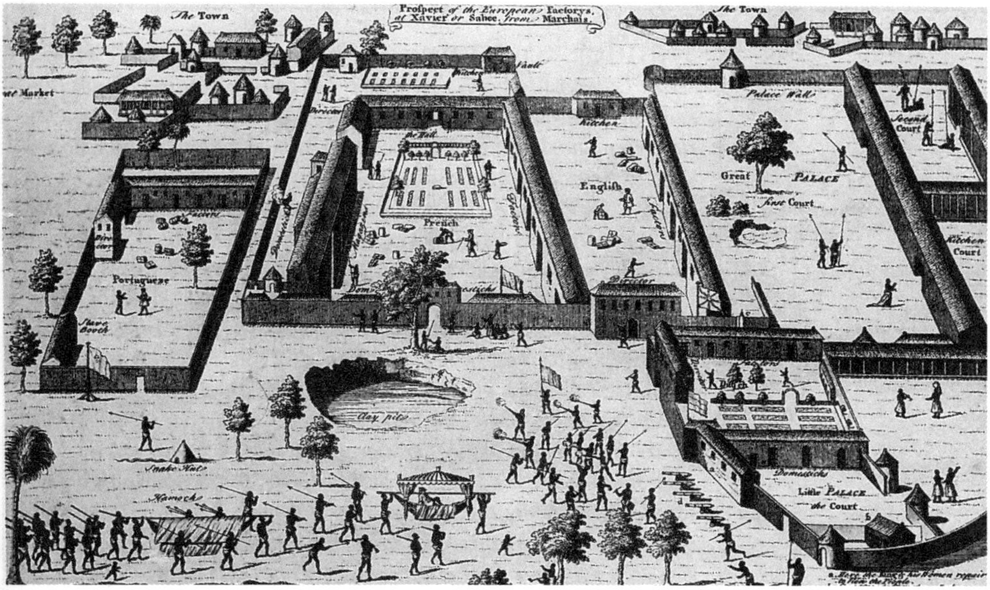

Stützpunkte der europäischen Kolonialisierung. *Oben: Ansicht der europäischen Faktoreien in Xavier oder Sabee an der Küste Guineas. – Links: Portugiesische Kolonialherren in Goa. Kupferstich aus dem Reisewerk von Linschoten, erschienen 1638.*

Franzosen ein ernsthafter Konkurrent. Die »Compagnie des Indes orientales« setzte sich seit 1668 ebenfalls in Indien fest und erweiterte ihren Einfluß unter *Joseph François Dupleix*, dem fähigen Generalgouverneur, nach 1745 vor allem in Südindien. Engländer wie Franzosen suchten sich die Unterstützung indischer Fürsten zu sichern und spielten sie gegeneinander aus. Die Handelsrivalität eskalierte schließlich zwischen 1746 und 1763 – parallel zum »Siebenjährigen Krieg« in Europa – zu militärischen Kämpfen, in denen paradoxerweise nicht Regierungstruppen einander gegenüberstanden, sondern die bunt zusam-

Handelskompanien. *Die Regierungen vieler europäischer Länder überließen es ihren wagemutigen und erfindungsreichen Untertanen, den Handel mit den seit dem 16. Jahrhundert neu entdeckten überseeischen Gebieten zu organisieren und zu betreiben. Auf diese Weise entstanden vor allem in den Niederlanden, in Großbritannien und Frankreich bedeutende Handelsunternehmen, die von ihren jeweiligen Regierungen mit Privilegien, Monopolen und sogar Territorialrechten ausgestattet wurden, aber keinerlei nationalen Schutz erhielten, sondern auf eigene Rechnung und auf eigenes Risiko vorgingen. Für diese offizielle Duldung schöpften die Regierungen ihrerseits einen Teil des oft erheblichen Gewinnes ab. In verschiedenen Fällen sprangen sie dann beim Bankrott solcher Gesellschaften in die Bresche, übernahmen deren Handelssystem in den überseeischen Gebieten und vor allem deren Niederlassungen und territoriale Besitzungen. So wurden manche Handelsgesellschaften zu den Keimzellen einer* staatlichen Kolonialmacht.
Bei den sogenannten »regulierten Gesellschaften« unternahmen die Mitglieder die Reisen gemeinsam und unterwarfen sich in den überseeischen Besitzungen einer gemeinschaftlichen Ordnung, betrieben aber den Handel auf eigene Rechnung. Erst vom 17. Jahrhundert an bürgerte sich der gemeinsame Handel ein, wobei die Kaufleute für den Kapitalfond Einlagen zahlten, aus denen sich dann der anteilige Gewinn errechnete.
Diese nationalen Gesellschaften und nicht die Staaten selbst waren im 17. und 18. Jahrhundert die eigentlichen Träger der europäischen Kolonisation in den überseeischen Gebieten. Vorläufer solcher Handelskompanien waren in England schon die sogenannten »Merchant Adventurers«, die vor allem von Königin Elisabeth I. gefördert wurden. 1600 wurde dann in London die »Ostindische Kompanie« gegründet, die bis 1858 bestand.
Fortsetzung Seite 213

mengewürfelten Söldnerheere der beiden Kompanien. Die Entscheidung fiel 1757, als es den Engländern unter der Führung von *Robert Clive* gelang, bei *Plassey* einen Sieg über den mit den Franzosen verbündeten Nabob von Bengalen, *Surray-ud-Daula,* zu erringen. Von da an wurde der französische Einfluß allmählich zurückgedrängt.
Der scheinbare unaufhaltsame Aufstieg der »Ostindischen Kompanie« endete allerdings überraschend schnell schon 1773, als die britische Regierung sie der Kontrolle des Parlaments unterstellte und mit *Warren Hastings* (* 1732, † 1818) einen eigenen Generalgouverneur einsetzte. Von 1784 an liefen die Kompetenzen von Regierung und Kompanie parallel, wobei sich letztere lediglich noch auf die innere Verwaltung beschränkte. Die Agenten der Kompanie

Die Erschließung und Besiedelung Nordamerikas durch die Europäer.
Oben: Ostküste Amerikas mit Manhattan. Atlas von Jan Blaeu. Um 1650. – Unten: Gründung der »Eigentümerkolonie« Pennsylvania. Durch Kaufvertrag mit den Indianern erwirbt der englische Quäker William Penn das Gebiet westlich des Delaware für die Anhänger seiner Sekte. Gemälde von Benjamin West. 1771.

Wesentliche Träger der Kolonisierung in Indien und Südostasien: die europäischen Handelskompanien. *Hauptbüro der »Niederländisch-Ostindischen Kompanie« in Oügely (Hooghly)/Bengalen. Im Hintergrund befahren holländische Schiffe den Ganges. Die 1602 durch die Zusammenfassung verschiedener Handelsgesellschaften gegründete »Vereenigde Oost-Indische Compagnie«, die sich 1627 in Bengalen festsetzte, verfügte über Faktoreien in China, Japan, Indien, Ceylon, Malaya und Indonesien.*

Heftiger Konkurrenzkampf um das Handelsmonopol. *Unter den verschiedenen europäischen Handelsgesellschaften des 17. und 18. Jhs., die sich um den Handel nach Indien bemühten, entwickelte sich die »Niederländisch-Ostindische Kompanie« zu einem der einflußreichsten Wirtschaftskonsortien. Die Rivalität mit der am 31. Dezember 1600 gegründeten britischen »East India Company« führte zu erbitterten Konflikten. Gemälde von Hendrik van Schuylenburgh, 1666. Rijksmuseum, Amsterdam.*

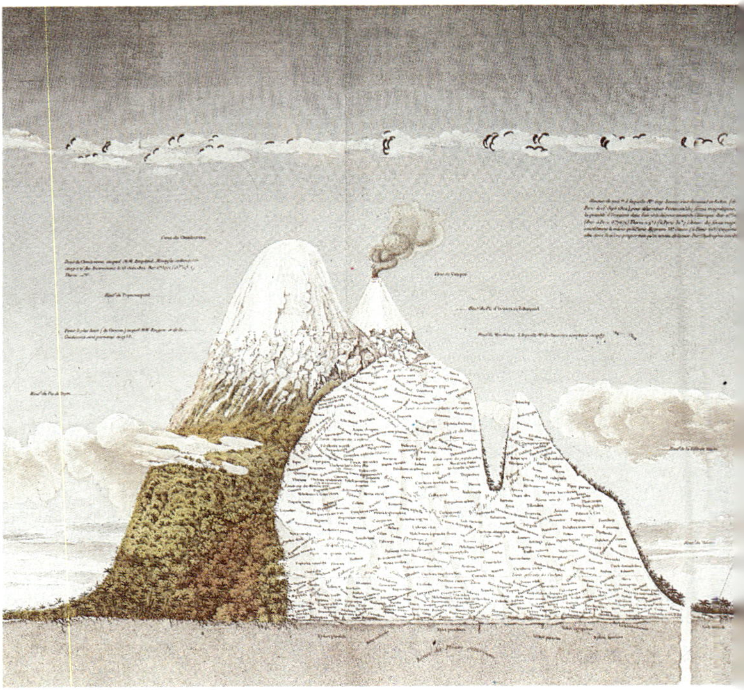

Die geographische Erforschung Südamerikas durch Alexander von Humboldt. – *Rechts: überhöhter pflanzengeographischer Schnitt durch Südamerika. Überblick über die Vegetation und Naturphänomene, nach Höhe über dem Meeresspiegel geordnet. Nach einer Skizze Humboldts, 1803. – Unten: Humboldt und der Botaniker Aimé Bonpland am Fuße des Chimborazo in Ecuador, den sie 1802 gemeinsam bestiegen. Gemälde von F. G. Weitsch, 1806.*

Fortsetzung von Seite 208
Den Pelzhandel im nördlichen Amerika organisierte die 1670 gegründete »Hudsonbay-Kompanie«, die ihre Rechte 1868 an Kanada *verkaufte.*
Die erfolgreichste niederländische Kompanie entstand 1602 als »Niederländisch-Ostindische Kompanie« durch den Zusammenschluß mehrerer kleiner Gruppen. Während sie ihren Handel auf das Gebiet östlich des Kaps der Guten Hoffnung konzentrierte, erhielt die »Niederländisch-Westindische Kompanie« zwischen 1621 und 1674 das Handelsmonopol für die afrikanische Westküste und Amerika.
Die Franzosen folgten erst etwas später. Zwar entstanden einige Gesellschaften schon unter Richelieu, größere Bedeutung aber erlangte erst die »Französisch-Westindische Kompanie« von 1653 und ihr ostindisches Gegenstück von 1664.
1717 wurde von John Law of Lauriston *die »Mississippi-Gesellschaft« gegründet, die bis 1772 bestand. Ähnliche Kompanien entstanden im 18. Jahrhundert in Portugal und Spanien. In Österreich wurde 1719 eine »Ostindische Kompanie« gegründet, aber schon zwölf Jahre später wieder aufgelöst, um die Zustimmung Großbritanniens zur »Pragmatischen Sanktion« (siehe Seite 76) zu erhalten. Auch Brandenburg-Preußen suchte unter dem Großen Kurfürsten mit der »Brandenburgisch-Afrikanischen Kompanie« von 1682 bis 1720 und mit der von Friedrich dem Großen 1772 gegründeten »Seehandlung« sich am Überseegeschäft zu beteiligen. Zu den letzten derartigen Kompanien gehörten die »Rheinisch-Westindische Gesellschaft« (1821 bis 1832) und die »Sächsisch-Elb-Amerikanische Gesellschaft« (1825 bis 1830).*
In der zweiten Hälfte des 19. Jahrhunderts wurden nach dem Muster dieser Kompanien die verschiedenen Kolonialgesellschaften gegründet.

verarbeiteten in ihren Berichten zwar auch vereinzelt geographische und völkerkundliche Fakten, insgesamt aber kümmerte man sich noch kaum um diesen Raum.

EIN NEUES BILD DES VORDEREN ORIENT

Das Gebiet zwischen Indus und Mittelmeer, also Persien, Vorderasien und von Arabien die Küstengebiete, waren ja seit der Antike bekannt. Einzelne Reisen, wie etwa der Besuch des schon erwähnten *Engelbert Kämpfer* 1684/85 am Hofe des persischen Großkönigs, erweiterten das Bild vor allem aus kulturhistorischer Sicht. Der wohl bedeutendste Forscher dieser Epoche war der aus Norddeutschland stammende *Karsten Niebuhr* (* 1733, † 1816), der im Auftrag der dänischen Regierung eine Reise nach Arabien unternahm und dabei mit seinen Gefährten bisher unbekannte Gebiete im *Innern Südarabiens* erforschte. Seine »Beschreibung Arabiens« galt als eines der wichtigsten erdkundlichen Werke des 18. Jahrhunderts.

FRANZOSEN UND ENGLÄNDER IN NORDAMERIKA

Die Karten Nord- und Südamerikas zu Beginn des 17. Jahrhunderts zeigen schon erstaunlich gute Kenntnisse der geographischen Verhältnisse vom 30. Breitengrad im Norden, also etwa vom Golf von Mexiko, bis zur Südspitze des Erdteils. Auch die Ostküste Nordamerikas war bis hinauf zum St.-Lorenz-Strom bekannt, sonst gab es allerdings noch große weiße Flächen. In die geographische Erschließung dieser weiten Räume im Norden teilten sich französische und englische Reisende, wobei der Osten bis etwa zum 90. Längengrad zur Domäne der Franzosen wurde, während die Engländer das Gebiet westlich davon bis zum Pazifik bereisten und erforschten.

Französischer Seefahrer und Kolonisator. *Samuel de Champlain.*

Auf den Spuren seines Landsmanns *Jacques Cartier* (* 1491, † 1557), der 1534 als erster den *St.-Lorenz-Strom* entdeckte, ihn flußaufwärts befuhr und damit die Präsenz der Franzosen im späteren Kanada begründete, unternahm *Samuel de Champlain* (* etwa 1565, † 1635) mehrere wichtige Reisen entlang der *Nordküste* und dem Gebiet des St.-Lorenz-Stromes. Dabei errichtete er 1608 *Quebec* als Stützpunkt für den Pelzhandel. Dominierten bei ihm auch die wirtschaftlichen Interessen, so erwies sich sein jüngerer Begleiter *Etienne Brulé* (* etwa 1591, † 1633) als der wohl kühnste und bedeutendste Reisende, der den *Ontario-,* den *Huron-* und den *Oberen See* entdeckte. Er verbrachte den Großteil seines Lebens bei den Indianern und wurde schließlich von ihnen ermordet und aufgezehrt.

Erforscher und Namensgeber Louisianas. *Robert Chevalier de LaSalle.*

Das größte Verdienst an der weiteren Erforschung dieses Raumes kam wieder einmal den Jesuiten zu, allen voran den Patres *Jacques Marquette* (* 1637, † 1675) und *Louis Jolliet* (* 1645, † 1700), die den Oberlauf des *Mississippi* erforschten und damit wiederum den Weg bereiteten für den Edelmann *Robert Chevalier de LaSalle* (* 1643, † 1687), der nicht nur den Fluß weiter erforschte und den *Ohio* entdeckte, sondern das Land auch für den französischen König Ludwig XIV. in Besitz nahm. Damit schob sich bis Ende des 17. Jahrhunderts westlich des von den Engländern besetzten Streifens an der Ostküste ein breiter Gürtel von der St.-Lorenz-Mündung im Nordosten bis zur Mündung des Mississippi im Westen, auf den Frankreich Anspruch erhob.

Das Gebiet um die *Hudsonbay* wurde dagegen wieder Ein-

Südamerikanischer Kolonialalltag. *Ansicht einer brasilianischen Plantage an der Reede von Rio. Lithographie nach einer Vorlage von Johann Moritz Rugendas.*

flußgebiet der englischen »Hudsonbay-Kompanie«. Sie widmete sich dem Pelzhandel, sandte aber auch immer wieder Männer aus, um die sogenannte »Nord-West-Passage«, die Seeverbindung nach Asien, zu suchen. Zu ihnen gehörte *Samuel Hearne* (* 1745, † 1792), der zwischen 1769 und 1772 den Weg durch die nordwestlichen Prärien erkundete, und *Alexander Mackenzie* (* 1755, † 1820), der 1792 von der Hudsonbay bis zum Pazifischen Ozean vorstieß.

ERSTE ERFORSCHUNG SÜDAMERIKAS

In Südamerika hatten im 16. Jahrhundert die Konquistadoren jene Wege geebnet, denen vor allem im 18. Jahrhundert die ersten Gelehrten folgen sollten. So sollte der Naturwissenschaftler *Charles Marie de la Condamine* (* 1701, † 1774) im Auftrag der »Französischen Akademie« geographische Messungen in den nördlichen *Anden* durchführen, die sich zu einer bedeutenden Forschungsreise erst in den Anden und dann den *Amazonas* abwärts bis zur Mündung weiteten. Damit leisteten er und seine Begleiter den ersten großen wissenschaftlichen Beitrag zur Erforschung Südamerikas. Seine Arbeiten setzten Ende des 18. Jahrhunderts *Alexander von Humboldt* und *Aimé Bonpland* fort (siehe Band 10). Von einigen kleineren Unternehmen abgesehen, fallen

Text der Zeit

James Cook: Aus dem Logbuch – 1773

Dienstag, 19. Mai 1773

Irgendwo in diesem Logbuch habe ich meinen Wunsch erwähnt, den ich nach einem Besuch des Landes hatte, welches van Diemen entdeckte, weil ich mich selber informieren wollte, ob es nun ein Teil Neuhollands war oder nicht; jedoch hatte Captain Furneaux diese Frage zu einem großen Teil aufgeklärt, und so hatte ich alle Gedanken aufgegeben, dorthin zu gehen; alldieweil ich jedoch nicht den ganzen Winter im Hafen nutzlos verstreichen lassen wollte, schlug ich Captain Furneaux vor, jene Zeit bei der Erforschung der unbekannten Teile des Meeres im Osten und Norden zu verbringen, wobei ich ihm gleichzeitig die Route bekanntgab, welche ich zu nehmen gedachte, und die Zeit, von der ich glaubte, wir müßten sie in dieser Angelegenheit verwenden. Diesem Vorschlag stimmte er unverzüglich zu; und also bat ich ihn, seine Schaluppe seefertig zu machen, sobald das irgend möglich war, war sie doch zu jener Zeit völlig abgetakelt. Im Wissen darum, daß Sellerie und Löffelkraut und andere Gemüse in dieser Gegend gefunden werden können, welche – gekocht mit Weizen oder Erbsen – eine recht nahrhafte und gesunde Diät sind, welche besonders wohltuend sowohl für die Heilung als auch den Schutz vor dem Skorbut war, ging ich selbst beim ersten Tageslicht am Morgen hinaus auf die Suche nach ihnen und kehrte zum Frühstück zurück mit einer größeren Menge davon; alsobald ich mich vergewissert hatte, daß genügend vorhanden war, gab ich Order, daß es mit Weizen oder Hafermehl für beider Schaluppen Mannschaften zum Frühstück gekocht werde und mit Erbsen zu Mittag gereicht werde, und ich achtete streng darauf, daß diese Anweisung genauestens befolgt wurde, zumindest auf meiner Schaluppe.

aber die bedeutenderen Forschungsreisen in Südamerika erst in das 19. Jahrhundert.

AUF DER SUCHE NACH DEM »SÜDLAND«

Die Karten des 17. Jahrhunderts, die wir schon verschiedentlich näher betrachtet haben, zeigen im Süden der Erde ein merkwürdiges Gebilde in Form einer riesigen Landmasse, die sich über den Südpol erstreckt. Diese »Terra Australis«, wie sie genannt wurde, stachelte stärker als wohl alles andere das Interesse der Entdecker und Seefahrer an. Wie einst die Suche nach dem »Priester Johannes« für die Portugiesen zum Ansporn für die Entdeckungsfahrten entlang der afrikanischen Westküste wurde, so bildete nun die Suche nach diesem »Südland« den Beweggrund für die Kreuzfahrten im *Pazifischen Ozean.*

Noch brachte das 17. Jahrhundert dabei wenig greifbare Ergebnisse. Aber immerhin gelang es dem holländischen Kapitän *Abel Janszoon Tasman* (* 1603, † 1659), der von

Mein Grund, warum ich die hohen Breitengrade Ende Januar verließ und mich gen Norden wandte, war, das Land zu suchen, von dem man sagte, es sei kürzlich durch die Franzosen entdeckt worden; wie denke ich nun über dieses Land? Ich kann nicht glauben, wie es manche tun, daß das Ganze eine Fiktion sei; nein, hätte ich auch solche Informationen nicht gehabt, die verschiedenen Anzeichen von Land, welche wir in der Gegend gefunden hatten, würden mich ohnehin zu der Vermutung geführt haben, es müsse dort Land existieren – die kleinen Tauchervögel, welche wir dort sahen und die wir nirgendwo sonst trafen außer an der Küste von Neuseeland, müssen daher als ein Anzeichen der Existenz von Land angesehen werden, ungeachtet der Tatsache, daß wir Pinguine und Robben fanden, welche jedoch auch überall sonst vorkommen; in jedem Fall aber ist es sicher, daß dort nur ein kleines Eiland existieren kann, es sei denn, dieses Land liege westlich des 57. Längengrades. Dort gibt es in der Tat Raum genug für ein recht großes Land, wie aus der Karte deutlich zu ersehen ist. Sollten die Franzosen in der Tat eine solche Entdeckung gemacht haben, so werden sie sie ohne Zweifel bekannt machen, und spätestens dann wird man über diesen Punkt Klarheit gewinnen. Es war nicht meine Aufgabe, viel Zeit zu verwenden bei der Suche nach einem Eiland, von dem ich nicht sicher war, daß es existierte; die Entdeckung eines südlichen Kontinents ist das Ziel, das ich im Auge habe. Außerdem war es zu jener Zeit gleichermaßen wahrscheinlich, daß ich es im Südosten oder im Süden finden würden oder irgendwo sonst; ich werde nun dieses Ziel zunächst zurückstellen und Captain Furneaux nach Van-Diemens-Land folgen, auf welcher Route er nichts Bemerkenswertes gefunden zu haben schien.

Aus: James Cook »Entdeckungsfahrten im Pacific«. Übers.: Reinhard Wagner u. Bernhard Willms. Edition Erdmann in K. Thienemanns Verlag, Stuttgart 1983

den holländischen Besitzungen zur Erkundigung des südlichen Pazifiks ausgesegelt war, einen erheblichen Teil jenes Gebietes zu durchfahren, in dem man das »Südland« vermutete und nun nichts als Wasser vorfand. Auf dem Heimweg entdeckte Tasman 1642 die später nach ihm benannte Insel *Tasmanien.* Auf einer zweiten Reise ein Jahr danach segelte er entlang der *australischen Nordküste.*

Um die Mitte des 18. Jahrhunderts war der Pazifik schon mehrfach überquert worden, Australien und Neuseeland waren umfahren und in den Küstenbereichen bekannt. Dann wurde innerhalb von nur zwei Jahrzehnten das Rätsel um »Südland« endgültig gelöst. Es war noch einmal die große Zeit der Seereisen, beginnend mit der Weltumseglung des Franzosen *Louis Antoine de Bougainville* (* 1729, † 1811) zwischen 1766 und 1769, dann folgten zwischen 1768 und 1779 die drei Reisen des Engländers *James Cook* (* 1728, † 1779), während die Reise von *Jean-François de Galaup Comte de La Pérouse* (* 1741, † 1788) in den Jahren

***Wiederentdecker der Salomonen in Melanesien.** Louis A. de Bougainville.*

Die Entdeckung der polynesischen Inselwelt: Tahiti. *Angriff der Eingeborenen von Tahiti auf das Schiff des englischen Kapitäns Samuel Wallis (*1728, †1795), der 1767, ein Jahr vor Cook, auf der Insel gelandet war. Kupferstich zu Cooks »Voyage du Monde«, Paris, 1774.*

Ausbau der niederländischen Einflußsphäre im Pazifik. *Tauschhandel. Boote der Fidschi-Insulaner und holländische Schiffe. Zeichnung von A. J. Tasman, der die aus über 300 Inseln bestehende Inselgruppe im südwestlichen Stillen Ozean 1643 entdeckte.*

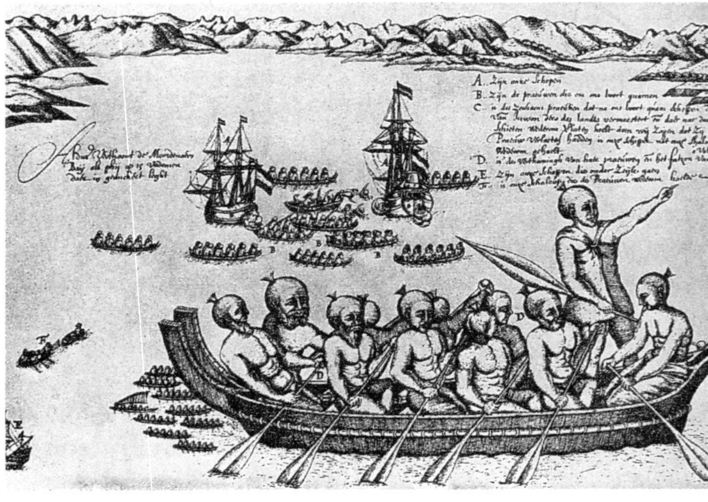

Zeugnis von den Ureinwohnern Tasmaniens. *Die zu den Melanesiden gehörenden Eingeborenen jener australischen Insel, die 1642 von A. J. Tasman entdeckt und bis 1856 »Van Diemen's Land« genannt wurde, waren bis 1876 ausgerottet. Nach Zeichnung von Tasman.*

1785 bis 1788 den Abschluß bildete. Selbstverständlich sind das nur die Höhepunkte, und dabei wird wiederum keine Leistung geschmälert, wenn wir die Pazifikfahrten Cooks als die wohl bedeutendsten Seereisen des 18. Jahrhunderts hervorheben. Er durchkreuzte systematisch den Pazifik, überquerte dreimal den Südlichen Polarkreis und widerlegte so die Legende von der »Terra Australis« endgültig. Seinen Forscherdrang bezahlte er mit dem Leben, denn er wurde auf Hawaii bei einem Streit mit den Eingeborenen ermordet. Nach ihm blieb, wie die Reise von La Pérouse beweist, im Pazifik nicht mehr viel zu tun, nur noch ein paar Lücken mußten geschlossen werden.

Damit hatte die zweite Phase der Entdeckungsreisen ihr Ende gefunden, und fast genau mit dem Anbruch des neuen Jahrhunderts begann die dritte, der wissenschaftliche Ansturm auf die letzten weißen Flecken der Erde.

Literatur

Bitterli, Urs (Hg.): Die Entdeckung und Eroberung der Welt, 2 Bde., München 1980f.

Bitterli, Urs: Die »Wilden« und die »Zivilisierten«. Grundzüge einer Geistes- und Kulturgeschichte der europäisch-überseeischen Beziehungen, München 1976

Bitterli, Urs: Alte Welt – Neue Welt. Formen des europäisch-überseeischen Kulturkontakts vom 15. bis zum 18. Jahrhundert, München 1986

Schmitt, Eberhard (Hg.): Dokumente zur Geschichte der europäischen Expansion, Bd. 3: Der Aufbau der Kolonialreiche, München 1986

KLAUS H. HEBERLE

Die mühsame Erforschung und Besiedlung eines Kontinents
Das Beispiel Nordamerika

Die Erforschung Nordamerikas in den Jahren von etwa 1600 bis 1800 wurde, wie wir teilweise schon gesehen haben, von englischen, französischen, spanischen, russischen und niederländischen Entdeckern und Händlern durchgeführt. Sie erfolgte oft unter härtesten Strapazen und Entbehrungen. Abenteuerlust, Motive wirtschaftlicher Natur und politische Gründe standen häufig Pate.
In den Anfangsjahren war eins der praktischen Motive die Erschließung einer Nordpassage zwischen Atlantik und Pazifik entlang der amerikanischen Nordküste. Auch der Fischfang lockte und die Suche nach Gold. Außerdem suchten die Engländer und Niederländer nach Häfen, von denen aus sie Kaperfahrten gegen die Spanische Silberflotte unternehmen konnten. Später förderten der Pelzhandel und das Vordringen der weißen Besiedlung von der Ostküste ins Innere des Kontinents die Entdekkungsfahrten. Und natürlich die Neugier einiger Wissenschaftler nicht zu vergessen!

Unterwegs mit Kanu, Pferd und einheimischen Führern

Die Expeditionen entlang den Küsten und, wenn möglich, die Ströme hinauf, erfolgten auf dem Segelschiff. Die Reisen tiefer ins Landesinnere hinein ließen sich fast immer nur im Kanu, zu Fuß oder zu Pferd durchführen.
Von Mexiko aus benutzten Spanier gelegentlich auch den Pferdewagen, um nach Norden zu gelangen. Wichtig aber waren vor allem landeskundige Führer, seien es Weiße oder Indianer. Jede Expedition wurde meist von mehreren, d. h. drei bis vier Europäern oder Indianern geführt. Die Forscher konnten keine großen Mengen an Verpflegung mitnehmen, mußten also unter Anpassung an die Gewohnheiten der Indianer leben. Gerätschaften wurden so wenige wie möglich mitgenommen: eine Uhr, ein Kompaß, manchmal auch ein Astrolabium und ein Quadrant. Nach Möglichkeit führte der Forschungsreisende – falls er schreiben konnte, was keineswegs immer der Fall war – sehr genau Tagebuch mit exakter Erfassung möglichst vieler Details. Da es nur sehr wenige und meist noch dazu sehr ungenaue Karten gab, für das Innere des Landes aber noch nicht einmal diese, waren die Aufzeichnungen für die Erfassung des Landes, bevor es eine reguläre Vermessung gab, von hohem Wert.
Natürlich mußte man auch Waffen mit sich führen, notfalls zur Verteidigung, vor allem aber zur Nahrungsgewinnung. Ein Gewehr, eine Pistole, ein Messer und ein Beil waren die Standardausrüstung. Als wichtiger erwies sich die gute Kooperation mit den Indianern. Sie dienten als Dolmetscher und Vermittler, sie bauten und paddelten die Kanus, sie konnten die Spuren der Tiere lesen und erkannten, von wem Fußspuren in

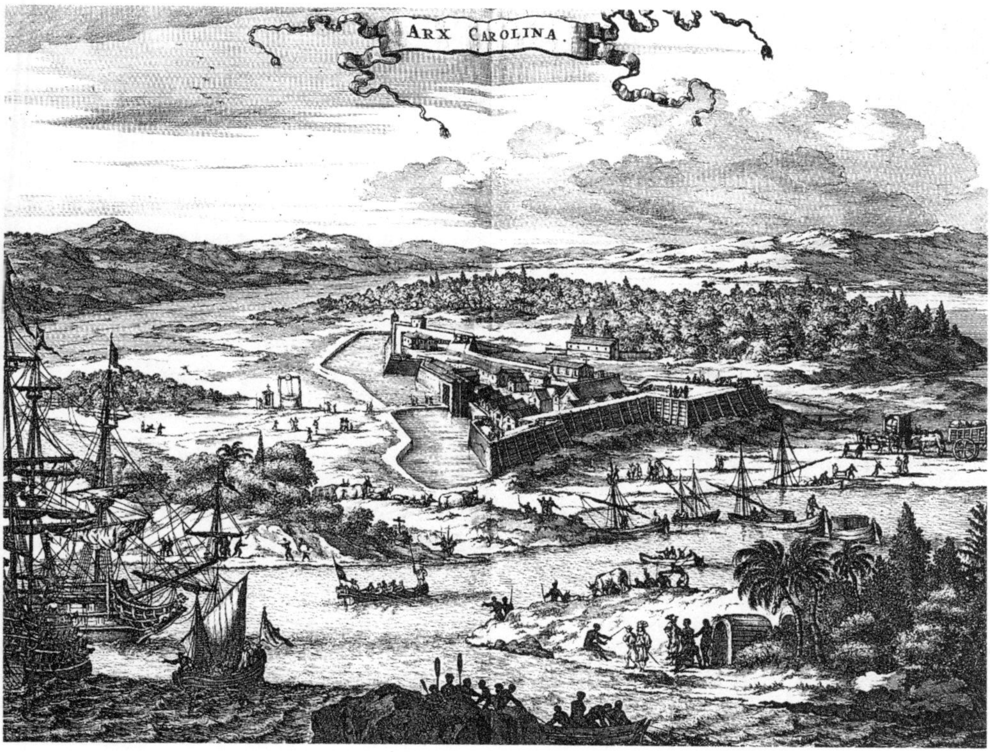

der Wildnis stammten. Auch in unbekanntem Terrain fanden sie dank ihrer intensiven Naturkenntnisse den Weg. Im negativen Fall konnten sie natürlich die Erforschung des Landes auch sehr behindern – sei es durch Feindseligkeit, Betrug, Unberechenbarkeit oder Unwissenheit.

Die Südostküste der USA während der ersten Siedlerzeit. *Arx Carolina, das zwischen den Flüssen Ashley und Cooper erbaute älteste Fort im späteren South Carolina, Keimzelle Charlestons, das 1763 englisch, 1783 spanisch wurde. Kupferstich aus Dappers »Amerika« (1673). Bayer. Staatsbibl., München.*

Auf den Spuren französischer Entdecker

Nach den Wikingern waren Franzosen die ersten, die wieder Fahrten entlang den Küsten von Labrador und Neuschottland unternahmen. Es waren Fischer. Ihnen folgten im 16. Jahrhundert Forscher, die vor allem zur St.-Lorenz-Strom-Mündung vordrangen und die Nordküste erschlossen. Dem wichtigsten unter ihnen, *Jacques Cartier* (* 1491, † 1557), sind wir bereits im vorangegangenen Kapitel begegnet. Er war von dem französischen König Franz I. beauftragt, eine Passage nach dem Osten zu suchen. Im Rahmen dieses Auftrags erforschte er den St.-Lorenz-Strom bis zum heutigen Montreal, wurde aber von den Stromfällen gehindert, weiterzufahren. Zumindest konnte er feststellen, daß der Strom nicht als Wasserweg zum Pazifik in Frage kam.

Ökonomische Gesichtspunkte sollten schon bald die weitere Erforschung des Nordens fördern: Ende des 16. Jahrhunderts wurden Neufundland und Neuschottland und angrenzende Regionen immer stärker von französischen Fischern besiedelt. Sie fingen vor allem Kabeljau, der, wenn die Fische klein waren, luftgetrocknet, wenn sie groß waren, eingesalzen wurde. Mit wachsender Bevölkerung nahm auch der Tauschhandel mit Pelzen, vor allem mit Biberfellen, zwischen ihr und den Indianern zu. Schließlich entwickelte sich ein lukrativer Pelzhandel, der zusammen mit dem Drang von Missionaren, die Indianer zu bekehren, französische Forschungs- und Händlerexpeditionen immer weiter in das Landesinnere hineinführte.

In den Jahren 1604–1635 wurde *Samuel de Champlain* (* etwa 1565, † 1635) zum aktivsten und wichtigsten französischen Forscher in Nordamerika. Er erschloß den St.-Lorenz-Strom bis zu den Großen Seen, erforschte den Ottawa-Fluß, entdeckte den Huron-See, den Champlain-See und den Wasserweg nach Süden bis zum Hudson-Fluß. Er gründete Montreal und erneuerte die Siedlung von Quebec. Und er erforschte die Nordostküste Nordamerikas. Während seiner Verwaltung als Gouverneur von Kanada wurde die Halbinsel Acadia, das jetzige Neubraunschweig, besiedelt. Im Jahre 1632, nachdem Engländer aus Boston und Neuengland kurzfristig kanadisches Territorium besetzt hatten, kehrte Champlain mit drei Schiffen, Arbeitern und Soldaten sowie mit drei Jesuiten-Patres nach Quebec zurück und schuf damit die Basis für eine dauerhafte, erfolgreich wachsende französische Siedlung in Nordamerika.

In den folgenden Jahren waren es *Louis Jolliet* (* 1645, † 1700) und *Jacques Marquette* (* 1637, † 1675), die das Land weiter entschleierten, die Großen Seen erreichten, den Oberlauf des Mississippi erreichten und ihn bis zur Einmündung des Arkansas hinunterfuhren. Jolliet meldete optimistisch, Indianer behaupteten, der Mississippi fließe in einen anderen Fluß, der in den ›Westlichen Ozean‹ münde. »Ich habe ein Dorf gesehen, das nur fünf Tage von einem Stamm entfernt ist, der mit Indianern in Kalifornien handelt«, schrieb er.

Auf Jolliet und Marquette folgte *Robert Chevalier de LaSalle* (* 1643, † 1687). Er fuhr den »Vater der Ströme« hinab bis zum Golf von Mexiko. LaSalle hatte die Vision eines großen französischen Reichs in Amerika, das sich vom St.-Lorenz-Strom bis zum Golf von Mexiko, vom Atlantik bis zum Pazifik erstrecken sollte. Um seine Vision Wirklichkeit werden zu lassen, rüstete er eine Expedition aus und fuhr mit drei Schiffen und hundert Frauen und Männern aus Frankreich nach Osten, um das Gebiet der Mississippi-Mündung zu besiedeln. Der Versuch scheiterte, weil LaSalle die Mississippi-Mündung zu weit im Westen suchte und weil dadurch die Expedition in der Nähe der Matagorda-Bucht in Texas landete. LaSalle hielt sie für das Gebiet der Mississippi-Mündung und etablierte seine Siedlung. Die kleine Kolonie litt unter der starken Hitze und unter Angriffen der Indianer. Als sich LaSalle seines Fehlers bewußt wurde, unternahm er mehrere Versuche, doch noch den Mississippi zu finden – ohne Erfolg. Auf einer dieser Suchunternehmungen wurde er schließlich von seinen Gefährten ermordet. Zwei der Überlebenden dieser Expedition fanden eventuell den Weg zum Mississippi und den Fluß hinauf nach St. Louis in Missouri.

Das Unternehmen LaSalles hatte ein unerwartetes Nebenergebnis: Gerüchte über eine französische Kolonie an der Golfküste erreichten auch die Spanier, die daraufhin elf Expeditionen – zu Lande und per Schiff – in Gang setzten, um diese Kolonie zu finden und unter spanische Kontrolle zu bringen. Nach zwei Jahren – die Spanier suchten die Mississippi-Mündung ebenfalls vergeblich – fanden sie die armseligen Überbleibsel der LaSalleschen Siedlung.

Die Mississippi-Mündung sollte ein anderer finden: Im Jahre 1699 überredete der Kanadier *Pierre Le Moyne d'Iberville* den französischen König Ludwig XIV., eine Expedition von vierhundert Mann und vier Schiffen nach Louisiana zu schicken, um dort eine Kolonie zu gründen. Auf diese Weise wurde es d'Iberville, der die Mündung des Mississippi entdeckte und erforschte. Er verweilte dort einige Monate, segelte dann aber nach Frankreich zurück, um Vorräte und Proviant zu holen und dem König seinen Erfolg zu melden. Er ließ am Golf seinen Bruder *Bienville* zurück, der weitere Forschungen am Unterlauf des Mississippi unternahm. Im Januar 1700 kehrte d'Iberville gut versorgt und mit neuen Kolonisten nach Amerika zurück. Es wurde nun ein Handelsposten gegründet und mit Hilfe importierter afrikanischer Sklaven der Ackerbau intensiviert. Die kleine Kolonie breitete sich immer mehr aus, und 1718 kam es zur Gründung *New Orleans.*

Besonders in den Jahren 1700–1730 kam es zu einer intensiven Erforschung der unteren Mississippi-Region durch Franzosen und Spanier. Hinter diesen Unternehmungen stand das Ringen um Vorherrschaft zwischen den beiden Staaten.

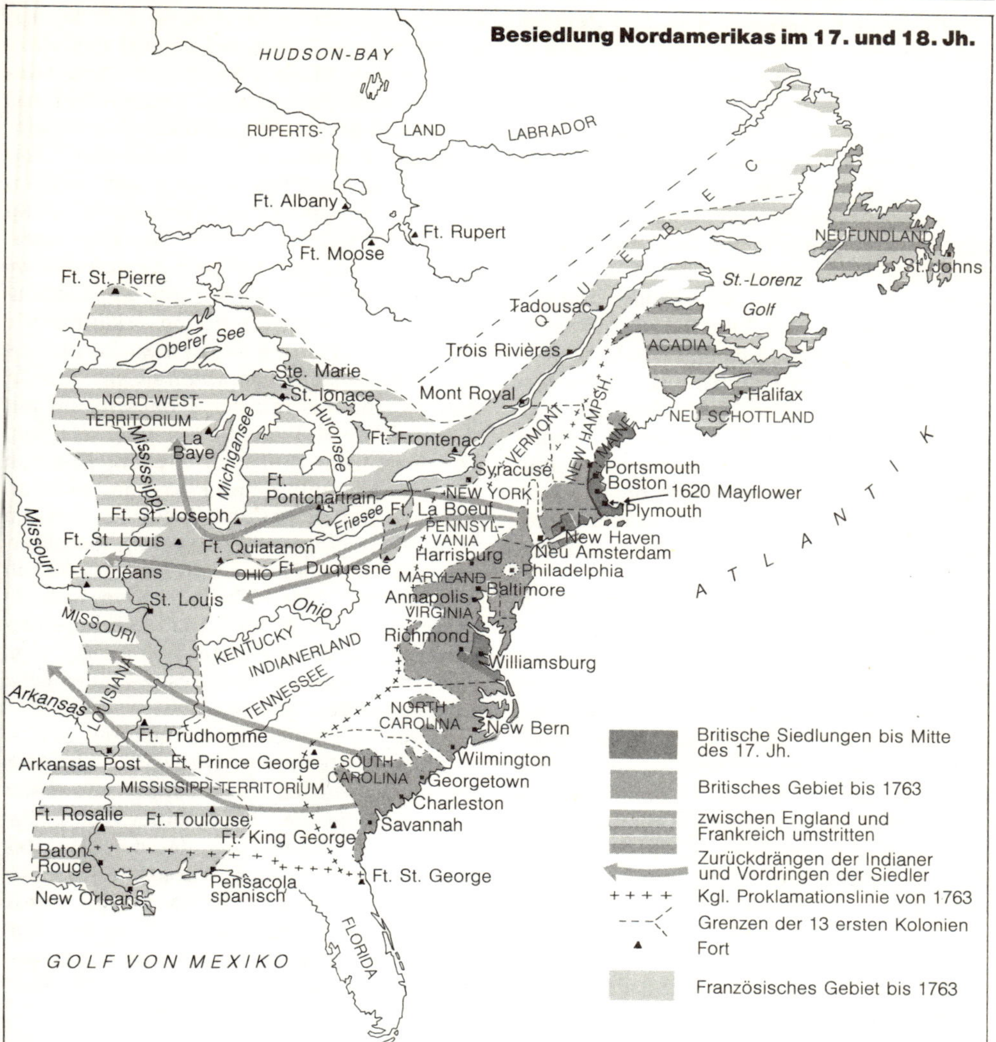

Die englische Besiedlung Nordamerikas

Im Gegensatz zu den Franzosen haben die Engländer nahezu von Anfang an versucht, Amerika systematisch zu besiedeln. Zwar scheiterten die ersten Siedlungen in *Virginia*, weil die Siedler die notwendige schwere Arbeit nicht gewöhnt waren und weil die Indianer sich weigerten, sie zu versorgen und ihnen zu helfen. Aber mit der Siedlung in *Jamestown* (1607) und der in *Plymouth* (1620) gelang es den Siedlern, endgültig Fuß zu fassen. Die englische Besiedlung des Ostens und die Erforschung Nordamerikas konnten beginnen.

Hauptsächlich motiviert durch den *Pelzhandel*, wurde in den Jahren von 1620 bis zum Ende des 18. Jahrhunderts vor allem das Küstenhinterland zwischen Atlantik und dem Mississippi erforscht. Allmählich stieg der Bedarf an besiedelbarem Land, und im 18. Jahrhundert wuchs auch das wissenschaftlich-geographische Interesse.

Die Erschließung und Besiedlung konnten zwangsweise nur langsam vorangehen. Einerseits wurde die Erschließung des Landesinneren von den Behörden nicht gefördert. Man muß bedenken, daß in Neuengland die Bewohner ihre Gemeinden ursprünglich hauptsächlich auf religiöser Basis gegründet hatten. Eine immer größere Ausbreitung der Bevölkerung aber barg die

Gefahr in sich, daß weit von den Zentren der Orthodoxie lebende Menschen sittlich und geistig geschädigt werden könnten, waren sie doch frommer Kontrolle durch die alte Gemeinschaft entzogen. Und außerdem gab es ja auch noch die Indianer – die eigentlichen Einwohner des Landes!

Auch geographische Barrieren für eine zügige Ausbreitung gab es genug: Im Norden Amerikas fließen die meisten Flüsse von Norden nach Süden – Ausnahmen sind nur der Hudson und der Mohawk, die Wasserwege zu den Großen Seen bieten. Der Westbewegung von der Ostküste ins Innere waren die Flußläufe also wenig dienlich. Weiter südlich erlaubten die Flüsse zwar einen leichteren Zugang ins Landesinnere, aber auch nur bis zum Vorgebirge der Appalachen, die von Pennsylvania bis Georgia ein natürliches Hindernis für Westbewegungen bildeten.

Was konnte die Siedler überhaupt veranlassen, durch fremdes Gebiet und trotz vielfach feindlich gesonnener Urbewohner die Küsten weiter zu besiedeln oder weiter ins Innere vorzudringen? In Neuengland war es zunächst die Suche der Kolonisten nach bebaubarem Land, auf dem sie neue Siedlungen gründen konnten. So wanderte 1636 *Roger Williams* mit seinen Anhängern von der Massachusetts-Bucht-Kolonie in die Narragansett-Region und etablierte den künftigen Staat *Rhode Island.*

In anderen Fällen waren es rein wirtschaftliche Gründe, die zur Erforschung und Besiedlung des Landes führten. So war die Suche nach Regionen, aus denen man Pelze beziehen konnte, ein Grund für die Erschließung des Tales des *Connecticut River* und anderer Täler. Auch im Gebiet des Staates New York war der Pelzhandel Basis der Erschließung. Wegen dieser Handelsinteressen gründeten die Holländer *Fort Orange* (das jetzige Albany) am Hudson und *Fort Nassau* an der Mündung des Delaware und Schukills. Im Jahre 1664 übernahm England die Kolonie *Neuamsterdam* (heute Stadt New York) von den Holländern. Die Engländer hatten erkannt, wie wichtig es war, den Westen zu kontrollieren. Deshalb auch bemühten sie sich um ein gutes Verhältnis mit den Irokesen und mit den anderen Indianerstämmen der Region. Das wiederum führte zu wiederkehrenden Spannungen mit den Franzosen, die von Kanada aus in das westliche Territorium New Yorks eingedrungen waren. Die Interessenkonflikte spitzten sich so zu, daß es in den Jahren 1760 bis 1763 zum Krieg kam, in dessen Folge England Kanada und die Territorien östlich des Mississippi gewann, während Spanien in den Besitz großer Teile Louisianas gelangte.

Daß auch die inneren Regionen des Staatsgebietes von New York frühzeitig (um 1680) erforscht wurden, verdanken wir einer Frau: *Hilletie van Olinda,* einer Halbindianerin, und *Arnoult Viele,* der den Ohio bis zur Einmündung des Wabash erforschte. Gegen Ende des 17. Jahrhunderts wurde das Gebiet zwischen Albany und den Finger Lakes unter *Wolfgang Römer* vermessen, der eine der ersten detailreichen Karten der Region herausbrachte.

Vorstöße von Pennsylvanien nach Illinois und zum Oberen See

William Penn (* 1644, † 1718) war von Anfang an daran interessiert, so viele Siedler wie möglich in die heute nach ihm benannte Region zu bringen. Er beauftragte *Thomas Holme,* das Land zu vermessen und Pläne für die Landzuteilungen zu erstellen. Penn ermutigte auch Händler, weiter ins Landesinnere zu reisen und Kontakte mit den Indianern zu suchen und für ein gutes Verhältnis mit ihnen zu sorgen. Auf diese Weise konnte auch der Pelzhandel belebt werden. Im Jahre 1727 erreichte *James Le Tort,* der mehrere Handelsposten am Susquehanna errichtet hatte, den Ohio und stieß bald darauf mit einer Expedition auch zum Michigan-See vor. Schon 1750 erstreckte sich die erschlossene Handelsregion bis zum Wabash und zum Miami.

Zu den Missionaren und Diplomaten, die zu den Indianern gesandt wurden, um ihre Freundschaft zu gewinnen, gehörte der weithin bekannte *Conrad Weiser,* der den Susquehanna entlang bis zur Indianerfestung Onondaga gelangte. *John Bartram,* einer der ersten Naturkundler, die Nordamerika erforschten, begleitete Weiser in das

Onondaga-Gebiet. Er sammelte Pflanzen und Tiere dieser Landschaft und schickte sie nach England. Seine Sammel-Expeditionen führten ihn schließlich im Norden bis zum Mohawk-Fluß und – später – im Süden bis Florida und Carolina.
Auch militärische Unternehmungen, ausgelöst durch den Krieg zwischen Engländern und Franzosen, trugen zur weiteren Erforschung des Landes bei. Durch Vorstöße in den Mittelwesten konnten Soldaten wie z.B. der *Major Rogers* sich hervorragende Kenntnisse über diese Region aneignen. Immer wieder aber wurde der Handel zum Träger der Erschließung. Einer seiner Vertreter, der bekannte Händler und Diplomat *George Croghan*, sprach mehrere Indianerdialekte und stand über zwanzig Jahre in engen Handelskontakten mit den Indianern. 1765 wurde er gewählt, eine Friedensgesandtschaft zum Indianerhäuptling *Pontiac* zu führen. Er gelangte mit seinen Leuten den Ohio hinab bis zur Einmündung des Wabash, wo seine Fahrt ein abruptes Ende fand: Die Illinois-Indianer überwältigten die Gruppe und nahmen sie gefangen. Man brachte sie durch das Land bis zur Indianersiedlung Quitenon, wo man sie aus Furcht vor den Irokesen wieder freiließ. Croghan setzte nun seinen Marsch zum Illinois-Fluß fort, traf unterwegs auf Pontiac und schloß mit ihm den erhofften Friedensvertrag. Durch diese Leistung erschloß sich Illinois englischer Besiedlung.
Weiter nach Westen gelangte 1766/67 der Engländer *Jonathan Carver*. Er brach von Mackinac, zwischen dem Huron- und Michigan-See, auf und marschierte mit seiner Gruppe bis zur Grünen Bucht des Michigan-Sees, von dort den Fox-Fluß hinab bis zu einem Übergang zum Wisconsin-Fluß und zum Mississippi. Dann wandte er sich wieder den Mississippi hinauf nach Norden, bis er den St.-Francis-Fluß erreichte, wo heute *St. Paul* liegt. Dann ging sein Weg wieder zurück über den Oberen See nach Mackinac. Diese mutige Expedition brachte den Engländern reiche Erkenntnisse über die Region, die allerdings noch nicht mit denen zu vergleichen waren, die die Franzosen von Kanada aus gewonnen hatten.

Von Virginia aus nach Westen und Süden

Schritt für Schritt erschlossen sich die englischen Siedler auch von Virginia aus neue Gebiete des nordamerikanischen Kontinents, nach Westen allmählich auch durch die Gebirgszüge der Appalachen und der Alleghenys bis nach Tennessee und Kentucky, nach Süden bis in die Staatengebiete Carolinas und – von Georgia aus – durch Alabama und durch Mississippi hindurch. Die Golfküste von Florida bis Mexiko wurde allerdings zuerst von Spaniern erforscht, dann von LaSalle und anderen Franzosen; später wurde sie von Kolonisten aus Georgia und den südlichen englischen Kolonien besucht und besiedelt.
Im Jahr 1650 machten *Edward Bland* und Kapitän *Abraham Wood* eine Forschungsreise nach Süden und Westen, ausgehend vom Wasserfall des Appomattox-Flusses, wo heute *Petersburg* liegt. Sie überquerten die Flüsse Nottoway und Meherrin und erreichten schließlich den Roanoke-Fluß in der Nähe seines ersten Wasserfalls. Bland schrieb einen Bericht über diese Reise und schilderte offene Felder, wo Tabak dank des guten Klimas so gut gedeihen würde, daß man mit jährlich zwei Ernten rechnen könnte. Auch für Viehzucht sei das Land gut, und es zeichne sich durch große Wälder mit riesigen Bäumen aus.
Einer der vielen Gründe für Vorstöße nach Westen, jetzt von Virginia aus, war auch wieder einmal die Suche nach einem Weg zum Pazifik. Man glaubte, der Kontinent sei erheblich schmaler, als er es tatsächlich ist, und der Pazifik müsse direkt hinter den Bergen liegen. Bestärkt wurde man in dieser Ansicht durch Berichte der Indianer, daß jenseits der Berge die Flüsse in ein großes Meer flössen. *John Farrar*, ein Angestellter der »Virginia Company«, produzierte 1651 sogar eine Karte, die kurz hinter den Virginia-Bergen ein Stück Südsee zeigte. Schließlich beauftragte Gouverneur William Berkeley den jungen Deutschen *John Lederer*, ausfindig zu machen, was denn nun eigentlich hinter den Bergen zu finden sei. Lederer unternahm drei Expeditionen: Die erste brachte ihn bis zu den Blue-Ridge-Bergen in der Nähe des heutigen

***Einfallstor zur Erschließung des nordamerikanischen Kontinents:** Der St.-Lorenz-Strom. Wasserfälle des 1535 von Cartier entdeckten Flusses. Stich aus »Allgemeine Geschichte der Länder und Völker von Amerika« von Baumgarten.*

Charlottesville. Bittere Kälte und der Anblick noch höherer Berge im Westen entmutigten ihn, und er machte kehrt. Seine zweite Unternehmung führte ihn südwestlich bis zum jetzigen Rock Hill/South Carolina am Catawba-Fluß. Darüber berichtete er geographisch so unrichtig, daß spätere Forscher irregeführt wurden: Er behauptete, daß er fünf Kilometer westlich einen See entdeckt habe, der etwa fünfzig Kilometer breit sei. Dieser mysteriöse See zierte noch viele Jahre nach Lederers Expedition fälschlicherweise die Karten Nordamerikas. Eine dritte Expedition führte Lederer in Nordvirginia erneut bis zu den Blue-Ridge-Bergen. Und wieder wurde er durch den Anblick der hohen Appalachen-Berge weiter im Westen entmutigt.

Obgleich es nicht gelang, einen Übergang über die Berge und einen Weg zum Pazifik zu finden, hatten Lederers Beobachtungen doch wesentliche Bedeutung. Er war der erste Europäer, der die Piedmont Region Carolinas betreten hatte. Aufgrund seiner Kontakte mit vielen Indianerstämmen konnte er deren Lebensstil recht genau beschreiben; dasselbe galt für die von ihm gesehenen Landschaften. Vor allem aber: Er eröffnete Handelswege zu den Cherokee- und den Catawba-Stämmen.

Handelswege und -kontakte waren immer gefragt, vor allem, um den Pelzhandel intensivieren zu können. Auch die Suche nach neuen Anbauflächen für Tabakplantagen lockte die europäischen Siedler in unbekannte Gegenden, aber sie kamen zunächst doch nicht weiter als bis zu den Appalachen-Bergen im Westen. Erst in den letzten Jahren des 18. Jahrhunderts drangen sie allmählich in das heutige Tennessee und Kentucky vor. Unter diesen Männern war auch der berühmte *Daniel Boone,* einer der »Langen Jäger«, so benannt, weil sie oft bis zu zwei Jahren in die Wildnis gingen. Boone erforschte das Gebiet zwischen dem Kumberland- und dem Ohio-Fluß. Im Jahre 1775 baute seine Mannschaft die »Wilderniss Road« vom Holston-Fluß bis Big Lick und dem Roten Fluß. Dort wurde *Boonesboro* gegründet, etwas südlich des heutigen Lexington/Kentucky.

Weiter im Süden lernte man nach und nach South Carolina und Georgia genauer kennen. Von hier aus drangen Europäer nach Nordwesten bis Tennessee und Kentucky sowie nach Westen bis zur Mobile-Bucht und zum Mississippi vor. Diese Expansion führte zu Interessenkonflikten mit den Spaniern in Florida und mit den Franzosen im Mississippi-Tal.

Spanier, Russen und Engländer an der Westküste

Die Westküste Nordamerikas wurde von den drei genannten Völkern gleichermaßen entdeckt und erforscht: Bis zum Anfang des 17. Jahrhunderts hatten die Spanier von mexikanischen Häfen aus die Küste bis Kap Blanco im heutigen Staat Oregon erforscht. Das nächste seinerzeit westlich davon bekannte Land war die sibirische Halbinsel Kamtschatka. Was zwischen ihr und Amerika lag, ob die beiden Kontinente durch eine Landbrücke verbunden waren –, man wußte es nicht. Auch die Kenntnisse der Küstenregion zwischen Mexiko und Kalifornien waren so lückenhaft, daß man bis Anfang des 18. Jahrhunderts glaubte, Kalifornien sei eine Insel. Erst der Jesuitenpater *Eusebio Francisco Kino,* der auch den Colorado- und den Gila-Fluß entdeckte, zeigte, daß ein Landweg nach Kalifornien existierte. Endgültig aber bewies erst der Pater *Consag* durch eine Segelfahrt um die Küsten Niederkaliforniens, daß es eine Halbinsel und keine Insel ist.

Inzwischen hatten die Russen das Südende Kamtschatkas erforscht, und sie hörten von einem großen Land im Osten. 1648 berichtete der sibirische Kosake *Semjon Deschnew (Dezhnev),* daß er um das Ostkap gesegelt sei, aber sein Bericht erreichte die Behörden in St. Petersburg nicht. Erst 1724, kurz vor seinem Tode, entsandte Peter der Große eine Expedition unter Leitung des Dänen *Vitus Bering,* um die geographischen Verhältnisse zu klären. Bering durchsegelte 1728 die Meeresstraße zwischen Asien und Amerika, die heute seinen Namen trägt, aber dichter Nebel verhüllte die amerikanische Küste. Vier Jahre später hat *Gwoschdew (Gwosdev)* die amerikanische Küste sehen können, doch da er keine Karte seiner Reise anfertigte, blieb seine Entdeckung ungesichert.

Im Jahre 1731 bereitete Bering eine weitere Expedition vor, um Sibirien, die Kurilen und Japan zu erforschen. Aber erst im Jahr 1741 konnte er endlich aufbrechen. Er segelte mit zwei Schiffen von Kamtschatka aus nach Südosten und dann wieder nach Nordosten. So gelangte er in die Inselkette der Aleuten und erspähte den *Mount St. Elias* in Alaska. Bering landete kurz, um Wasser an Bord zu nehmen, und machte sich auf die Rückreise, auf der er Schiffbruch erlitt und umkam.

Die Überlebenden dieser Expedition meldeten, daß sie viele Pelztiere hatten beobachten können. So entwickelte sich in den nächsten Jahren eine rege Pelztierjagd. Die sibirischen Jäger, »Promyshleniki« genannt, die durch Willkür und ungezügeltes Benehmen die Einwohner der Aleuten terrorisierten, gründeten einen russischen Stützpunkt auf dem nordamerikanischen Festland.

In der Mitte des 18. Jahrhunderts breiteten sich die Spanier langsam an der pazifischen Küste Kaliforniens aus. Sie gründeten Siedlungen und erforschten auch die Täler im Landesinneren. Hauptgrund für diese Expansion waren Gerüchte, die von den Aktivitäten der anderen europäischen Mächte in diesem Raum, vor allem aber von den Unternehmungen der Russen und der Engländer weiter im Norden berichteten.

Im Jahre 1778 erreichte *James Cook* die Nordwestküste Nordamerikas. Er suchte nach der Nordwest-Passage, die nach seiner Ansicht existieren mußte, nachdem er Karten gesehen hatte, die teils von Russen angefertigt worden waren, teils – mit etwas Phantasie – von Franzosen auf der Grundlage russischer Kartenwerke. Nach diesen Karten war Alaska eine Insel, die zwischen Rußland und Nordamerika lag. Cook suchte nach der Straße zwischen Alaska und Nordamerika. Aber die Küste, an der er nach Norden segelte, verlief immer weiter nach Westen, schließlich sogar nach Südwesten. Cook verfolgte sie weiter und gelangte endlich zur Beringstraße und weiter, bis er nördlich von ihr von großen Eismassen gestoppt wurde.

Obgleich Cook den Seeweg um Nordamerika nicht gefunden hatte, war seine Expedition von höchster Bedeutung. Hatte Cook doch zum erstenmal die Nordwestküste gründlich erforscht, beschrieben und kartiert. Es war nun erstmals möglich, sich ein genaues Bild des nordamerikanischen Kontinents zu machen. Zu erforschen blieben nur noch die Regionen im Inneren, die Rocky Mountains, Nordwestkanada und Alaska. Das jedoch mußte bis ins 19. Jahrhundert warten. So dauerte es seit der ersten Fahrt des Kolumbus beinahe dreihundert Jahre, bis man endgültig den Doppelkontinent wirklich kannte.

Die Erforschung Amerikas wurde von Hunderten oder sogar Tausenden durchgeführt. Nur die Wichtigsten von ihnen können genannt werden. Viele von ihnen arbeiteten völlig unabhängig voneinander, ja, wußten nicht einmal von den anderen, so daß die Erforschung Nordamerikas beinahe so verlief, wie wenn viele Blinde an einem Elefanten herumtasten und jeder seine Eindrücke meldet, aber keiner mit dem anderen Kontakt hat.

Lebensverhältnisse und wirtschaftliche Grundlagen

Bestimmt von Kriegen, Pest und Pocken – Flüchtlinge: Not und neue Impulse – Luxus und Sparsamkeit – Manufakturen, Maschinen und Kapital – Papiergeld, Aktien, Kolonien – Militärstaat, Landadel, Bürgertum – Armes Volk, reiselustige Oberschicht – Reden in vielen Zungen – Hygiene und Gesundheit – Merkantilismus und Freihandel – Neue Wirtschaftstheorien – Rohstoffe und Märkte – Kolonial- und Seehandel – Sklavenhandel als Dreieckshandel – Spinnmaschinen und Tuchhandel – Aktiengesellschaften, Banken, Zölle, Steuern – Landwirtschaft – Einsatz von Technik – Großgrundbesitz – Neue Produkte, neue Märkte – Staatliche Wirtschaftspolitik – »Bauernbefreiung«.

La Taxe Par Teste

D'vne taxe legere la douceur on impose
A vn peuple tout prest d'en accepter la loy
heureux sy lon pouuoit pour si modique chose
Achepter vne Paix aux vœux de nôtre Roy.

HERMANN SCHREIBER

Soziale Verhältnisse und Alltagsleben bis zur Französischen Revolution

Am Ende unseres 20. Jahrhunderts mehren sich die Stimmen, die den baldigen Untergang der menschlichen Zivilisation und des gewohnten gesellschaftlichen Lebens zumindest in den Städten der Kulturnationen voraussagen. Wenige bedenken dabei, daß Europa schon einmal so weit war, und zwar rund dreihundert Jahre vor unserer Zeit, was nicht viel ist: acht Generationen, vier Menschenalter . . .

Der »Dreißigjährige Krieg« hatte bis zur Mitte des 17. Jahrhunderts ganz Mitteleuropa schwer heimgesucht, Deutschland entvölkert und auch seine Randgebiete wie Pommern und Schlesien in Wüsteneien verwandelt. Und als die Menschen nach diesen Nöten wieder angefangen hatten, ihre Felder zu bestellen, die niedergebrannten Dörfer neu zu besiedeln und Hoffnung zu schöpfen, da brachen von Südosten her die *Türken* gegen Mitteleuropa vor, und im Westen legten die Truppen des französischen Königs alte deutsche Kulturstädte nicht nur im Kampf, sondern in unbegreiflicher Zerstörungswut in Schutt und Asche, nachdem sie leergeplündert worden waren. Eine furchtbare *Pest* ging über Mitteleuropa hin, im Westen, in London 1665, im Osten, in Wien 1679, in Marseille 1720. Die *Pocken* hielten ihre Todesernte bis hinauf in die Reihen der Herrscherhäuser, und das neue, das 18. Jahrhundert begann abermals mit einem Krieg (»Spanischer Erbfolgekrieg«), der Europa von der westlichsten Nation Spanien bis hin zu Preußen und Österreich mit Waffenlärm erfüllte, noch ehe die Türken aus Europa verdrängt waren.

Nichts greift in das Leben der Völker tiefer und grausamer ein als ein Krieg, und nichts ist so sicher die Folge eines Krieges wie die Verarmung des Volkes; wo die Not regiert,

Linke Seite:
Zerrüttung der öffentlichen Finanzen – Verschärfung der Steuerungerechtigkeit. *Franzosen beim Entrichten der Kopfsteuer, einer ohne Rücksicht auf individuelle Verhältnisse erhobenen Personalsteuer. 1708. Bibliothèque Nationale, Paris.*

Leidenszeit: Ständige Seuchengefahr – harter Strafvollzug. *Oben: Im Pesthospital von Wien. Über Jahre hinweg wurde die Stadt von schweren Pestepidemien heimgesucht. Kupferstich, 1679. – Unten links: Pestarzt im 18. Jh. Die Maske enthielt stark duftende Arzneimittel, die vor Ansteckung schützen sollten. Zeitgenössischer Kupferstich. – Unten rechts: Auspeitschung lediger Mütter. Kupferstich von Daniel Chodowiecki.*

stellen sich aber Seuchen ein, wo das soziale Gefüge geschwächt erscheint, leiden Produktion, öffentliche Ordnung, Handel und Verkehr, die allesamt doch die Heilmittel sein und die vielgeprüften Nationen wieder zu einem besseren Leben emporführen sollten. Dieser Teufelskreis der Kriege und Nöte erhält noch einige besondere Akzente dadurch, daß *Ludwig XIV.* (R 1643–1715) auf dem Höhepunkt seiner Macht unter dem Einfluß einer bigotten Mätresse, der *Maintenon*, seine arbeitsamsten Untertanen austreibt, die durch ihre Religion zu besonderer Sittenstrenge und Ehrlichkeit angehaltenen *Hugenotten*, und einige Jahrzehnte später tut ein *Salzburger Fürsterzbischof* mit Salzbergknappen und Bauern dasselbe. Vor allem die erste dieser Austreibungen, die genauer gesagt eine große Fluchtbewegung war, veränderte das Wirtschaftsgefüge in Mitteleuropa nachhaltig. In jenen Zeiten schwacher Bevölkerungen und entvölkerter Landstriche genügte die Viertelmillion emsiger Hugenotten-Handwerker, um Schweizer Kantone und deutsche Länder nahe an den vorindustriellen Standard heranzuführen, der bis dahin den wirtschaftlichen Vorsprung Frankreichs und der Niederlande ausgemacht hatte.

Das auch militärisch zuletzt geschlagene Frankreich bleibt zwar ein Vorbild, was die gesellschaftliche Kultur und das geistige Leben anlangt, eine Vormacht ist es aber dank seines wirtschaftlichen und militärischen Niedergangs und nach dem Verlust seiner Kolonialgebiete nicht mehr. Der Höhepunkt der Frankreich-Hörigkeit und -Nachahmerei an den übrigen Höfen Europas und in den aristokratischen Zirkeln ist überschritten; der hektische Mätressenreigen des fünfzehnten Ludwig wird eher belächelt als nachgeahmt, und in die sozialen Verhältnisse aller betroffenen Völker kehren nach und nach die durch die Kriegsnöte gebotene Sparsamkeit, Ordnung und Selbstzucht ein: Am deutlichsten schon im Preußen des *»Soldatenkönigs«* Friedrich Wilhelm I. (R 1713–1740), aber nach und nach selbst in den Staaten, die während zweier Drittel des 18. Jahrhunderts noch Kriege führen, im Preußen *Friedrichs II.* (R 1740–1786) und in den österreichischen Ländern der *Maria Theresia* (R 1740–1780), die einen Kaunitz zur Seite hat.

Die Hoffnung ist noch ein schwaches Flämmchen im Völkerleben, aber sie ist nicht ganz unbegründet. Die Kriege des neuen, des 18. Jahrhunderts erreichen nicht mehr jene tödliche Dauer wie die Religionskriege. Die Herrscher einer neuen Zeit empfinden Verantwortung auch gegenüber ihren Untertanen, nicht nur gegenüber ihrer Konfession.

Text der Zeit

Herzog von Saint Simon: Aus dem Tageslauf Ludwigs XIV. – 1710

Um acht Uhr morgens weckte der erste Kammerdiener den König. Der Leibarzt und der erste Chirurg und, solange sie lebte, die Amme des Königs traten zur gleichen Zeit ein. Die Amme küßte ihn, die anderen rieben ihn mit Tüchern ab, zogen ihm, weil er meist stark schwitzte, ein anderes Hemd an. Um Viertel nach acht rief man den Großkämmerer und in dessen Abwesenheit den ersten Dienst tuenden Kammerherrn, und mit ihnen begannen die großen Entrées. Einer von ihnen öffnete den Bettvorhang, der inzwischen wieder geschlossen worden war, und reichte dem König das Weihwasser aus dem Becken, das über seinem Bett hing; diese Herren verweilten einen Augenblick, sofern sie dem König etwas zu sagen hatten oder ihn etwas bitten wollten. Derjenige, der den Vorhang geöffnet und das Weihwasser gereicht hatte, übergab dem König das Gebetbuch des Heilig-Geist-Ordens, dann gingen sie hinüber in den Sitzungssaal. Nach kurzem Gebet rief der König, und sie kamen alle wieder herein. Der Oberkämmerer brachte ihm seinen Morgenrock, während die zweiten Entrées begannen; nun erschien alles, was Rang und Namen hatte, dann der Troß, indes der König sich Strümpfe und Schuhe anzog, denn er kleidete sich fast ohne Hilfe der Diener mit viel Geschick und Anmut stets selber an. Ein um den anderen Tag sah man, wie ihm der Bart geschoren wurde. Er trug dabei eine kleine kurze Perücke, ohne die er sich niemals in der Öffentlichkeit zeigte, auch nicht, wenn er an den Tagen seiner Reinigungskuren im Bett lag. Häufig plauderte er über die Jagd, und manchmal richtete er an diesen oder jenen ein Wort. Er hatte keinen Toilettentisch vor sich stehen, man hielt ihm nur einen Spiegel hin.

Sobald er angekleidet war, kniete er vor seinem Bett nieder und betete, die anwesenden Kleriker knieten ebenfalls nieder, alle Laien blieben stehen, und der Hauptmann der Garde ging während des Gebetes auf die Balustrade, von wo aus der König sich dann in sein Arbeitszimmer begab. Alle die Erlaubnis hatten, und es waren sehr viele, weil jeder von ihnen eine Charge innehatte, folgten ihm dorthin oder befanden sich schon dort. Alsdann gab er die Tagesordnung bekannt, so wußte man fast auf die Viertelstunde genau, was der König den Tag über tun würde. Nun gingen alle Anwesenden hinaus. Es blieben nur die Bastarde, deren ehemalige Erzieher, M. de Montchevreul und M. d'O, Mansart und später statt seiner d'Antin, die alle, ebenso wie die Kammerdiener, nicht durch das Zimmer, sondern durch die Hintertüren hereinkamen. Es war dies für die einen wie für die anderen die gelegene Zeit und der rechte Augenblick, um über Gartengestaltung und Bauvorhaben zu sprechen; das dauerte mehr oder weniger lange, je nachdem was der König dann weiter zu tun hatte. Indes wartete der ganze Hof in der Galerie, nur der Hauptmann der Garde saß vor der des Arbeitszimmers, bis man ihm meldete, daß der König zur Messe gehen wolle, und er in das Arbeitszimmer eintrat.

Diese Zwischenzeit war Audienzen vorbehalten, wenn der König solche bewilligt hatte oder wenn er selbst irgend jemanden zu sprechen wünschte, oder auch wenn er ausländischen Ministern in Gegenwart Torcys Geheimaudienzen zu erteilen gedachte. Sie wurden geheim genannt im Unterschied zu jenen, die er ohne Zeremoniell an seinem Bett erteilte. Danach begab sich der König zur Messe, wo sein Kirchenchor stets eine Motette sang. In das Kirchenschiff hinunter ging er nur bei großen Festen oder um zu kommunizieren. Auf dem Hin- und Rückweg zur Messe konnte ihn jeder ansprechen, allerdings mußten Leute, die nicht von Stand waren, sich vorher beim Hauptmann der Garde anmelden. Während der Messe waren die Minister benachrichtigt worden und versammelten sich im Arbeitszimmer des Königs, wo die Leute von Stand ihnen ihre Anliegen vorbrachten oder mit ihnen plauderten. Bei der Rückkehr von der Messe hielt der König sich nicht lange auf und rief alsbald den Ministerrat zusammen. Damit war der Vormittag beendet.

Aus: Louis de Rouvroy Duc de Saint Simon »Memoiren«. Übers.: Sigrid von Massenbach. Verlag Ullstein, Berlin

Jakob Maler: Auf der Galeere – 1688

Text der Zeit

Zu Lyon setzt man uns auf die Rhone in ein großes Schiff und wir fuhren [. . .] bis Marseille. Da lagen zwei Galeeren. Man führte uns auf die »Grande Royale«, da waren 1500 Gefangene, aber alles alte Leute, die nicht für die Ruderbank geeignet erschienen, aber wir waren gut genug, und sie nahmen uns die Ketten vom Hals, und schmiedeten uns an den Füßen an. Dann kamen Türken und scherten uns das Haar mit einem Schermesser ab, aber sie kratzten auch die Haut mit dem Haar ab. Dann kamen die Doktoren und Feldscherer und zogen uns nackt aus, visierten uns am ganzen Leib ob wir auch keine Gebrechen hätten, schließlich erschienen die Hauptleute und nahmen so viele, wie sie brauchten. Und einer nahm mich und führte mich zusammen mit acht anderen auf eine Galeere. Da fand ich 420, alle in Eisen und Banden, darunter waren sieben von unserer Religion. Die waren aber nicht beieinander, sondern stets einer zwischen zwei Türken, damit sie nicht miteinander reden konnten. Auch mich taten sie zwischen zwei Türken, dann kamen die Pfaffen, begrüßten mich und setzten sich zu mir und sagten, sie wollten einen Engel aus mir machen. Ich sagte zu ihnen, daß sie da tüchtige Leute seien, und sie antworteten, ja freilich, wenn ich ihnen nur folgen wollte, und ich fragte, was ich dann tun müßte. Sie sagten, ich müsse den katholischen Glauben annehmen und meinen verlassen. Ich antwortete ihnen, wenn es das ist, so macht ihr euer Lebtag keinen Engel aus mir, denn meinen Glauben verlasse ich nicht. [. . .] Es sind in 60 Ruder auf der großen Galeere und 50 auf den kleinen, und 7 Mann an einem Ruder, aber alle angeschlossen, darunter sind zwei Türken und fünf Christen an einer Bank. Und sie nahmen das Seil und banden es mir an den Hals und an das vordere und an das hintere Ruder. Die zwei Ruder hielten mich am Hals. Ich mußte aber immer zwischen den beiden sein, sonst würden sie mich am Hals würgen; denn die 50 Ruder mußten alle zugleich gehen. Da stand einer neben uns mit einem Hageschwanz [Peitsche], der schlug auf mich etliche Streiche und sprach: »Du calvinistischer Hund, ich will dich lehren an Gott glauben.« Aber das war nur der Anfang.

Aus: Johannes Häne »Der Bericht des Zürchers Jakob Maler über seine Erlebnisse auf den französischen Galeeren«. In: Zürcher Taschenbuch auf das Jahr 1911. Moderne Bearbeitung: H. Pleticha

Die Kassen sind noch leer, so daß die Furie des Krieges nicht mehr das flache Land im ganzen überzieht, sondern – von Verwüstungen einzelner Gebiete abgesehen – in den Schlachtorten konzentriert erscheint. Da die Schauplätze und Aufmarschgebiete der preußisch-österreichischen Auseinandersetzungen (»Schlesische Kriege«, »Siebenjähriger Krieg«) im mittelgebirgigen Herzen Mitteleuropas lagen und die eingesetzten Armeen vergleichsweise klein waren, hatte Europa wie auch nach dem Ende des »Spanischen Erbfolgekrieges« und des »Nordischen Krieges« weniger unter Kriegsnöten zu leiden als das Jahrhundert vorher. Es konnte den Weg seiner sozialen Entwicklung ziemlich folgerichtig weitergehen, einen Weg, der sich hier nur in den größten Zügen nachzeichnen läßt.

EUROPA AUF DEM WEG INS FRÜH-INDUSTRIELLE ZEITALTER

Die erste der summarischen Feststellungen, die sich treffen lassen, lautet, daß nach den romanischen Völkern, die vom Mittelalter bis zu den Religionskriegen dominiert hatten, nun die *protestantischen Seemächte* und die *Deutschen* die Oberhand gewinnen, und zwar vor allem in wirtschaftlicher Hinsicht, in der Produktion, im Verkehr, in der Prosperität.

Die zweite Überblicks-Erkenntnis aus dem 18. Jahrhundert ist hingegen rein wirtschaftlicher Art: Das Zauberwort des Zeitalters lautet *Manufaktur*, worunter man sich jene leichtindustriellen Betriebe vorstellen kann, mit denen die Industrialisierung im allgemeinen beginnt, weil sie vergleichsweise wenig Kapital brauchen und bei wenigen Fachkräften mit billigen Hilfsarbeitern auskommen. In diese Manufakturen fließt nun all jenes Geld, das aus den Kolonien und aus der Landwirtschaft gewonnen wird, und der Kapitalbedarf der Gründer-Zirkel verändert in ganz Europa – vom zurückbleibenden Spanien und Polen abgesehen – die sozialen Basisstrukturen, die seit dem frühen Mittelalter weitgehend konstant gewesen waren.

Spanien im Westen und *Polen* im Osten machen diese Entwicklung so gut wie gar nicht mit: Spanien, weil es sich in den Religionskriegen ruiniert und seine Kolonien nun voll ausgebeutet hat, Polen, weil es durch Teilungen und Überfremdung außerstande ist, die kurzen Fortschritts-Ansätze unter den Sachsenkönigen weiterzuentwickeln. Es nimmt am Jahrhundert der Aufklärung jedoch geistig regen Anteil.

In *England* war das vertriebene *Haus Stuart* mit *Karl II.* (R 1660–1685) wieder an die Macht gekommen, vermutlich dem persönlich begabtesten Herrscher, den die Insel jemals hatte. Der engstirnige *Puritanismus* wich der Aufgeschlossenheit für neue Ideen, und eine freie *Naturwissenschaft* konnte das frühindustrielle Zeitalter vorbereiten. *Samuel Pepys* hat uns in seinen unschätzbaren Tagebüchern ein genaues Bild jener Epoche und des Lebens in London hinterlassen, wo man trotz der Pestepidemie und einem großen Brand (2.–6. 9. 1666) seines Lebens nun wieder froh werden konnte.

In dieser Zeit verbot Karl II. jegliches Todesurteil in Verbindung mit Glaubensdingen, während in Schottland noch 1697 ein junger Mann gehängt wurde, weil er Zweifel an der Bibel geäußert hatte. Die im 17. Jahrhundert noch recht enge Bindung an das Frankreich des »Sonnenkönigs« erleichterte es den Briten, auf den Weltmeeren das Erbe der Spanier und Portugiesen anzutreten. Als dann Frankreich schlechtere Zeiten erlebte, distanzierte sich England vom Kontinent, beschränkte sich auf Hilfsgeld-Interventionen und steckte die Kapitalüberschüsse aus den neu gewonnenen Kolonialreichen in Amerika und Indien in die Manufakturen.

ENGLAND: GROSSGRUNDBESITZ UND MASCHINENZEITALTER

In England, wo ja noch bis heute jeder, der Geld übrig hat, nach *Grundbesitz* strebt, vollzog sich lautlos, aber umfassend ein Wandel vom kleinen und mittleren zum großen und sehr großen Besitz. Der gebildete Landedelmann, der Europa kannte und mehrere Sprachen beherrschte, verbesserte seine Böden, spekulierte an den Börsen, verstand es, sich Gemeindegrund anzueignen und kleine Bauern aufzukaufen oder ihnen eine *Pächterexistenz* schmackhaft zu machen. Die Vermögen aus dem Handel, der Politik und den hohen Rechts-Positionen wanderten aufs Land. »Dieser Prozeß der Aufsaugung der kleinen durch die großen Güter hatte bereits unter Karl II. begonnen, wiewohl er erst unter *Georg III.* [R 1760–1820] seinen Höhepunkt erreichte. Er erklärt uns zum großen Teil die Verbitterung [. . .] gegen die Männer mit dem Geldsack«, so der englische Historiker G. M. Trevelyan.

Als dieser Prozeß dann abgeschlossen und das Kapital wieder frei geworden war, strömte es in die Industrie. Die Entwurzelung vieler Tausender und die großen disponiblen Vermögen machten England zur Vormacht des Maschinenzeitalters, weil alles zugleich vorhanden war: der billige Arbeiter, das Kapital, die Kohle und die technisch-naturwissenschaftlichen Kenntnisse aus hohen Schulen und gelehrten Gesellschaften, die sich seit den Stuarts besser entwickelt hatten als irgendwo sonst in Europa.

DIE NIEDERLANDE: PROSPERIERENDE SEEHANDELSMACHT

In den Niederlanden, wo die Armeen des katholischen Spanien furchtbar gewütet hatten, war der Aufschwung durch die Flotte gekommen, jenes prachtvolle Instrument zur Eroberung der Großhandelswege – wozu kam, daß die Handelsherren der Niederlande auch durchaus befähigt waren, sich seiner zu bedienen. Die holländische Schiffahrt hatte als erste die Geißel des Skorbut besiegt, und die Stadt *Antwerpen* hatte dank ihrer einzigartigen Lage das Erbe von Genua, Florenz und sogar von Augsburg angetreten als Rheinmündungshafen der Deutschen, als Umschlagplatz der Skandinavier und als Europahafen für den Überseeverkehr. Nach der glücklichen Abwehr der Eroberungsversuche des »Sonnenkönigs«, nach dem »Frieden von Nimwegen«, nahmen die Niederlande einen letzten Aufschwung, der sie im 18. Jahrhundert zu einer glücklichen Handelsmacht werden ließen, mit einer Bevölkerung, die vom Walfang bis zum Gewürzhandel, von den Börsengeschäften bis zur Tuchweberei und den Fayencen alles betrieb, was nur immer Geld bringen konnte. Die wechselnden politischen Schicksale der zeitweise österreichischen und kurzzeitig auch französischen Niederlande hatten auf das soziale und wirtschaftliche Leben der seit alters reichen Städte des heutigen Belgien und Holland stets nur vorübergehenden, kaum je aber tiefer greifenden Einfluß.

FRANKREICH: SPEKULATIONEN MIT PAPIERGELD UND KOLONIALAKTEN

Frankreich verliert im 18. Jahrhundert eben jene Kolonien, die England reich machten; es behält ein Restchen Amerika in Louisiana und ein Restchen Indien, die aber für einen großen und gewinnbringenden Trick ausreichen: Als nach Ludwig XIV. der hochintelligente Philipp von Orléans für den minderjährigen Ludwig XV. die Regentschaft führt, kurbelt der schottische Finanzzauberer *John Law* die Wirtschaft des überschuldeten Landes durch Papiergeldumlauf und Kolonialaktien schnell an. John Law war keine isolierte Erscheinung. Nicht wenigen scharfsinnigen Abenteurern war aufgegangen, daß die neuen vorindustriellen Formen der Wirtschaft mehr Bargeld und einen größeren Geldumlauf bedingen würden als die alte Agrarwirtschaft, in der noch viele Tauschvorgänge üblich gewesen waren. Law hatte sich durch theoretische Schriften einen Namen gemacht und seine Ideen unter anderem dadurch untermauert, daß er sich ein Privatvermögen von zwei Millionen Livres erwarb. Dennoch wurde er – ähnlich wie seine Kollegen *Calzabigi, Casanova, Saint-Germain* u.a. – wiederholt abgewiesen, ehe der intelligente Premierminister *Guillaume Dubois* in Paris ihm die Gelegenheit gab, im großen

Begriffe

Ancien Regime: Sammelbezeichnung für Frankreichs Regierungs- und Lebensformen vor der Revolution.

Autarkie: Unabhängigkeit einer nationalen Wirtschaft, weil der Bedarf durch eigene Rohstoffe und Produktion gedeckt ist, so daß Einfuhren weitgehend überflüssig sind.

Mätresse: Auch oft **»Maitresse en titre«**. Die vor allem am französischen Hof anzutreffende Geliebte des Königs in offizieller Position mit nicht selten großem politischen Einfluß (Madame Pompadour, Madame Dubarry).

Regence: Regentschaft. Als Ludwig XIV. (der »Sonnenkönig«) 1715 starb, war sein Urenkel, der spätere Ludwig XV., erst fünf Jahre alt. Philippe Herzog von Orléans, Neffe des Verstorbenen, regierte für Ludwig XV., starb aber schon am 2. 12. 1723, womit die durch Geist, Charme und Ausschweifungen des Herzogs geprägte Régence beendet war.

Stil zu experimentieren. Es kam zu enormen Bereicherungen, zu einem Run auf die *Kolonialaktien*, aber da Frankreichs reichster Mann *Samuel Bernard* und andere Bankhäuser sich reserviert verhielten, folgte dem Wirtschaftsaufschwung keine echte Steigerung inländischer Produktivität und Warenangebote. Die Staatsbank konnte bei erwachendem Mißtrauen die Aktionäre nicht mehr befriedigen, und bis auf einige wenige Freunde des Premierministers und des Regenten, die rechtzeitig gewarnt worden waren, verloren alle Law-Gläubiger ihr Vermögen. Eine Spätfolge dieser Vorgänge war die Akkumulation beträchtlicher Vermögenswerte bei den jüdischen Bankhäusern von Paris und deren Nachfolgern.

In den wenigen Jahren der sogenannten »Régence« (1715–1723), der Herrschaftszeit Philipps II. von Orléans, hatte somit eine gewaltige Umschichtung von Vermögen stattgefunden. Die ungeheuren Schulden aus der Zeit des »Sonnenkönigs« waren mit dem Lawschen Papiergeld getilgt worden; zahlreiche Adelige hatten ihre Spekulationsgewinne zur Entschuldung ihrer Güter verwendet und gut daran getan. Andere wieder, darunter große Familien und reiche Bürger, hatten erhebliche Verluste erlitten. Insgesamt aber waren die an sich notwendigen Reformen des Geldverkehrs nun so vollständig diskreditiert, daß nach der Volljährigkeit Ludwigs XV. Frankreich wieder zum überalterten System der *Steuerpacht* zurückkehrte und zu den *exzessiven Ausgaben des Hofes*, welche schließlich zur völligen Verarmung der Bevölkerung und zur Revolution führten.

PREUSSEN: SPARSAMKEIT UND HUGENOTTEN-FLEISS

Östlich des Rheins, in gut wirtschaftenden deutschen Kleinstaaten, aber vor allem in Brandenburg-Preußen, beschritt man nicht den Weg der Spekulationen, sondern der Sparsamkeit. In den kleinen Ländern wirkte es sich aus, daß das reiche Österreich die Thronfolge der Maria Theresia sichern und dies praktisch erkaufen mußte, und in Preußen hatte die extreme Sparsamkeit des *»Soldatenkönigs«* für geordnete Finanzen und zugleich für eine schlagkräftige Armee gesorgt, ein Kunststück, das freilich nur unter drakonischen Maßnahmen, hohen Strafen auf illegale Importe und durch das Verbot aller Luxusartikel zum Erfolg geführt wurde.

Was zudem half, war der Gewerbefleiß der *Hugenotten*, von denen sich allein in Berlin mehr als 20 000 niedergelassen hatten. Friedrich Wilhelms I. Ratschläge an seinen »Successor« (Nachfolger) lassen deutlich erkennen, daß dieser Monarch die Flüchtlinge keineswegs nur aus Barmherzigkeit oder der Religion wegen aufgenommen hatte, sondern sich durchaus im klaren darüber war, daß viele von ihnen Vermögen mitbrachten und daß sie durch ihren gewerblichen Fleiß das Steueraufkommen, aber auch die Exportwirtschaft nachhaltig ansteigen lassen würden. Dennoch darf man sich durch das äußerliche Funktionieren der preußischen Staatsmaschine nicht täuschen lassen. Selbst Menschen in Amt und Würden wie Lehrer oder Pfarrer lebten in einer heute unvorstellbaren Ärmlichkeit, und die größten Geister der Nation – Kant und Herder – mußten sich in dienstbotenähnliche Hauslehrerstellen begeben, weil man auf Adelsgütern wenigstens etwas zu essen bekam.

Diese Zeiten, in denen mehr als die Hälfte der Staatsausgaben dem Heer galten, prägten Preußen materiell und geistig, weil zur allgemeinen Überraschung auch der frankophile und hochgebildete *Friedrich II.* (R 1740–1786) nicht an die Gewohnheiten des ersten, sondern des zweiten Preußenkönigs anknüpfte. Erst die späteren *Niederlagen von Jena und Auerstedt* gegen das Napoleonische Heer (1806) halfen ein System zu überwinden, gegen das sich vorher nennenswerte Opposition lediglich im Osten regte, in Ostpreußen und in Königsberg selbst. Dort hatten Erfahrungen der vorübergehenden österreichisch-russischen Besatzung, Gedankengut der Hugenotten und das Vorbild einer starken Kolonie britischer Großkaufleute den Horizont erweitert und die Landjunker zu einer vorsichtigen Kritik ermuntert. Auch Friedrich II., der so viele französische Ideen aufgenommen hatte, blieb jedoch bei einer Reform *von oben*, bei der er die alte *Basis des Militärstaates*, die

landadeligen Familien, schonte und die Steuern vor allem beim Stadtbürgertum einzog.
Die ersten »Schlesischen Kriege«, vor allem aber der »Siebenjährige Krieg«, brachten Preußen dennoch an den Rand des Ruins.
Vater Friedrichs II., der »Soldatenkönig« hatte in seiner Ablehnung aller »Ausländerei« die internationalen Handelsverbindungen verdorren lassen, was das von Friedrich II. eroberte Schlesien am bittersten zu spüren begann, das bis dahin über Mähren und die Donauländer an ein großes und lebhaftes Wirtschaftssystem angeschlossen gewesen war, während nun Preußen, um den Einmarsch fremder Truppen zu erschweren, nicht einmal seine Überlandstraßen instand hielt.

ÖSTERREICH: ZWISCHEN RUHM, WOHLSTAND UND VIELVÖLKER-PROBLEM

Österreich, damals von der Oder bis zur Adria reichend, durchlebte nach den Siegen über die Türken an der Wende zum 18. Jahrhundert eine Euphorie, die nicht ganz unbegründet war, dirigierte der *Prinz Eugen* doch über die militärischen Bereiche hinaus jahrelang das ganze Staatswesen. Dieser hochgebildete und in mehr als einer Hinsicht auch hochbegabte Mann, ein Sohn der *Olympia Mancini* und somit aus savoyardisch-römischer Kulturtradition stammend, die ihm seine hervorragenden Eigenschaften vermittelte, hatte keinen gleichwertigen Nachfolger. Schon vier Jahre nach seinem Tod fiel Preußen in Schlesien ein, und es zeigte sich bald, daß Österreich sich auf den Lorbeeren der Türkensiege allzu sorglos ausgeruht hatte.
Wirtschaftlich freilich waren die habsburgischen Länder eine so glücklich aufeinander abgestimmte Gemeinschaft, daß eine Beinahe-Autarkie ihnen zum Beispiel die Importängste Preußens ersparte. Man hatte in dem Großreich eigentlich nur das Problem des *Güteraustausches* und der *Verkehrswege*, unter denen vor allem im Osten und Norden die Flüsse immer noch eine Hauptrolle spielten. Die etwa zwanzig Millionen Einwohner waren zweifellos weniger von Hunger bedroht als zum Beispiel die Franzosen oder die Preußen.
Die verhältnismäßig gute Finanzlage des Staates trotz einer im ganzen rückständig zu nennenden Struktur hatte ihren Grund nicht zuletzt in dem allerdings unerwarteten Glücksfall, daß *Franz Stephan von Lothringen*, Gemahl der *Maria Theresia* und seit 1745 Kaiser (Franz I.), ein außerordentlich guter Geschäftsmann war. Er arbeitete mit seinen großen Mitteln unauffällig, aber erfolgreich, legte den Grund zum habsburgischen Familienvermögen und hinter-

ließ seinem Sohn *Joseph II.* annähernd zwanzig Millionen Gulden. Hätte dieser bescheidene, aber tüchtige Fürst mehr getan als nur *mit* regiert, hätte er sich gegen die unerfahrene Maria Theresia durchgesetzt (was er kaum jemals versuchte), vielleicht hätte das Jahrhundert ein anderes Gesicht bekommen.

Aber auch zwei begabte Herrscher wie Joseph II. und sein Vater konnten jene Probleme nicht aus der Welt schaffen, die sich als Spezialitäten des *Vielvölkerstaates* erweisen sollten. Es war zwar nur natürlich, daß die *lateinische Sprache* der *deutschen* wich, brauchte eine Nation von zwanzig Millionen Menschen und annähernd 600 000 Quadratkilometern doch vor allem die Sprache als Bindeglied, wenn schon *Binnenzölle* und verquere Traditionen für Schwierigkeiten des Güteraustausches sorgten. Aber das Lateinische, in Krakau und in Prag ebenso verstanden wie an den norditalienischen Universitäten, war eben die Sprache der Gelehrten und der Kirche, überzeitlich und vor allem übernational, und die Einführung des Deutschen in die Verwaltung machte bald böses Blut.

Nach und nach veränderte sich das Sozialgefüge in den Kronländern auch dadurch, daß Wien naturgemäß *deutsche Beamte* ausschickte und einsetzte; der Deutsch-Österreicher wurde mit der Obrigkeit schlechthin identifiziert. Das weckte Widerstand, zunächst unter den *Ungarn*, die ihr Königreich als den Erblanden ebenbürtig ansahen. Aber nächst den Ungarn waren es auch die intelligenten und regsamen *Tschechen* und Teile des *südpolnischen Adels*, die Wiens deutsche Führung nicht ohne weiteres hinnehmen wollten. Mit dem kleinen Volk selbst neu hinzugewonnener Gebiete wie *Galiziens* oder der *Bukowina* gab es hingegen weniger Probleme, und vor allem die *Juden*, die in Südostpolen immer wieder den fürchterlichsten Verfolgung ausgesetzt gewesen waren, fühlten sich unter einem Kaiser und angesichts der einflußreichen jüdischen Familien in der Residenz bedeutend sicherer als vordem und blieben treue Untertanen bis 1918.

Man würde aber die soziale Situation verkennen, faßte man Österreich als einen brodelnden Hexenkessel auf. Alle Völker der Monarchie hatten unter anderen Herren, unter Türken, Kosaken und halbbarbarischen Landesfürsten ungleich schwerer gelitten als unter Maria Theresia und dem Kaiser, und erst die zum Teil übereilten Reformen Josephs II., der vorging, als ahne er seinen frühen Tod, schufen eine gewisse Unruhe und ließen als *Germanisierungspolitik* erscheinen, was vor allem *Zentralisierung* und *Verwaltungsreform* sein sollte.

***Erscheinungsformen der sozialen Gegensätze.** – Oben links: »La petite Toilette«. Ein Herr wird am Toilettentisch frisiert. – Oben rechts: Arbeitslose und hungernde Handwerker in Frankreich. – Unten: Mode und Kutschen der Rokokozeit.*

ARMES VOLK – REISELUSTIGE OBERSCHICHT

Der im allgemeinen langsame, ja behäbige Wandel der Wirtschaftsformen und der staatlichen Verwaltungsstrukturen veränderte das Alltagsleben so geringfügig, daß Neues, Unerhörtes, wenn überhaupt, so nur in einem Zeitraffer sichtbar würde. Es gab Staaten, da konnte man sich um zweihundert Jahre zurückversetzt fühlen, in Spanien etwa oder auch im Kirchenstaat, und es bedurfte des Zufalls der Thronbesteigung eines aufgeklärten Fürsten, wenn *Stanislaus Leszczyński* in *Nancy* oder Großherzog *Leopold von der Toskana* ihre Länder entscheidend förderten. Während die *Unterschichten der Städte* und das *Landvolk* somit lediglich registrierten, daß sie manchmal mehr, manchmal weniger Geld im Beutel hatten und von dem einen Herrn mehr, vom anderen weniger drangsaliert wurden, vollzog sich ein Wandel des täglichen Lebens und des Daseinsgefühls in der *Handel treibenden Mittelschicht* und unter den *Gebildeten* aller europäischen Nationen. Selbst in dem so lange rückständigen und sich auf junkerhafte Interessen beschränkenden *Landadel* wurde die sogenannte ›Kavalierstour‹ üblich. Sie führte den jungen Adelssproß, meist an der Hand eines sprachkundigen Haushofmeisters, aus britischen, baltischen oder sarmatischen Gefilden zu jenen Stätten der Kultur, die noch immer weitgehend mit den Schauplätzen antiker Geschichte identisch waren. Wer sich's leisten konnte, war auf diese Weise jahrelang in Frankreich, Spanien, vornehmlich aber Italien unterwegs, ehe dann der heimatliche Besitz, den man oft nur als Klitsche bezeichnen konnte, bis zum nächsten Krieg sein Weltbild wieder eingrenzte.

Diese *Reisen*, emsige, nicht enden wollende Reisen mit den langsamen Kutschen, mit den ersten *Postlinien*, seltener zu Pferd oder auf dem Maultier, sie gewinnen im 18. Jahrhundert eine Bedeutung wie niemals zuvor. Herren und Damen setzen sich mit bemerkenswerter Energie über die Unbilden der Straßen, die Unzulänglichkeit der Gasthöfe, ja selbst über die Gefahren der Wegelagerei hinweg, um jene Städte kennenzulernen, die im allgemein-europäischen Bewußtsein eine Rolle zu spielen beginnen: *London* und *Paris* im Westen, *Wien* und *Sankt Petersburg* im Osten, *Florenz, Rom* und bald auch *Neapel* im Süden. Der Norden, der noch unter dem zwölften Karl (R 1697–1718) Großmachtpolitik betreiben konnte, ist seit der Niederlage von *Poltawa* (1709) endgültig an den Rand Europas gerückt, durch Preußen von der Südküste der Ostsee vertrieben, durch die Russen aus dem Baltikum, dessen deutscher Adel sich hohe Positionen im Zarenreich erobert.

Die reiche Reiseliteratur jenes Jahrhunderts ist unsere beste Quelle auch für das Alltagsleben der Epoche, eine Lebensweise von erstaunlicher Einheitlichkeit innerhalb der besseren Stände, so wie auch alles französisch parlierte oder überhaupt mehrere Sprachen beherrschte. Als *Casanova* zu den Zeiten der großen Katharina (R 1762–1796) nach *Petersburg* kam, hatte er den Eindruck, in einer deutschen Stadt zu sein; als er *Voltaire* besuchte, konnte er ihm den *»Orlando Furioso«* auf italienisch rezitieren; und wenn Voltaire seiner Nachbarin am Spieltisch zuflüstern wollte, daß die betrogen werde, tat er es auf englisch. Nie wieder wird Europa so homogen wirken, so sehr als ein geschlossener Klein-Kontinent, in dem alles seinen Platz und jeder seine Rolle hat. Italien stellt die Banditen (die freilich zu Hause bleiben, wo es ihnen am besten geht), die Schauspielertruppen und die Abenteurer; Frankreich die geistvollen

Glanzvolle Feste der Hofgesellschaft. *Das Damenkarussell der »Spanischen Hofreitschule« Wiens in Anwesenheit Maria Theresias (2. 1. 1743). Die aufwendige Veranstaltung findet vor dem Bildnis Karls VI. statt, der die Winterreitschule 1729 in der Hofburg errichten ließ und 1735 eröffnete. Die Pferde stammen aus dem Stammgestüt der Lipizzaner, das 1580 von Erzherzog Karl gegründet wurde. Aus einem Gemälde (Ausschnitt) der Schule van Meytens', 1743. Schloß Schönbrunn, Wien.*

***Paris: Hauptstadt einer der mächtigsten Monarchien Europas.** Pont Neuf mit königlicher Karosse, 1663. Die erste Brücke in Paris, auf der keine Häuser standen, wurde unter Heinrich IV. erbaut. Der Ehrgeiz des Monarchen, der durch die Hebung der Königsmacht die Grundlagen für den Absolutismus in Frankreich schuf, galt der Neugestaltung von Paris und seiner Ausstattung mit neuen repräsentativen Bauwerken. Auf der Mitte des Pont Neuf, der an die Westspitze der Place Dauphine grenzt, stand eine Reiterstatue des Königs.*

Geistiger und kultureller Mittelpunkt Frankreichs. *Während Versailles, die Residenz des Ancien Régime, mit seiner exklusiven, rituell erstarrten Kultur zunehmend an gesellschaftlicher Attraktivität verlor, entwickelte sich Paris im 18. Jh. zum Zentrum des mondänen Lebens, der Vergnügungen und der Künste. Begünstigt durch den wirtschaftlichen Aufschwung, entfaltete die für ganz Europa vorbildhafte Stadt eine umfangreiche Bautätigkeit und zog Menschen vieler Völker an. Musée Carnavalet, Paris.*

Die Krise in der vorrevolutionären französischen Gesellschaft: Der Dritte Stand erwacht. *– Oben: »Le noble pas de deux«. Karikatur auf die Herrschaft von Adel (Militär) und Geistlichkeit. – Unten: »Das wird nicht ewig dauern«. Karikatur auf die drei Stände. Unter der Aufsicht von Repräsentanten der beiden privilegierten Stände, Adel und Klerus, muß der Vertreter des politisch machtlosen Dritten Standes seine schwere Arbeitslast tragen, behindert von dem ›äffischen‹ und ›hündischen‹ Gefolge der Herrschenden.*

Frauen, die Philosophen und die adeligen Liebhaber; England die reisenden Kaufleute, die voyeuristischen Lords und einzelne Ladies ungewisser Herkunft, aber mit großen Ambitionen, während die braven Deutschen den ganzen Osten mit Musikern, Lehrern, Handwerksmeistern und Artilleristen versorgen. Die Österreicher dazwischen haben von allem ein wenig, einen Prinzen Eugen aus dem Südwesten, den Prince de Ligne aus den Niederlanden, einen Prinzgemahl aus Lothringen, einen Staatskanzler aus Böhmen und Generale aus allen Himmelsrichtungen. Nur die hübschen Tänzerinnen und Sängerinnen, die haben in Wien einen schweren Stand, solange Maria Theresia und ihre Keuschheitskommission alleinreisende Frauenzimmer am liebsten mit dem Staubbesen austreiben würden, wie es die alte grausliche »Theresiana«, das von ihr veranlaßte *Strafrechtslehrbuch* mit den schaurigen Zeichnungen alter Folterwerkzeuge, noch immer vorsieht.

In diesem Europa, das zu durchmessen man noch immer viele, viele Wochen und eigens konstruierte riesige *Reisewagen* braucht, beginnt etwas zu entstehen, was eigentlich Hoffnung auf friedliche Entwicklungen geben könnte. Da die Hannoveraner in London herrschen, die Sachsen in Polen, eine Deutsche in Rußland und Österreich in der Lombardei, hatten die verwirrten Untertanen kaum andere Möglichkeiten, als ein *europäisches Bewußtsein* zu entwickeln, das nach und nach die Grenzen verwischen würde. In ihm hatte, zumindest in diesem lichtvollen Jahrhundert, alles Platz, was damals Europa ausmachte: Die Weisheit der Päpste und der Dogen, die Italiens berühmtesten Städten einen Abendglanz bescherten, wie er heute nur noch Sehnsüchte wecken kann; das Raffinement der zum Geist erwachten Seinestadt Paris mit ihren Salons, in denen nicht alle klugen Frauen häßlich und nicht alle Mätressen dumm waren; ein London, das unter Georg III., seinem beschränktesten Monarchen, seine beste Zeit hatte, und eine deutsche Welt, in der auf einmal alle guten Köpfe mit vielen Zungen sprachen – von Zürich bis Königsberg und noch in kleinsten Residenzen wie Darmstadt, Weimar, Leipzig oder auch in jenem Mitau, nach dem man heute neunzig Prozent aller Schüler vergeblich fragen würde.

FREUNDSCHAFTEN, SELBSTBEWUSSTE FRAUEN UND VIEL ZEIT

Man hatte erstaunlich viele Möglichkeiten in diesem Europa, und sie multiplizierten sich in einem fort, denn jeder wollte jeden kennenlernen und erbat sich von dem Besuchten dann neue Empfehlungsbriefe. Da es kein anderes Kommunikationsmittel gab als den *Brief*, blühte dieser, und es blühten die Bekanntschaften, die *Freundschaften*, die *Zirkel*. Da man einander besuchen mußte, kam man von einem Hauswesen ins andere, und das adelige, vor allem aber das *bürgerliche Heim* wurde die Stätte der Begegnung, mehr noch als die berühmtesten *Kaffeehäuser* von London, Paris, Rom und Wien. War man aber erst bei Forstern, beim Abbé Galiani, bei Doktor Johnson oder bei Voltaire, dann hatte man nicht nur den Mann kennengelernt, sondern auch die weiblichen und männlichen Wesen, mit denen er umging, die sein Leben teilten.

Die *Gleichberechtigung der Frau* kam nicht durch die Hintertüre der Gesetze, sie wurde offenbar, weil es sehr oft die Frauen waren, die diese Beziehungen knüpften und am Leben hielten, wenn die Männer sich in ihre Arbeit vergruben. Gewiß, sie bekundeten sich selbst vorerst noch in ihren Briefen, bald aber in Beiträgen für *Almanache*, und sie erwarben sich, ohne schon die Universitäten besuchen zu dürfen, die Bildung der Herren, mit denen sie umgingen, und ließen ihre Kenntnisse in den *Salons* glänzen.

Die Jugend wuchs in dies alles hinein, als müsse es so sein, erteilte der *Haushofmeister* den Unterricht doch für Söhne und Töchter gemeinsam, schon weil man die ewig hungrigen und schönheitsdurstigen, zugleich aber dauerhaft schäbigen Genies nicht mit der aufblühenden Baronesse allein lassen konnte. Im Fall des später so großen Lehrers, Kunstreisenden und Kunsthistorikers *Victor Hehn* (* 1813, † 1890) wäre das um ein Haar so schlecht ausgegangen wie beim *»Hofmeister«*, dessen Schicksal *J. M. Reinhold Lenz* in seinem Drama schilderte, und wenn in eine stille elsässische Pfarre in Sesenheim ein junger Studiosus aus reichem Haus einbrach, wie Johann Wolfgang Goethe, dann konnte dies ebenso tragisch enden. Es will uns im Rückblick scheinen, als seien diese Schicksale trotz aller Bedingnisse der Kutschenzeit und der monarchischen Systeme einzigartig erfüllte Lebensläufe gewesen, und wenn man nach der Ursache sucht, so stößt man auf das seltsame Phänomen, daß jene Menschen unendlich *viel Zeit* hatten.

Als Goethe nach Italien reiste, nahm sein Wagen den Brennersüdhang mit der atemberaubenden Geschwindigkeit von vierzig Stundenkilometern, und wenn Casanova sich erhob, so brauchte er erst einmal einen Friseur oder ein paar Stunden für seine Toilette. Man unterbrach die Reisen mittags zu einem ausgedehnten Mahl oder einem Picknick und fand sich abends an der *Table d'hôte* mit allen anderen Gästen des Hauses zusammen, es sei denn, man hätte etwas zu verbergen wie der Graf von Saint-Germain, der sich das Essen stets aufs Zimmer bringen ließ.

Das Gold blitzte wohl da und dort auf, meist am Spieltisch, im übrigen aber blitzten die Degen bei häufigen *Duellen*, denn wenn man auch keine Rüstungen mehr trug, die ›ritterliche Ehre‹ war noch intakt, hatte doch Schopenhauer sein tödliches Pamphlet dagegen noch nicht veröffentlicht. Der Mittelpunkt, um den die Gesellschaft kreiste, die Sonne gleichsam für die vielen rastlosen Planeten, war allemal eine schöne Frau, und wer eine an der Seite hatte, der hatte damit das »Sesam öffne dich« des Jahrhunderts gewonnen: Der geheimnisumwitterte ›Zukunftsprophet‹ *Alexander Graf Cagliostro* wäre ohne sie niemals bis Mitau in Lettland gelangt (wo sie ihm nichts mehr half, weil er einen fürstlichen Blaustrumpf besuchte), *Ange Goudar* hat seine schöne Frau in Neapel den Kopf gerettet, die süße *Emma Harte* wird nicht nur ihrem gebildeten Gatten Sir William Hamilton, sondern auch Goethe und Lord Nelson den Kopf verdrehen, und selbst eine so trockene Exzellenz wie der Legationsrat Wilhelm von Humboldt wird seine Position in Rom dem Charme verdanken, mit dem ›Signora Umbolde‹ die scharfsinnigsten Kardinäle bezwingt.
Der Alltag dieses Jahrhunderts ist uns besser bekannt als der unseres eigenen, denn damals führte man *Tagebuch*, schrieb, berichtete und ließ das Licht solchen Interesses durchaus auch auf die Namenlosen fallen, die damals noch dankbar dafür waren. Die Unterschiede der Lebenssphären waren beträchtlich, aber die großen Bedrohungen fehlten, und an diesem Glück durften sie alle teilhaben.

DAS ALLTÄGLICHSTE – KÖRPER, GESUNDHEIT, MEDIZIN

Zum Schluß ein Wort über das Alltäglichste: die *Hygiene*. Man muß mit einer gewissen Überraschung feststellen, daß sich auf diesem für unser Leben doch so wichtigen Gebiet seit der Renaissance Entscheidendes nicht verändert hat. Selbst in den allerhöchsten Rängen der Gesellschaft, selbst in den allerprächtigsten Gebäuden wie dem Schloß von Versailles, ist für die unausbleiblichen Notdürfte so wenig vorgesorgt, daß die Damen abends, im Schutz des Dunkels und gemeinschaftlich, sich zu besagtem Zweck ins Freie begeben – vielleicht ein kleiner Fortschritt: König Franz I. von Frankreich pflegte noch die Kamine zu benutzen.
Die Pflege und Ertüchtigung des eigenen Leibes war, wie heute auch, der persönlichen Energie überlassen, wenn auch die Leibes-Übungen gegenüber ritterlichen Zeiten und der Renaissance in der öffentlichen Geltung deutlich zurücktraten. Über Parforceritte begann man zu lachen, das Fechten wurde nach wie vor aus naheliegenden Gründen geübt, und Fechtmeister, die geheime Tricks (Finten)

im Repertoire hatten, wurden noch immer hoch bezahlt. Erst in der zweiten Hälfte des 18. Jahrhunderts kam schüchtern eine Art Sport auf: das – häufig strapazenreiche – *Entdecken* von nicht bekannten oder wenig erschlossenen Regionen der Erde. Da waren einerseits die Seereisen, mit denen sich der Adel wissenschaftlichen Ruhm zu erringen hoffte, andererseits die Erkundung der Alpen (Saussure) oder die Erforschung von Amerika (Alexander von Humboldt) mehr im gelehrten als im alpinistischen Interesse.
Da die *Küche* sich vor allem in Frankreich und Italien erheblich entwickelt hatte und ausgedehnte Gastereien schon seit Ludwig XIV., Godoy, August dem Starken und anderen Mächtigen zum Hofleben gehörten, stand es um die Gesundheit nicht besser als in früheren Zeiten: Die geringfügigen Fortschritte der Medizin vor allem auf dem Gebiet der *Chirurgie* wurden durch das Wohlleben mit seinen Exzessen wieder wettgemacht. Noch immer bildeten *Aderlaß* und *Purgation* (Verabreichen von Abführmitteln) das Hauptrüstzeug der Ärzte, obwohl unsere heutigen *Arzneikräuter* bekannt waren und gesammelt wurden. Als Ludwig XV. in einem Feldlager erkrankte, von seinen Ärzten an den Rand des Todes purgiert und aufgegeben wurde, rettete ihn ein kräuterkundiger Schäfer aus der Champagne. In Deutschland waren es die körper- und heilkundigen Scharfrichter, die mit ihrem Geheimwissen der akademischen Medizin so viel Konkurrenz machten.
Männer von einigen Kenntnissen hielten sich oft die Ärztezunft vom Leibe. Der Fürst von Ligne tat es bekanntlich sogar mit Pistolen; andere vertrauten sich jenen kräuterkundigen alten Weiblein an, die man im Jahrhundert zuvor noch als Hexen verbrannt hatte. Rousseaus Ruf ›Zurück zur Natur!‹ leitete eine vage, langsam aber deutlicher werdende Wende zur Volksmedizin ein, weg vom Aderlaß, hin zum Spitzwegerich und zur Kamille!

Literatur

Bluche, François: Im Schatten des Sonnenkönigs. Alltagsleben im Zeitalter Ludwigs XIV., Freiburg 1986
Briganti, Giuliano: Glanzvolles Europa, München 1969
Schreiber, Hermann: Das Schiff aus Stein (Venedig und die Venezianer), Hamburg 1988
Vierhaus, Rudolf (Hg.): Bürger und Bürgerlichkeit im Zeitalter der Aufklärung, Heidelberg 1981

WERNER DETTELBACHER

Zwischen Merkantilismus und Freihandel: Europäisches Wirtschaftsleben im 17. und 18. Jahrhundert

In dieser Zeit, da die Naturwissenschaften aufblühten und die Welt rational erklärten, wollte man auch die wirtschaftlichen Faktoren in einen rationalen Zusammenhang bringen. Stand für vorhergehende Generationen fest, daß jegliches menschliche Handeln an Gottes Geboten gemessen werde, so wurde jetzt der Eigennutz als Antrieb wirtschaftlichen Handelns erkannt, das Gewinnstreben von den Staaten ungescheut benutzt, um die eigene Wirtschaftskraft zu stärken. Der Staat war nicht mehr Vollstrekker der göttlichen Gerechtigkeit, sondern verfolgte wirtschaftliche Ziele mit seinen Gesetzen für Produktion, Zölle, Ex- und Import.

NEUE THEORIEN ALS GRUNDLAGE PRAKTISCHER HANDELSPOLITIK

Zu Beginn des 17. Jahrhunderts hatten die englischen Theoretiker eine verblüffende Tatsache zu erforschen: Spanien, das über reichlich Silber aus Amerika verfügte, konnte seine Ausfuhr nicht hindern und stürzte dadurch in eine Kupferinflation. Holland hingegen, das Nahrung für seine 1,5 Millionen Einwohner und die meisten Rohstoffe zukaufen mußte, war das reichste Land Europas und wurde Mittelpunkt des Edelmetallhandels. Der Wirtschaftstheoretiker *Thomas Mun* (* 1571, † 1641) erklärte in der 1664 von seinem Sohn veröffentlichten Schrift »Englands Reichtum durch Außenhandel« den vermeintlichen Widersinn damit, daß Spanien eine *passive*, Holland eine sehr *aktive Handelsbilanz* besitze. Mun hatte seine Kenntnisse als Direktor der 1600 gegründeten Privilegierten »Ostindischen Kompanie« erworben, die wegen der starken Ausfuhr von Hartgeld gerügt worden war. Mun wies nach, daß der scheinbare Verlust ein Gewinn war, denn der

Re-Export an indischen Waren brachte mehr Edelmetall herein, als ausgeführt worden war, wobei der Gewinn der Schiffsbauer, Kauf- und Seeleute noch nicht einmal einbezogen wurde. Sein Nachfolger *Child* zeigte in seinen Schriften, daß durch den Re-Export nicht die Engländer, sondern die europäischen Abnehmer indische Waren überbezahlten.

DIE PRAXIS DES »MERKANTILISTISCHEN SYSTEMS«

Diese Gewinnanhäufung war aber nur möglich, wenn man Kolonien besaß, eine Flotte hatte und dafür sorgte, daß der holländische Zwischenhandel ausgeschaltet wurde. Ein solches Verdrängungsgesetz war *Cromwells »Navigationsakte«* von 1651, das die Stuart-Könige als einziges seiner Gesetze übernahmen und 1660 weiter ausbauten. Nach diesem Gesetz durften Waren aus Kolonien nur auf deren oder englischen Schiffen transportiert werden, europäische Waren durften nur auf englischen oder Schiffen des Ursprungslandes eingeführt werden, während die Schiffahrt und Fischerei an der Küste nur von englischen Schiffen aus betrieben werden durfte. Frankreich zog ohne Gesetz nach, verscheuchte durch hohe Lasten fremde Schiffe aus den Häfen des Mutterlandes, schloß sie von den Kolonialhäfen aus.

Nun konnte man fremde Waren nicht gänzlich ausschließen, da die eigenen Gewerbe *Rohstoffe* zur Fertigung benötigten. Daher wurde die *Rohstoffeinfuhr* zollfrei gehalten oder mit niedrigen Zöllen begünstigt, die *Einfuhr fremder Fertig- und Luxuswaren* aber mit hohen Zöllen belegt oder verboten. Als die modischen und billigen Kattune und Musseline Indiens die Märkte überschwemmten, schlossen Staaten mit einem heimischen Tuchgewerbe die Grenzen und bestraften die Käufer dieser Baumwollgewebe. Die Ausfuhr der eigenen Rohwolle hingegen wurde verboten, damit das heimische Gewerbe billig an einen Rohstoff kam. König Friedrich Wilhelm I. von Preußen begründete eine eigene Tucherzeugung, verbot die Wollausfuhr, hatte aber Mühe, genügend geübte Spinner und Weber aufzutreiben, um das gesamte Wollaufkommen im eigenen Land verarbeiten zu können. Derselbe König richtete 1727 an seinen Universitäten Halle und Frankfurt a. d. O. je einen *Lehrstuhl für Kameralistik* ein, wie man in Deutschland die *merkantile Wirtschaftstheorie* nannte. Denn im Interesse des Staates lag es nun, Gewerbe und Handel zu fördern und so den Wohlstand der Untertanen zu fördern; nur wo Wohlstand war, konnte er durch Steuern maßvoll abgeschöpft werden.

Text der Zeit

Adam Smith: Die Verwendung des Kapitals – 1776

Ein jeder einzelne strebt beständig, die vorteilhafteste Verwendung für das ihm zustehende Kapital aufzusuchen. Hierbei hat er allerdings seinen eigenen Vorteil, nicht den der Gesellschaft im Auge; aber eben diese seine Bestrebung führt ihn von selbst oder vielmehr notwendig dahin, daß er diejenige Verwendung vorzieht, welche zugleich die vorteilhafteste für die Gesellschaft ist. [. . .] Indem jeder einzelne versucht, sein Kapital tunlichst auf die Unterstützung des heimischen Gewerbefleißes zu verwenden, und zwar so, daß dieser einen möglichst größten Ertrag liefere, arbeitet er notwendig nach Kräften dahin, das Einkommen der Gesellschaft, soweit er kann, zu vermehren. In der Regel hat er dabei freilich weder die Absicht, das öffentliche Interesse zu fördern, noch weiß er, in welchem Maße er es tut; und er wird hier wie in so vielen Fällen von einer unsichtbaren Hand geleitet, um einen Zweck zu fördern, den er nicht beabsichtigte.

Der Staatsmann, welcher es versuchen wollte, Privatleuten Anleitung zu geben, wie sie ihre Kapitalien anzulegen hätten, würde sich nicht nur sehr unnötig bemühen, sondern sich eine Macht anmaßen, die man nicht nur keinem einzelnen, sondern selbst keinem Senat oder Staatsrat einräumen sollte, und die nirgends so gefährlich sein würde als in den Händen dessen, der so töricht wäre, sich einzubilden, daß er sie auszuüben verstünde.

Die Erwägung des eigenen Gewinnes ist der alleinige Beweggrund, der den Besitzer irgendeines Kapitals zu bestimmen vermag, dasselbe im Landbau, in Fabriken oder in irgendeinem Zweige des Groß- oder Kleinhandels anzulegen.

Aus: Adam Smith »Inquiry into the nature and causes of the wealth of nations«. Übers.: C. W. Asher

Die hohen *Zollsätze* auf Luxus- und Fertigwaren führten in allen Staaten zu ausgedehntem *Schmuggel.* Mehr als die armen Schlucker an den grünen oder nassen Grenzen verdienten Großkaufleute mit *gefälschten Deklarationen.* Schlimmer war die wirtschaftliche Unterjochung durch *aufgezwungene Verträge.* So vereinbarte England 1703 im »Methuenvertrag« mit Portugal, daß Wollwaren aus England und Portwein aus Portugal zollbegünstigt seien. Während Portugal immer mehr Wollwaren einführen mußte, weil kein eigenes Tuchgewerbe ohne Zollmauern aufzubauen war, konnte die Weinausfuhr das Handelsbilanzdefizit nicht decken, so daß mit Gold aus den brasilianischen Besitzungen Portugals bezahlt werden mußte. Der Ertrag der Kolonie kam dem Mutterland also nicht zugute.

KOLONIALHANDEL, KOLONIALREICHE

Da der Handel mit Kolonialwaren die höchsten Gewinne bot, so mußte jeder Staat danach trachten, einträgliche *Kolonien* oder *Handelsstützpunkte* zu erwerben. Zunächst si-

Finanzzentrum der aufsteigenden englischen Handelsmacht. *Der Innenhof der Londoner Börse vor dem Großbrand von 1666. Der Wiederaufbau erfolgte durch Edward Jerman (* 1669, † 1671). Radierung von Wenzel Hollar. Graphische Sammlung Albertina, Wien.*

cherten sich die Portugiesen von den Eingeborenenstaaten das Exportmonopol für *Gewürze* und *Drogen*, die von Hollands Zwischenhändlern dann in Lissabon gekauft wurden. Als König Philipp II. 1585–1595 die niederländischen Schiffe als Besitz von Aufrührern in Lissabon beschlagnahmen ließ, schlossen sich die niederländischen Unternehmer in der »Vereinigten Ostindischen Kompanie« 1602 zusammen, brachen mit England die portugiesische Seemacht und verjagten anschließend die Engländer von den Gewürzinseln. Rigoros zwangen sie die Eingeborenen, zu niedrigen Preisen zu liefern. Um das Angebot kontrollieren zu können, ließ die Kompanie Nelken- und Muskatwälder niederbrennen und entvölkerte ganze Inseln. War der Markt übersättigt, so wurden in holländischen Häfen Tonnen von Muskatnüssen und Zimt aus Ceylon verbrannt.

***Führende Rolle der Niederländer im Überseehandel.** Oben: Plakat zum Tabakhandel. Im 17. Jh. war Amsterdam die bedeutendste Handelsstadt Europas. – Links: Holländische Handelsschiffe des 17. Jhs.*

In *Vorderindien* konnten die *Portugiesen* ihre Stützpunkte Diu und Goa halten, setzten sich die *Engländer* in Bombay, Madras, Hugli und Calcutta, die *Franzosen* in Pondichéry und Tschandanagore, die *Holländer* in Kotschin und Nagapatam fest. Ihre Rivalität und die Stärke der indischen Staaten hinderten eine Ausbreitung ins Innere.

Ausgeführt wurden Baumwolle und Baumwollstoffe, der grobe Kattun aus Surat und die feinen Musseline der Koromandelküste, Pfeffer von der Malabarküste, Seide aus Bengalen und Salpeter für die Pulverbereitung, ohne den die europäischen Kriege etwas kürzer ausgefallen wären. Aus einem weiteren Umkreis kamen – zumeist auf arabischen »Blockadebrechern« – Edelsteine, Lacke, Farbhölzer, Reis und Kaffee in die indischen Häfen. Da lange Zeit in den beiden Indien nur geringe Mengen europäischer Waren abgesetzt werden konnten, mußte mit Silber das Defizit abgedeckt werden. Allerdings blieb den Europäern ein Gewinn, weil dort Silber höher als Gold eingeschätzt wurde. Wer nicht genügend Silber besaß, mußte versuchen, an die Silbervorräte Amerikas heranzukommen, die sämtlich in spanischer Hand waren.

Im Gegensatz zu diesen Stützpunkten hatten die *Spanier* ein abgeschlossenes *Kolonialreich* geschaffen, das sich selbst versorgen mußte. Nur die Luxuswaren der weißen Pflanzeraristokratie und Leinengewebe wurden aus Europa eingeführt. Der Verkehr mit dem Mutterland geschah nur halb- oder ganzjährig durch die Geleitzüge von und nach Sevilla, an dessen Stelle später Cádiz trat.

Die geistige Abschließung des spanischen Kolonialreichs war genauso streng, da kein Ketzer Fuß fassen durfte, so daß die Allianz von katholischer Kirche, der größten Grundbesitzerin, und Pflanzern bis tief ins 19. Jahrhundert ungestört blieb. Da die *Indianer* die schwere Arbeit in den Silber- und Quecksilbergruben und auf den Zuckerplantagen nahe der Küste nicht verrichten konnten, mußten Negersklaven aus Afrika eingeführt werden.

LUKRATIVER SKLAVENHANDEL ALS DREIECKSGESCHÄFT

Weil die spanische Flotte schon Mühe hatte, den Golf von Mexiko von den vorwiegend englischen Piraten freizuhalten, konnte sie den Verkehr nach Afrika nicht sichern. In die Bresche sprangen Holländer, Franzosen und Engländer, die den Sklavenhandel als Dreiecksgeschäft aufzogen. Zuerst lieferten sie heimische Ware zum Ankauf der Neger an die *Faktoreien*, verschifften die Sklaven unter großen Verlusten nach Westindien und kauften vom Erlös Silber, Zucker und Indigo zum Umschlag im Heimathafen. Skla-

Wirtschafts- und Herrschaftssysteme im 17. und 18. Jh.

Merkantilismus

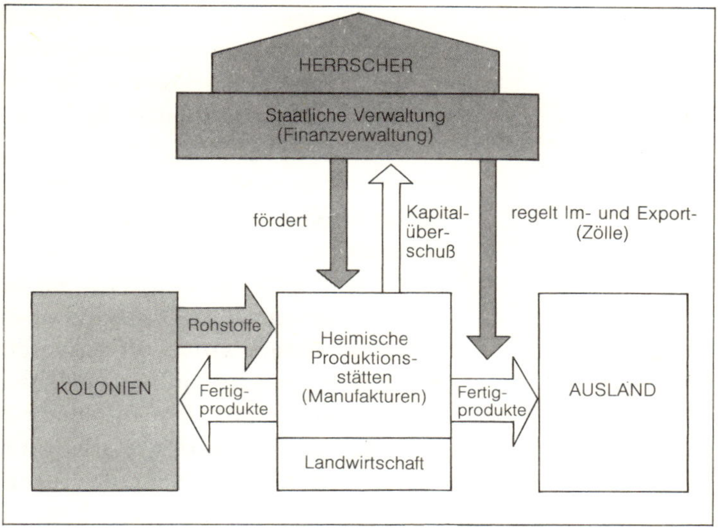

Absolutismus in Frankreich

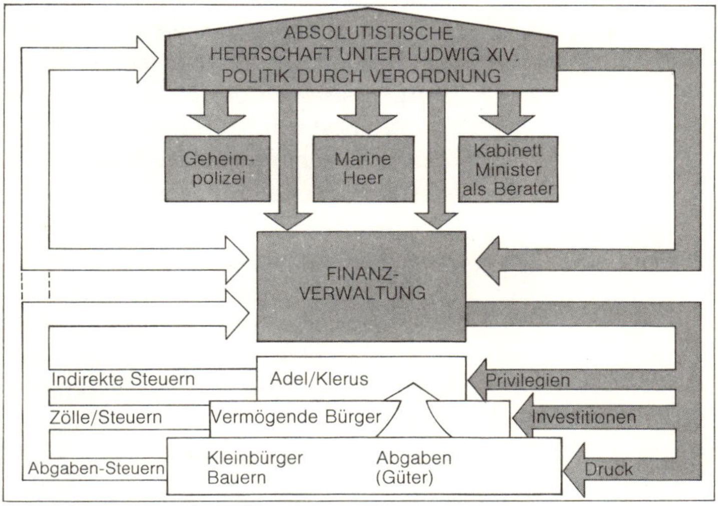

Kolonialsystem

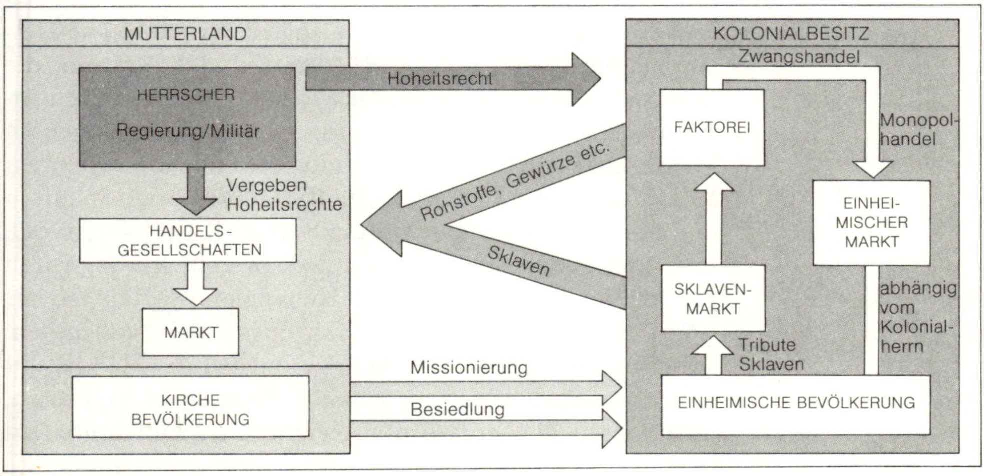

venjagden mußten sie nicht unternehmen, denn arabische Händler und Stammesfürsten verkauften an die Faktoreien, wo die Transporte von 120 bis 700 Negern pro Schiff zusammengestellt wurden. Um 1675 kostete ein gut gewachsener Sklave 3 £, der in Westindien 13 bis 16 £ einbrachte. Durch Krankheit oder Tod auf der Überfahrt wurde die Gewinnspanne gemindert. Teuer war zudem der Unterhalt der Faktoreien, die selten gegen Eingeborene, häufig gegen die Konkurrenz verteidigt werden mußten.

Man hat geschätzt, daß insgesamt 20 Millionen Afrikaner in der Plantagenwirtschaft eingesetzt worden sind. Viele Sklaven starben schon beim Einfangen und auf der Überfahrt, viele überstanden das erste Jahr der Schwerarbeit nicht. Da sie sich nicht wie erwünscht vermehrten, mußten immer größere Sklavenexporte zusammengestellt werden.

Nicht nur die Menschenjäger hatten ein gutes Gewissen bei ihrem Handel, die Könige Spaniens, Englands und Frankreichs strichen ohne Skrupel ihren Anteil am Gewinn ein. Und neben dem hohen Adel waren auch gutverdienende Bürger, so auch der menschenfreundliche Philosoph *John Locke*, bestrebt, möglichst viele Aktien von Sklavenhandelsgesellschaften zu zeichnen; der Gewinn war sicher und stattlich. Wer sich dagegen stemmte, was nur wenige wagten, wollte den Reichtum der Nation schmälern, der auf dem Handel jeglicher Art beruhte.

Das Rennen aber machte England. Als Belohnung für die Teilnahme am »Spanischen Erbfolgekrieg« erhielt es 1713 den »Asiento«, einen Monopolvertrag zur Einfuhr einer bestimmten Zahl von Negersklaven. Er bot die Möglichkeit, neben dem Fixum noch eine weit größere Zahl einzuschmuggeln. Um diese illegale Einfuhr von Sklaven zu ermöglichen, suchten alle Liefernationen auf den westindischen Inseln Stützpunkte zu errichten. Noch unter Cromwell eroberte England *Jamaika*, später *Barbados*. Die Holländer erwarben *Curaçao, Tobago* und *St. Eustatius*, die Franzosen *Martinique* und *Guadeloupe*. Da auf diesen Inseln auch Zucker, Baumwolle, Indigo und Kaffee angebaut wurde, konnte das jeweilige Mutterland mit den ersehnten Kolonialwaren beliefert werden, die zuvor bei Spaniern und Portugiesen gekauft worden waren. Da alles wertvolle Land nur mit diesen Monokulturen bestellt wurde, waren die Inseln zugleich von den Neuenglandstaaten (später USA) abhängig, die sie mit Nahrungsmitteln versorgten. Zwar war den amerikanischen Kolonisten der Handel mit der spanischen und französischen Konkurrenz verboten, doch waren die Strafen nur geeignet, die Lieferanten zu verbittern, nicht zu hindern.

Sklavenarbeit gab es nach 1600 auch in *Virginia* und *Maryland* auf den Tabakplantagen und nach 1700 in *Georgia* und den beiden *Carolinas*, wo man auch Wein, Mandel- und Olivenbäume pflanzte, um die englische Handelsbilanz zu entlasten, denn diese Früchte hatte man bis dahin aus Italien bezogen. Exporterfolg hatte aber nur Reis, der aus Madagaskar geholt worden war und so umfangreiche Ernten lieferte, daß man noch nach Spanien und Portugal exportieren konnte. Um konkurrenzfähig zu bleiben, durfte der Reis direkt ausgeführt werden, während sonst alle Kolonialwaren über englische Häfen laufen mußten. Die Vorherrschaft der Baumwollpflanzer begann erst, als nach der Erfindung der *Spinnmaschine* (1767) und Cartwrights Erfindung des *mechanischen Webstuhls* (1786) und der *Wollkämm-Maschine* der Baumwollbedarf jäh anstieg.

DIE ROLLE DER NEUENGLAND-STAATEN UND FRANKREICHS IN NORD-AMERIKA

Die Neuenglandstaaten waren europäische Siedlerkolonien ohne Negersklaven, deren Landhunger jedoch zur Vernichtung der indianischen Ureinwohner führte. Weil auch alle »Disenters« (Katholiken, Puritaner u. a.) einwandern durften, hatte diese Siedlerkolonie um 1750 schon 400000 Einwohner, während die französische Kolonie (Kanada) vom St.-Lorenz-Strom bis zu den Großen Seen nur 40000 Franzosen zählte, da nur katholische Siedler geduldet wurden. Weil die Ausfuhr von *Pelzen* und *Biberfellen* im Wert weit unter der Einfuhr lag, mußte Frankreich das Defizit tragen. Der Versuch, diese Kolonie (Quebec, Detroit) mit *Louisiana* (St. Louis, New Orleans) zu verbinden, scheiterte, weil es an Soldaten und Siedlern mangelte. Infolge des »Siebenjährigen Krieges« mußte Frankreich das Gebiet westlich des Mississippi mit New Orleans an Spanien, das östlich davon gelegene an England abtreten, von wo es 1783 an die USA kam. Während dieses Krieges eroberten die Engländer 1759 *Quebec* und 1760 *Montreal*, bekamen 1763 ganz *Kanada* in die Hand.

Der Handel der dreizehn alten amerikanischen Kolonien Englands (Neuenglandstaaten) ging zum Mutterland, aber auch zu den Westindischen Inseln, die Lebensmittel, Tabak und Textilien kauften und Zucker, Melasse und Rum verkauften, die zum Teil für den Sklavenhandel benötigt wurden. England mußte den Westindienhandel auf amerikanischen Schiffen dulden, weil sonst die Handelsbilanz noch schlechter ausgefallen wäre. Letztlich aber waren es die zahlreichen Versuche der englischen Regierung, die gewerbliche Erzeugung in den Kolonien zu unterbinden, die jene Stimmung erzeugten, die den Abfall vom Mutterland vorbereitete, der 1775–1783 mit französischer Waffenhilfe gelang.

HOLLANDS RÜCKGANG – ENGLANDS AUFSTIEG

Der kleine Städte- und Staatenbund der *Vereinigten Niederlande*, stets vom Meer und den Großmächten bedroht, hatte zunächst eine überlegene *Handelsflotte* mit etwa doppelt so vielen Schiffen wie alle anderen europäischen Staaten zusammen. Da die Eigenproduktion gering war, wurden die Holländer zu den Frachtführern Europas. Sie horteten das Getreide aus dem Ostseeraum und verkauften es zu guten Preisen vor allem nach Portugal, Spanien und Italien. Aus Norwegen, später von den Ostseeanliegern wurde wertvolles Schiffsbauholz bezogen, dazu Eisen aus Schweden, auch Pech und Teer von dort und aus Rußland, während Kolonialwaren (Tee, Rum, Gewürze u. a.), Wein, Salz und Gewebe dorthin verfrachtet wurden. Der Ostseehandel hing davon ab, daß Sund und Belt offen, daß Zölle und Hafengebühren niedrig blieben, wofür die holländische Kriegsflotte sorgte.

Der größere Teil des Frankreichhandels blieb bis zu den Tarifen des Finanzministers *Jean Baptiste Colbert* von 1664 und 1667 in niederländischer Hand. Nachdem sich die Niederlande schon gegen die Verdrängungspolitik Englands (»Navigationsakte«) vergeblich zur Wehr gesetzt hatten – sie hatten in zwei Kriegen gegen England (1652–1654; 1664–1667) schwere Verluste erlitten –, wurden sie nun 1672 auch von Frankreich besiegt. Die »Koalitionskriege« (1688–1697; 1701–1713) machten sie zwar an der Seite Englands als Sieger mit, doch waren sie politisch so abhängig von ihrem Verbündeten geworden, daß eine selbständige Machtpolitik nicht mehr möglich war. Die Textilwirt-

Aufschwung der englischen Außenwirtschaft durch Textilexport. *Der Hafen von Liverpool mit Haupt- und Nebendocks, Speichern und Börse (1728). Die Stadt war zunächst durch den Sklavenhandel groß geworden. Merseyside Country Museum, Liverpool.*

schaft erlitt dabei einen Niedergang, von dem sie sich nie mehr erholte.

In dieser Zeit waren aus risikofreudigen Kaufleuten Rentner geworden, die ihr Kapital in *Anleihen* anlegten. *Amsterdam* war nicht mehr der führende Weltmarkt, sondern der Mittelpunkt des *Geld- und Anleihehandels* geworden. Gegen die merkantilistisch denkenden Engländer und Franzosen kamen die auf Freihandel angewiesenen Niederländer nicht mehr an. Die aus dem Ausland stammenden Zinsen und die Überschüsse der meisten Kolonien sorgten jedoch noch lange für eine positive Bilanz.

Englands Handel beruhte auf der *Ausfuhr von Wolltuchen* (daher sitzt der Lordkanzler heute noch auf einem Wollsack). Um 1700 bestand die Hälfte des englischen Exports aus Wolltuchen. Als 1736 erlaubt wurde, *Barchent*, ein linksseitig aufgerauhtes Baumwollgewebe, zu fabrizieren und zu bedrucken, war ein neuer Exportschlager auf dem Markt, der jedoch größere Baumwolleinfuhren benötigte. Als nach England geflüchtete Hugenotten die Qualität der *Seidengewebe* verbesserten, konnten die französischen Einfuhren gestoppt werden.

Der Schiffsbau wurde von diesen Entwicklungen stark begünstigt, doch mußten Schiffsholz und Eisen noch lange Zeit über die Niederländer und dann direkt aus Schweden bezogen werden. Für die Eisenverhüttung fehlte es an Holzkohle; erst 1735 gelang es dem Quäker *Abraham Darby jun.*, Eisenerz mit Koks zu schmelzen, doch kam man so 1740 erst auf 17350 Tonnen Eisen.

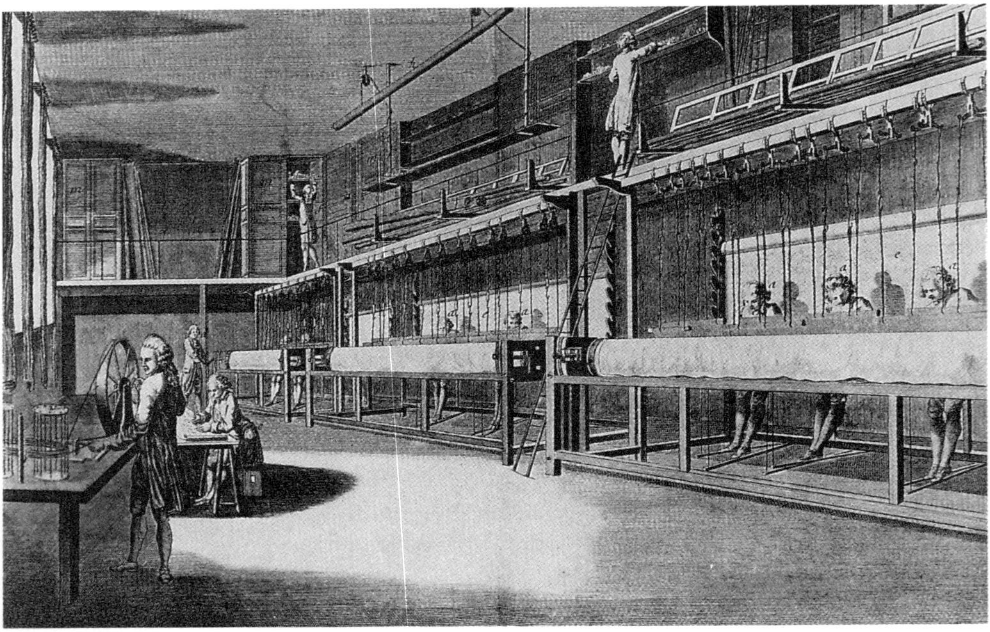

Umgestaltung der gewerblichen Wirtschaft – Beginn der »Industriellen Revolution«. *Oben: Ein Eisenwerk für das Gießen von Kanonen in Shropshire, Mittelengland (1788). 1776 war die Übernahme der Dampfmaschine in die Eisenverarbeitung gelungen. – Unten: Gobelin-Manufaktur. Arbeitsteilige Massenerzeugung in einem frühkapitalistischen Großbetrieb.*

Wurden Schiffsbau und der Handel durch die »Navigationsakte« gefördert, so das Gewerbe durch den »Combination Act« von 1726, der jeden gewerkschaftlichen Zusammenschluß verbot. So sollte mit dem Wohlstand der Unternehmer die Beschäftigung der »arbeitenden Armen« gesichert werden. Die Armengesetzgebung Elisabeths I. (R 1558–1603) hatte den Beschäftigungs-Ausgleich im Lande erschwert, denn die Armen wurden an ihr Heimatkirchspiel gebunden. Da Arbeitslose in den Dörfern aber keine Arbeit fanden, sammelte sich in London ein Lumpenproletariat, dessen Unruhen mit einer vergrößerten Polizei niedergeschlagen wurden.

AKTIENGESELLSCHAFTEN UND BANK OF ENGLAND

Das Kapital für den Handel, vornehmlich den Kolonialhandel Englands, und das Gewerbe wurde durch *Aktiengesellschaften* und seit 1694 auch durch die *Bank of England* aufgebracht. Sie war auf Anregung des Schotten *Patterson* gegründet worden, damit König Wilhelm III. seinen Feldzug in Flandern führen konnte; die Zinsen wurden durch eine Steuer aufgebracht. Alle Aktionäre waren Whigs (Anhänger des protestantischen Handelsbürgertums) und hätten ihr Geld verloren, wenn den (katholischen) Stuarts die Rückkehr geglückt wäre.
Die *Goldschmiede*, die bis dahin erfolgreich Bankgeschäfte getätigt hatten und sich nun der großen Konkurrenz ausgesetzt sahen, kauften Wechsel und Noten der Bank of England auf und präsentierten sie, was den Zusammenbruch der Bank bedeutet hätte. Kurzfristig rettete nur das Eingreifen der Regierung die Bank of England, langfristig war es die Amsterdamer Bank, die half: Die Niederländer hatten großes Interesse daran, daß ihre Anleihen weiterhin verzinst wurden. Da die Geschäftstätigkeit sich ausweitete, mußte das Aktienkapital aufgestockt werden, das der Krone zur Verfügung stand. Die englische Staatsschuld betrug 1783 genau 238,5 Millionen £, die jährlich mit 8 Millionen £ zu verzinsen waren, eine Summe, die jeden anderen Staat in den Bankrott getrieben hätte. Nicht so England, das keinen Krieg verloren hatte, den mit seinen amerikanischen Kolonien ausgenommen.

WIE COLBERT IN FRANKREICH – ZÖLLE, ZUSCHÜSSE, MONOPOLE

Frankreich hatte 1600 mit 16 Millionen und 1780 mit 25 Millionen Einwohnern die zweitstärkste Bevölkerung nach dem Römischen Reich (20 bzw. 30 Millionen Ew.). Es war halbwegs ein Einheitsstaat, doch gelang es selbst Jean Baptiste Colbert nicht, alle Steuerbestimmungen zu vereinheitlichen. Nur das Zollwesen konnte er vereinfachen, Außenzölle vereinheitlichen, ebenso die Binnenzölle und neue große Wirtschaftszonen ohne Binnenzölle schaffen. Staatlich gefördert wurden der *Getreidebau* statt des Weinanbaues, die *Wollwebereien*, das *Seidengewerbe* um Lyon, das *Leinengewerbe*, weshalb die Baumwolleinfuhr verboten wurde, schließlich die *Modeindustrie, Hutmacherei, Gobelin-* und *Spitzenfabrikation*, die Herstellung von *Seifen* und *Parfums*. Der Staat schützte die Fabrikation durch Einfuhrverbote oder extrem hohe Zölle, während die Unternehmer durch Kapitalzuschüsse oder Absatzmonopole gefördert wurden. Die Spitzenbetriebe wurden zu »Manufactures Royales« (Königlichen M.) erhoben.

Daß Colbert nur einen halben Erfolg erzielen konnte, lag an der kostspieligen Außenpolitik und den beständigen Kriegen unter Ludwig XIV. Um die nötigen, enormen Summen rasch aufzubringen, wurden die Steuern an *Pächter* vergeben, die eine Pauschale vorstreckten und dann mit Gewinn jahrelang die indirekten Steuern eintreiben ließen. Auch die *Ämter*, vor allem bei Gericht, waren käuflich wie die Offiziersstellen. Für die großen *Kolonial- und Handelsgesellschaften* zeichnete zwar der Hof Aktien, doch wurden auch Kaufleute unter Druck gesetzt, sie mitzutragen. Zu Belastungen zählten neben den Kriegsausgaben auch die *Vertreibung der Hugenotten*; sie schwächte nicht nur die Industrien, sondern verlagerte einträgliche Gewerbe nach England, Holland und Brandenburg. Erst nach Ludwigs XIV. Tod († 1715) konnte die Ausfuhr französischer Luxuswaren (Mode, Möbel, Weine, Spirituosen) gesteigert werden. Kurz vor der Revolution hatte Frankreich das größte Exportvolumen Europas; die Finanzen waren bedroht, aber nicht zerstört.

»KAMERALISMUS« (MERKANTILISMUS) IN PREUSSEN

Preußens Staatswirtschaft blühte unter König *Friedrich Wilhelm I.* (R 1713–1740) vornehmlich in den Kernprovinzen, während in Ostpreußen, Kleve und Mark, die mit dem Kerngebiet keine Zolleinheit bilden konnten, ein nur milder Merkantilismus herrschte. Die Förderung des Handels zielte darauf ab, ein von 40 000 (1713) auf 80 000 Mann vergrößertes Heer (1740) zu unterhalten, was bei 2,5 Millionen Einwohnern nur mit äußerster Sparsamkeit zu bewältigen war. Man schuf eine durchorganisierte Verwaltung in Staatshand, deren Spitzen, wie die Offiziersstellen im Heer, von den Söhnen des ärmeren Gutsadels besetzt wurden. Zum Heeresdienst wurde die städtische Bevölkerung überhaupt nicht, die bäuerliche mit vielen Ausnahmen herange-

zogen, so daß im »Ersten Schlesischen Krieg« (1740–1742) nur ein Drittel, im »Siebenjährigen Krieg« (1756–1763) nur die Hälfte der Soldaten Landeskinder waren.
Gefördert wurden vor allem *die* Gewerbe, die für die Armee wichtig waren, wie *Leinen- und Baumwollverarbeitung* und die *Metallindustrie*, doch konnten die oberschlesischen Bodenschätze erst nach 1763 ausgebeutet werden. Wo die private Wirtschaft nicht zugriff, sprang der Staat ein, so im *Bergwerks- und Hüttenwesen*, beim *Holzhandel* und beim Ankauf der bankrotten *Porzellanmanufaktur*. Um Geld im Lande zu halten, wurde ein *Tabak- und Kaffeemonopol* errichtet, das enorme Steuern verlangte. Für die Ausfuhr von *Salz* und *Wachs* wurde die sogenannte »Seehandlung« errichtet, aus der sich später die Staatsbank entwickelte.

DIE HABSBURGISCHEN KRONLÄNDER

Die habsburgische Monarchie hatte sich kaum vom »Dreißigjährigen Krieg« erholt, da mußte sie den Zweifrontenkrieg gegen Frankreich und die Türkei führen, schließlich die drei »Schlesischen Kriege« um den Besitz der wertvollen Provinz. Bis zum Ende des »Spanischen Erbfolgekrieges« (1714) wurde die Kriegsfinanzierung durch Hofjuden besorgt, an die nahezu alle *Domänen* (Staatsgüter) verkauft werden mußten. Die *Bergwerke* von Idria und Neusohl mußten an holländische Banken verpfändet werden. Das Gewerbe, vor allem die *Textilindustrie*, konnte nur mit Hilfe des Hochadels entwickelt werden, der sich gründlich subventionieren ließ. Die »Orientalische Kompanie« (1719), die über Triest exportierte, konnte *Wollzeugfabriken* in Linz und in Schwechat errichten, die 1748 immerhin 48 000 bzw. 25 000 Arbeiter beschäftigten.

Literatur

Braudel, Fernand: Sozialgeschichte des 15.–18. Jahrhunderts; Band 3: Aufbruch zur Weltwirtschaft, München 1986

Hausherr, Hans: Wirtschaftsgeschichte der Neuzeit, Köln/Wien 1981[5]

Kellenbenz, Hermann: Deutsche Wirtschaftsgeschichte, 2 Bde., München 1977 u. 1981

Treue, Wilhelm: Wirtschaftsgeschichte der Neuzeit, Bd. I: 18. und 19. Jahrhundert, Stuttgart 1973[3]

LOTHAR HÄUSLER

Europäische Landwirtschaft im 17. und 18. Jahrhundert

Seit langem verwenden die Historiker im Blick auf die Agrargeschichte des 17. und 18. Jahrhunderts den Begriff »Agrarrevolution«, um damit jenen Umbruch zu charakterisieren, der sich im Niveau der landwirtschaftlichen Produktivität wie in der Agrartechnik Westeuropas nach dem »Dreißigjährigen Krieg« vollzogen hat. Dem ersten Stadium dieses sich in Etappen vollziehenden Prozesses liegen Ideen zugrunde, die von den Niederlanden ausgegangen sind, dann auf England, Frankreich, die Schweiz, Deutschland und Dänemark, späterhin auf Österreich, Italien und Schweden, schließlich – in der zweiten Hälfte des 19. Jahrhunderts – auf Rußland und Spanien übergegriffen haben. Für den Gesamtvorgang typisch sind, wie der Wirtschaftshistoriker Paul Bairoch feststellt, die Aufgabe des Brachlandes zugunsten eines *kontinuierlichen Fruchtwechsels*, die Einführung oder der vermehrte Anbau von *Feldfrüchten*, die *Verbesserung der Agrartechnik*, die gewissenhafte *Saatgutauswahl*, die *Aufzucht neuer Zuchttierrassen* sowie die *Neugewinnung und Verbesserung von Agrarflächen.* Noch sind zwar nicht alle Fragen wissenschaftlich abgeklärt, aber uns bietet sich doch ein recht klares Bild der landwirtschaftlichen Entwicklung, zumindest in Schwerpunkten.

FORTSCHRITTLICHE NIEDERLANDE

Die brabantischen, friesischen, flämischen und holländischen Bauern erlebten im 17. und 18. Jahrhundert ein »Goldenes Zeitalter der Landwirtschaft«. Ein enormer Bevölkerungsanstieg führte zu einer ständig wachsenden Nachfrage nach Agrarprodukten, so daß die bereits im 16. Jahrhundert wegen ihrer mustergültigen *Eindeichungs-* und

Fortschritt in der Mechanisierung der Landwirtschaft. *Frühe Darstellung der Dreschmaschine von G. Holfeld. Der Antrieb erfolgt durch einen Göpel: Das im Kreis herumgehende Pferd setzt über Zahnkränze die Maschine in Bewegung. Flugblatt, 1774.*

Drainagesysteme berühmt gewordene niederländische Landwirtschaft durch Einführung nun feldmäßig betriebenen Raps-, Hanf-, Flachs- und Waidanbaus die Bodenerträge weiter zu steigern begann. Die Landwirte belieferten mit diesen Gewerbspflanzen die Tuchfabrikation und Färbereien und erzielten beachtlichere Gewinne als mit dem Getreideanbau. Auch wußten sie die Stallfütterung zu verbessern, indem sie den Ölkuchen, ein Rückstandsprodukt der Ölpflanzenverarbeitung, verwendeten. Durch Ausbreitung von Naturdünger oder städtischem Abfall sowie durch den Anbau von Luzerne und Rotklee verbesserten sie die Böden, und trotz wiederholt auftretender Seuchen machte die niederländische Aufzucht von Milch- und Fleischvieh insgesamt gute Fortschritte. Im 17. Jahrhundert erlangte die intensivste Form der niederländischen Agrarwirtschaft, der Gartenbau, Berühmtheit, als die in stadtnahen Regionen angelegten Obst-, Gemüse-, Blumen- und Tabakkulturen über das vorzügliche Kanal- und Straßennetz selbst entfernteste Märkte belieferten.

TECHNIKFREUNDLICHE ENGLÄNDER

Die enge politische Beziehung des Herrschaftshauses der Oranier zu England – 1689 wurde Wilhelm III. von Oranien König von England – hat sich zweifellos auch auf die Agrarstruktur der britischen Inselwelt ausgewirkt. Jetzt wurde es auch hier üblich, die Böden mit Naturdünger, Textilresten, Knochenmehl und Kohleasche zu behandeln. Auch *agrartechnische* Neuerungen gingen auf holländische Anregungen zurück. Erinnert sei an die Entwicklung von *Pflügen, Sämaschinen* und *Eggen*, wie den Volleisenpflug *Smalls*, den Gußeisenpflug *Ransomes* oder den vom briti-

schen Bastlertalent bereits 1770 geschaffenen mehrscharigen Pflug. Als der phantasiereiche *Tull* in Frankreich die Drillkultur kennengelernt hatte, bei der die Freiräume zwischen den Pflanzenreihen mit der Hacke aufgelocket werden, war die »Tullsche Sämaschine« bald im Gebrauch. Pfarrer *James Cooke* konstruierte 1785 bereits ein weiteres Gerät zur maschinellen Reihenaussaat. Übrigens führte Tulls pferdegezogene Hacke zu jenen heute noch gebräuchlichen Exstirpatoren und Eggen, die für die Böden weniger schädlich sind als Pflüge.
Mit den *Mähmaschinen* hatten die englischen Erfinder weniger Erfolg. Von den *Dreschmaschinen,* welche die mühevolle und zeitraubende Tätigkeit der Lohndrescher ersparen sollten, fand die »Schlagleistenmaschine« des Schotten *Meikle* große Beachtung. Sie konnte mit Wind-, Wasser-, Pferde-, aber auch mit Dampfkraft betrieben werden. Von den *Getreideputzmühlen,* die im Fliehkraft-Trennverfahren Körner und Spreu aussondern, sei jene von Meikles Vater erwähnt. Im Prinzip sind diese Mühlen, die mit großem Arbeitsaufwand bedient werden mußten, bis in unser Jahrhundert herauf bei deutschen Landwirten noch in Gebrauch gewesen.
Die Agrarrevolution Englands ist ohne finanzielle Förderer und wissenschaftliche Gesellschaften kaum denkbar. England erlebte im 18. Jahrhundert jene »Verbesserungsbewegungen«, in denen sich Bauern, Gärtner, Handwerker, Händler und selbst Intellektuelle zusammenfanden, um die notwendigen Neuerungen zu diskutieren. Genannt sei die »Honourable Society of Improvers in the Knowledge of Agriculture«. Seit 1784 hat auch *Arthur Youngs* Fachzeitschrift »Annals of Agriculture« die Diskussion agrarwirtschaftlicher Fragen wesentlich mitbestimmt.

NIEDERGANG DER KLEIN-BAUERN – GROSSGRUND-BESITZ

Die seit 1750 feststellbare Bevölkerungsexplosion, aber auch der extensive Straßen- und Kanalbau haben nicht nur einen bedeutenden nationalen Inlandmarkt entstehen lassen, sondern auch die Tendenz zu *freihändlerischer* Wirtschaft verstärkt. Das sollte für die englische Agrarverfassung bedeutsame Konsequenzen haben. Die Befürworter der auf einen größeren Markt bezogenen Landwirtschaft forderten nämlich nun in verstärktem Umfang *Einhegungen,* d.h. die Okkupation des Gemeindelandes und der offenen Felder, klar umgrenzte Fluren, statt Ackerstreubesitz weitflächiges Weideland, das der Fleisch-, Wolle- und Ledererzeugung dienen sollte. Jahrzehntelang hat tatsächlich

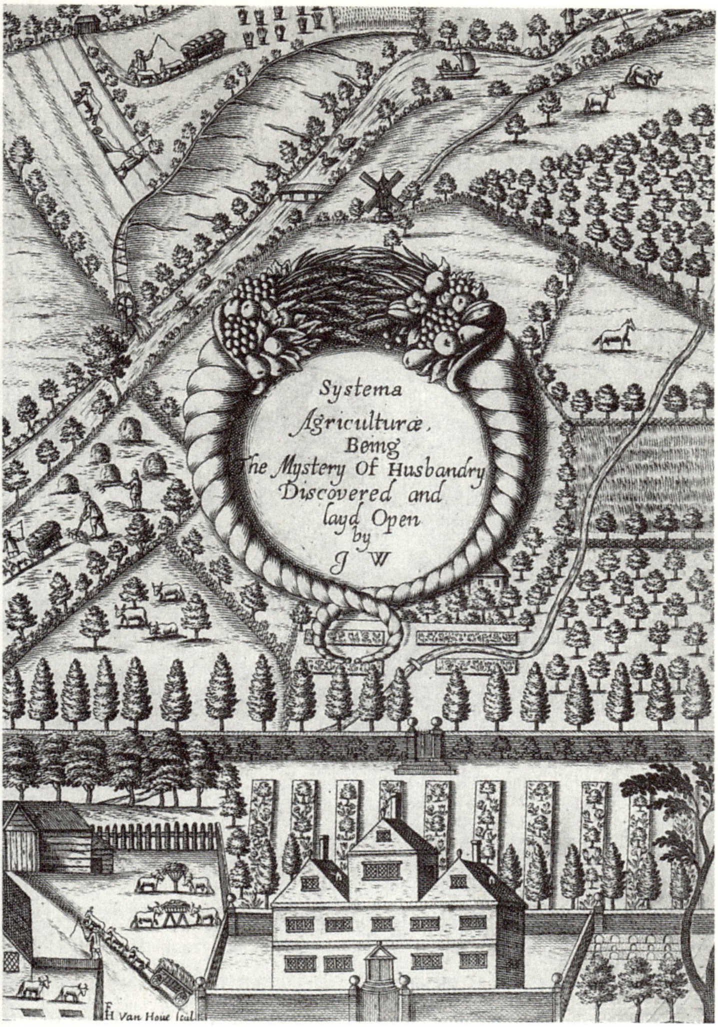

Sammlung theoretischer Grundlagen der landwirtschaftlichen Produktion. *Titelseite des 1669 erschienenen ersten Lehrbuchs für englische Landwirte »Systema agriculturae« von John Worlidge in der zweiten Auflage von 1675. British Library, London.*

das Parlament unzählige »Enclosure-Acts« erlassen, was kein Problem war, weil die großen Landlords ja selbst im Parlament saßen und die Agrarpolitik bestimmen konnten. Aus den *landlos werdenden Kleinbauern* sollte sich bald jene industrielle Reservearmee rekrutieren, ohne die sich die *Industrialisierung Englands* nicht verstehen ließe.

Für Kontinentaleuropa richtungweisend wurde indes *Charles Townsend*, ehemals Mitglied des Ministeriums Walpole, der in Norfolk mit der *Fruchtwechselwirtschaft* und dem *Rüben- und Kleeanbau* die alte Dreifelderwirtschaft verabschiedete und seine Einnahmen nunmehr verfünffachte. *Robert Bakewells* Züchtungsversuche trugen erheblich zur Steigerung der Fleisch-, Milch- und Wollerträge bei. Die daraus erzielten Überschüsse flossen der Industrie zu.

Unterdrückung durch Feudallasten – Die Lage der französischen Bauern im 17. Jh. *Ein Bauer liefert dem Gutsherrn seine Abgaben ab: »Der Adelige ist die Spinne und der Bauer die Fliege.« Karikatur aus J. Lagniets »Recueil des Proverbes«, 1657–1663.*

FRANKREICH: VOM LÄNDLICHEN PROLETARIAT ZUM DEMOKRATISCHEN BAUERNSTAND

In Frankreich, wo die »Agrarrevolution« rund fünfzig Jahre später als in England einsetzte, waren am Vorabend der »Französischen Revolution« von den 25 Millionen Einwohnern 20 Millionen Landbewohner. Schon vor der eigentlichen »Bauernbefreiung« gab es *freie* Bauern. Sie waren im Grunde Tagelöhner und Handlanger und gehörten einer Schicht an, die sich mehr und mehr zu einem *ländlichen Proletariat* ausweitete. Der Landbesitz der Kleinbauern wiederum war sehr bescheiden, so daß viele, falls sie nicht weiteres Land in Pacht nehmen wollten, als Lohnarbeiter oder Arbeitskräfte in der ländlichen Industrie einem Nebenerwerb nachgehen mußten. *Großpächter* in den fruchtbaren Getreideprovinzen trugen durch Weiterverpachtung zur Aufrechterhaltung des Proletariats bei.

Was die Bodennutzung angeht, erinnert die französische stark an jene im Deutschen Reich. Es gab die *Dreifelderwirtschaft* mit einem Drittel Brache, die wie die Wiesen nach der ersten Heumahd frei beweidet werden durfte. Durch Nutzungsrechte auf *Gemeindeweide* und *Gemeindewald* sowie durch Ähren- und Strohnachleserechte erzielten viele Bauern zusätzlich kleinere Nebeneinkünfte. Auf solche Kollektivrechte wollten viele Kleinbauern keinesfalls verzichten.

Begriffe

Agrarrevolution: Fachbegriff zur Kennzeichnung des Umbruchs in der Landwirtschaft des 17. und 18. Jahrhunderts, wobei die Agrarverfassung besondere Aufmerksamkeit erlangt.

Agrarverfassung: Gesamtheit des rechtlichen, sozialen und wirtschaftlichen Rahmens des ländlichen Lebens.

Bauernbefreiung: Lang andauernder Prozeß der Herauslösung der Bauern aus sämtlichen Herrschaftsbindungen wie Leibeigenschaft, Erbuntertänigkeit; aber auch Auflösung der Grundherrschaft und Gerichtsherrschaft, Ablösung des Zehnt. Zeitraum: vor allem 18. und 19. Jahrhundert.

Drillkultur: Wesentliche Elemente sind: Reihensaat, Belassen von Zwischenräumen zwischen den Pflanzen, mehrfaches Aufhacken der Zwischenräume zum Zwecke eines kräftigen Pflanzenwuchses und einer Ertragssteigerung.

Dreifelderwirtschaft: Bewirtschaftung einer Flur im dreijährigen Wechsel: Wintergetreide – Sommergetreide – Brache.

Einhegungen *(engl. enclosures):* Überführung von Ackerland in Weideland aus marktpolitischen Gründen.

Kameralisten: Mitglieder der für den fürstlichen Haushalt zuständigen Behörde; Arbeitsschwerpunkte: Merkantilistische Förderung der Landwirtschaft, der Manufakturen, Bevölkerungspolitik (Peuplierungspolitik), Neuansiedlungen.

Physiokraten: Vornehmlich französische Wirtschaftstheoretiker des 18. Jahrhunderts, die das erste wissenschaftliche System der Sozialökonomie schufen. Für P. ist einzige Quelle des Reichtums Grund und Boden. Bauern sind der einzige produktive Stand. Hauptvertreter: F. Quesnay (* 1694, † 1774).

Auch die grundherrschaftsbedingten Belastungen der französischen Landwirte unterschieden sich wenig von denen deutscher Bauern. Preissteigerungen und Geldmangel blockierten jeden agrartechnischen Fortschritt. Von einer Umsetzung physiokratischer Ideen (siehe Kästchen) im breiten Maßstab konnte keine Rede sein, mochten die französischen Physiokraten sich noch so stark machen für das Bauerntum, das nach ihrer Wirtschaftslehre als die allein produktive Klasse galt.

In zahllosen Denkschriften artikulierte sich die Unzufriedenheit der Bauern am Vorabend der großen Revolution. Revolutionär an diesen Beschwerden war die Forderung, die Feudallasten (Abgaben, Dienstleistungen) sollten rechtlich begründet oder nachgewiesen werden. Was die bäuerlichen Grundrechts- und Freiheitsforderungen anging, waren sie durchaus mit jenen des Dritten Standes identisch, mochten sich auch – von ihrer Mentalität und ihrer Entwicklung her – die Bauern voneinander in ein *Großbauerntum* mit marktorientierten modernen Anschauungen und ein *Parzellenbauerntum* mit der Tendenz zur quasi-autarken Wirtschaftsform unterscheiden. Gerade die kleinen Landwirte wollten auf keinen Fall ihre kollektiven Nutzungsrechte der »Allgemeinheit« einbüßen.

Die Revolution der Jahre 1789 bis 1795 setzte schrittweise Agrarreformen durch, die im Juli 1793 zu der entschädigungslosen Aufhebung aller grundherrlichen Rechte führten. Damit war die »Bauernbefreiung« rechtlich vollzogen. Durch Verkauf gelangten nun auch die sogenannten »Nationalgüter«, d.h. der verstaatlichte geistliche Besitz, die königlichen Domänen, die Güter der Emigranten sowie der Adels- und Gemeinbesitz in die Hände der Bauern. Im Unterschied zur späteren Befreiung der deutschen Bauern wurde Frankreichs Bauernstand im ganzen stärker, während die deutschen Bauern wegen der verlangten Ablösungszahlungen oft verschuldeten. Frankreich war, wie der Wirtschaftshistoriker Wilhelm Treue es formuliert, durch die Revolution zur »bäuerlichen Demokratie« geworden. Die eigentlichen sozialen Absteiger waren die Tagelöhner, die ihre gewohnten Weiderechte einbüßten.

IM SCHATTEN DES »DREISSIGJÄHRIGEN KRIEGES«: DEUTSCHLAND

Der schlesische Dichter *Andreas Gryphius* hat in seinem Sonett »Tränen des Vaterlandes« über jene Erschütterung Zeugnis abgelegt, die Millionen deutscher Menschen bewegt haben muß, als 1648 der »Dreißigjährige Krieg« zu Ende gegangen war. Bei einem Bevölkerungsverlust von 5 bis 7 Millionen Menschen hatte die Kriegsfurie dem Lande im Durchschnitt mehr Schaden zugefügt als den Städten, vor allem weil die verfeindeten Heere die erbarmungslose Devise praktizierten: »Der Krieg ernährt den Krieg.« Auch nach dem Frieden blieb noch, um die Durchführung der Friedensartikel zu kontrollieren, ein fremdes Heereskontingent im Lande, so daß die Soldateska noch immer die Bevölkerung drangsalieren konnte. Wer von den etwa 60 Prozent der am Leben gebliebenen Bauern auf sein Anwesen zurückkehrte, stand oft vor dem Nichts: Haus und Hof waren ausgeplündert, das Vieh abgeschlachtet oder weggetrieben, die Felder von Gestrüpp überwuchert. Was in Generationen an Bodenkultur geschaffen worden war, ließ sich erst nach langer Mühe wiederherstellen. Ohne Betriebsmittel, Geräte, entsprechendem Zuchtvieh schien eine Rekultivierung geradezu utopisch. Besonders hoffnungslos schien die Lage in Schleswig-Holstein, in Mittel-

und Ostdeutschland oder in der Pfalz, während der Nordwesten, die Alpenländer oder das Herzogtum Preußen weniger Schaden erlitten hatten.

STAATLICHE LENKUNG, NEULANDGEWINNUNG UND NEUERUNGEN

Freies Unternehmertum konnte sich freilich nirgends entfalten, im Unterschied zu Frankreich oder England. Dafür schlug jetzt die Stunde der »Kameralisten«, wie die für den fürstlichen Haushalt des 17. und 18. Jahrhunderts Verantwortlichen genannt wurden. Sie hatten den planmäßigen Aufbau der merkantilistisch orientierten Wirtschaft im eigenen Lande zu betreiben. Bis 1740 vollzog sich dieser in einer Phase, die durch Wiedernutzung liegengelassener Böden und durch die Aufzucht von Zugochsen sowie den allmählichen Ausbau wüst gewordener Landstriche gekennzeichnet ist. Hand in Hand mit der Zunahme der Bevölkerung, die in den einzelnen Territorien unterschiedlich wuchs, ging nach 1740 in einer zweiten Phase ein Prozeß vonstatten, der durch Extensivierung und Intensivierung der Agrarproduktion gekennzeichnet ist. Die bekanntesten *Kulturlandgewinnungen* fallen in die Regierungszeiten der preußischen Könige *Friedrich Wilhelm I.* (R 1713–1740) und *Friedrich dem Großen* (R 1740–1786), die im *Havelgebiet* bzw. im *Oder-* und *Warthe-Bruch* riesige Meliorationen durchführen ließen, wodurch die Nutzfläche Preußens um 100000 ha vermehrt worden sein soll. Auch Bayern, Hannover, Oldenburg und eine Reihe kleinerer adliger Grundherren führten Landgewinnungsmaßnahmen durch. Mit den großräumigen Projekten gingen der Ausbau oder Neubau dörflicher Siedlungen einher. Hier fanden der einheimische Bevölkerungsüberschuß, aber auch *Glaubensflüchtlinge* aus deutschen wie ausländischen Gebieten eine Existenz. Die Kolonisten blieben den Domänenämtern gegenüber dienstpflichtig, waren aber keine Leibeigenen oder Hörige. Sie brachten oft ihre heimatlichen Technologien mit und leisteten damit wertvolle Entwicklungshilfe.

Auf preußischen Domänen waren »Kuhhaltereien« (auch »Holländereien« genannt) an Holländer verpachtet, die Domänen englischen und schottischen Agrariern überantwortet.

Die staatliche Wirtschaftspolitik des 18. Jahrhunderts wurde mehr und mehr von physiokratischen Ideen geprägt, die von wissenschaftlichen Akademien, »Landwirtschaftlichen Gesellschaften« und mit landwirtschaftlichen Fragen beschäftigten Englandreisenden ausgebreitet wurden. Es nimmt daher nicht wunder, wenn sich bei dem allgemein großen Interesse an Agrarfragen insgesamt die Agrarstruktur verbesserte. So erfolgte im Deutschland des 18. Jahrhunderts der Übergang zur *verbesserten* Dreifelderwirtschaft: Auf dem Brachfeld wurden jetzt Klee, Luzerne, Kohl, Rüben, Linsen und Erbsen angebaut. In Holstein ging man zur *Koppelwirtschaft* über, bei der im Turnus mehrere Jahre Weidenutzung und Ackerbau wechselten. Sachsens Textilgewerbe erlangte durch die Einfuhr von *Merinoschafen* Auftrieb, während sich infolge der Extensivierung des *Flachsanbaus* das Leinengewerbe entfaltete. Zwischen 1648 und 1800 verdoppelte sich die Produktion parallel zur Bevölkerungszahl, wobei sich allerdings die Flächenproduktivität nur geringfügig erhöhte. Dafür verdreifachte sich der Kilokalorienwert pro Hektar infolge der Umstellung der Nahrung vom Getreide- zum Kohl- und Kartoffelstandard. Gleichzeitig verminderte sich die Versorgung mit tierischen Produkten um etwa die Hälfte.

Nach wie vor blieben *Roggen* und *Hafer* die wichtigsten Getreidesorten. Geringer werdende Erträge veranlaßten die Bauern, englische Erfahrungen auszuwerten, indem sie die *Düngung* der Ackerflächen durch entsprechende *Viehhaltung*, diese wiederum durch *Kleefütterung* verbesserten. Neben Naturdünger verwendeten sie bereits Teichschlamm, Mergel und Gips als zusätzliche Düngemittel.

VOM FEUDALISMUS ZUR »BAUERNBEFREIUNG«

Das ausgehende 17., vor allem das 18. Jahrhundert wurde von der Agrarwissenschaft als die »letzte Phase des Feudalismus in Deutschland« bezeichnet. Mit welchem Recht? Nach wie vor ist das Bauerntum von Grund- und Gutsherren abhängig. Freie Eigentümer an Grund und Boden bleiben Ausnahmen. Dennoch sind die Agrarverfassungen der einzelnen Länder des Reiches einem Wandel unterzogen. Frondienste mußten die Bauern im Südwesten oder Nordwesten nur noch selten leisten. Mitteldeutschland kennt die Erbpacht. In Niedersachsen und Westfalen hingegen waren nach dem »Dreißigjährigen Krieg« großadelige und geistliche Güter entstanden, wo die Bauern bei Eigenwirtschaft treibenden Gutsherren noch größere Frondienstpflichten erfüllen mußten. In Bayern, wo die Grundherrschaft vorherrschte, gab es noch immer den Zwangsgesindedienst der Bauernkinder, Freibauern fanden sich nur in den Alpengebieten. Das Bild, das sich also bietet, ist sehr differenziert. Dennoch kann nicht übersehen werden, daß unter dem Einfluß der Aufklärung, der Physiokraten, der »Ökonomischen Sozietäten« (Landwirtschaftliche Gesellschaften), aber auch im Zusammenhang mit den steigenden Agrarpreisen – bei Getreide war von 1730 bis 1800 ein An-

Begriffe

Bauernlegen: Einziehung von Bauernstellen durch Aufkauf oder Vertreibung und Überführung des Landes in Grundherren- oder Gutsherrenbesitz zum Zwecke der Eigenbewirtschaftung und Einkommenssteigerung.

Erbpacht: Ein erbliches Nutzungsrecht an einem Bauerngut; der Erbpächter entrichtet dabei jährliche Pacht (Naturalien oder Geld) an den Obereigentümer.

Erbuntertänigkeit: Vor allem in Gebieten der deutschen Ostsiedlung typisch; sie bedeutet Schollenpflichtigkeit, Gutshörigkeit, Beschränkung der Freizügigkeit von Bauern, die einem Gutsherren unterstehen und deren Kinder dem Gesindezwang unterlagen.

Erbzins: Anerkennungszins, den Bauern auf Erbzinsgütern an Grundherren als Obereigentümer zahlen mußten.

Gesindezwang: Verpflichtung gegenüber dem Grundherren, landwirtschaftliche Dienste gegen eine geringe Vergütung zu leisten.

Grundherrschaft: Charakteristische Sozial- und Rechtsform im mittelalterlichen Europa vor der Bauernbefreiung; unfreie (hörige) Bauern bewirtschaften adligen, kirchlichen oder königlichen Grundbesitz. Sie hatten die Pflicht, landwirtschaftliche Erzeugnisse abzuliefern oder Zinszahlungen und Fronarbeit zu leisten und einen zu niederer Gerichtsbarkeit befugten Grundherren anzuerkennen.

Leibeigenschaft: Sehr umfassende Form einer rechtlichen und persönlichen Abhängigkeit eines Bauern von einem Grundherren. Sie war erblich, ging also von den Eltern auf die Kinder über und bedeutete Frondienstpflicht, Erbuntertänigkeit, Abgabenpflichtigkeit sowie Unterordnung unter die grundherrliche Gerichtsbarkeit.

Leibherrschaft: Persönliche Abhängigkeit (manchmal auch Leibeigenschaft) von einem Leibherrn (= Grundherrn).

stieg um 210 Prozent beobachtet worden! – die allgemeine Tendenz zur Bauernbefreiung deutlich geworden ist. In Preußen war das »Bauernlegen« verboten worden, das in Mecklenburg und Vorpommern die fast völlige Beseitigung des freien Bauerntums bewirkt hatte. Auf den königlichen Domänen erlangten Bauern nun Erbbesitz, verschwand die Erbuntertänigkeit. Zwangsdienste wurden aufgehoben, erblicher Besitz in echtes Eigentum oder in die modernere Form der Erbpacht und des Erbzinses übergeführt.

In den alten preußischen Provinzen waren am Ende des 18. Jahrhunderts 50000 Bauern freie Eigentümer. Unter physiokratischem Einfluß hob 1783 der badische Markgraf die Leibeigenschaft auf.

ÖSTERREICH UND RUSSLAND – REFORMEN UND LEIBEIGENSCHAFT

In den österreichischen Ländern bedeuteten die Reformpatente *Maria Theresias* (R 1740–1780) und *Josephs II.* (R 1765–1790) wesentliche Arbeitszeitverbesserungen für die »Rustikalisten«, die dienstpflichtigen Bauern. Das Hauptpatent für Österreich-Schlesien von 1771 und das für Böhmen und Mähren von 1775 setzten die Dienstleistungen für die Grundherren wesentlich herab und bestimmten Höchstnormen. 1781 wurde in Böhmen, Mähren, Österreich-Schlesien, Galizien und Ungarn jede Form von Leibeigenschaft untersagt und das Recht der freien Verehelichung, des freien Eigentumerwerbs, freier Berufswahl, der Freizügigkeit sowie die Befreiung von Zwangsgesindediensten verkündet. Ähnliche Entwicklungen haben *Dänemark* und *Schleswig-Holstein* im Zusammenhang mit ihrer Trennung erlebt. In Rußland, wo es seit dem 16. Jahrhundert gesetzlich sanktionierte *Leibeigenschaft* gab, verliefen die Reformprozesse ganz anders. Zunächst waren die Bauernmassen von Gutsherren abhängig, lediglich Domänenbauern besaßen eine bessere soziale Stellung, und die Leibeigenschaft war im Grund nichts anderes als eine mildere Form der Sklaverei, so daß es immer wieder zu Massenfluchten ins Ausland kam. Nach dem »Nordischen Krieg« (1700–1721), in dem etwa 100 000 Bauern als Soldaten gefallen waren, sind nach heutigen Erkenntnissen etwa 200 000 Bauernsklaven über den Don nach Sibirien oder nach Polen und ins Moldaugebiet geflohen. Mißernten und Hungersnöte führten aber auch zu Aufständen. Viele Bauern verfielen der Straßenräuberei, andere hat man in die Fabriken gesteckt.

Leibeigenen war in der Regel die Ausübung eines Gewerbes untersagt. Sie waren verkäufliche Arbeitskräfte. Andererseits konnte die Zarin *Katharina II., die Große* (R 1762–1796), ihr großes Kolonisationswerk nicht ohne erfahrene, selbständige Bauern durchführen. Diese Bauern, denen sie viele Sonderrechte einräumen mußte, warb sie in Westeuropa an. In kurzer Zeit kamen allein 25 000 *Deutsche*, meist Pfälzer. Sie kolonisierten das untere *Wolgagebiet*, andere wurden im *Raume St. Petersburg* oder in *Livland* seßhaft.

Wohl unter dem Eindruck englischer Vorbilder hat Katharina auch eine »Freie Ökonomische Gesellschaft« ins Leben gerufen (1765), die sich der »Bauernbefreiung« zuwenden sollte. Dem Adel bereitete dies Mißvergnügen, da er den Verlust seiner Privilegien fürchtete. Nach dem Volksaufstand unter der Führung *Jemeljan I. Pugatschows*, an dem sich 1773 neben Bergwerks- und Textilarbeitern auch leibeigene Bauern des Wolgaraums beteiligt hatten und der

Aufbegehren der geknechteten russischen Bauern. *Links: Jemeljan I. Pugatschow, Führer des Kosaken- und Bauernaufstandes von 1773–1775, in Ketten. – Unten: Frondienst auf einem russischen Gut im 18. Jh. Volkstümlicher, zeitgenössischer Holzstich.*

im Blut erstickt wurde, bekam die Leibeigenschaft für 23 Millionen Menschen nur noch bedrückendere Züge. Beseitigt wurde sie erst 1861 durch Zar *Alexander II.* Auch in Ungarn begann die »Bauernbefreiung« erst sehr spät (1853), in Rumänien 1864.

Will man die Bedeutung der Landwirtschaft des 18. Jahr-

Literatur

Abel, Wilhelm: Geschichte der deutschen Landwirtschaft vom frühen Mittelalter bis zum 19. Jahrhundert, Stuttgart 1978[3]

Bechtel, Heinrich: Wirtschafts- und Sozialgeschichte Deutschlands, München 1967

Borchardt, Karl (Hg.): Europäische Wirtschaftsgeschichte; Band 3: Die industrielle Revolution, Stuttgart 1976. Darin Bairoch, Paul: Die Landwirtschaft und die Industrielle Revolution.

Chambers, J. D./Mingay, G. E.: The Agricultural Revolution 1750–1880, London 1966

Engelsing, Rolf: Sozial- und Wirtschaftsgeschichte Deutschlands, Göttingen 1973

Franz, Günther: Geschichte des deutschen Bauernstandes vom frühen Mittelalter bis zum 19. Jahrhundert, Stuttgart 1970

Haussherr, Hans: Wirtschaftsgeschichte der Neuzeit vom Ende des 14. Jahrhunderts bis zur Höhe des 19. Jahrhunderts, Köln/Graz 1960

Henning, Friedrich-Wilhelm: Das vorindustrielle Deutschland 800 bis 1800, Stuttgart 1976

Herrmann, Klaus: Pflügen, Säen, Ernten. Landarbeit und Landtechnik in der Geschichte, Hamburg 1985 (rororo 7722)

Kellenbenz, Hermann: Deutsche Wirtschaftsgeschichte, Band 1: Von den Anfängen bis zum Ende des 18. Jahrhunderts, München 1977

Kulischer, Josef: Allgemeine Wirtschaftsgeschichte des Mittelalters und der Neuzeit, 2 Bde.; 1965[3]

Lütge, Friedrich: Deutsche Sozial- und Wirtschaftsgeschichte, Berlin/Göttingen/Heidelberg 1952

Lütge, Friedrich: Geschichte der deutschen Agrarverfassung vom frühen Mittelalter bis zum 19. Jahrhundert, Stuttgart 1967[2]

Soboul, Albert: Die Große Französische Revolution, Frankfurt a. M. 1973[3]*, S. 19–44: Aufschwung und Schwierigkeiten des Dritten Standes*

Treue, Wilhelm: Wirtschaftsgeschichte der Neuzeit, Stuttgart 1966[2]

Zorn, Wolfgang (Hg.): Handbuch der deutschen Wirtschafts- und Sozialgeschichte, Band 1: Von der Frühzeit bis zum Ende des 18. Jahrhunderts, Stuttgart 1971

Ausdehnung des überseeischen Handelsverkehrs und gezielte Zollpolitik. *Warenzollabfertigung am Old Custom's House Quay an der Themse in London – neben Bristol und Liverpool einer der führenden englischen Häfen. Während durch die Realunion Englands mit Schottland (1707) ein binnenländisches Freihandelsgebiet entstand, wurden – auch über die Meere und Kolonialgebiete hinweg – Außenzölle erhoben. Gemälde von S. Scott. Mitte des 18. Jh. Victoria & Albert Museum, London.*

Gewerbe mit zunehmender Bedeutung für das Wirtschaftsleben: das Hüttenwesen. *Rüstungsindustrie in den Niederlanden zur Zeit des »Dreißigjährigen Krieges«: Hüttenwerk und Kanonengießerei in Julitabroeck. Die Eisenwerke alten Typs wurden mit Holzkohle betrieben. Erst Mitte des 18. Jh. begann man verstärkt mit dem Abbau der als Brennstoff kostengünstigeren Steinkohle. Aus einem Gemälde von Allaert van Everdingen (Ausschnitt). Mitte des 17. Jh. Rijksmuseum, Amsterdam.*

Am Vorabend der Industriellen Revolution: Produktivitäts- und Qualitätssteigerung in der Eisengießerei. *Teilansicht der Stahlfabrik zu Söderfors in Schweden (1781). Zu Beginn des 18. Jh. war die Eisenindustrie Schwedens die leistungsfähigste der Welt. Ganz Europa, besonders England, gehörte zu den Abnehmern ihrer Produkte. Gegen Ende des Jahrhunderts verlor Schweden jedoch seine Konkurrenzfähigkeit. Gemälde von Per Hilleström d. Ä., 1782 (Ausschnitt). Nationalmuseum, Stockholm.*

Umwälzungen in der Volkswirtschaft: Entstehung eines ländlichen Proletariats und zunehmende Verkehrserschließung. – *Oben: Landschaft mit Bauerngehöft (Ausschnitt). Viele verarmte Bauern drängten als Arbeitskräfte in die wachsenden Industriestädte. Gemälde von Abraham Bloemart (*1564, †1651). – Unten: Erweiterung des Verkehrsnetzes in Südfrankreich. Bau einer Landstraße. Im Hintergrund: Brückenbau unter Einsatz von Kränen. Gemälde von Joseph Vernet, 1775. Musée du Louvre, Paris.*

hunderts in Europa für den Prozeß der »Industriellen Revolution« würdigen, so ließe sich, den Erkenntnissen des Wirtschaftshistorikers Paul Bairoch folgend, feststellen: Die Landwirtschaft hat nicht nur die Ernährungsgrundlagen und die Arbeitskräfte für diese »Industrielle Revolution« zur Verfügung gestellt, sondern zur demographischen Revolution und zur Entstehung der modernen Textil- und Eisenindustrie beigetragen. In der Frühzeit der »Industriellen Revolution« hat sie aber auch das Kapital und das Unternehmertum zu einem beträchtlichen Teil gestellt, um diese »Industrielle Revolution« überhaupt in Bewegung zu setzen.

Das Zeitalter der großen Revolutionen. *Zug der bewaffneten Pariser Marktweiber nach Versailles am 5. Oktober 1789. Unter dem Eindruck fortdauernder Brotknappheit und Arbeitslosigkeit hatten sich 6000 bis 7000 Frauen aus dem Faubourg Saint-Antoine und den Markthallen auf den Marsch gemacht, um ihren Protest gewalttätig zum Ausdruck zu bringen.*

Europa im Umbruch

Machtwechsel und neue Gewalt

Gesellschaftliche Spannungsfelder – Überschuldung und Armut – Freiheitsideen – Versammlungen, Debatten, Verfassungen – Vom Saal auf die Straße – Die Schrecken der Revolution – Kriege mit Europa – Napoleons Machtübernahme – Europa verändert sich – »Reichsdeputationshauptschluß« – Das Reich zerbricht – »Kontinentalsperre« – Freiheitskämpfe und Reformen – Der Brand von Moskau: Symbol des verlorenen Rußlandfeldzuges – Der deutsche »Befreiungskrieg« – Die Versammlung der siegreichen Fürsten: der »Wiener Kongreß« – »Restauration« der Fürstenmacht – »Heilige Allianz« – Europa im Zeichen Fürst Metternichs – Die Rolle des Machtwechsels in der Geschichte.

ROLAND VOCKE

Europa von der »Französischen Revolution« bis zum Sturz Napoleons

König *Ludwig XVI.* (R 1774–1792) von Frankreich hatte den 14. Juli 1789 fernab von der brodelnden Unruhe der Hauptstadt auf der Jagd in der Nähe von Versailles verbracht und sich anschließend zur Ruhe begeben. Da wurde er vom Herzog von Liancourt mit der Nachricht aus dem Schlaf gerissen, daß das Volk von Paris an eben diesem Tag die *Bastille*, die mittelalterliche Zwingburg, die als Staatsgefängnis diente, erstürmt und die Besatzung niedergemacht habe. »Das ist eine Revolte«, soll der König ausgerufen haben. »Nein, Sire«, war die Antwort des Herzogs. »Das ist eine Revolution.« Es war die Revolution, die Revolution des Volkes von Paris, das markanteste und bis heute populärste Ereignis unter den revolutionären Schüben des Jahres 1789, die den *Absolutismus* in Frankreich hinwegfegten. Nach ihren Voraussetzungen ist zunächst zu fragen, ehe wir den Gang der »Großen Französischen Revolution« im Zusammenhang verfolgen.

ADEL – BÜRGER – BAUERN: INTERESSENGRUPPEN IM VORFELD DER REVOLUTION

Anstoß erregte in einem aufgeklärten Jahrhundert die starre ständische Struktur der Gesellschaft, die in ihren Grundzügen aufs Mittelalter zurückging, aber längst zu einem System von Vorrechten verkommen war. *Adel* und *Geistlichkeit* nahmen ohne entsprechende Leistungen bedeutende Privilegien in Anspruch. Sie hatten Anspruch auf Staats-Stellen und Pfründen und auf die Dienste und Abgaben der unterdrückten Bauern, genossen aber praktisch weitgehende Steuerfreiheit. Gewiß, man darf nicht übersehen, daß Adel nicht gleich Adel und Geistlichkeit nicht gleich Geistlichkeit war, so wenig wie übrigens der *»Dritte Stand«* – die Bauern und das städtische Bürgertum – eine

geschlossene Einheit bildete. Es war ein weiter Abstand zwischen einem Bischof und einem Geistlichen, der draußen in der Provinz ein kümmerliches Dasein führte, und ähnliches gilt für das Verhältnis zwischen der glanzvollen Hofaristokratie, die dem Throne nahestand, und dem kleinen Landadel mit seinen nicht selten erbärmlichen Lebensformen – Quelle für Haß und Verachtung auch unter den Standesgenossen.
Andererseits hatte sich innerhalb des »Dritten Standes« ein reiches und gebildetes und darum auch selbstbewußtes Bürgertum entwickelt, das von den einflußreichen Ämtern, von der Macht im Staate ausgeschlossen war. Diesem Bürgertum ging es *nicht* um *soziale* Reformen, sondern um die *Beteiligung an der Macht*, also um eine Reform der politischen Verhältnisse, nicht um eine Revolution oder um die Beseitigung der Monarchie.
Auch die meisten Vertreter der politischen »Aufklärung« in Frankreich hatten eher eine Reform zugunsten der Besitzenden als den Umsturz im Auge. Das gilt zum Beispiel für die Philosophen *Montesquieu* und *Voltaire* und auch für die *Physiokraten* (siehe auch Seite 277). *Rousseau* allerdings zielte auf eine Beteiligung des ganzen Volkes an den politischen Entscheidungen, auf Volkssouveränität. Von diesen Diskussionen vernahm man auf dem Lande, wo rund 85 Prozent der Bevölkerung lebten, nur wenig. So kam auch das erste weithin vernehmbare revolutionäre Signal nicht von den geknechteten Bauern, sondern von Adligen und Bürgern der Hauptstadt.

STAATSSCHULDEN, STEUERPROBLEME – ABSTIMMUNGSQUERELEN

Das Grundübel der französischen Monarchie seit *Ludwig XIV.* und Hauptanlaß für die Revolution war die *Finanzmisere*, die ungeheure *Staatsverschuldung* mit einem jährlich beträchtlich wachsenden Defizit. Eine Erhöhung der Steuern verbot sich, denn die Steuerlast auf den Schultern des Volkes war ohnehin drückend genug. Geld war nur bei denen zu holen, die viel besaßen und bisher kaum Steuern gezahlt hatten, das heißt beim Adel und bei der Geistlichkeit. Das wußte auch der König, der Reformen durchaus aufgeschlossen war. Doch alle Versuche seiner Minister, die Besteuerung der Privilegierten durchzusetzen, scheiterten am Widerstand des Adels, der hier und dort gewaltsame Formen anzunehmen drohte (1787/88). Man spricht daher von der »Revolte des Adels«, die der Revolution von 1789 vorausging. Vor dieser Revolte wich der König zurück, so daß am Ende keine andere Lösung in Sicht war als die Einberufung der »Generalstände« (also der Abgeordneten von

Daten zur »Französischen Revolution« und zum »Napoleonischen Zeitalter«

1789, 5. Mai	Die französischen Generalstände treten zusammen
1789, 17. Juni	Der »Dritte Stand« erklärt sich zur »Nationalversammlung«
1789, 14. Juli	Sturm auf die Bastille
1791	Die französische Verfassung tritt in Kraft
1792, 20. April	Kriegserklärung Frankreichs an Österreich, Beginn der Revolutionskriege bzw. »Koalitionskriege«
1792, 21. September	Abschaffung der Monarchie in Frankreich
1793, 21. Januar	Hinrichtung Ludwigs XVI.
1793/94	»Schreckensherrschaft« in Frankreich
1796/97	Napoleons Feldzug in Italien
1798/99	Napoleons Zug nach Ägypten
1799	Napoleon stürzt das »Direktorium« und macht sich zum »Konsul«
1803	»Reichsdeputationshauptschluß« bereinigt deutsche Landkarte
1804	Napoleon krönt sich zum Kaiser der Franzosen
1805, 21. Oktober	Seesieg der Engländer bei Trafalgar
1805, 2. Dezember	Sieg Napoleons über Österreicher und Russen bei Austerlitz
1806	»Rheinbund« und Ende des Deutschen Reiches/Untergang des alten Preußen bei Jena und Auerstedt/Verhängung der Kontinentalsperre gegen England
1807	Beginn der preußischen Reformen
1808	Beginn des spanischen Volkskrieges
1808, Oktober	»Fürstentag« in Erfurt
1809	Niederlage Österreichs gegen Napoleon. Aufstand der Tiroler
1812/13	Rußlandfeldzug Napoleons
1813	Beginn der deutschen »Befreiungskriege«
1814, September	Beginn des »Wiener Kongresses«
1815, 18. Juni	Schlacht von Waterloo
1815, Juni	Ende des »Wiener Kongresses«
1815, 26. September	Unterzeichnung der »Heiligen Allianz«

Adel, Geistlichkeit, Bürgern und Bauern) nach Versailles für den Mai 1789. Als die Wahlen der Delegierten ausgeschrieben wurden, ging eine große Erregung durchs Land, denn man erwartete von der Versammlung mehr als eine Lösung des Steuerproblems; man erwartete eine Neuordnung des Staates und der Gesellschaft.

Schwierig war es zunächst, die *Zahl* der Abgeordneten für die einzelnen Stände festzulegen, bis schließlich der »Dritte Stand« ebenso viele Vertreter erhielt wie Adel und Geistlichkeit zusammen, nämlich 600. Da man damit rechnen konnte, daß einzelne Adlige wie *Honoré Gabriel de Riqueti, Graf von Mirabeau,* und Geistliche wie der *Abbé Emmanuel Joseph Sieyès* mit dem »Dritten Stand« stimmen würden, hatte dieser Erfolg nur dann einen Sinn, wenn fortan nach Köpfen und nicht wie bisher nach Ständen abgestimmt wurde.

Befürworter einer liberalen Reform unter Erhaltung der Monarchie: Graf von Mirabeau. *Der französische Politiker, der 1789 als Abgeordneter des »Dritten Standes« in die »Generalstände« kam, kämpfte vergeblich für ein starkes, konstitutionelles Königtum.*

VON DER ›REVOLUTION IM SAAL‹ ZUR ›REVOLUTION AUF DER STRASSE‹

Darüber kam es nach der Eröffnung der Versammlung zum Streit, der darin gipfelte, daß sich der »Dritte Stand« zur *»Nationalversammlung«* erklärte und die anderen Stände aufforderte beizutreten. Als der König daraufhin den Versammlungssaal sperren ließ, zogen die Abgeordneten ins *Ballhaus von Versailles* und erklärten in einer dramatischen Sitzung, »sich niemals zu trennen [. . .] bis die Verfassung errichtet und auf festen Grundlagen dauerhaft gestaltet wäre« (20. Juni 1789). Damit hatten die Abgeordneten den Willen des Königs mißachtet und sich eine Aufgabe gegeben, die weit über den ursprünglichen königlichen Auftrag hinausging: ein eindeutig revolutionärer Akt, die ›Revolution im Saale‹, der die ›Revolution auf der Straße‹ erst am 14. Juli folgen sollte. Doch davon war schon die Rede.

Der Sturm auf die Bastille löste weithin im Lande den Aufruhr der Bauern aus, der, von wilden Gerüchten geschürt, zum Teil panikartige Formen annahm. Schlösser wurden zerstört, verhaßte Grundherren ermordet – die Autoritäten zerbrachen, der Adel begann auszuwandern. Um die Ordnung in den Städten aufrechtzuerhalten, bildete man die *»Nationalgarde«*, eine *Bürgermiliz*, die die *»Trikolore«* zu ihrem Banner machte. Indessen wurde im Ballhaus von Versailles in weiteren revolutionären Schüben das alte Sy-

Text der Zeit

Zeitungsbericht: Die Sitzung der Nationalversammlung vom 5. August 1789

Paris, vom 7. August. Die Nationalversammlung hat seit dem 3ten unter dem Präsidenten Hrn. Chapelier verschiedene wichtige Schritte gethan, durch welche die Nation sich immer mehr dem Ziele nähert, welches sie mit so ausdauerndem Muthe zu erreichen strebt. In der Sitzung am 5ten beschäftigte man sich lange Zeit mit den Rechten der Menschheit, und man beschloß, vor die Konstitution nur ein kurzes Kapitel von den Rechten und Pflichten des Menschen zu setzen. [. . .] Diese Sitzung ward von 5 Uhr bis 7 Uhr progirt, und dauerte alsdann bis 2 Uhr nach Mitternacht. Während dieser Stunden zeichnete sich noch einmal die französische Nation, vorzüglich aber der Adel, durch Patriotismus aus. Noch war ein großer Theil des Lenrechts übrig, den Ludwigs des 16ten und Richelieus Politik nicht hatte vernichten können. Itzt war nur der Augenblick dazu nöthig, um dieser gehäßigen Sklaverei ein Ende zu machen. Der Vicomte von Noailles redete hierüber am ersten; die Herzöge von Aiguillon, von Chatelet ec. unterstützten ihn. Der ganze Adel stimmte dazu, daß die Unruhen in den Provinzen gestillet werden müßten; er versprach, sogleich, von diesem Augenblick an, nicht nur alle Imposten in Gleichheit mit allen Bürgern zu bezahlen, sondern auch alle Rechte von wirklicher und persönlicher Sklaverei und Leibeigenschaft auf ewig abzuschaffen, alle Herren-Renten und Lehngebühre abzutragen ec. ec. Und nun folgte die Geistlichkeit diesem großmütigen Entschlusse des Adels; sie entsagte allen ihren Privilegien. Hierauf folgten die Provinzen, welche sonst am eifrigsten auf ihre Privilegien hielten. [. . .] Niemals zeigten sich Enthusiasmus und Patriotismus in solchem Glanze. Jeder Einzelne machte diese Entsagung, und alle wollten das Recht haben, diese Entsagung zu machen.

Aus: Haude-Spenersche Zeitung. Berlin 1789 Nr. 100

stem weiter demontiert. Die *»Verfassunggebende Versammlung«* beschloß im August die Abschaffung aller feudalen Vorrechte.

KONSTITUTIONELLE MONARCHIE ODER REPUBLIK?

Ebenfalls im August nahm die Versammlung die »Erklärung der Menschen- und Bürgerrechte« an, deren Kerngedanken sich in den Schlagworten »Gleichheit« und »Freiheit« zusammenfassen ließen. Von mehr als symbolhafter Bedeutung war es, daß am 5. Oktober Abertausende von Menschen nach Versailles zogen, um den König mit seiner Familie aus dem Schloß Ludwigs XIV. zu holen und in den alten Tuilerienpalast im Herzen der Hauptstadt zu bringen. Die »Nationalversammlung« folgte. Beide waren fortan unter der Kontrolle des Volkes.

Bis zum Jahre 1791 schloß die Nationalversammlung ihr Werk ab und legte die Verfassung einer konstitutionellen

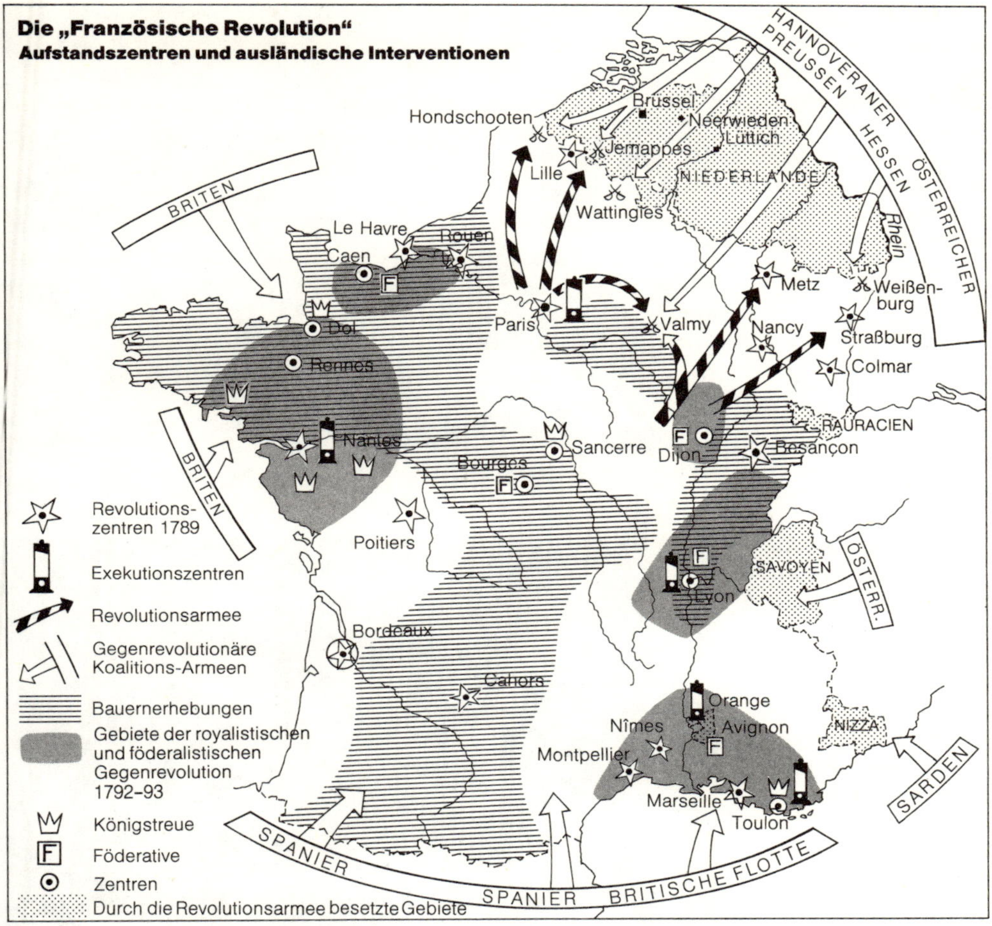

Die „Französische Revolution"
Aufstandszentren und ausländische Interventionen

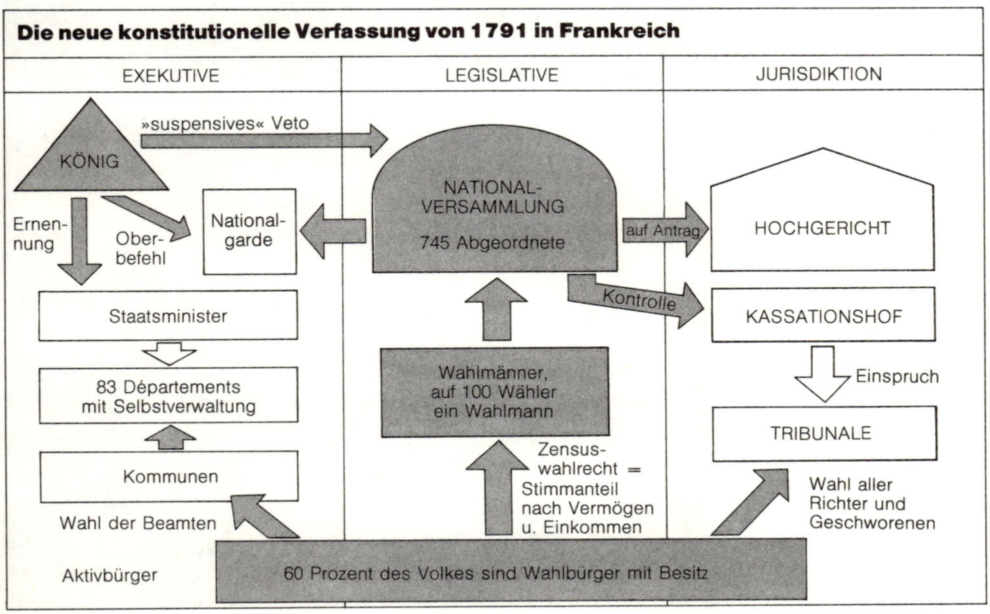

Die neue konstitutionelle Verfassung von 1791 in Frankreich

Auf dem Weg zur Konstituante: Der »Ballhausschwur« vom 20. Juni 1789. *Die Abgeordneten des »Dritten Standes« schwören, nicht auseinanderzugehen, bis dem Staat eine Verfassung gegeben sei. Zeichnung von Jacques Louis David. Musée du Louvre, Paris.*

Mobilisierung des Bastillesturmes. *Der Republikaner Camille Desmoulins predigt der am 12. Juli 1789 vor dem Palais Royal versammelten Menge den Aufruhr. Zwei Tage darauf kam es zur Erstürmung der Bastille. Desmoulins wurde 1794 mit Danton hingerichtet.*

Gefangennahme der königlichen Familie: Der Sturm auf die Tuilerien. *Am 10. August 1792 dringt die Volksmenge in den Palast des Königs ein. Ludwig XVI. und seine Angehörigen werden im »Temple« gefangengesetzt. Dies bedeutet das Ende der Monarchie.*

Monarchie vor, das heißt einer Monarchie, in der die Macht des Königs durch eine Verfassung nach dem Prinzip der Gewaltenteilung beschränkt war. Ludwig XVI. suchte sich der neuen Lage durch einen (bald gescheiterten) Fluchtversuch Richtung Deutschland zu entziehen; dann leistete er widerstrebend den Eid. Wenig zufrieden waren andererseits auch die radikalen bürgerlichen Kritiker, in deren Augen dem König immer noch zu viele Rechte verblieben. Und von Gleichheit konnte schon gar keine Rede sein, denn das Wahlrecht war an eine nicht unbeträchtliche Steuerleistung geknüpft. Nach Abschluß des Verfassungswerkes ging die Versammlung auseinander und machte einer neugewählten, der *»Gesetzgebenden Versammlung«* Platz. Jüngere, radikalere Abgeordnete kamen nach Paris und schlossen sich bald zu parteiartigen Gruppen zusammen. *Rechts* saßen die Anhänger der konstitutionellen Monarchie, *links* die Republikaner, die gespalten waren in die gemäßigten bürgerlichen *»Girondisten«* und die radikalen *»Jakobiner«*. Zu ihren Führern gehörten *Robespierre, Danton* und *Marat*. Sie vor allem betrieben bald die Radikalisierung der Revolution.

Einer der radikalsten Führer der Revolution: *Jean Paul Marat.*

KRIEG MIT DEUTSCHEN UND ÖSTERREICHERN UND WEITERE RADIKALISIERUNG

Zur Radikalisierung trug auch der Konflikt mit den deutschen Nachbarn bei. In Deutschland hatte man vielfach, gerade auch in den Kreisen der Gebildeten, das Geschehen in Frankreich mit Anteilnahme, ja mit Begeisterung verfolgt. Ein neues Zeitalter brach an, das auch in Deutschland auf den Sieg der »Aufklärung«, auf »Freiheit und Gleichheit« hoffen ließ, zumal die Franzosen keinen Zweifel daran ließen, daß sie ihre Revolution als eine Tat für die ganze Menschheit verstanden. Begreiflicherweise teilten die deutschen Regierungen diese Gefühle ihrer Untertanen nicht. Preußen und Österreich verbanden sich in einem »Verteidigungsbündnis«, um den alten Staat gegen die Revolution zu verteidigen. Damit gaben sie vor allem den »Girondisten« den willkommenen Anlaß zum Krieg, der von den inneren Schwierigkeiten Frankreichs, von der Not der Massen ablenken konnte (1792).

»Das Vaterland in Gefahr!« Wenn diese Parole der »Girondisten« das Volk noch nicht geeinigt hätte, so wäre es dem Manifest des Oberbefehlshabers der Verbündeten gelungen, der mit der Zerstörung von Paris drohte, falls dem König etwas zustoßen sollte. Daraufhin stürmten am 10. August 1792 aufgehetzte Volksmassen die Tuilerien; die königliche Familie wurde im »Temple« gefangengesetzt. Eine neue, nunmehr rein republikanische Verfassung wurde ent-

Führendes Mitglied des »Jakobinerclubs«: *Maximilien de Robespierre.*

Die Wende im »Ersten Koalitionskrieg«. *Die Kanonade von Valmy am 20. September 1792, bei der es dem französischen Revolutionsheer gelang, die preußische Berufsarmee zum Rückzug zu bewegen. Österreichische Nationalbibliothek, Wien.*

Grundlage für das erste Bündnis gegen das revolutionäre Frankreich. *Das Monarchentreffen von Kaiser Leopold II. von Österreich und König Friedrich Wilhelm II. von Preußen am 24. August 1791 in Pillnitz. Historisches Museum, Wien.*

worfen (»Nationalkonvent«). Um alle Feinde der Republik einzuschüchtern, ließen Danton und Marat in den Gefängnissen etwa 1600 »Verdächtige« brutal ermorden (»Septembermorde«). Im neugewählten *»Konvent«* saßen nur noch Republikaner, die sofort die Abschaffung des Königtums beschlossen. Wenig später trat das preußische Koalitionsheer nach der ergebnislosen *Kanonade von Valmy* (20. September 1792) den Rückzug aus Frankreich an. Damit war auch das Schicksal König Ludwigs XVI. endgültig besiegelt. Im Prozeß vor dem »Konvent« warf man ihm Verbrechen gegen die Freiheit der Nation und die Sicherheit des Staates vor, und am 21. Januar 1793 fiel sein Haupt unter der Guillotine.

Zu der weitverbreiteten Empörung in Europa über diese Tat kam nun auch die Sorge der alten Mächte angesichts der militärischen Erfolge und der Eroberungen der Franzosen. Noch 1792 waren die Heere der Revolution bis an den *Rhein* vorgedrungen, hatten die *Österreichischen Niederlande* (das spätere *Belgien*) und im Süden *Savoyen* besetzt mit der Begründung, Frankreich habe ein Recht auf seine natürlichen Grenzen. Aus dem republikanischen Sendungsbewußtsein wurde nach und nach Eroberungslust. Diese Störung des europäischen Gleichgewichts forderte England heraus. Der englische Premierminister *William Pitt der Jüngere* brachte eine europäische »Koalition« (daher der Begriff »Erster Koalitionskrieg«, 1792–1797) zusammen, der es gelang, die französischen Heere so weit zurückzudrängen, daß die Zerstörung der revolutionären Errungenschaften durch fremde Mächte zu drohen schien.

SCHRECKENSHERRSCHAFT UND MILITARISIERUNG: DER »WOHLFAHRTSAUSSCHUSS«

Gleichzeitig war die Revolution auch im Inneren bedroht. In Paris herrschte Hungersnot, in den Provinzen formierte sich die Gegenrevolution, die Hafenstadt *Toulon* öffnete sich der englischen Flotte. Angesichts der katastrophalen Lage nahm die Revolution immer radikalere Formen an. In Paris wurden die »Girondisten« verhaftet. Eine *neue Verfassung* brachte zwar einen wesentlichen Schritt hin zur Gleichheit und zur Volkssouveränität, sie wurde aber im Hinblick auf die bedrohliche Situation des Staates sofort suspendiert, so daß die Macht praktisch auf den sogenannten *»Wohlfahrtsausschuß«* überging, eine provisorische Regierung mit umfassender Vollmacht, zusammengesetzt aus neun vom »Konvent« gewählten Mitgliedern, dessen Vorsitzender zunächst *Danton*, später *Robespierre* war. Sie übten diktatorische Gewalt aus, ihr Instrument war seit September 1793 die planmäßige Schreckensherrschaft. So in Paris, wo die Guillotine nicht mehr zur Ruhe kam. (Zu ihren Opfern zählten die Königin Marie Antoinette und die »Girondisten«.) So auch in der Provinz, wo die Aufstände von den Abgesandten des »Wohlfahrtsausschusses« mit den brutalsten Mitteln, auch durch Massenhinrichtungen wie in der *Vendée,* niedergeworfen wurden.

Revolutionäres Freiheitssymbol. *Emblem der orthodoxen Jakobiner von Chalon, 1794.*

Zur Verteidigung der Revolution gegen die äußeren Feinde organisierte *Lazare Graf Carnot*, ein Hauptmann der Pioniere, die Mobilmachung des gesamten Volkes, die »Erhebung der Massen« (»Levée en masse«). Jeder Franzose konnte zum Dienst fürs Vaterland herangezogen werden. Für die jüngeren Männer galt die allgemeine *Wehrpflicht* (die aus einem demokratischen Gedanken erwuchs), für die älteren, für Frauen und selbst für Kinder eine *Arbeitspflicht* – Vorform des modernen »totalen Krieges«. Der neue re-

Blutige Konsequenz der Abschaffung der Monarchie: die Hinrichtung des Königs. *Am 16./17. Januar 1793 durch Abstimmung vom Konvent zum Tode verurteilt, wird Ludwig XVI. am 21. Januar als »Bürger Louis Capet« auf der Place de la Concorde durch die Guillotine hingerichtet.*

Tragisches Ende der Königin: die Enthauptung der Marie-Antoinette. *Wegen angeblicher Verschwörung mit dem Ausland wird die bei den Franzosen stets wenig beliebt gewesene Gemahlin Ludwigs XVI. nach einem Schauprozeß am 16. Oktober 1793 guillotiniert.*

volutionäre Geist und ein wachsender Nationalismus (auch er ein neues Phänomen!) und dazu eine neue Taktik im Gefecht machten die revolutionären Heere den Söldnertruppen des absolutistischen Zeitalters überlegen: *Belgien* und das *linke Rheinufer* fielen wieder an Frankreich. Begleitet wurden diese Erfolge durch eine weitere Verschärfung des Terrorregiments im Lande unter der *Diktatur Robespierres*, der noch 1793 Danton verdrängt hatte und 1794 seine Hinrichtung durchsetzte. Der Kampf richtete sich nun auch immer radikaler gegen die *Kirche*, bis schließlich 1794 die Einstellung der Gottesdienste und der *Kult eines »Höchsten Wesens«* durchgesetzt wurden. Ein neues Terrorgesetz erlaubte dem Revolutionstribunal eine nahezu unbeschränkte Willkürjustiz, der Abertausende zum Opfer fielen.

Frankreich atmete auf, und Paris jubelte, als schließlich Robespierre gestürzt und am 28. Juli 1794 mit seinen engsten Parteigängern hingerichtet wurde. Die neue gemäßigte Verfassung des *»Direktoriums«* (1795–1799), einer bürgerlichen Regierung aus fünf Direktoren, bedeutete das Ende des Schreckens und den Sieg des besitzenden Bürgertums, allerdings auch die Fortsetzung des Eroberungskriegs.

DIE LANDKARTE EUROPAS VERÄNDERT SICH – NAPOLEONS SIEGESZUG

Eine Erleichterung war es, daß Preußen 1795 aus der gegnerischen Koalition ausschied und insgeheim der Abtretung des linken Rheinufers gegen spätere Entschädigung auf dem rechten Ufer zustimmte. Preußen wandte sich dem Osten zu, wo die »Dritte Polnische Teilung« sicheren Gewinn verhieß.

Wir erinnern an die »Erste Polnische Teilung« von 1772, bei der die Nachbarn Rußland, Preußen und Österreich den polnischen Staat zwar verstümmelt, seine Existenzfähigkeit und seinen Existenzwillen aber nicht zerstört hatten. Im Gegenteil: Der Schock der Teilung bewirkte in Polen eine Neubesinnung im Geist des traditionellen Patriotismus und der Aufklärung. So kam es, daß der polnische Reichstag 1791 das große Gesetzeswerk der »Mai-Konstitution« verabschiedete, das die Unabhängigkeit des Staates nach außen und die Freiheit des Volkes im Innern garantieren sollte. Die Leibeigenschaft der Bauern wurde allerdings nicht abgeschafft. König *Stanislaus II. August Poniatowski* (R 1764–1795), den die Zarin *Katharina II., die Große,* einst selbst eingesetzt hatte, beschwor die Konstitution (Verfassung). Doch Katharina II. war entschlossen, diese Regungen einer polnischen Unabhängigkeit nicht zu dulden. Sie schickte Truppen nach Polen und drängte Preußen zu einer zweiten Teilung des Landes (1793). Nach der Niederwerfung einer nationalen Erhebung der Polen unter *Tadeusz Kościuszko* (1794) rissen Rußland, Österreich und Preußen den Rest des polnischen Staates an sich (Dritte Polnische Teilung 1795). Damit war Rußland der Mitte Europas bedrohlich nähergerückt.

In ein neues Stadium trat der Krieg Frankreichs gegen die Koalition, als 1796 der junge korsische General *Napoleon Bonaparte* (* 1769, † 1821) den Oberbefehl über das französische Heer in Oberitalien erhielt. In einem glänzenden Feldzug warf er die Österreicher zurück und zwang sie 1797 im »Frieden von Campo Formio« zur Abtretung der *Österreichischen Niederlande (Belgien)* und des *Herzogtums Mailand (Lombardei).* Ferner stimmte nun auch Österreich der Abtretung des linken Rheinufers zu. Als Entschädigung erhielt es das Territorium der *Republik Venedig*, deren tausendjährige Geschichte Napoleons Vorstoß soeben vernichtet hatte. Auch im übrigen erhielt die politische Landkarte Italiens durch Napoleon ein neues Gesicht, denn er errichtete anstelle der alten monarchischen Kleinstaaten neue, größere Republiken und weckte damit die Hoffnungen aller liberalen Patrioten Italiens. Zwei Jahre später wurde auch *Rom* zur Republik, und der Papst ging als Gefangener nach Frankreich. Das *Königreich Neapel* fiel den Franzosen 1799 zum Opfer.

NAPOLEONS STAATSSTREICH – NEUES KAISERTUM

Um seinen jungen Ruhm nicht welken zu lassen und das unerreichbare England an anderer Stelle zu treffen, wagte Napoleon 1798 mit 232 Schiffen und einem Heer von rund 33 000 Mann die *Fahrt nach Ägypten*, besetzt Malta, schlägt die Mamluken, erobert Kairo, verliert aber in der Seeschlacht von *Abu Qir (Abukir)* gegen *Nelson* 1798 die ganze Flotte. Trotz dieses schweren Fehlschlags steigerte sich die Popularität des Feldherrn in Frankreich aber gewaltig. Das war die Voraussetzung für den *Staatsstreich* des Jahres 1799, mit dem Napoleon das »Direktorium« stürzte und eine *»Konsularverfassung«* mit drei »Konsuln«, einem »Senat«, einem »Tribunat« (Diskussionsversammlung), einem »Corps Législatif« (Abstimmungsversammlung für Gesetze) einrichtete. Bei ihm als *»Erstem Konsul«* lagen alle Rechte der Machtausübung, der Ernennung von Beamten und Offizieren, der Berufung der Senatsmitglieder, er war, mit anderen Worten, im Besitz diktatorischer Vollmachten. Weitere Siege während des sogenannten »Zweiten Koalitionskrieges« (1799–1802) sichern die Stellung Napoleons, und vor allem die gewonnenen Schlachten von *Marengo* und *Hohenlinden* (beide 1800) führen zum Frieden mit Österreich in *Lunéville (1801)* und mit England in *Amiens* (1802). Die früheren Abmachungen über das linke Rheinufer bleiben bestehen.
Die Begeisterung der Franzosen über diese Triumphe und die Freude über den endlich erreichten Frieden nutzte Napoleon, um sich 1802 zum »Konsul« auf *Lebenszeit* ernennen zu lassen. Das war ein Schritt hin zur Monarchie. Am 2. Dezember 1804 setzte er sich dann im Beisein des Papstes in der Kathedrale Notre-Dame in Paris den goldenen Lorbeerkranz auf. Mit dieser Kaiserkrönung endete das revolutionäre Zeitalter in einer neuen absoluten Monarchie. Seine Rechtfertigung fand das neue Regiment darin, daß es wesentliche Errungenschaften der Revolution bewahrte. Es blieb bei der Aufhebung der Standesunterschiede und bei

der Gleichheit aller vor dem Gesetz. Dem Bürgertum wurde der ungestörte Genuß des Eigentums garantiert, die während der Revolution emigrierten Adeligen durften zurückkehren. Die größte und am weitesten wirkende Leistung des Gesetzgebers Napoleon war die Schaffung eines neuen *bürgerlichen Gesetzbuches,* des »Code Napoleon«, das den Geist eines neuen Zeitalters spiegelte. Napoleon konnte die Revolution für beendet erklären.

DAS DEUTSCHE REICH ZERBRICHT

Inzwischen hatte auch in Deutschland eine Revolution begonnen, freilich keine Revolution, bei der sich das Volk erhob, bei der Schlösser in Flammen aufgingen und Köpfe rollten, sondern eine Revolution, die, langsam voranschreitend und von oben bzw. von außen verordnet, den Bau des »Heiligen Römischen Reiches Deutscher Nation« endgültig zum Einsturz bringen sollte.

Wir haben davon gehört, daß Preußen 1795 und Österreich 1797 der Abtrennung des linken Rheinufers zugestimmt hatten und daß die dadurch geschädigten Herrscher rechtsrheinisch entschädigt werden sollten. Aber auf wessen Kosten? Was man unter französischem Druck in zähem und zum Teil unwürdigem Feilschen ausgehandelt hatte, wurde im sogenannten *»Reichsdeputationshauptschluß«* von 1803 festgelegt. Danach wurden fast alle *geistlichen Fürstentümer* »säkularisiert«, das heißt in weltlichen Besitz überführt; außerdem wurden fast alle *Freien Reichsstädte* und all die kleinen und kleinsten weltlichen Herrschaften »mediatisiert«, das heißt, sie verloren ihre Reichsunmittelbarkeit, die praktisch eine Art Selbständigkeit bedeutet hatte. Aus dieser Masse wurden die größeren und mittleren Staaten im Reich wie Preußen, Bayern und Württemberg mehr als reichlich entschädigt. Eine Staatenwelt, die sich seit dem Spätmittelalter entwickelt hatte, versank; die Landkarte des Reiches wurde einfacher, moderner, vielleicht auch langweiliger – und die Gewinner waren Napoleon verpflichtet! Wir werden sehen, wie das »Heilige Reich« nach weiteren Schlägen vollends zerfiel.

Seit 1805 sprachen wieder die Waffen (»Dritter Koalitionskrieg«). Wieder hatte sich eine Koalition zusammengefunden: England, Österreich, Rußland und Schweden. Die Urteile gehen auseinander, ob Napoleon den Krieg gesucht habe oder ob sich die »alten Mächte« mit den Ergebnissen der Revolution und der Hegemonie des revolutionären Frankreich nicht abfinden wollten. Namhafte Forscher suchen die Hauptschuld bei Napoleon, der England niederzwingen wollte, um ungestört ein kontinentales Imperium

Der Nimbus der unbesiegbaren englischen Flotte: die Schlacht von Trafalgar. *Lord Horatio Nelson, dessen Sieg über die französisch-spanische Flotte die englische Seeherrschaft sicherte, fällt am 21. Oktober 1805 auf der »Victory«. Gemälde von Denis Dighton.*

zu errichten. Nach dem Seesieg der Engländer unter Admiral *Horatio Nelson* (* 1758, † 1805) bei *Trafalgar* (Oktober 1805) konnte von der geplanten Invasion Englands nicht mehr die Rede sein. Wenig später, am 2. Dezember 1805, triumphierte Napoleon allerdings in der *»Dreikaiserschlacht« bei Austerlitz* über die Österreicher und Russen.
Österreich erhielt einen verhältnismäßig glimpflichen Frieden, aber mit dem »Heiligen Reich« ging es zu Ende. Im Jahre 1806 schlossen sich sechzehn süd- und westdeutsche Staaten unter französischem Protektorat zum *»Rheinbund«* zusammen und erklärten ihren Austritt aus dem Reichsverband. Daraufhin legte Kaiser *Franz II.* (R 1792–1806) die römisch-deutsche Kaiserwürde ab. Seit 1804 nannte er sich bereits *Kaiser von Österreich* (Franz I., R 1804–1835) – letzte Konsequenz des fürstlichen Partikularismus, der seit den Tagen der Ottonen im 10. Jahrhundert an der königlichen und kaiserlichen Autorität genagt hatte.
Unter den bedeutenden Festlandsmächten stand allein *Preußen* noch ungeschlagen da. Seit 1795 hatte es sich aus allen Kriegen herausgehalten und war auch 1805 dem Bündnis mit Österreich und Rußland ferngeblieben. Jetzt aber sah es sich, durch eigene Ungeschicklichkeit und nach einem verschlagenen diplomatischen Spiel Napoleons, al-

Napoleon auf dem Höhepunkt seiner Laufbahn. *Die Zusammenkunft Napoleons I. mit Königin Luise und König Friedrich Wilhelm III. von Preußen in Tilsit am 6. Juni 1810. Hinter Napoleon steht Großfürst Konstantin Pawlowitsch, Bruder Zar Nikolaus' I.*

Beginn des Niedergangs im Rußlandfeldzug: der Brand von Moskau. *Als Napoleon am 13. September 1812 in Moskau einzog, fand er es leer vor. Tags darauf brachen Brände aus, durch die die Hauptstadt völlig vernichtet wurde. Aquatinta-Blatt*

lein dem furchtbaren Gegner konfrontiert, und der schlug rasch und tödlich zu. Zwanzig Jahre nach dem Tod Friedrichs des Großen (R 1740–1786) ging die einst ruhmvolle, jetzt aber veraltete preußische Armee in der *Doppelschlacht von Jena und Auerstedt* im Feuer der modernen französischen Streitmacht unter (14. Oktober 1806). König *Friedrich Wilhelm III.* von Preußen (R 1797–1840) wich mit den Resten seiner Armee nach Ostpreußen zurück. Napoleon folgte und diktierte nach weiteren Siegen den harten »Frieden von Tilsit« (1807), der den preußischen Staat auf die Hälfte seines bisherigen Bestands reduzierte. Wenn sich nicht Zar *Alexander I.* (R 1801–1825), dessen Einverständnis Napoleon für seine weiteren Pläne brauchte, zum Fürsprecher Preußens gemacht hätte, dann wäre der preußische Staat ganz von der Landkarte verschwunden.

England und der Kontinent. *Beim Ausbruch der »Französischen Revolution« erhob sich in England ein heftiger Streit zwischen den beiden Oppositionsführern* Edmund Burke *und* Charles Fox. *Während erster vorhersagte, daß die Revolution in Gewalt und Unfreiheit münden werden, begrüßte Fox sie als ein großes Ereignis der Weltgeschichte. Premierminister* William Pitt d. J. *(*1759, †1806) zögerte zunächst, das Land in den Krieg zu führen, weil er glaubte, England sei an kontinentalen Fragen zu wenig interessiert. Als aber die Franzosen die Niederlande besetzten und von dort aus englische Häfen bedrohten und selbst eine Invasion in Erwägung ziehen konnten, trat England aus seiner Isolation heraus. Von 1793 kämpfte das Inselreich in wechselnden Koalitionen zweiundzwanzig Jahre lang (mit einer kurzen Unterbrechung) gegen das revolutionäre Frankreich und gegen Napoleon, zunächst vorwiegend dadurch, daß es die kontinentalen Bündnispartner finanziell – zeitweise bis zur eigenen Erschöpfung – unterstützte.*

Als sich im katholischen Irland, *von Frankreich unterstützt, der Aufstand regte, wollte Pitt den Iren politisch entgegenkommen, aber alle Zugeständnisse scheiterten an der Parlamentmehrheit und am Einspruch des Königs* Georg III. *(R 1760–1820). Pitt trat zurück, kam aber noch einmal nach dem »Frieden von Amiens« auf die politische Bühne und bewirkte mit, daß alle Invasionsanstrengungen Frankreichs scheiterten. Er starb im Jahre 1806.*

Seine Nachfolger erkannten, daß es nach dem Ausscheiden Preußens und Rußlands 1807 nicht mehr genügte, den Krieg mit Geld zu führen. Was England brauchte, war ein Brückenkopf auf dem Kontinent, auch um die »Kontinentalsperre« zu lockern; und der fand sich nach manchen Erwägungen in Portugal, *von wo aus das kleine, aber bewegliche Heer der Engländer die Franzosen in Spanien in Atem hielt. In den Jahren 1812 bis 1814 kam es zudem noch zu einem Krieg gegen die USA, wo man vernehmlich den Anschluß Kanadas forderte. Der »Wiener Kongreß« brachte England kaum Gewinn in Europa. Aber die Gründung des eigenständigen Königreichs der Niederlande (heute Holland und Belgien) gegenüber der Insel war für England von überragender Bedeutung, verhinderte sie doch, daß sich hier wieder eine andere kontinentale Großmacht festsetzen konnte, sei es Spanien, Frankreich oder Deutschland. Vergessen wir aber nicht, daß England im »Wiener Kongreß«* Helgoland *bekam und bis 1890 behielt.*

EUROPA IN DEN KETTEN DER »KONTINENTALSPERRE«

Nach wie vor lag Frankreich mit England im Krieg (»Vierter Koalitionskrieg« 1806/07), ohne dem Inselreich beikommen zu können, das die Meere uneingeschränkt beherrschte. Um nun auch diesen Gegner niederzuzwingen, verhängte Napoleon 1806 die »Kontinentalsperre«, mit der er allen Handel zwischen dem Kontinent und den britischen Inseln zu unterbinden suchte. Mit dieser Waffe des Wirtschaftskrieges hoffte er die exportorientierte englische Industrie zu vernichten. Vorübergehend geriet England tatsächlich in Schwierigkeiten, es taten sich aber bald neue Märkte in Übersee auf, die den Verlust der europäischen Märkte wettmachten. Leidtragende waren dagegen vielfach die kontinentalen Industrien, vor allem die, die mit der Seefahrt zu tun hatten. Dagegen kamen neue Industrien im Binnenland auf. Den Verbrauchern auf dem Kontinent fehlten nun auch gewisse Produkte aus den Kolonien, etwa Zucker. Doch hier fand man Ersatz, indem man nun Zucker aus der heimischen *Zuckerrübe* herzustellen begann.

Die totale Blockade der Insel setzte voraus, daß die Küsten Europas möglichst lückenlos kontrolliert wurden, um den rasch und üppig blühenden *Schmuggel* zu unterbinden. So wurden schließlich die meisten Küstenanlieger in das Zwangssystem der »Kontinentalsperre« in irgendeiner Form einbezogen. Die Niederlande wurden – nach Zwischenstadien als »Batavische Republik« und »Königreich Holland« – ebenso wie die *deutsche Nordseeküste* dem Kaiserreich Frankreich direkt einverleibt, ebenso der *Kirchenstaat* in Italien und später das spanische *Katalonien. Rußland* schloß sich der »Kontinentalsperre« an und eroberte das bis dahin schwedische *Finnland.* Spanien und Portugal allerdings widersetzten sich. Die Engländer hingegen bemächtigten sich der letzten intakten Flotte auf dem Kontinent, indem sie 1807 ohne Kriegserklärung *Kopenhagen* vier Tage lang bombardierten und anschließend die dänische Flotte entführten. Alles in allem: Es gelang Napoleon nicht, die Einigung des Kontinents gegen England herzustellen, die ihm vorgeschwebt haben mag.

EUROPA ALS FAMILIENUNTERNEHMEN NAPOLEONS

In Polen hegte man nach dem Sieg Napoleons über Preußen gewisse Hoffnungen. Im »Frieden von Tilsit« hatte Preußen auf die Gewinne der »Zweiten und Dritten Polnischen Teilung« verzichten müssen. Diese Gebiete hatte Napoleon schon vor dem Friedensschluß einer polnischen Regierungskommission unterstellt, um die Polen für seine eigenen kriegerischen Zwecke einspannen zu können. Aber alle Hoffnungen auf ein Wiedererstehen des alten polnischen Reiches zerschlugen sich, als in Tilsit lediglich ein *Herzogtum Warschau* ins Leben gerufen wurde, das zwar eine Verfassung erhielt, aber weder den Umfang noch die Unabhängigkeit, die sich die polnischen Patrioten ersehnt

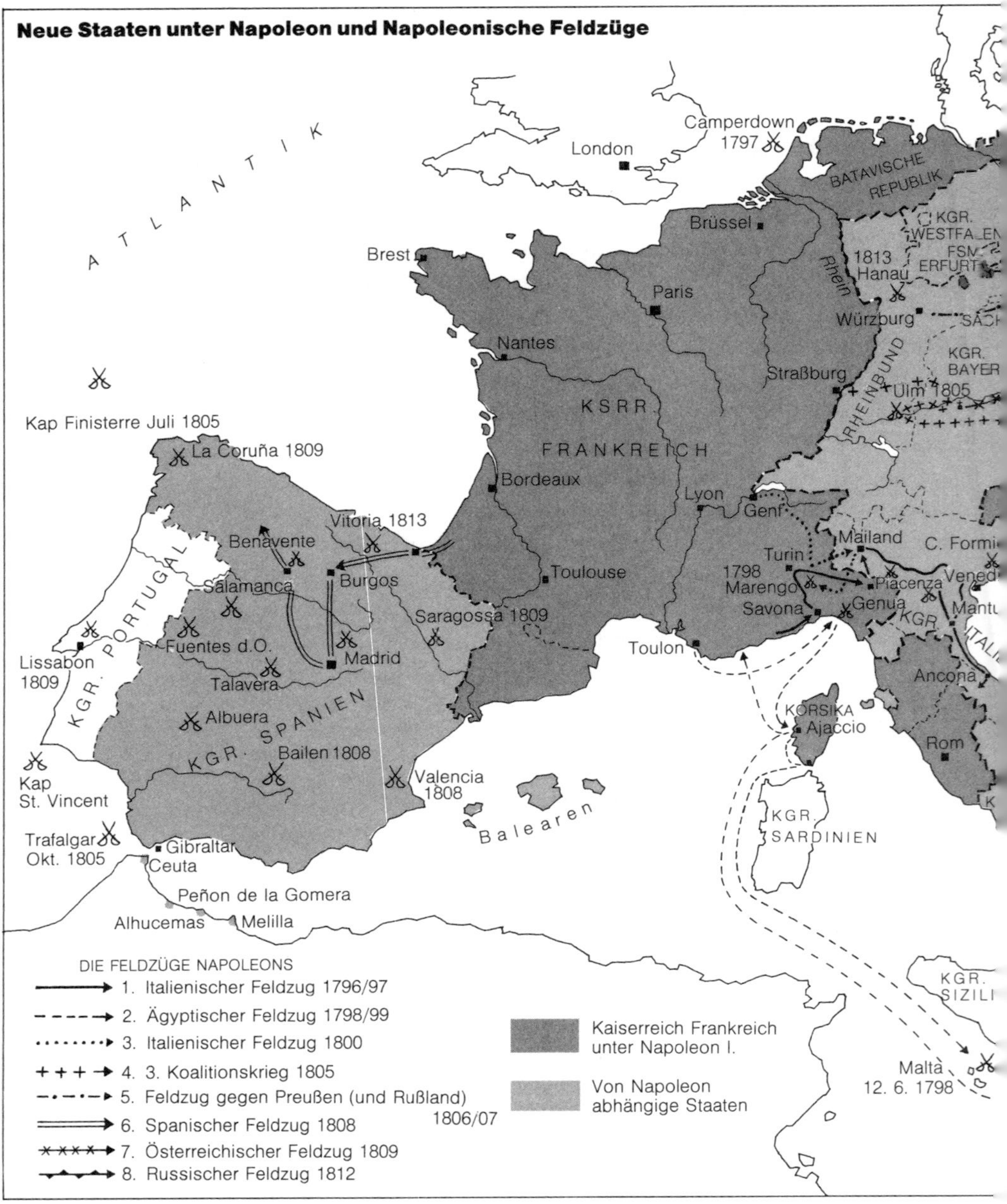

hatten. Schließlich mußte Napoleon ja auf den Zaren Rücksicht nehmen. Zum neuen Herrscher in Polen wurde der *König von Sachsen* (Friedrich August I., der Gerechte) bestellt, dem ein *Reichstag* zur Seite stand. Allerdings endeten die Kompetenzen der verfassungsmäßigen Gewalten dort, wo französische Interessen im Spiel waren. Sie wurden durch einen Residenten vertreten, dessen Stellung nicht näher beschrieben, aber jedenfalls höchst einflußreich war. Durch sein selbstherrliches Auftreten und durch die Auswirkungen der »Kontinentalsperre« verscherzten

Borodino
Moskau 1812
Witebsk
Smolensk
Malojaroslawez
Tilsit
Königsberg
Friedland 1807
Krasnoje
Beresina 1812
PREUSSEN
Posen 1806
Warschau
rstedt 1806
GHZM. POLEN
RUSSISCHES REICH
Don
Austerlitz
1805
Tarnopol
Dnjepr
Wagram 1809
Aspern
Wien
1797
Dnjestr
KSRR.
ÖSTERREICH
Moldau
KGR. UNGARN
KRIM KHANAT
Donau
SCHWARZES MEER
Cattaro
OSMANISCHES REICH
Konstantinopel
Korfu
SYRIEN
St. Jean d'Acre
Tabor 16. 4. 1799
2. 8. 1798
Abukir
Gaza
Katie
El Arisch
Gizeh
Kairo

sich die Franzosen viel von der ursprünglichen Sympathie des polnischen Volkes.
Zeitweise hatte Napoleon übrigens mit dem Gedanken gespielt, seinen jüngsten Bruder *Jérôme* zum Herrscher in Polen zu machen. Doch davon kam er wieder ab; er hatte für ihn einen anderen Thron bereit: Jérôme erhielt das neugegründete *Königreich Westfalen* westlich der Elbe, das auch ehemals preußische Provinzen umfaßte. Es war ein Prinzip der Herrschaft Napoleons und wohl auch Beweis eines tiefverwurzelten korsischen Familiensinns, europäische Throne unter die Geschwister zu verteilen. So war *Joseph*, der älteste, zunächst *König von Neapel*, dann *König von Spanien*; Bruder *Ludwig* erhielt *Holland*, überwarf sich aber bald mit dem Kaiser, weil er die Politik der »Kontinentalsperre« nicht mitmachen wollte. Der Mann der Schwester Caroline, *Marschall Murat*, wurde *König von Neapel*, während andere Schwestern des Kaisers in Italien vornehm verheiratet wurden und der Stiefsohn *Eugen Beauharnais* zum *Vizekönig von Italien* aufstieg: Europa quasi ein Familienbetrieb der Bonapartes. Freilich konnte es auch der allmächtige Herrscher Europas nicht verhindern, daß seine Familie ständig zerstritten war.

GUERILLA-KÄMPFE IN SPANIEN

Die schwerste und undankbarste Aufgabe hatte Joseph in Spanien. In der Regierungszeit König *Karls IV.* (R 1788–1808) oder vielmehr des allmächtigen Ministers *Manuel de Godoy* (gleichzeitig Liebhaber der Königin) hatte Spanien seit 1793 am Krieg gegen Frankreich teilgenommen, war aber seit 1796 mehr und mehr in Abhängigkeit von Frankreich geraten. Nach einem Volksaufstand im März 1808 dankte der König Karl ab, um seinem Sohn *Ferdinand VII.* (* 1784, † 1833) Platz zu machen. Doch bereits im Mai 1808 zwang Napoleon Vater und Sohn zum Thronverzicht, so daß Platz für König Joseph war. Damit verletzte er die Spanier zutiefst. Der Kaiser hatte kein Verständnis dafür, daß sich in Spanien nationale Leidenschaften mit einer leidenschaftlichen Anhänglichkeit an die Dynastie verbanden, und vor allem hatte er kein Verständnis für die Religiosität der Spanier, die in den Franzosen Feinde des Glaubens sahen.
Einhellig erhoben sich die Spanier gegen die französische Fremdherrschaft. An vielen Orten bildeten sich lokale Juntas, die sich zu einer Zentraljunta, einer neuen spanischen Regierung, vereinigten, von der auch Anweisungen für die Führung des Freiheitskampfes ausgingen. Die Franzosen erfochten zwar Siege in der offenen Feldschlacht und er-

Aufbegehren gegen die französische Besetzung: Spanien. *Am 2. Mai 1808 kam es zu einem allgemeinen Volksaufstand, der von den Franzosen unter Greueln niedergeschlagen wurde. Francisco de Goya, Blatt 36 aus: »Desastres de la Guerra« (1808)*

oberten auch Madrid, aber sobald die französischen Heere weitergezogen waren, dominierten die spanischen Guerillakämpfer (guerilla = Kleinkrieg), die die Natur des Landes nutzten und die Unterstützung des Volkes auf ihrer Seite hatten. Zudem wurde ihr Kampf immer wirkungsvoller von Portugal aus durch die *Engländer* unter dem *Herzog von Wellington* unterstützt. Keine der beiden Seiten konnte sich endgültig und entscheidend durchsetzen. Der haßerfüllte Kampf nahm teilweise höchst grausame Züge an, von denen die Radierungen des großen spanischen Malers *Francisco de Goya* ein anschauliches und erschreckendes Bild geben (»Desastres de la Guerra« = »Die Schrecknisse des Krieges«).

»ERFURTER FÜRSTENTAG«

Um die gleiche Zeit, als sich die spanische Krise abzuzeichnen begann, veranstaltete Napoleon in Deutschland eine glanzvolle Demonstration seiner Macht. Auf dem *»Fürstentag« in Erfurt* (1808) empfing er mit großem Gepränge den Zaren und vierunddreißig Rheinbundfürsten. Diplomatisch kamen sich Kaiser und Zar in manchen Punkten näher, allerdings mußte Napoleon dem Zaren freie Hand gegenüber *Finnland* und den *Balkanprovinzen* des türkischen Reiches lassen. Den Deutschen empfahl sich der Kaiser durch die auszeichnende Behandlung, die er Vertretern des deutschen Geisteslebens widerfahren ließ, während er die Fürsten recht herablassend behandelte. Vor allem empfing er *Goethe* zu einem längeren Gespräch. So ablehnend übrigens Goethe der »Französischen Revolution« gegenübergestanden hatte, so sehr war er und blieb er ein Bewunderer des Kaisers.

ERHEBUNG IN ÖSTERREICH

Unversöhnlich war man in *Wien*. Dort plante man einen neuen Waffengang, für den man, ermutigt durch das spanische Beispiel, diesmal auch das Volk durch planmäßige Propaganda zu begeistern suchte. Der *Erzherzog Karl* (* 1771, † 1847) erwog die Aufstellung einer Volksmiliz, und *Graf Karl von Stadion* (* 1763, † 1824), der Leiter der österreichischen Politik, dachte an einen Volksaufstand in allen Ländern, die sich durch die französische Herrschaft bedrückt fühlten. Das österreichische Beispiel sollte vor allem auch die Deutschen zu einer Erhebung mitreißen.

Tiroler Freiheitskämpfer. *Andreas Hofer vor Innsbruck (1809).*

Diese Hoffnung trog jedoch, denn Preußen hielt sich – übrigens klugerweise – zurück, und die Rheinbundtruppen standen treu zu ihren Fürsten. Einige kleine Aufstandsbewegungen wurden rasch unterdrückt, wie etwa das selbständige Unternehmen des preußischen Majors *Ferdinand von Schill*, das ein blutiges Ende nahm.

So stand Österreich im »Fünften Koalitionskrieg« 1809 allein, als Napoleon aus Spanien herbeieilte. Wohl gelang es dem Erzherzog Karl, dem Gefürchteten bei *Aspern* am 21./22. Mai 1809 seine erste Niederlage im Feld beizubringen, den Krieg gewann aber Napoleon durch die Schlacht bei *Wagram* am 5./6. Juli 1809. Seine Friedensbedingungen waren hart. Bitter war das Schicksal der Tiroler, die den wahren Volksaufstand nach spanischem Muster gewagt hatten. Nach bedeutenden Anfangserfolgen (Sieg am *Berg Isel*) gegen die Bayern und Franzosen mußten sie sich, nachdem Österreich sie im Stich gelassen hatte, vor der Übermacht der Franzosen geschlagen geben. Ihr Anführer *Andreas Hofer* (* 1767, † 1810) geriet in Gefangenschaft und wurde 1810 in *Mantua* erschossen.

Um diese Zeit entschloß sich Napoleon offenbar, die Familienherrschaft zugunsten einer dynastischen Lösung abzubauen. Da er aber von seiner Gemahlin Josephine keine Kinder hatte und auch keine Erben mehr erwarten konnte, ließ er sich scheiden und heiratete *Marie Louise*, die Tochter des österreichischen Kaisers. Die Verbindung mit dem altehrwürdigen Kaiserhaus verschaffte seiner aus Revolution und Krieg geborenen Herrschaft einen Schimmer von Legitimität. Der Sohn, der sich pünktlich einstellte, erhielt den Namen Napoleon und schon in der Wiege den Titel »König von Rom«. Die Geschichte zählt ihn als Napoleon II. mit, obwohl er nie Herrscher wurde.

REFORMEN IN PREUSSEN

Preußen hatte sich, wie erwähnt, an der Erhebung 1809 nicht beteiligt, aber man war in Preußen nicht untätig geblieben, sondern man hatte aus der Katastrophe von

1806/07 Konsequenzen gezogen. Hatte sich doch schon seit 1793 gezeigt (und die Ereignisse in Spanien bestätigten diese Erfahrungen), daß Frankreich seine kriegerische Kraft aus einer neuen Einstellung des Volkes zum Staat und Vaterland bezog.
Das Volk kämpfte nun für seine eigene Sache, für seine eigene Freiheit, nicht mehr als ein Verband von Untertanen vorwiegend für die Interessen der Fürsten, wie zum Beispiel in den Erbfolgekriegen des 18. Jahrhunderts. Nötig waren also *Reformen*, um auch in Preußen ein *National*-Gefühl zu wecken. So begann noch im Jahre der Niederlage, 1807, das preußische Reformwerk, eine »Revolution von oben« – Teil jener Revolution in Deutschland, von der an früherer Stelle die Rede war. Zum leitenden Reformminister wurde, übrigens auf Napoleons Empfehlung, der Reichsfreiherr *Karl vom und zum Stein* (* 1757, † 1831) berufen.
Er begann das Reformwerk mit der Befreiung der erbuntertänigen Bauern und mit dem Abbau der Standesschranken – mit Errungenschaften also, die den Franzosen schon das Jahr 1789 gebracht hatte. Mit dem *Edikt zur »Bauernbefreiung«* vom 9. Oktober 1807 erhielten alle Bauern ihre persönliche Freiheit und das Recht der Freizügigkeit. Ein Stück Mittelalter verschwand. Die spätere Entwicklung zeigte allerdings, daß die neuen Freiheiten für die Begünstigten nicht unproblematisch waren. Doch darüber in einem anderen Zusammenhang (siehe Band 10). Wer nicht mehr in der Landwirtschaft bleiben wollte, konnte in die Städte ziehen, wo die neuverordnete (1808) *Gewerbefreiheit* neue Möglichkeiten bot. Die *»Städteordnung«* von 1808 gewährte den Städten eine Art demokratischer Selbstverwaltung mit einem abgestuften Wahlsystem, allerdings *nur für die Besitzenden.* Umgestaltet wurde auch die Spitze der Staatsverwaltung, indem Stein die alte Behörde des Generaldirektoriums beseitigte und durch moderne *Fachministerien* ersetzte, deren Inhaber ihr Ressort verantwortlich leiteten (1808). Noch im Jahre 1808 wurde Stein, dessen nationale Gesinnung zu deutlich sichtbar geworden war, auf Druck Napoleons vom preußischen König entlassen. Sein Nachfolger *Karl August von Hardenberg* (* 1750, † 1822) führte die Reformen weiter, wenn auch nicht immer im Geist Steins, so doch im Geist der »Aufklärung« und mit dem Blick auf den modernen Staat. Hervorgehoben sei sein *Edikt zur »Judenemanzipation«* (1812).
Von unmittelbarer Bedeutung für den bevorstehenden Kampf gegen Napoleon war die *Heeresreform* durch *August Neidhardt von Gneisenau* (* 1760, † 1831) und *J. G. Da-*

***Innere Umgestaltung Deutschlands.** Führende Repräsentanten der preußischen Reformzeit: Scharnhorst, der ein neues, den politischen Anforderungen der Zeit angemessenes Heeressystem schuf, mit den beiden Reformern Hardenberg und vom Stein.*

vid von Scharnhorst (* 1755, † 1813). Wir haben gesehen, daß sich das französische Heer 1806 der veralteten preußischen Militärmaschine als überlegen erwiesen hatte. Das preußische Reformprogramm umfaßte eine neue *Heeresorganisation*, gewisse *taktische Neuerungen* und eine neue, *humanere Menschenbehandlung*. Die angestrebte *allgemeine Wehrpflicht* scheiterte daran, daß der »Friede von Tilsit« das preußische Heer drastisch beschränkt hatte. Zwar wurden manche Ansätze der Heeresreform verwässert und später mißachtet, aber es war doch ein neues und von einem neuen Geist erfülltes preußisches Heer, das Napoleon 1813–1815 gegenübertrat.

VERSAGEN DER »KONTINENTALSPERRE« – DIE KATASTROPHE DES RUSSLANDFELDZUGES

Indessen waren in den Jahren 1810/11, als Napoleon nach dem Sieg über Österreich und der Heirat mit der Kaisertochter auf dem Höhepunkt seiner Macht stand, gewisse alarmierende Zeichen nicht zu übersehen. Ganz abgesehen von dem weiterschwelenden Krieg in Spanien, begann auch das System der »Kontinentalsperre« bedenkliche Risse zu zeigen. Zar Alexander I., dem Franzosenkaiser schon längst entfremdet, erkannte, daß das Bündnis mit Frankreich mehr Nachteile als Vorteile für Rußland brachte, und öffnete 1810 die russischen Häfen wieder für englische Schiffe; und ab 1811 bezog auch Preußen insgeheim auf diesem verbotenen Weg wieder Kolonialwaren, deren Erlös der preußischen Aufrüstung zugute kam. Da aber für Napoleon die lückenlose »Kontinentalsperre« im Kampf mit England unerläßlich war, entschloß er sich, Rußland durch einen Feldzug wieder ins kontinentale System zurückzuzwingen. Gelegentlich, im Gespräch, erwog

Skandinavien. *Große Umwälzungen brachte das Zeitalter der napoleonischen Kriege auch für Skandinavien, besonders für Schweden. Schweden und Dänemark suchten sich bei Ausbruch der Revolutionskriege zunächst aus allen Verwicklungen herauszuhalten. Die Kriegsschauplätze waren ja auch weit genug entfernt.*

Obwohl den Schweden keine Gefahr drohte, schloß aber 1799 König Gustav IV. Adolf *(R 1792–1809) mit Rußland ein Bündnis und trat angesichts des französischen Vordringens und der Erfolge in Deutschland der Koalition gegen Napoleon bei. Der Krieg offenbarte allerdings die militärische Schwäche Schwedens, und 1807, nach dem »Frieden von Tilsit«, besetzten französische Truppen* Schwedisch-Pommern.

Die Lage verschlechterte sich weiter, da Dänemark nach der Beschießung Kopenhagens *durch die Engländer (1807) Anschluß bei Frankreich suchte und Rußland, von Napoleon ermutigt, in das bisher schwedische* Finnland *einfiel (1808) und das ganze Land an sich riß.*

An eine Rückeroberung durch Schweden war auch im Hinblick auf die Finanzen nicht zu denken. Als der König dennoch Vorbereitungen traf, wurde er von oppositionellen Offizieren verhaftet.

Sein Nachfolger Karl XIII. *(R 1809–1818) verzichtete endgültig auf Finnland, das übrigens auch unter der neuen russischen Herrschaft seine alten schwedischen Rechte behalten durfte.*

Bedeutende Einbußen bedrohten auch Dänemark, denn Norwegen, das in Personalunion mit Dänemark verbunden war, suchte sich selbständig zu machen und eigene Wege zu gehen. Schweden mußte die Hoffnungen auf einen Anschluß Norwegens zunächst noch zurückstellen, erhielt aber von Napoleon Schwedisch-Pommern *zurück.*

Die Verbindung des schwedischen Staates mit Frankreich schien noch enger zu werden, als die schwedischen Stände 1810 den französischen Marschall Jean Baptiste Bernadotte *zum Kronprinzen wählten, der sich später als König* Karl XIV. Johann *(R 1818–1844) nannte. Doch dieser Mann führte 1813 das Land in die antifranzösische Koalition, allerdings ohne sich im Kampf besonders zu engagieren. Hingegen entriß er – noch als Kronprinz – 1814 dem dänischen König die Krone* Norwegens *und sorgte durch militärischen Druck dafür, daß die Norweger Karl XIII. von Schweden auch als ihren König anerkannten. So hatte Schweden einen vertretbaren Ersatz für das verlorene Finnland gefunden.*

Nun fiel auch der endgültige Verzicht auf Schwedisch-Pommern *beim »Wiener Kongreß« nicht mehr allzu schwer, zumal der Gewinner, Preußen, eine bedeutende Summe bezahlte. Dänemark erhielt als Ersatz für seinen Verlust in Wien das kleine* Herzogtum Lauenburg *an der Unterelbe.*

Text der Zeit

Graf Philippe de Ségur: Der Brand von Moskau – 1812

Wir sahen uns von einem Flammenmeer umlagert; es umflutete alle Tore der Festung und machte die ersten Ausgangsversuche unmöglich. Nachdem man eine Zeitlang herumgetappt war, entdeckte man endlich einen mitten durch die Felsen führenden Ausfall, der auf die Moskwa ging. Auf diesem engen Pfade entkamen Napoleon, seine Offiziere und seine Garde aus dem Kreml. Allein, was hatten sie dabei gewonnen? Dem Brande näher, konnten sie weder sich zurückziehen noch bleiben; und wie sollte man vorwärts gehen, wie sich mitten in die Wogen dieses Feuermeeres stürzen? Diejenigen, welche die Stadt durchzogen hatten, konnten, betäubt vor dem Sturm, erblindet von der Asche, sich nicht mehr zurechtfinden, da die Spur der Straßen in dickem Rauch und unter mächtigen Trümmern verschwand.

Doch jeder Verzug konnte verderblich werden. Das Toben der Flammen rings um uns nahm mit jedem Augenblick zu. Eine einzige enge und krumme Straße, die ganz in Feuer stand, bot sich uns dar, stellte aber eher den Eingang in die Hölle als ihren Ausgang vor. Zu Fuß und ohne lange sich zu besinnen, schlug der Kaiser diesen gefährlichen Pfad ein und schritt durch das Geprassel dieser furchtbaren Glut, mitten unter dem Krachen berstender Gewölbe, dem Fall flammender Gebälke und dem Einsturz glühender Eisendächer. Diese Trümmer hemmten seine Schritte. Die Flammen, welche mit gewaltigem Knistern die Gebäude verzehrten, zwischen denen er ging, überragten nun die Gipfel derselben und schlugen, unter dem Druck des Windes sich beugend, über unseren Häuptern zischend zusammen. Wir wandelten auf einem glühenden Boden, unter einer prasselnden Flammendecke, zwischen feuersprühenden Mauern. Die durchdringende Hitze versengte uns die Augen, und doch mußten wir sie offenhalten, um auf die Gefahr unsere Blicke zu richten. Verzehrende Glutluft, mit Funken gepaarte Asche und leckende Flammenzungen erschwerten unsern kurzen, trockenen, keuchenden, schon vom Rauch fast erstickten Atem. Unsere Hände verbrannten, indem wir das Gesicht vor der unerträglichen Hitze zu schützen suchten und die züngelnden Flammen abwehrten, welche jeden Augenblick unsere Kleider ergriffen und in Asche zu verwandeln drohten.

In dieser unbeschreiblichen Not, wo rasche Flucht als das einzige Rettungsmittel uns erschien, machte unser bestürzter und unzuverlässiger Führer plötzlich halt. Hier würde unser abenteuerliches Leben vielleicht sein Ende gefunden haben, wenn nicht Plünderer des 1. Korps den Kaiser mitten in diesen Flammenwolken erkannt hätten; sie eilten herbei und geleiteten ihn zu den rauchenden Trümmern eines seit dem Morgen schon in Asche gelegenen Stadtviertels.

Aus: Philippe Comte de Ségur »Histoire de Napoleon et de la Grande Armée pendant l'année 1812«. Übers.: Carl Courtin

er, vielleicht nur spielerisch, weitergehende Pläne, etwa tief nach Asien vorzustoßen wie Alexander d. Gr., Indien anzugreifen und England sozusagen im Rücken zu packen.

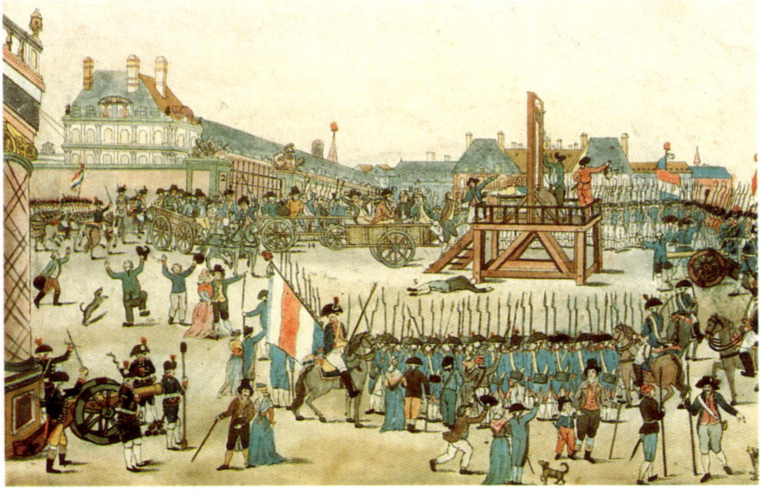

Die »Französische Revolution«: Beginn und Schreckenszeit. *– Oben: Sturm auf die Bastille am 14. 7. 1789. Der Volkszorn entlädt sich an dem alten Stadtgefängnis, das als Symbol absoluter Willkürherrschaft empfunden wurde. Zeitgenössisches Aquarell nach Angaben des an der Erstürmung beteiligten Leutnants Cholat. Musée Carnavalet, Paris. – Unten: Hinrichtung Robespierres und 21 seiner Anhänger am 28. 7. 1794. Am Tage zuvor war der Diktator durch ein Komplott vom Konvent gestürzt worden.*

Nationale Führungsgestalt der Franzosen: Napoleon als Erster Konsul. *Bildnis Bonapartes und seiner Mitkonsuln Cambacérès und Lebrun (oben). Barthélemy überreicht ihm die Ernennung zum Konsul auf Lebenszeit, 11. Mai 1802 (unten). In seinem Staatsstreich vom 18. Brumaire (9. 11. 1799) hatte Napoleon das »Direktorium« aufgelöst und sich an die Spitze der Regierung gesetzt. Sein zunächst auf zehn Jahre begrenztes Konsulat wurde durch Plebiszit auf Lebenszeit verlängert.*

Napoleonische Feldzüge: Expansion in Ägypten – verhängnisvolles Scheitern in Rußland. – *Oben: Sieg der Franzosen über die Türken bei Abu Qir am 25. 7. 1799, ein Jahr nach der Seeniederlage gegen die Briten. Gemälde von L. F. Lejeune, 1804. Nationalmuseum, Versailles. – Unten: Verlustreicher Rückzug der französischen Truppen aus Rußland im Winter 1812. Schnee, Frost und die überfallartigen Angriffe der Russen reiben die »Große Armee« auf. Zeitgenössisches Aquatintablatt. Albertina, Wien.*

***Das Ende der Herrschaft der »Hundert Tage«: Der Zusammenbruch bei Waterloo.** – Oben: Zusammentreffen des preußischen Fürsten Blücher und des britischen Herzogs von Wellington bei Waterloo (Belle-Alliance, nahe bei Brüssel) am 18. Juni 1815. – Unten: Die Schlacht bei Waterloo, Entscheidungskampf mit dem von Elba nach Frankreich zurückgekehrten Napoleon. (Kürassiere greifen die schottischen Hochländer an.) Nach seiner Niederlage mußte Napoleon endgültig abdanken.*

Im Jahre 1812 sammelte er die »Grande Armée«, eine wahrhaft große Armee von mehr als einer halben Million Mann, die sich zum größeren Teil aus den Kontingenten der abhängigen und verbündeten Staaten aus ganz Europa zusammensetzte.
Obwohl der Rußlandfeldzug wohlvorbereitet war, erwies es sich bald, daß die Organisation solcher Massen nicht zu bewältigen war. Die hohen Verluste waren zunächst weniger auf die russische Gegenwehr als auf Versorgungsmängel zurückzuführen. Die Russen wichen anfangs einer Schlacht überhaupt aus und zogen sich ins Landesinnere zurück und gaben nach der verlorenen *Schlacht bei Borodino* selbst *Moskau* preis. Am Tag nach dem Einzug Napoleons in die fast menschenleere Stadt brach der berühmte Brand von Moskau aus, der dreiviertel der Stadt in Asche legte (14. September 1812) und den Franzosen die möglichen Winterquartiere nahm. Dennoch blieb Napoleon fünf Wochen an Ort und Stelle, weil er hoffte, mit dem Zaren in St. Petersburg Verhandlungen aufnehmen zu können. Aber der Zar, der vom Freiherrn vom Stein beraten wurde, ließ nichts von sich hören.
Nachdem sich alle Hoffnungen zerschlagen hatten, befahl Napoleon im Oktober endlich den Rückzug, viel zu spät für die dezimierte, schlecht versorgte und für den russischen Winter nicht gerüstete Armee. Der Marsch durch das ausgeplünderte, feindselige Land, verfolgt von immer neuen Angriffen russischer Truppen, wurde ein Marsch in den Untergang, in eine Katastrophe, wie sie die Geschichte bis dahin nicht gesehen hatte. Der *Übergang über die Beresina* wurde zum Höhepunkt dieser Katastrophe, die letzten Einheiten werden zerschlagen, Napoleon selbst flieht. Als die Reste der Großen Armee, nur noch einige tausend Mann, die deutschen Grenzen erreichen, war Napoleon bereits in Paris, um neue Truppen auszuheben, denn nun stellte sich auch Preußen auf die Seite Rußlands – Auftakt der »Befreiungskriege«.

DIE »BEFREIUNGSKRIEGE« VOM NAPOLEONISCHEN JOCH

Schon im Dezember hatte General *Ludwig Yorck* in der geheimen *»Konvention von Tauroggen«* Rußland zugesagt, daß sich die preußischen Truppen nicht an die Seite Napoleons stellen würden. Im Februar 1813 schlossen Rußland und Preußen ein Bündnis *(Vertrag von Kalisch)*, und im März erließ König *Friedrich Wilhelm III.* von Preußen (R 1797–1840) den »Aufruf an mein Volk«, der weithin vaterländische Begeisterung auslöste. Alle Begeisterung hätte zum Sieg nicht ausgereicht, wenn Napoleon seine raschen

Siege bei *Großgörschen* und *Bautzen* im Mai 1813 ausgenützt hätte, was wichtig gewesen wäre, weil auch Schweden und England in den Krieg eingriffen. Doch er ließ sich im Juni auf einen Waffenstillstand ein, weil er hoffte, das unentschlossene Österreich auf seine Seite ziehen zu können. Der österreichische Staatskanzler *Klemens Fürst Metternich* (* 1773, † 1859) scheute die heraufziehende russische Hegemonie nicht weniger als die französische, aber seine Vermittlungsvorschläge scheiterten am Starrsinn und an der Maßlosigkeit Napoleons. So trat Österreich auf die Seite der Verbündeten. Der gemeinsame Sieg in der sogenannten *»Völkerschlacht bei Leipzig«* (16.–19. Oktober 1813) brachte eine vorläufige Entscheidung: Napoleon räumte Deutschland; alle Friedensangebote, auch großzügige, wies er allerdings zurück.

Der Feldzug in Frankreich im Frühjahr 1814 gipfelte nach manchen Schlachten, darunter auch Siegen Napoleons, in der Einnahme von *Paris.* In Frankreich wurde mit *Ludwig XVIII.* (R 1814–1824), dem Bruder des Revolutionsopfers Ludwig XVI., das Königtum der Bourbonen wiederhergestellt. (Als Ludwig XVII. zählte man den kleinen Sohn Ludwigs XVI., der während der Revolution verschollen war.) Napoleon mußte abdanken und erhielt die Insel *Elba* als Wohnsitz und selbständiges Fürstentum. Um die Stellung des Königtums zu stärken und auch um das europäische Gleichgewicht zu wahren, behandelten die Sieger Frankreich im »Ersten Pariser Frieden« (Mai 1814) sehr glimpflich und beließen es bei den Grenzen von 1792.

RESTAURATION UND FÜRSTENSOLIDARITÄT: DER »WIENER KONGRESS«

Im Herbst 1814 versammelten sich Kaiser und Könige, Fürsten und Staatsmänner und Diplomaten, nicht aber die Vertreter der Völker zum »Wiener Kongreß«. Noch einmal gab sich die adelige Gesellschaft des 18. Jahrhunderts ein Stelldichein, um fern von aller nationalen Aufregung und Begehrlichkeit nach rationalen Gesichtspunkten die Neuordnung Europas (oder auch die Wiederherstellung des alten Europa) zu erörtern. Maßgeblich waren *Fürst Metternich* für Österreich, *Fürst Talleyrand* für Frankreich, der *Zar* und *Graf Nesselrode* für Rußland, *Fürst Hardenberg* für Preußen und *Lord Castlereagh* und der *Herzog von Wellington* für England. Sehr bald zeigte es sich, daß die Siegermächte in ihren Vorstellungen keineswegs einig waren; vor allem tat sich eine Kluft auf zwischen Rußland und Preußen einerseits und Österreich und England andererseits, so daß es Talleyrand leichtfiel, den Konflikt geschickt zugunsten Frankreichs auszunutzen.

***Ende der napoleonischen Herrschaft über Deutschland und Neuordnung Europas.** – Oben: Szene aus der Völkerschlacht bei Leipzig. Flucht der Franzosen und Verfolgung durch die Alliierten. – Links: Der »Wiener Kongreß« am 22. September 1814. Nach einem Gemälde von J. B. Isabey. Österreichische Nationalbibliothek, Wien.*

Napoleon verfolgte von Elba aus die Entwicklung in Wien, aber auch die in Frankreich, wo sich bald Unzufriedenheit mit der neuen (alten) Bourbonenherrschaft einstellte. Kurz entschlossen verließ er die Insel und landete im März 1815 in Frankreich, von vielen freudig begrüßt. Doch diese neuerliche Bedrohung einigte rasch die streitenden Parteien in Wien. Nach einer Herrschaft von 100 Tagen wurde Napo-

Text der Zeit

Carl von Nostitz: England auf dem Wiener Kongreß – 1814

England spielt in diesen Verwicklungen eine bedeutende Rolle des Hemmens und Aufhaltens. Es entwickelt durch sein neues [1814] Königreich Hannover ein Kontinentalsystem, welches der Graf Münster durch den Herrn von Gagern [. . .] an Holland, Braunschweig und Hessen reiht, wodurch in Nord-Deuschland ein hannoverisch-deutscher Bund entsteht. Die persönliche Abneigung, welche in England zwischen dem Kaiser Alexander und dem Prinzregenten entstanden, sowie des letzteren Widerwille gegen die ministerielle Partei haben dem englischen Kabinette gegen Rußland eine feindselige Stellung gegeben, welche die Vergrößerungslust des letzteren nach Polen nur noch politisch bedingt, gegen Preußen aber alle die deutschen Staaten in Opposition stellt, welche der unmittelbaren Kontinentaleinwirkung Englands durch Hannover unterworfen sind. Österreich hat dagegen durch die Feinheit des Fürsten Metternich eine sehr günstige Stellung in England gewonnen, wo sich der Kaiser Alexander Feinde und der König Friedrich Wilhelm keine Freunde gemacht. Damit entsteht im deutschen Norden ein Verein, der Preußen, als engem Verbündeten Rußlands, Nachteil und Gefahr droht. [. . .]

Frankreich neigt sich nur wohl gegen England, um vermittels des Friedens die See wieder beschiffen zu können; und so kreuzen sich hier so viele Interessen, die bei dem langersehnten Friedensbund die Völker wollen zur Sprache bringen, daß sie dieselben zu den wunderbarsten Gestaltungen zusammenfügen, sowie ein neuer Anstoß von Mißhelligkeit sie gegeneinander wirft. In dieser Krise seltsamer politischer Verhältnisse hat Metternich neuerding ein großes Übergewicht in den Verhandlungen sich verschafft, indem vor kurzem Lord Castlereagh unerwartet seiner Partei beigetreten ist. Eine fulminante Depesche des Prinzregenten hat den Minister bedeutet, nicht im sansculottisch-monarchischen Sinn zu verfahren, sondern das Prinzip von der Erhaltung der Dynastien aufrechtzuerhalten und keinen Ideen Eingang zu geben, die, wie die zeitherigen, revolutionärer Tendenz wären. Eine gänzliche Umstimmung des Noble Lord ist die Folge gewesen, welche Metternich überrascht, doch sehr vergnügt hat.

Aus: Carl von Nostitz »Leben und Briefwechsel«, Dresden 1848, S. 136f.

leons letztes Heer im Juni 1815 bei *Waterloo* von den Engländern unter Wellington und den Preußen unter Blücher und Gneisenau entscheidend besiegt. Diesmals sollte Napoleon keine Chance zur Rückkehr mehr haben. Ein englisches Schiff brachte ihn auf die ferne Atlantikinsel *St. Helena.* Der »Zweite Pariser Friede« drängte Frankreich auf die Grenzen von 1790 zurück. Das Elsaß blieb trotz aller Forderungen aus Deutschland bei Frankreich.

Bis zum Juni 1815 tagte der »Wiener Kongreß«. Da man in Wien der Überzeugung war, daß das Unheil der letzten Jahrzehnte auf den Geist und die Auswirkungen der

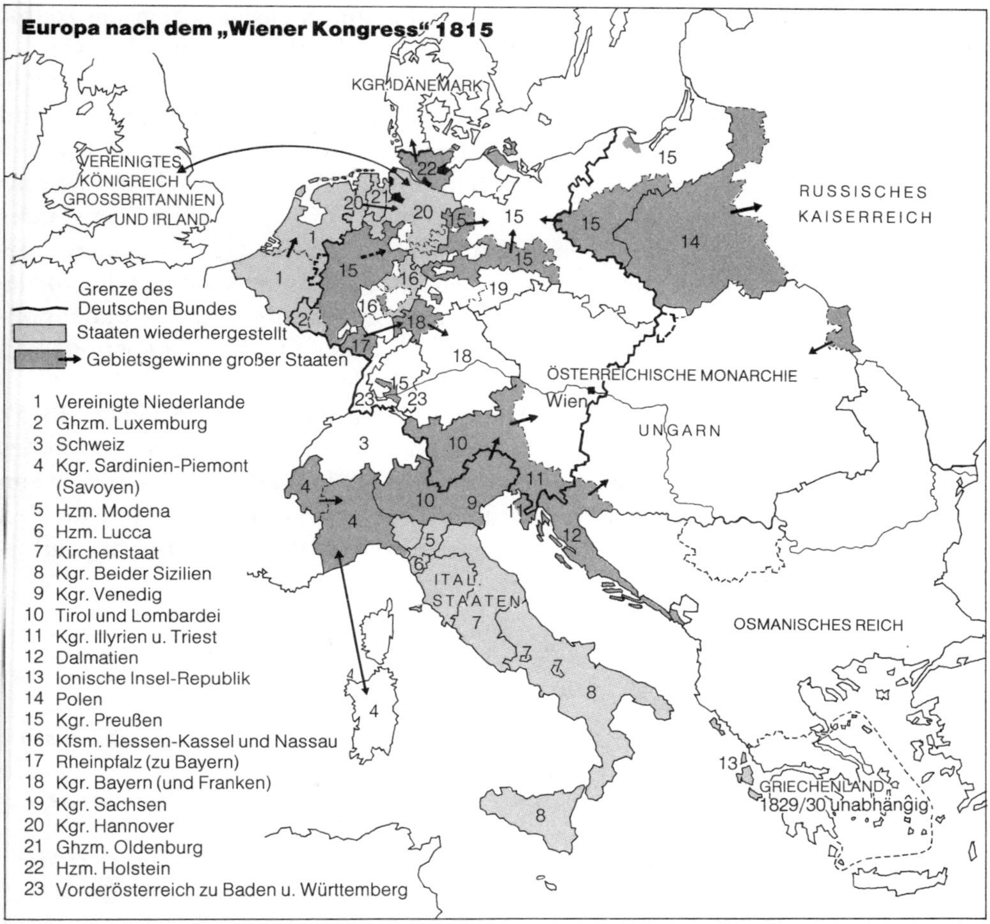

Revolution zurückzuführen sei, sollten nach Möglichkeit die vorrevolutionären Zustände wiederhergestellt werden (»Restauration«), vor allem sollten die alten Herrschaften und ihre Rechte, die sich aus der *»Legitimität«* der alten Dynastien herleiteten, wieder uneingeschränkt gelten. Freiheitliche Bestrebungen waren verdächtig; sie konnten in den Augen der legitimen Autoritäten, der Fürsten, den Umsturz bedeuten und den Frieden gefährden, den Europa jetzt so dringend ersehnte, und brauchten aus dieser Sicht die *»Solidarität«* der Fürsten als Gegengewicht.

Den Frieden durch ein System des *Mächtegleichgewichts* zu erhalten, das war auch der Sinn der umfangreichen territorialen Verschiebungen, von denen hauptsächlich Rußland und Preußen profitierten. Die betroffenen Völker wurden nicht gefragt. Auch die Deutschen wurden nicht gefragt, ob sie wieder ein Deutsches Reich haben wollten. In Wien hielt man es für zweckmäßiger, den lockeren »Deutschen Bund« aus Fürstenstaaten ins Leben zu rufen, der die Sou-

veränität der einzelnen Fürsten nicht antastete und selbst ausländische Herrscher mit einschloß, wenn sie, wie der König von England als König von Hannover und der König von Dänemark als Herzog von Holstein, über ein Land des Deutschen Bundes herrschten. Jedenfalls ging von diesem Bund keine Bedrohung des europäischen Friedens aus. Mag man die Ergebnisse von Wien tadeln wegen ihrer restaurativen Grundsätze, wegen der Unterdrückung liberaler und nationaler Strömungen, eines wird man hervorheben müssen: Der »Wiener Kongreß« leitete – außenpolitisch gesehen – für Mitteleuropa eine Friedensperiode von rund einem halben Jahrhundert ein!
Die »Heilige Allianz« der europäischen Mächte (1815), christlich und konservativ, darf man nach den Worten des Historikers Theodor Schieder immerhin »als einen, wenn auch nur programmatischen und politisch unzureichenden Versuch der Völkerunion des 19. Jahrhunderts auffassen«.

Literatur

Aretin, Karl Otmar von: Vom Deutschen Reich zum Deutschen Bund, Göttingen 1980

Elleinstein, Jean (Hg.): Histoire de la France contemporaine, I. 1789–1799, o. O. 1978

Mommsen, Wilhelm: Geschichte des Abendlandes von der Französischen Revolution bis zur Gegenwart, 1789–1945; München 1951

Sieburg, Friedrich: Robespierre. Napoleon. Chateaubriand, Stuttgart 1967

Sieburg, Heinz-Otto: Napoleon und Europa, Köln/Berlin 1971

Soboul, Albert: Die Große Französische Revolution 2 Bde.; Darmstadt 1983

HEINRICH PLETICHA

Wien

»Man kann wohl sagen, daß sich keine Hauptstadt Europas mit ihrem Zauber der Umgebungen so wie ihrem ruhigen und sorglosen Leben, das man dort führt, messen kann«, schrieb ein französischer Diplomat und Teilnehmer am »Wiener Kongreß«, und unter seinen Zeitgenossen dürfte es nur wenige gegeben haben, die diese Meinung nicht teilten.

Das Wien Fürst Metternichs und die Stadt des Kongresses von 1814/15 war nun schon fast zweitausend Jahre alt, gewachsen unter steten Bedrohungen von außen, vor allem vom Osten her, wo die ungarische Tiefebene eine breite Einfallspforte für Angreifer bot. Die letzte ernsthafte Bedrohung durch die *Türken* lag erst 130 Jahre zurück, die Napoleonischen Kriege hatten in der Nachbarschaft neue Wunden geschlagen, die aber schon wieder zu vernarben begannen.

Die Donauauen und die Hänge des »Wiener Waldes« legten sich wie ein großer grüner Kranz um die Stadt. Der Blick auf die zeitgenössischen Pläne läßt sozusagen aus der Vogelschau deutlich die zwei großen Stadtbereiche erkennen. Da war einmal der Kern, die *Altstadt*, umgeben von den gewaltigen sternförmigen *Bastionen*, die nach der letzten Türkenbelagerung noch einmal ausgebessert und neu befestigt worden waren und den Stadtkern wie ein zu enges Korsett umschnürten. Es sollten noch einmal beinahe fünfzig Jahre vergehen, bis sie in der zweiten Hälfte des 19. Jahrhunderts endlich abgerissen wurden und an ihrer Stelle die

Wien: Politischer und kultureller Mittelpunkt des österreichischen Kaiserreiches. *Die Stadt vom Belvedere, dem barocken Sommerpalast des Prinzen Eugen, aus gesehen. 1758–1761. Gemälde von Canaletto. Kunsthistorisches Museum, Wien.*

Zentrum des großstädtischen Wiener Lebens. *Der »Graben« um 1800. Der ehemalige (römische) Stadtgraben war 1220 während der Stadterweiterung unter Leopold VI. zugeschüttet und verbaut worden.*

breiten, vornehmen *Ringstraßen* traten, die heute noch mitten im Herzen der modernen Großstadt den alten Mauerverlauf so deutlich markieren.
Die Grünzone, die sich um diesen Mauergürtel legte, begann zu Beginn des 19. Jahrhunderts schon schmäler zu werden; denn die Häuser der *Vorstädte* schoben sich immer näher an den Stadtkern heran. Im Türkenjahr 1683 waren sie weitgehend zerstört worden, hatten in den folgenden Jahrzehnten aber einen raschen Neubeginn und Aufschwung erlebt. Schon 1704 waren sie von *Prinz Eugen* mit dem »Linienwall« umgeben worden, der dank der Friedensjahre seine militärische Bedeutung verlor und nunmehr nur noch als »Verzehrungssteuerlinie« diente.

Die Barockstadt der Paläste und Kanzleien

Das Wachsen der Vorstädte schlug sich auch in den Bevölkerungszahlen nieder. Während die Einwohnerzahl Wiens um 1700 noch auf 70000 geschätzt wurde, waren es zur Zeit des Kongresses schon rund 250000!
Die Altstadt hatte ihren entscheidenden Wandel in der ersten Hälfte des 18. Jahrhunderts erlebt. Es war die Zeit, in der das mittelalterliche Wien der *Barockstadt* wich. Noch bildete der *Stephansdom* mit seinem schlanken Turm, einem der schönsten der deutschen Gotik, den unübersehbaren ruhenden Mittelpunkt, aber Straßen und Plätze wurden umgebaut, weitgehende Veränderungen erfuhr seit 1723 die *Hofburg*, an der nun die *Hofbibliothek*, der *Reichskanzlertrakt* und der *Reitschultrakt* entstanden. Auf der Wieden wurde der Prunkbau der *Karlskirche* errichtet, andere ältere Kirchen erfuhren barocke Umbauten. Der Adel wollte dem Kaiser nicht nachstehen und bereicherte die Altstadt um eine Reihe prächtiger *Paläste*, aber auch das Gesicht der Bürgerhäuser veränderte sich, die alten gotischen Giebelhäuser verschwanden oder erhielten neue Barockfassaden. Es war die Zeit des »Wiener Barock«, der als »Reichsstil« noch einmal auf die anderen Städte des Habsburger Reiches auszustrahlen begann.
Zu den Stadtbauten des Adels gesellten sich auch zahlreiche schöne Paläste zwischen und in den Vororten und in den Außenbezirken vor dem »Linienwall«, allen voran das *Belvedere* des *Prinzen Eugen*, die Paläste der Familien *Auersperg, Schönborn, Liechtenstein* und, eine halbe Stunde von der Stadt entfernt, das *Schloß Schönbrunn*, das sich *Maria Theresia* (R 1740–1780) zu ihrem bevorzugten Sommeraufenthalt gewählt hatte.
In diesen Palästen spielte sich das gesellschaftliche Leben ab; die *Behörden* und *Kanzleien*, in denen die administrativen Fäden der ganzen Monarchie zusammenlie-

***Geschäftiges Treiben in einer Metropole eines Vielvölkerstaates.** Der neue Markt, 1719. Bereits am Vormittag waren die Straßen voller Menschen der verschiedensten Nationalitäten und Sprachen.*

fen, lagen in der Innenstadt. Hier herrschte tagaus, tagein die gleiche geschäftige Betriebsamkeit, die von einem Heer niederer und höherer Beamter, den Kanzleisekretären, den Hof- und Kriegsräten, den Kämmerern, Geheimen Räten und Generälen, den Präsidenten und den Ministern in Gang gehalten wurde. Auch die katholische Geistlichkeit war überall gegenwärtig. Zwar waren 1782 achtzehn Klöster der beschaulichen Orden aufgehoben worden, aber ihre Kirchen bestanden meistens als Pfarrkirchen weiter, und schon gab es in der Stadt an die 30 Pfarreien.

Adel und »Lumpenproletariat« – Kaffeehäuser und Theater

Auch für den fremden Besucher augenfällig, ließ sich die *Bevölkerung* der Stadt in vier Gruppen einteilen. Da waren einmal der *Adel* und die Hofgesellschaft, eine kleine, aber arrogante und omnipotente Schar, dann die *Staatsdiener*, die Beamten und Offiziere in ihren diversen, wohl abgestuften Rängen mit offizieller Hackordnung, zu denen auch die Literaten und Gelehrten zählten, dann die *Kaufleute* und Händler, Hoteliers, Kaffeehausbesitzer bis zu den Wirten der Vorstadtbeisel, und schließlich das *Volk*, oft auch »Lumpenproletariat« genannt, von dem ein Zeitgenosse sagte: »Die Wiener Plebs ist eine gute Art Pöbel, zwar hat sie ebenfalls wenig Anlage zur Liebenswürdigkeit [. . .] die neidische Malice gegen das Eigentum, die der höheren Bildung gehässige Frechheit kennt sie jedoch nicht.«

Hauptsache, es ließ sich leben. 1714 hat es in der Stadt erst vierzehn *Kaffeehäuser* gegeben, 1815 waren es schon deutlich über hundert.

Die oft primitiven und dumpfen Kellerschänken waren längst besseren *Gasthäusern* gewichen, der Wein kam in reichen Mengen aus der Umgebung, sieben *Brauhäuser* sorgten für das Bier. Wer am Abend Unterhaltung suchte, fand sie in den verschiedenen *Theatern*, anspruchsvoll in dem 1770 eröffneten *Burgtheater* oder im *Kärntnertortheater*, das sich der beliebten Oper widmete.

Für die leichte Muse sorgten drei ständige *Volkstheater* in den Vorstädten. In den *Casinosälen* gab es am Sonntag Konzerte und Tanzmusik.

Ganz besonders aber liebten wohl alle Wiener, die Reichen wie die Armen, die großen Grünflächen am Nordrand der Stadt zwischen den Donauarmen. Die Vornehmen bevorzugten dabei den *Augarten,* die kleinen Leute zog es eher in den *Prater* mit seinen schönen schattigen Alleen, aber auch mit einladenden Wirtsgärten und vor allem natürlich mit den Vergnügungen des »Wurstlpraters«.

ULRICH K. DREIKANDT

Machtwechsel und Machtlegitimation in der Geschichte

»Machtwechsel« ist kein fester Fachbegriff der Geschichtswissenschaft wie etwa *Königswahl, Erbfolge* oder *Revolution.* Er ist aber ein beinahe täglich in den Medien verwendetes Kürzel bei politischen Nachrichten aus aller Welt, mit dem Meldungen über Staatsstreiche und Umstürze eingeleitet werden. Auch wenn in Moskau ein neugewählter Generalsekretär der KPdSU sein Amt übernimmt und *Machtvorgänger* ablöst, findet ein *Machtwechsel* statt. In den USA dagegen wechselt nach einer Präsidentenwahl nur die *»Administration«.*

Wenn irgendwo ein Politiker *»entmachtet«* wurde, schwingt meist ein Unterton der Genugtuung mit, das Gefühl einer Wende zum Besseren. Der Machtbegriff ist auf vielfältige Weise negativ besetzt; demokratische Politiker wollen deshalb auch nicht »an die Macht kommen«, sondern »die Verantwortung übernehmen«, allenfalls noch die »Regierungsgeschäfte« und weniger dagegen die »Regierungsgewalt«. Sie wollen keinen »Machtwechsel«, sondern – positiver wirkend – eine »Wende« in der bisherigen Politik herbeiführen.

Etablierung von Macht – Gottkönigtum und Unbesiegbarkeit

Im Dunkel der Urzeit lag alle Macht bei den Göttern, den verkörperten Naturkräften. Aus dieser religiösen Vorstellung und aus der Erfahrung und Erkenntnis der Notwendigkeit, das Zusammenleben in einer Gemeinschaft zur Sicherung des Überlebens, aus einer Art früher politischer Vernunft also, entstanden die ersten Herrschaftsformen. Bei umherziehenden Jägerhorden wurde der Stärkste zum Anführer oder Häuptling, teils aus Gewohnheit, früh auch schon manchmal durch Wahl.

Von Anbeginn aber wird dem Herrscher bald eine besondere Kraft, ein *»Mana«*, ein geheimnisvoller Zauber zugeschrieben. Man spricht ihm ein besonderes, engeres Verhältnis zu den Göttern, dem Göttlichen zu; er wird *Priester* oder selbst als Teilhaber göttlicher Wesenheit angesehen. Diese besondere Weihe überträgt sich auch auf sein Geschlecht.

Hier liegt der Ursprung orientalischer Herrschaftsmodelle: Die Macht des Herrschers leitet sich aus göttlicher Abstammung oder Stellvertreterschaft her und führt schließlich zur Vergötterung des Herrschers, zum *Gottkönigtum.* War in späteren Zeiten seine Macht und Herrschaft zumindest grundsätzlich unantastbar, so muß an dieser Stelle aber auch noch ein von der Völkerkunde bei ägyptischen Stämmen der vordynastischen Zeit und vereinzelt noch bei späteren Naturvölkern erforschtes Phänomen gestreift werden: der *rituelle Königsmord.*

Er beruhte auf der Vorstellung der Unbesiegbarkeit des Herrschers als Garantie für das Wohlergehen seiner Untertanen. So mußte er seine Unverletzbarkeit ständig be-

»Die Zeit enthüllt die Wahrheit... Herkules erlegt die Hydra.« *Allegorie auf den Sturz Robespierres.*

weisen, er mußte jederzeit vor Anschlägen auf der Hut sein, weil nur mißlungene Attentatsversuche als sichere Zeichen seiner besonderen Kräfte angesehen wurden. Gelang einem Rivalen, ihn zu töten, wurde dieser sein Nachfolger.

Von ähnlicher Bedeutung war die rituelle Tötung eines Scheinkönigs beim alljährlichen Frühlingsfest in Babylon. Eine Entsprechung hierzu ist auch noch in der Antike zu sehen, wo jeder den Priesterkönig, den *»rex nemorensis«* im Hain der Diana töten konnte, dem es gelang, einen Zweig der heiligen Mistel zu brechen.

Der rituelle Königsmord ist eine Ausnahme in der Geschichte des Königtums, er enthält aber schon das Element des Magischen, das sich mit dem Königtum bis in die neuere Zeit erhalten hat.

Die ägyptischen Pharaonen stützten ihre Allmacht mit der Behauptung *direkter* göttlicher Abstammung. Nach ihrem Tode wurden sie in die Sphäre ihres Göttervaters entrückt. In diesem Zusammenhang sind auch die vielfältigen Aspekte des altägyptischen Totenkults zu erklären.

Die Vorstellung des Gottkönigtums, des Herrschers als irdische Verkörperung Gottes, fand eine umfassende Ausprägung in den persischen Großkönigen, von denen der Hellenismus sie dann übernahm. Diese Vorstellung fand ihre Fortsetzung im römischen Gottkaisertum.

Athen und Rom – Demokratie, Tyrannis, vergöttlichtes Kaisertum

Im 6. Jahrhundert v. Chr. sah die Athener *politeia,* die Gesamtheit der Bürger des Stadtstaates, die erste Volksherrschaft oder *Demokratie.* 594 v. Chr. wurde *Solon,* ein Adliger, zum *»Archon«* (Herrscher) gewählt. Er hätte sich dank seiner Popularität auch zum König von Athen machen können, zumal er von Kodros, dem letzten athenischen König, abstammte. Statt dessen aber schuf er eine Verfassung, die als höchste Instanz die *Volksversammlung* (ekklesia) vorsah.

Noch zu seinen Lebzeiten geschah es dann aber, daß Athen 561 v. Chr. durch einen Staatsstreich unter die *Tyrannis* des *Peisistratos* kam. – Solon rief vergeblich zum Widerstand auf. Die Söhne des Peisistratos, der zwei Versuche, ihn zu stürzen, überstand, *Hippias* und *Hipparch* folgten ihm in der Regierungsgewalt. 514 v. Chr. wurde Hipparch von den beiden Verschwörern *Harmodios* und *Aristogeiton* ermordet. Beide wurden zu griechischen Nationalhelden und ihre Tat in späteren Zeiten immer wieder als Beispiel für einen berechtigten *Tyrannenmord* »aus edlen Motiven« herangezogen.

Das Zeitalter des *Perikles* (* um 490, † 429 v. Chr.), der dreißig Jahre lang immer wiedergewählt wurde, sieht die Demokratie bereits wieder in Gefahr; der Historiker Thukydides bezeichnete seine Regierungszeit als »Monarchie ihres ersten Bürgers«.

Nach der Eroberung Athens durch Sparta (404 v. Chr.) wurde die Demokratie dann vollends abgeschafft und durch eine *Militärdiktatur* ersetzt, die schließlich aber wieder von demokratisch gesonnenen Athenern beseitigt wurde.

In der griechischen Antike finden wir also schon fast alle Formen eines Machtwechsels beispielhaft vorgeprägt: Die *Monarchie* mit ersten Formen *dynastischer Erbfolge*, die Wechsel an der Staatsspitze durch demokratische *Wahlen*, den *Staatsstreich* mit militärischer Unterstützung (durch die Leibwache des Peisistratos) mit nachfolgender *»tyrannis«*, den *Tyrannenmord*, die Errichtung einer Diktatur *durch Eroberer*, den *Aufstand gegen eine Fremdherrschaft* und die Wiedererrichtung der Demokratie.

Das Weltreich *Alexanders des Großen* (* 356, † 323 v. Chr.) ist dann wieder eine Despotie nach orientalischem Vorbild. Von ihm führt ein direkter Weg zu den Caesaren, zum römischen Gottkaisertum.

Der erste *Kaiser* des römischen Reiches *Octavian* (* 63 v. Chr., † 14 n. Chr.) führte die Titel *»Imperator Caesar, Sohn des Gottes Julius (Caesar), Augustus* (der Erhabene), *Pater patriae* (Vater des Vaterlands) und *Pontifex maximus* (höchster Priester)«.

Judentum und frühes Christentum – Im Bündnis mit Gott

Vorher aber hatte sich im Judentum eine neue religiöse Denkweise entwickelt, die von prägender weltgeschichtlicher Bedeutung werden sollte: Es war die Idee eines, einigen und einzigen Gottes, der Vater aller Menschen war. Und wenn nun alle Menschen Kinder Gottes waren und nicht nur die Pharaonen, Kaiser und Könige, dann war diesen damit die Legitimität ihrer Allmacht entzogen. Dieser Gedanke war neu und einzigartig. Nicht so neu dagegen waren viele der Riten und Symbole, die sich mit Jesus von Nazareth verbinden und mit der Verbreitung des Christentums für viele Jahrhunderte Bestandteile der politischen Theorien und Lehren werden sollten.

Der Opfertod Christi als Sühne für die Sündhaftigkeit der Menschen erinnert ohne Zweifel an den erwähnten rituellen Königsmord oder an die Schlachtung des »Sündenbocks«, der früher ein Mensch war und erst später ein Lamm. Überdies gibt es eine theologische These, die davon ausgeht, daß Jesus von Johannes dem Täufer nicht nur getauft, sondern auch *als König gesalbt worden ist*, was auch erklären könnte, warum ihn die Römer als »König der Juden« verspotteten.

Das Revolutionäre seiner Lehre, so wie sie von den früh-christlichen Gemeinden übernommen und praktiziert wurde, war die Verweigerung der Opferhandlungen für den römischen Kaiser. Dieser Gegensatz zwischen christlicher Überzeugung und römischer Staatsauffassung endete erst mit *Konstantin dem Großen* (R 306–337), dessen »Toleranzedikt von Mailand«, 313, den Weg des Christentums zur Staatsreligion bahnte. Hier liegt die Wurzel des *Bündnisses von Thron und Altar*, das, vom römischen Imperium ausgehend, die Geschichte der europäischen Staaten bestimmte. Europas Fürsten, Könige und Kaiser regierten »von Gottes Gnaden« – und noch bis in die zweite Hälfte unseres Jahrhunderts ließ ein spanischer General Münzen mit seinem Bild und dieser Aufschrift prägen.

Die Anschauungen der christlichen *Theologie* brachten aber auch Auseinandersetzungen zwischen christlicher *Kirche* und christlichem *Staat,* zwischen geistlicher und weltlicher Macht mit sich. Auf der Basis kirchlicher Ansprüche, verschmolzen mit antiken Staatstheorien, und in der Suche nach Antworten auf die Frage nach dem besten Staat, bestimmten dann die christlichen Theologien die Staatsauffassungen des Mittelalters und die deutsche Reichsgeschichte. Sie suchten nach Ordnungsprinzipien für ein christliches Staatswesen, entwickelten Staatsrechtsmodelle und Theorien und bestimmten so auch Prinzipien, Formeln und Rituale von Königs- und Kaiserwahl, die Regelung der Nachfolgefragen, Grundlagen für den Machtwechsel für viele Jahrhunderte.

Völkerwanderungszeit – Verweigerung der Gefolgschaft und Gegenkönige

Bevor sich aber diese Ordnungsprinzipien durchgesetzt hatten, war die Geschichte der germanischen Völker und ihrer Staaten, die Geschichte der westgotischen, angelsächsischen, langobardischen und frühen fränkischen Königreiche bestimmt von zahlreichen gewaltsamen Königsstürzen und Machtwechseln.
Eine allgemeine Rechtsgrundlage fehlte diesen Völkern, es gab lediglich bestimmte Vorstellungen von den Pflichten und Fähigkeiten, deren Nichterfüllung man als Anlaß oder Begründung heranzog, um sich eines Herrschers zu entledigen. Dazu zählte die geistige oder körperliche *Unzulänglichkeit, Mißgeschick,* ein *verlorener Kriegszug* oder ähnliches, was das Volk dazu brachte, dem König den *Gehorsam zu verweigern* und einen Nachfolger für den Entthronten zu wählen. Hatte der abgesetzte König aber noch teilweisen Rückhalt, und war er seiner Entmachtung nicht durch *Abdankung* oder »freiwilligen« *Thronverzicht* zuvorgekommen, so konnte es zu Kämpfen mit einem neugewählten *Gegenkönig* kommen. Der Sieger übernahm dann die Macht, wie es sonst ein fremder Eroberer tat. Das Leben des alten Königs war der Willkür des neuen Herrschers ausgeliefert; meist wurde es der neuen Staatsräson geopfert.

Macht aus Gottes Hand und durch päpstliche Krönung – Das Mittelalter

Im christlich gewordenen Staat wurde sogleich die Frage diskutiert, ob auch an den Kaiser wie an jeden Christen sittliche Forderungen zu stellen seien, denen die kirchliche Gewalt Nachdruck verleihen könne. Dazu mußte eine neue Art des Herrschaftsrechts ersonnen werden, das auch die Nachfolge durch Geblütsrecht oder Wahl nach kirchlichen Prinzipien regelte bzw. sanktionierte. Nach den Lehren der Kirchenväter gab es keine Obrigkeit aus sich selbst, sondern *nur aus einem höheren Naturrecht* oder *göttlichem Recht.*
Die Kirche unterstützte im Mittelalter daher nicht unbedingt ein legitimes oder nur tüchtiges Königtum und auch nicht zwangsläufig ein dynastisches Königtum mit geblütsrechtlicher Erbfolge oder die Institution des Wahlkönigtums. Sie bevorzugte den mächtigen, in *ihrem Sinne tüchtigsten* und geeignetsten Herrscher, der ihr die *Aufrechterhaltung der gottgewollten Ordnung* und kirchlicher Macht garantierte; nicht einen zwar durch Wahl oder Geblütsrecht geweihten, aber machtlosen König, sondern durchaus auch mächtige Usurpatoren der weltlichen Macht.
Für diese war aber von der starken Position der Kirche her die *kirchliche Billigung* ein wichtiger Machtfaktor. Sie erfolgte durch eine entsprechende Äußerung der kirchlichen Autorität oder durch eine Beteiligung des Episkopats an der Herrscherwahl selbst. Im Staatsdenken der Kirche wurden so die *Weihe* und der *Segen* zu Rechtsakten. Unter Berufung auf die *Salbung* Sauls und Davids im Alten Testament wurde auch diese – in der äußeren Form der Priestersalbung angeglichen – zum notwendigen Bestandteil der Herrscherweihe.
Im Osten war die *geistliche Krönung* schon sehr viel früher üblich als die Salbung. Im

christlichen Abendland gibt es die *»theokratische Krönung«* erst seit Karl dem Großen. In der Salbung sollte symbolisch bekräftigt werden, daß die Herrschaft »von Gott« stamme. Karl der Große empfing sie gleichzeitig schon mit seinem Vater Pippin, Zeichen dafür, daß sie sich auch auf die gesamte Familie erstrecken sollte. Vom symbolischen Gehalt der Salbung leitete Karl der Große auch die Herrscherformel *»gratia Dei«* (durch die »Gnade Gottes«) her, die fortan Bestandteil jedes Königsnamens wurde.

Nur folgerichtig nach dem Selbstverständnis der Kirche wurde die Weihekraft der geistlichen Macht auch auf andere zeremonielle Bestandteile des Herrschaftsantritts, auf Krönung und Thronerhebung ausgedehnt.

Wenn man den karolingischen Chronisten *Alkuin* und *Einhard* Glauben schenkt, war aber die berühmte Kaiserkrönung Karls zu Weihnachten des Jahres 800 im Petersdom zu Rom durch *Papst Leo III.* eine Art Überrumpelung des Herrschers, der davon vorher nichts gewußt habe. Dies wird gestützt durch Karls spätere Versuche, den Brauch einzuführen, daß sich der fränkische König die Krone zwar *vom Altar, aus Gottes Hand*, nehme, sie sich aber *eigenhändig* aufs Haupt setzen solle.

Auch später gab es immer wieder Widerstand gegen das päpstliche Recht der Kaiserkrönung, trotz aller gegnerischen Argumente sah man aber das ganze Mittelalter hindurch in der Kaiserkrönung in Rom die höchstmögliche Begründung und Legitimierung des Kaisertums. Unterstützt wurde diese Auffassung auch durch die (allerdings – wie man heute weiß – gefälschten) Urkunden der sogenannten *»Konstantinischen Schenkung«*.

Die Lehre vom Tyrannenmord

»Der Herrscher ist ein Abbild der Gottheit und der Tyrann ein Abbild der Stärke des Widersachers und der Bosheit Lucifers. [. . .] Das Abbild der Gottheit, der (rechte) Herrscher, verdient Liebe, Ehrfurcht und Ehrenerweise; der Tyrann, das Abbild der Bosheit, muß meist sogar getötet werden.« So heißt es 1159 im *»Policratius«* des englischen Bischofs und Philosophen *Johann von Salisbury* (* um 1115, † 1180). Hier zeigt sich die Wiederaufnahme der antiken Lehre von der Rechtfertigung des Tyrannenmordes, jetzt aber gestützt auf die christliche Lehre und die Schriften des Kirchenvaters Augustinus. Zwar ist auch die Macht des Tyrannen von Gott, gleichzeitig aber auch sein Auftrag, »Diener der Gerechtigkeit und des Rechts« zu sein. Wenn sich der Tyrann an diesem Recht vergeht, ist es billig und gerecht, ihn zu töten. Durch sein Handeln hat sich der »unrechte« Herrscher *selbst gerichtet.* Nach dieser Anschauung konnte die Auflehnung des Volkes gegen seinen König, des Vasallen gegen seine Lehnsherren von der Kirche gerechtfertigt oder aktiv unterstützt werden.

Andererseits waren die Fürsten als Amtsträger nach theokratischer Denkweise nicht nur gegenüber den göttlichen Gesetzen, sondern auch gegenüber ihrer irdischen Stellvertretung, der Kirche, verantwortlich bis hin zur Pflicht, einem kirchlichen »Gericht« Rede und Antwort zu stehen. (In der *»Reichsordnung«* von 817 ist bereits erstmals von einem solchen »Strafverfahren« nach förmlichen Regeln die Rede, allerdings noch nicht auf den Kaiser, sondern vorerst noch auf Könige bezogen: dreifache Ermahnung, danach die Gerichtssitzung der Reichsversammlung mit dem möglichen Urteil der Absetzung.)

Doch auch ein formloser Abfall sogar vom Kaiser war möglich, wie das Beispiel *Ludwigs des Frommen* zeigt. Fürsten und Bischöfe entzogen dem fränkischen Kaiser 813 den Gehorsam und setzten seine Sohn Lothar, der als Mitregent bestimmt war, als Nachfolger ein. Dann leiteten sie gegen Ludwig ein förmliches Verfahren ein, »weil er das ihm anvertraute Amt nachlässig versehen hat«.

Auch wenn Ludwig wenig später – nach getaner Buße – von den Bischöfen wieder eingesetzt wurde (Ludwig war damit Kaiser von Gottes *wiederkehrenden* Gnaden und schrieb auch selbst in seinen Urkunden »divina repropitiante clementia imperator augustus«), so war dies doch keine bloße Episode. Zusammen mit dem Teilungsstreit unter Ludwig und den folgenden Reichsteilungen von Verdun (843) und Meersen (870) zerfällt nicht nur das Frankenreich. Das Papsttum verliert seinen stärksten Rückhalt und gerät zeitweilig völlig in die Hände des römischen Stadtadels. Damit beginnt das politische, weltlich beeinflußte Ringen um die Macht zwischen Kaiser und Papst, Kaiser und Kirche, das in vielfältigen Formen und aus verschiedensten Anlässen die Geschichte des Hochmittelalters bestimmen sollte.

Symbolisiert wird dieser Streit durch das Bild von den *zwei Schwertern*, der kirchlichen und weltlichen Macht. Beide Gewalten durchdringen sich gegenseitig in weltlichen und kirchlichen Lebensverhältnissen; Streitigkeiten werden unvermeidlich. Der »Friede, als das Ruhen aller Dinge in der Ordnung« *(»pax rerum tranquillitas ordinis«)* des Augustinischen Gottesstaates war eine Utopie geblieben.

Im 11. Jahrhundert machten sich Reformbewegungen bemerkbar, die die bisherige weltlich-geistliche Einheit des Abendlandes in Frage stellten. In Frankreich und England zeigten sich *nationalstaatliche* Widerstände gegen das Kaisertum. Zündstoff boten immer wieder die Machtfragen, die besonders deutlich zutage traten, wenn ein Machtwechsel anstand.

Alle Formen dieser so einschneidenden politischen Entscheidungen wiederholen sich in den Jahrhunderten bis zum Ausgang des Mittelalters, bis zum Beginn der Neuzeit und letztlich bis in unsere Tage, abgesehen vielleicht vom rituellen Königsmord als Institution.

In den verschiedenen kleinen und großen Reichen Europas sehen wir Herrschaftsverhältnisse und Entwicklungen unterschiedlichster Art: In Frankreich nach dem Erlöschen der Karolinger im Mannesstamm, seit der Regierungszeit des Grafen von Paris, *Hugo Capet* (R 987–996), eine Dynastie von »wunderbarer Fruchtbarkeit«, die bis zur Französischen Revolution herrschte. Der Tod des Königs wurde mit den Worten »Le roi est mort, vive le roi!« verkündet, Worte, die eindringlich die ungefährdete Kontinuität in der Erbfolge symbolisieren.

Das hieß nun aber nicht, daß der König immer eines natürlichen Todes starb. Im offenen Kampf, auf dem Schlachtfeld zu fallen, war neben unvorhersehbaren Unglücksfällen noch eine relativ normale Todesart. Ebenso zahlreich, in anderen Ländern noch häufiger als in Frankreich, waren Anschläge durch gedungene Mörder. An den italienischen Fürstenhöfen der Renaissance hatten Giftmischer Hochkonjunktur, und auch verschiedenen Päpsten wurde ein todbringender Trank gemischt.

In den norditalienischen Stadtstaaten bildeten sich zeitweise republikanisch-demokratische Zustände, bei denen nicht nur die Angehörigen der Oberschicht, sondern auch große Teile des Volkes durch Wahlen, Einsetzung und Absetzung einen Machtwechsel herbeiführen konnten. Verglichen mit diesen ersten praktischen Formen einer *Volkssouveränität* ist der Weg zum absoluten Königtum, dem *Absolutismus*, ein erheblicher Rückschritt. Er war die Reaktion auf die schrankenlose Stände- und Adelsherrschaft. Seine schärfste Ausprägung fand er im Frankreich des »Sonnenkönigs« *Ludwig XIV.*, dessen Herrschaft zusammen mit dem mündig werdenden Bürgertum die Vorbedingungen für die erste Revolution Europas schuf.

Der Begriff der Revolution

Als *politischer* Begriff wurde »Revolution« erstmals in der Renaissance von den Historikern der oberitalienischen Stadtstaaten, besonders in Florenz, verwendet. Er bedeutete aber noch nicht »Umsturz« oder »gewaltsame Änderung der Verfassung, sondern man bezeichnete damit nur politische Erschütterungen und Unruhen.

Mittelalterliches Denken war radikalen Neuerungen nicht zugeneigt. Bis zum Ende dieser Geschichtsperiode fehlten sowohl die geistigen als auch die materiellen Voraussetzungen für wirkliche revolutionäre Umwälzungen. Sinn und Zweck der irdischen Ordnung war die Bewahrung des überkommenen politischen Systems. Erst als sich im staatsphilosophischen Denken ein Wandel vollzogen hatte, war eine Neuerung überhaupt vorstellbar. Auch wenn man heute im »Bauernkrieg« oder im »Abfall der Niederlande« revolutionäre Bewegungen sieht, so war dies den Zeitgenossen

nicht bewußt. Man berief sich im Aufbegehren vielmehr auf das althergebrachte *Widerstandsrecht* gegen eine unrechtmäßige Ausübung der staatlichen Gewalt und wollte ein göttlich gebotenes Recht (wieder)herstellen.
Erst im 16. und 17. Jahrhundert erkannte man, daß der Widerstandsbegriff nicht mehr ausreicht, und verstand unter »Revolution« eine wirkliche Änderung, einen gewaltsamen Umsturz, auch wenn man dabei immer noch mehr an eine Rückkehr zu früheren Verhältnissen oder an die Abschaffung von Mißbräuchen dachte.

Der Gedanke der »Volkssouveränität«

Erst mit der Formulierung und Weiterentwicklung der Idee von der Entstehung des Staates durch einen *Vertrag* zwischen den Menschen, regierenden und regierten, entwickelten sich auch die theoretischen Voraussetzungen für einen gewaltsamen Umsturz in bewußter Gegnerschaft zur herrschenden Staatsgewalt. Aus der Staatsvertragstheorie läßt sich das Recht des souveränen Volkes ableiten, die Herrschaft auch auf revolutionärem Wege abzusetzen und durch eine andere zu ersetzen.
John Locke (* 1632, † 1704) sah das *Recht des Volkes* über dem des Staates rangierend, eine Revolution war daher für ihn unter bestimmten Voraussetzungen weder rechtlich noch moralisch verwerflich. Die natürliche, unveräußerliche *Freiheit des Menschen* war für ihn der höhere Wert.
Der »Leviathan« (ersch. 1651) von *Thomas Hobbes* (* 1588, † 1679) zeigt jedoch auch, daß die Lehre vom Staatsvertrag aber nicht unbedingt »revolutionsfreundlich« sein muß. Haben die Bürger in einem Vertrag ihre individuellen Freiheiten und Rechte auf den Herrscher übertragen, so stellt sich die Frage einer Revolution überhaupt nicht.
Erst *Jean-Jacques Rousseau* (* 1712, † 1778), den man zu den Wegbereitern der »Französischen Revolution« zählt, lehnte in seinem *»contrat social«* (»Gesellschaftsvertrag«) die dualistische, ständestaatliche Staatsgewalt ab und forderte die einheitliche, unteilbare Staatsgewalt, die nach der Lehre von der Volkssouveränität einzig vom Volk ausgehen konnte.
Nach Auffassung des Philosophen war der Herrscher eine Art »Beamter«, der zur Erfüllung eines Auftrages, nämlich der Erhaltung und Förderung des Gemeinwohls, vom Volke eingesetzt war. Entsprach sein Handeln nicht diesem Auftrag und schadete er dem Gemeinwohl, so war seine Absetzung gerechtfertigt.
Die Ereignisse von 1789 und der folgenden Jahre, die gewaltsame Änderung der französischen Verfassung, der offenkundige Bruch bestehenden Rechts, wurde erstmals von den Beteiligten und ihren Zeitgenossen als Revolution gesehen und auch so bezeichnet.

Allgemeine Literaturhinweise

Die folgenden Literaturhinweise beschränken sich auf Bücher, in denen jeweils ein größerer Zeitraum des 17. und 18. Jahrhunderts behandelt wird. Sie enthalten alle ausführliche Hinweise auf weiterführende Spezialliteratur, so daß es für den Leser leicht möglich ist, sich eingehender mit ihn interessierenden Einzelfragen zu beschäftigen.

Barudio, Günter: Das Zeitalter des Absolutismus und der Aufklärung, Frankfurt 1981 = Fischer WG Bd. 25

Bergeron, Louis/Furet, François/Koselleck, Reinhardt: Das Zeitalter der europäischen Revolution 1780–1848, Frankfurt 1969 = Fischer WG Bd. 26

Braudel, Fernand: Sozialgeschichte des 15.–18. Jahrhunderts, 3 Bde. (Der Alltag; Der Handel; Aufbruch zur Weltwirtschaft) München 1985f.

Chaunu, Pierre: Europäische Kultur im Zeitalter des Barock, München 1968

Cobban, Alfred: Das achtzehnte Jahrhundert. Aufklärung, Rokoko und Revolution, München 1971

Cooper, J. P. (Ed.): The Cambridge Modern History, Vol. IV–IX; Cambridge 1957ff.

Dickmann, Fritz (Hg.): Renaissance, Glaubenskämpfe, Absolutismus, München 1966 = Geschichte in Quellen Bd. III

Durant, Will: Das Zeitalter Ludwigs XIV. Eine Geschichte der europäischen Kultur von 1648–1715, Bern/München 1966

Durant, Will: Das Zeitalter Voltaires. Eine Kulturgeschichte Mittel- und Westeuropas von 1715–1756, Bern/München 1967

Durant, Will: Rousseau und die Revolution. Eine Kulturgeschichte Frankreichs, Deutschlands und Englands von 1756–1789, Bern/München 1969

Fassmann, Kurt (Hg. u. a.): Die Großen der Weltgeschichte; Band VI: Spionza bis Laplace; Band VII: Goethe bis Lincoln; Zürich 1975f.

Friedell, Egon: Kulturgeschichte der Neuzeit, München 1927 (u. ö.)

Hubatsch, Walter: Das Zeitalter des Absolutismus 1600–1789, Braunschweig 1975[4]

Hubatsch, Walter (Hg.): Absolutismus, Darmstadt 1973

Kossok, Manfred (Hg.): Revolutionen der Neuzeit, Vaduz 1982

Kunisch, Johannes: Absolutismus. Europäische Geschichte vom Westfälischen Frieden bis zur Krise des Ancien Régime, Göttingen 1986

Mandrou, Robert: Staatsräson und Vernunft 1649–1775, Frankfurt/Berlin 1976 = Propyläen Geschichte Europas Bd. 3

Mann, Golo / Nitschke, August (Hg.): Von der Reformation zur Revolution, Berlin/Frankfurt 1964 = Propyläen Weltgeschichte Band 7

Näf, Werner: Die Epochen der Neueren Geschichte, Aarau 1959[2]

Parker, Geoffrey: Europe in Crisis 1598–1648, London 1979

Pleticha, Heinrich (Hg.): Deutsche Geschichte; Band 7 u. 8: Dreißigjähriger Krieg und Absolutismus; Aufklärung und Ende des Deutschen Reiches, Gütersloh 1984

Trevor-Roper, Hugh (Hg.): Das Zeitalter des Barock. Europa und die Welt 1559–1660, München 1970

Wagner, Fritz (Hg.): Handbuch der europäischen Geschichte; Band 4: Europa im Zeitalter des Absolutismus und der Aufklärung; Stuttgart 1968

Weis, Eberhard: Der Durchbruch des Bürgertums 1776–1847, Frankfurt/Berlin 1978 = Propyläen Geschichte Europas Bd. 4

Zeeden, Ernst Walter: Hegemonialkriege und Glaubenskämpfe, Berlin/Frankfurt 1977 = Propyläen Geschichte Europas Bd. 2

Zeeden, Ernst Walter: Europa im Zeitalter des Absolutismus und der Aufklärung, Stuttgart 1981

Anhang

Kultur und Geschichte: Wissenschaft und Weltbild in der Geschichte

Herrschernamen in europäischen Sprachen

Sach- und Namensregister

Abbildungsnachweis

GERHARD STEINBORN

Wissenschaft und Weltbild in der Geschichte

Wissenschaftler vieler Jahrhunderte fanden vor allem das, was sie suchten – oder sie schienen es zu finden, indem sie Tatbestände falsch interpretierten (siehe auch den Anhang-Beitrag »Geographische Mythen«, Band 7).

Naturkunde im Altertum

Die Menschen meinen gewöhnlich in einer geordneten Welt zu leben, die festen Regeln gehorcht. In den einzelnen Kulturen unterscheiden sich allerdings die Vorstellungen, wie diese Ordnungen entstanden sind oder geschaffen wurden, inwieweit sie dauerhaft oder veränderlich sind. Davon hängen oft auch die jeweiligen Schwerpunkte und Zielsetzungen wissenschaftlicher Forschungen ab. Die meisten *östlichen* Denker nahmen eine universale Vernetzung und kausale Kreislaufsysteme an, die *westlichen* Traditionen (der Griechen, Römer, Juden, Christen und Moslems) dagegen eine lineare Kausalität.
In der deterministischen (vom Glauben an eine Vorbestimmung geprägten) Kultur eines alles kontrollierenden Weltgesetzes (Karma) war kein Platz für Experimente. Naturkenntnis und Technik dienten so in *Indien* z. B. dazu, die gegenwärtige Existenz angenehm zu gestalten, alle geistigen Anstrengungen waren auf die Erringung einer besseren Position bei der *Wiedergeburt* gerichtet. In *China* dagegen enthielt das Weltgesetz mit den Prinzipien *Yin und Yang* auch Elemente des Chaos: Zufall und Notwendigkeit griffen ähnlich wie in der modernen Physik ineinander und ermöglichten es dem Weisen, auf die Welt einzuwirken und selbst Ordnungen zu schaffen. (Eine volkstümliche Quintessenz dieser Weltanschauung ist das »Buch der Wandlungen« [I Ging, I King, I Ching]: eine Anleitung zu einem *Orakel*, bei dem die Resultate von Losziehungen oder die Kombinationen von Kopf und Zahl beim Münzwerfen schematisch als unterbrochene [Yin-] oder ungeteilte [Yang-]Striche registriert wurden, während bestimmte seltene Summen [mit einem Punkt markiert] die wandelbaren Kräfte des Chaos repräsentieren.) Die *Daoisten (Taoisten)*, die Vertreter dieser Weltsicht mit ihrer eine dynamische Ganzheit strukturierenden Polarität von Yin und Yang, waren nicht nur Philosophen und Magier, sondern auch Naturforscher und Techniker, deshalb gab es in China schon frühzeitig erstaunliche technisch-wissenschaftliche Leistungen, doch blieben diese Randerscheinungen der chinesischen Kultur, in der Ordnung als Regel galt.
Für die *Ägypter* lag die Zeit kreativer Wandlungen lange zurück, alle Errungenschaften und Institutionen waren in *mythischen Urzeitberichten* verankert. Dies war kein Anreiz für Experimente.
Sumerer und *Babylonier* hatten mythische

Überlieferungen von *»Schicksalstafeln«*, um deren Besitz sich die Götter stritten, weil er die Herrschaft sicherte – ein Spiegelbild des Kampfes der Städte und Staaten um die Vorherrschaft, bei dem Wissen Macht war.
Die orientalische Mythologie berichtet auch von Einbrüchen des Chaos in den Kosmos. Die Dynamik einer gefährdeten Ordnung war der wissenschaftlichen Forschung und dem Bemühen um technische Verbesserungen förderlich.
Im *klassischen Griechenland* sorgte das Nebeneinander von Staaten für eine Differenzierung der Weltanschauung und Philosophie – ähnlich wie in den gleichzeitigen chinesischen Teilstaaten, die konkurrierenden Gelehrtenschulen Zufluchtsstätten und Betätigungsmöglichkeiten boten. Der Sinn der Griechen für Wettbewerb erstreckte sich auch auf die Naturphilosophie. Zur Beurteilung konkurrierender Thesen verließ man sich auf die Vernunft und auf die Überprüfung durch Beobachtungen. Bei dem griechischen Philosophen *Anaxagoras* (†427 v. Chr.) gibt es Ansätze zum Experiment. Eine wichtige Errungenschaft der griechischen Naturforschung war die kritische Beurteilung der Leistungsfähigkeit der menschlichen Sinnesorgane. Im *Hellenismus* entfalteten sich die Wissenschaften (insbesondere Mathematik, Physik und Astronomie) durch die Übernahme von Forschungsergebnissen des Orients.

›Naturwissenschaft‹ im Mittelalter

Abendland und Morgenland waren Erben der wissenschaftlichen Traditionen der Griechen und Römer. Im Fernen Osten führte die *buddhistische Mission* zu einem Austausch wissenschaftlicher Kenntnisse, und in *China* fanden alle, die auf Veränderungen aus waren, Rückhalt bei den von den Daoisten beeinflußten *Geheimbünden*. Daher gab es hier nach Revolutionen und Dynastiewechseln häufig einen Innovationsschub. Die *islamischen Wissenschaftler* wurden durch das *voluntaristische Weltbild* (= alles ist Allahs Wille, er kann alles beliebig ändern) bei der Aufstellung von Naturgesetzen behindert, übertrafen aber – in Verwendung auch von überliefertem Wissen anderer Kulturen, insbesondere der klassischen Welt – auf vielen Gebieten zumindest in der Praxis ihre abendländischen Kollegen bei weitem.
Im Abendland hatte die *Kirche* die Lehren des *Aristoteles* »adoptiert«, Naturforschung und die Aufstellung von Naturgesetzen waren im Rahmen der aristotelischen Vorstellungen erlaubt und galten als konform mit dem christlichen Glauben. Das größte Hindernis für die Entfaltung von Naturwissenschaft und Technik in Europa war die Trennung von Mathematik und Physik im aristotelischen System. Für Aristoteles war die Mathematik nur auf das Unveränderliche anwendbar, die Physik dagegen befaßte sich mit Veränderungen in der Natur. Man unterschied im Kosmos zwischen einer *sublunaren* (= vergänglichen) Sphäre und einer *translunaren* (= ewigen, unveränderlichen). Diese Trennung wurde aufgehoben, als gegen Ende des 13. Jahrhunderts ein Streit zwischen zwei Richtungen der Spätscholastik die monopolartige Autorität der aristotelischen Lehren erschütterte. Die notwendigen mathematischen Kenntnisse wurden hauptsächlich aus dem islamischen Kulturkreis übernommen, aber auch von den *Neuplatonikern*, deren Schriften zur Zeit der Kreuzzüge in den Westen gelangten.

›Naturwissenschaft‹ in der Renaissance

Einen großen Einfluß auf das Denken der Renaissance hatten die sogenannten *»Hermetischen Schriften«*, eine neuplatonische Traktatsammlung, die kurz nach der Eroberung Konstantinopels (1453) nach Florenz gelangte. Die hermetische Lehre von der Entsprechung des Mikro- und des Makrokosmos regte Untersuchungen auf neuen Gebieten mit neuartigen Methoden und Hilfsmitteln an (z. B. mit Fernrohr und Mikroskop, die unseren Wahrnehmungshorizont erweiterten) und führten u. a. zur Entdeckung des *Blutkreislaufs*, den einige Hermetiker-Gelehrte mit den Kreisbahnen der Planeten verglichen. Diese Mystik hatte auch politische Auswirkungen, da sie die Erwartung weckte, *gesellschaftliche* Verhältnisse seien einer natürlichen, berechenbaren Ordnung unterworfen. Viele Hermetiker betätigten sich politisch und gehörten – ähnlich wie die chinesischen Daoisten und islamische Gelehrte – geheimbundartigen Organisationen an. Zu ihnen gehörte der italienische Dominikaner-Philosoph *Giordano Bruno* (* 1548, † 1600), ein politisch-theologischer Revolutionär, der das *Kopernikanische Weltbild* (siehe Band 7) als Chiffre für seine politischen Vereinigungspläne gebrauchte. Auch die astronomischen Lehren *Galileis* wurden von seinen Zeitgenossen z. T. als politische Parteinahme mißverstanden.

Die *Reformation* machte die *subjektive Gewißheit* (das Gewissen des Individuums) zur letzten Instanz in Glaubensfragen, dagegen beharrte die *katholische Kirche* auf der Autorität der durch Konzilsbeschlüsse verbindlich festgelegten *kirchlichen Lehre* und der Theologie als »Königin der Wissenschaften«. Die Naturwissenschaft, deren Wahrheit sich nicht durch Mehrheitsbeschluß oder Traditionskonformität feststellen läßt, wurde zum Nebenkriegsschauplatz eines religiösen Prinzipienstreits.

Die neuen Wissenschaften behandelten Teilgebiete der Natur in einer Weise, die für Handwerk und Handel nützlich war. Sie behaupteten für jedermann verständlich zu sein und entwerteten die traditionelle Bildung der alten Eliten. Zu ihren Förderern gehörten Kaufleute und Handwerker, seit Mitte des 17. Jahrhunderts auch die aufgeklärten Herrscher. Sie erwarteten, daß die Welt berechenbar sein sollte wie die Bilanzen der Kaufleute. Die Wissenschaft der Neuzeit entsprach dieser Haltung.

Naturwissenschaften der Neuzeit

Seit dem 16. Jahrhundert wurden naturwissenschaftliche Fragestellungen in die humanistische Bildung integriert, eine Emanzipation der Naturwissenschaft von der Dichtung und Rhetorik begann im 17. Jahrhundert mit der Gründung der »Royal Society« in London (1662) und der »Académie des Sciences« in Paris (1666).

Im 17. und 18. Jahrhundert gab es Anregungen von außereuropäischen Kulturen (insbesondere China), die zu fruchtbaren Mißverständnissen führten. Der deutsche Philosoph und Naturwissenschaftler *Gottfried Wilhelm Leibniz* (* 1646, † 1716), der mit französischen Missionaren in China korrespondierte, beschäftigte sich u. a. mit dem I-Ging-Orakel, das er fälschlicherweise als ein Zahlensystem ansah, und erfand ein formal sehr ähnliches *binäres Zahlensystem* (heute die Grundlage aller Computer!). Er brachte seinen binären Code in Zusammenhang mit seiner philosophischen Konzeption der *Monaden*, die er in Anlehnung an Giordano Bruno entwickelt hatte.

Die Begegnung mit der pragmatisch-diesseitigen chinesischen Kultur dürfte zur Säkularisation der europäischen Naturwissenschaften beigetragen haben. Kurfürst *Friedrich I.* gründete 1700 die »Kurfürstlich-Brandenburgische Societät der Wissenschaften« in Berlin, aus der 1711 die »Preußische Akademie der Wissenschaften« hervorging, die nach dem Vorbild chinesischer Akademien »staatsnützliche Projekte« fördern sollte. Seit der »Aufklärung« vertrauten die Politiker auf den *mathematisch begründeten Universalitätsanspruch* der Naturwissenschaften.

Der französische Astronom und Mathematiker *Pierre Simon de Laplace* (* 1749, † 1827) behauptete, alles in der Natur sei streng determiniert (festgelegt) und greife ineinander wie die Teile eines Uhrwerks. Er entwickelte die *Wahrscheinlichkeitsrechnung* und wurde französischer Innenminister, da die *mathematische Statistik* auch komplexe gesellschaftliche Entwicklungen berechenbar zu machen schien. Er meinte, daß, sofern genügend Daten vorhanden seien, sich der Zustand eines Systems »für alle Zeitpunkte der Vergangenheit und Zukunft voraussagen« lasse. Er unterschied zwischen relativ einfachen *makroskopischen* (astronomischen) und komplexen *mikroskopischen* (biologischen und sozialen) Ereignissen: »Um nun den Zustand eines Systems großer Massen für zukünftige und vergangene Jahrhunderte zu bestimmen, ge-

nügt es dem Mathematiker, daß ihre Orte und Geschwindigkeiten zu einem Zeitpunkt durch Beobachtung gegeben sind.« Bei komplexen Ereignissen sollte die Wahrscheinlichkeitsrechnung unvermeidliche Meßfehler ausgleichen und eine weitgehende Annäherung an die vermutete Gesetzmäßigkeit ermöglichen.
Auf Wahrscheinlichkeitsberechnung und Statistik verließen sich von nun an Manager wie Politiker.
Die Annahme, alles sei berechenbar und machbar, führte zu einem *Fortschrittsoptimismus*, der das Aufblühen von Industrie und Technik begünstigte. Man erkannte nicht, daß die naturwissenschaftlichen Experimente nicht von den Naturvorgängen ausgingen, die vielfältig miteinander verzahnt waren, sondern von isolierten (und nur deshalb berechenbaren) Laborbedingungen.
Im Ersten Weltkrieg zerbrach der Fortschrittsoptimismus, und die mechanistische Denkweise wurde diskreditiert. Neue Ideen erhielten die Chance, sich durchzusetzen: die *Theorien Albert Einsteins*, welche die traditionelle Trennung von Energie und Materie und die Absolutheit der Zeit aufhoben. In der Mathematik wurde eine nichteuklidische Geometrie *multidimensionaler Räume* eingeführt. Totalitäre Systeme hielten an einer deterministischen Wissenschaftskonzeption fest, wollten alles für machbar und manipulierbar halten. Hitler wie Stalin schufen ein optimales Klima für Dilettantismus und Scharlatanerie.
In der chaotischen Nachkriegszeit seit 1945 entstand eine neue Disziplin: die *Chaos-Forschung*. Der Laplacesche Determinismus brach zusammen – einerseits wegen des *»Heisenbergschen Unschärfe-Prinzips«*, das die grundsätzliche Grenze der Determination bei Mikrosystemen aufzeigte, zum anderen durch die Entdeckung der *Dichotomie komplexer Systeme«*: Das Grundprinzip der Chaos-Forschung ist, daß beliebige kleine Unsicherheiten im Zustand eines jeden Systems sich im Laufe der Zeit exponentiell verstärken, so daß Voraussagen über die ferne Zukunft unmöglich werden. Der Physiker *Joseph Ford* vom »Georgia Institute of Technology« meint sogar, das Chaos sei die Regel, Ordnung die Ausnahme.
Es gibt Grenzwerte zwischen *regelmäßigen* (periodischen) und *zufälligen* (chaotischen) *Strömungstypen*. Das bekannteste Beispiel ist ein tropfender Wasserhahn: Bei einem engen Durchfluß fallen die Tropfen sehr regelmäßig, bei einem größeren in einer sich nicht wiederholenden Folge. Neben dem seit langem bekannten »Viel-Teilchen-Chaos« haben die Physiker in der Natur vor wenigen Jahren auch Beispiele eines »Wenig-Teilchen-Chaos« entdeckt und waren sehr überrascht, denn sie meinten, wo wenige Objekte in einem System zusammenarbeiten – wie in der Technik – könne sich nur etwas »Ordentliches« abspielen.
Das Chaos ist aber nicht völlig zufällig. Es gibt auch charakteristische Strukturen, z. B. *Wirbelmuster* in allen Strömungsvorgängen, wie wir sie vom Umrühren einer Kaffeetasse mit Sahne kennen. Bei der Computer-Analyse des turbulenten Wettergeschehens erhielt der Meteorologe *Edward N. Lorenz* vom »Massachusetts Institute of Technology« eine *geometrische Figur*, den sogenannten *»Lorenz-Attraktor«*, ähnliche Muster = »Fractals« (von lat. frangere = brechen) fanden die Physiker bei allen Strömungsaktivitäten wieder. Der Stuttgarter Forscher *Hermann Haken* entdeckte, daß auch beim *Laser* Ordnung und Chaos dem »Lorenz-Schema« unterworfen sind. Diese typischen Muster treten auch im EKG beim Übergang vom regelmäßigen Puls zum Herzflimmern auf. Der Mediziner *Richard J. Cohen* vom »Massachusetts Institute of Technology« interpretiert das Herzflimmern als eine *physiologische Variante des Chaos*.
Die wichtigsten neuen Erkenntnisse sind: Es gibt für alles *Grenzwerte*: für geordnete Systeme, für das Chaos und für die Wandlungen von der Regelwelt zur Chaos-Welt. Das Chaos ist keinen Regeln unterworfen, aber strukturiert, die charakteristischen Strukturen sind als Computer-Graphiken dokumentiert. Der Harvard-Professor *Benoit B. Mandelbrot* hat eine neue Geometrie der »Fractals« entwickelt. Chaos und Kosmos existieren in einer Koexistenz mit *Übergängen* (Wandlungen). Ohne Chaos gäbe es keine komplexen Systeme, kein Leben und keinen freien Willen.
Die *Computer*, deren Prinzip Leibniz erfand, weil er ein chinesisches Orakel für Mathematik hielt, liefern heute Resultate, die jenen Thesen chinesischer Weiser des Altertums ähneln, die dem Orakel zugrunde liegen. Das ist ein erstaunlicher wissen-

schaftsgeschichtlicher Kreislauf! Ähnlichen intuitiven Einsichten griechischer Naturphilosophen verdanken wir den *Atom-Begriff.* Die Wissenschaftsgeschichte machte häufig Sprünge und kehrte mitunter zu älteren Positionen zurück.

Für die Historiker gewinnen die Übergangsphasen zwischen Kosmos und Chaos an Interesse: Welches sind die Rahmenbedingungen für die Entstehung von kulturellen und staatlichen Systemen, und welche Überschreitungen von Grenzwerten führten zu deren Untergang! Die Beschäftigung mit kulturellen, sozialen und geographischen Randgruppen und Minderheiten gewinnt an Gewicht, da diese weniger von kulturtypischen Erwartungshaltungen geprägt sind als die dominierenden Gruppen und aufgeschlossener sind für neue Wege und Experimente. Beim Erfolg von Innovationen lösen sie mitunter bisherige Eliten ab. In den Übergangszeiten nimmt der Anteil des Chaos an historischen und kulturhistorischen Entwicklungen zu, später wieder ab. (Siehe auch »Das Dao in der Geschichte«, Anhang Band 12.)

Literatur

Beyerchen, Alan D.: Wissenschaftler unter Hitler, Berlin 1982

Capra, Fritjof: Das Tao der Physik, Berlin 1984

Dijksterhuis, Eduard Jan: Die Mechanisierung des Weltbildes, Berlin 1956

Heidelberger, Michael/Thiene, Sigrun: Natur und Erfahrung, Hamburg 1981

Hooykaas, Richard: Religion and the Rise of Modern Science, Michigan 1974

Mayer-Kress, Gottfried: Dimensions and Entropies in Chaotic Systems, Berlin/Heidelberg 1986

Thorndyke, Lynn: A History of Magic and Experimental Science, New York 1941

Zilsel, Edgar: Die sozialen Ursprünge der neuzeitlichen Wissenschaft, Frankfurt a. M. 1976

Herrschernamen in europäischen Sprachen

Deutschland	England	Frankreich	Italien	Spanien Portugal
Eduard	Edward	Édouard	Edoardo	Eduardo Eduardo/ Duarte
Ferdinand	Ferdinand	Fernand	Ferdinando	Fernando Fernando
Franz	Francis	François	Franco	Francisco Francisco
Friedrich	Frederic	Frédéric	Federico	Federico Frederico
Heinrich	Henry	Henri	Enrico	Enrique Henrique
Jakob	James	Jacques	Iàcopo	Santiago, Jaime, Diego
Johannes	John	Jean	Giovanni	Juan João
Josef	Joseph	Joseph	Giusèppe	José José
Karl	Charles	Charles	Carlo	Carlos Carlos
Ludwig	Louis	Louis	Ludovico	Luis Luís
Peter	Peter	Pierre	Piètro/Piero	Pedro Pedro
Philipp	Philip	Philippe	Filippo	Felipe Filipe
Richard	Richard	Richard	Riccardo	Ricardo Ricardo
Wilhelm	William	Guillaume	Guglièlmo	Guillermo Guilhermo

Sach- und Namensregister

Kursiv gesetzte Ziffern verweisen auf Abbildungen bzw. Bildunterschriften, **halbfette** auf ausführliche Behandlung.

Abbildungsnachweis

Farbe: Archiv für Kunst und Geschichte, Berlin (14); Bayerische Staatsgemäldesammlungen, München – Artothek/Blauel (1); Bertelsmann Lexikon Verlag GmbH, Gütersloh (1); Bildarchiv Preußischer Kulturbesitz, Berlin (12); Giraudon, Paris (2) – lauros (1); Kunsthistorisches Museum, Wien (1); Musées Royaux des Beaux-Arts, Brüssel (1); Nationalmuseum, Stockholm (2); Rijksmuseum, Amsterdam (2); Scala, Antella (1); Service de Documentation photographique de la Réunion des Musées Nationaux, Paris (1); Dr. Peter Simons, Essen (1); Victoria & Albert Museum, London (2);
Schwarzweiß: Alinari, Florenz (1); Archiv für Kunst und Geschichte, Berlin (36); Bayerisches Hauptstaatsarchiv, München (1); Bayerische Staatsbibliothek, München (2); BBC Hulton Picture Library, London (1); Bertelsmann Lexikon Verlag GmbH, Gütersloh (4); Bibliotheque Nationale, Paris (3); Bildarchiv Preußischer Kulturbesitz, Berlin (31); The British Library, London (1); The British Museum, London (1); Deutsche Fotothek, Dresden (3); Archiv Gerstenberg, Wietze (24); Graphische Sammlung Albertina, Wien (1); Historia-Photo, Hamburg (22); Histor. Museum der Stadt Wien, Wien (1); laenderpress, Düsseldorf – Lessing (1); Mainfränkisches Museum, Würzburg – Gundermann (1); Bildarchiv Foto Marburg, Marburg (1); Merseyside County Museum, Liverpool (1); Nationalhistoriske Museum pa Frederiksborg, Hillerod (1); National Portrait Gallery, London (1); Österr. Nationalbibliothek, Wien (4); Scala, Antella (1); Service de Documentation photographique de la Réunion des Musées Nationaux, Paris (1).